Russian Folk Tales

Alexander Nikolayevich Afanasyev

Народные Русские Сказки

Александр Н. Афанасьев

Russian Folk Tales

Contact:
IndoEuropeanPublishing@gmail.com

ISNB: 978–1–60444–812–2

Народные Русские Сказки

© Индоевропейских Издание , 2014

Контакт:
IndoEuropeanPublishing@gmail.com

ISNB: 978-1-60444-812-2

Лисичка-сестричка и волк

Жил себе дед да баба. Дед говорит бабе: — Ты, баба, пеки пироги, а я поеду за рыбой.

Наловил рыбы и везет домой целый воз. Вот едет он и видит: лисичка свернулась калачиком и лежит на дороге.

Дед слез с воза, подошел к лисичке, а она не ворохнется, лежит себе, как мертвая.

— Вот будет подарок жене,— сказал дед, взял лисичку и положил на воз, а сам пошел впереди.

А лисичка улучила время и стала выбрасывать полегоньку из воза все по рыбке да по рыбке, все по рыбке да по рыбке. Повыбросала всю рыбу и сама ушла.

— Ну, старуха,— говорит дед,— какой воротник привез я тебе на шубу.

— Где?

— Там, на возу,— и рыба и воротник. Подошла баба к возу: ни воротника, ни рыбы, и начала ругать мужа:

— Ах ты!.. Такой-сякой! Ты еще вздумал обманывать!

Тут дед смекнул, что лисичка-то была не мертвая; погоревал, погоревал, да делать-то нечего.

А лисичка собрала всю разбросанную по дороге рыбу в кучку, села и ест себе. Навстречу ей идет волк:

— Здравствуй, кумушка!

— Здравствуй, куманек!

— Дай мне рыбки!

— Налови сам, да и ешь.

— Я не умею.

— Эка, ведь я же наловила; ты, куманек, ступай на реку, опусти хвост в прорубь—рыба сама на хвост нацепляется, да смотри, сиди подольше, а то не наловишь.

Волк пошел на реку, опустил хвост в прорубь; дело-то было зимою. Уж он сидел, сидел, целую ночь просидел, хвост его и приморозило; попробовал было приподняться: не тут-то было.

«Эка, сколько рыбы привалило, и не вытащишь!»—думает он.

Смотрит, а бабы идут за водой и кричат, завидя серого:

— Волк, волк! Бейте его! Бейте его!

Прибежали и начали колотить волка — кто коромыслом, кто ведром, чем кто попало. Волк прыгал, прыгал, оторвал себе хвост и пустился без оглядки бежать.

«Хорошо же,—думает,—уж я тебе отплачу, кумушка!»

А лисичка-сестричка, покушамши рыбки, захотела попробовать, не удастся ли еще что-нибудь стянуть; забралась в одну избу, где бабы пекли блины, да попала головой в кадку с тестом, вымазалась и бежит. А волк ей навстречу:

— Так-то учишь ты? Меня всего исколотили!

— Эх, куманек,— говорит лисичка-сестричка,— у тебя хоть кровь выступила, а у меня мозг, меня больней твоего прибили; я насилу плетусь.

— И то правда,— говорит волк,— где тебе, кумушка, уж идти; садись на меня, я тебя довезу.

Лисичка села ему на спину, он ее и понес. Вот лисичка-сестричка сидит, да потихоньку и говорит:

— Битый небитого везет, битый небитого везет.

— Что ты, кумушка, говоришь?

— Я, куманек, говорю: битый битого везет.

— Так, кумушка, так!.

За лапаток- курочку, за курочку - гусочку

Шла лиса по дорожке и нашла лапоток, пришла к мужику и просится:

— Хозяин, пусти меня ночевать. Он говорит:

— Некуда, лисонька! Тесно!

— Да много ли нужно мне места! Я сама на лавку, а хвост под лавку.

Пустили ее ночевать; она и говорит:

— Положите мой лапоток к вашим курочкам. Положили, а лисонька ночью встала и забросила

свой лапоть. Поутру встают, она и спрашивает свой лапоть, а хозяева говорят:

— Лисонька, ведь он пропал!

— Ну, отдайте мне за него курочку.

Взяла курочку, приходит в другой дом и просит, чтоб ее курочку посадили к хозяйским гуськам. Ночью лиса припрятала курочку и получила за нее утром гуська.

Приходит в новый дом, просится ночевать и говорит, чтоб ее гуська посадили к барашкам; опять схитрила, взяла за гуська барашка и пошла еще в один дом.

Осталась ночевать и просит посадить ее барашка к хозяйским бычкам. Ночью лисонька украла и барашка, а поутру требует, чтобы за него отдали ей бычка.

Всех — и курочку, и гуська, и барашка, и бычка— она передушила, мясо припрятала, а шкуру бычка набила соломой и поставила на дороге.

Идет медведь с волком, а лиса говорит:

— Подите, украдьте сани, да поедемте кататься. Вот они украли и сани и хомут, впрягли бычка,

сели все в сани; лиса стала править и кричит:

— Шню, пеню, бычок, соломенный бочок! Сани чужие, хомут не свой, погоняй — не стой!

Бычок нейдет.

Она выпрыгнула из саней и закричала:

— Оставайтесь, дураки!—а сама ушла. Медведь с волком обрадовались добыче и ну рвать бычка: рвали, рвали, видят, что одна шкура да солома, покачали головами и разошлись по домам.

Лиса-повитуха

Жили-были кум с кумой — волк с лисой. Была у них кадочка медку. А лисица любит сладенькое; лежит кума с кумом в избушке да украдкою постукивает хвостиком.

— Кума-кума,— говорит волк,— кто-то стучит.

— А знать, меня на повой зовут! —бормочет лиса.

— Так поди сходи,— говорит волк.

Вот кума из избы да прямехонько к меду, нализалась и вернулась назад.

— Что бог дал? — спрашивает волк.

— Початочек,— отвечает лисица.

В другой раз опять лежит кума да постукивает хвостиком.

— Кума! Кто-то стучится,— говорит волк.

— На повой, знать, зовут!

— Так сходи.

Пошла лисица, да опять к меду, нализалась досыта; медку только на донышке осталось. Приходит к волку.

— Что бог дал? — спрашивает ее волк.

— Серёдышек.

В третий раз опять так же обманула лисица волка и долизала уж весь медок.

— Что бог дал? — спрашивает ее волк.

— Поскрёбышев

Долго ли, коротко ли — прикинулась лисица хворою, просит кума медку принести. Пошел кум, а меду ни крошки.

— Кума, кума,— кричит волк,— ведь мед съеден.

— Как съеден? Кто же съел? Кому окроме тебя!— погоняет лисица.

Волк и кстится и божится.

— Ну, хорошо!—говорит лисица.— Давай ляжем на солнышке, у кого вытопится мед, тот и виноват.

Пошли, легли. Лисице не спится, а серый волк храпит во всю пасть. Глядь-поглядь, у кумы-то и показался медок; она ну-тко скорее перемазывать его на волка.

— Кум, кум,— толкает волка,— это что? Вот кто съел!

И волк, нечего делать, повинился. Вот вам сказка, а мне кринка масла.

Лиса, заяц и петух

Жили-были лиса да заяц. У лисицы была избенка ледяная, а у зайчика лубяная; пришла весна красна—у лисицы растаяла, а у зайчика стоит по-старому.

Лиса попросилась у зайчика погреться, да зайчика-то и выгнала.

Идет дорогой зайчик да плачет, а ему навстречу собаки:

— Тяф, тяф, тяф! Про что, зайчик, плачешь? А зайчик говорит:

— Отстаньте, собаки! Как мне не плакать? Была у меня избенка лубяная, а у лисы ледяная, попросилась она ко мне, да меня и выгнала.

— Не плачь, зайчик!—говорят собаки.— Мы ее выгоним.

— Нет, не выгоните!

— Нет, выгоним! Подошли к избенке:

— Тяф, тяф, тяф! Поди, лиса, вон! А она им с печи:

— Как выскочу, как выпрыгну, пойдут клочки по з аул очкам!

Собаки испугались и ушли.

Зайчик опять идет да плачет. Ему навстречу медведь:

— О чем, зайчик, плачешь? А зайчик говорит:

— Отстань, медведь! Как мне не плакать? Была у меня избенка лубяная, а у лисы ледяная; попросилась она ко мне, да меня и выгнала.

— Не плачь, зайчик! —говорит медведь.— Я выгоню ее.

— Нет, не выгонишь! Собаки гнали — не выгнали, и ты не выгонишь.

— Нет, выгоню! Пошли гнать:

— Поди, лиса, вон! А она с печи:

— Как выскочу, как выпрыгну, пойдут клочки по заулочкам!

Медведь испугался и ушел.

Идет опять зайчик да плачет, а ему навстречу бык:

— Про что, зайчик, плачешь?

— Отстань, бык! Как мне не плакать? Была у меня избенка лубяная, а у лисы ледяная; попросилась она ко мне, да меня и выгнала.

— Пойдем, я ее выгоню.

— Нет, бык, не выгонишь! Собаки гнали—не выгнали, медведь гнал—не выгнал, и ты не выгонишь.

— Нет, выгоню. Подошли к избенке:

— Поди, лиса, вон! А она с печи:

— Как выскочу, как выпрыгну, пойдут клочки по заулочкам!

Бык испугался и ушел.

Идет опять зайчик да плачет, а ему навстречу петух с косой:

— Кукуреку! О чем, зайчик, плачешь?

— Отстань, петух! Как мне не плакать? Была у меня избенка лубяная, а у лисы ледяная; попросилась она ко мне, да меня и выгнала.

— Пойдем, я выгоню.

— Нет, не выгонишь! Собаки гнали—не выгнали, медведь гнал — не выгнал, бык гнал—не выгнал, и ты не выгонишь!

— Нет, выгоню! Подошли к избенке:

— Кукуреку Ь Несу косу на плечи, хочу лису посе-чи! Поди, лиса, вон!

А она услыхала, испугалась, говорит:

— Одеваюсь... Петух опять:

— Кукуреку! Несу косу на плечи, хочу лису посе-чи!, Поди, лиса, вон!

А она говорит:

— Шубу надеваю. Петух в третий раз:

— Кукуреку! Несу косу на плечи, хочу лису посе-чи! Поди, лиса, вон!

Лисица выбежала; он ее зарубил косой-то и стал с зайчиком жить да поживать да добра наживать.

Вот тебе сказка, а мне кринка масла.

Лиса-исповедница

Однажды лиса всю большую осеннюю ночь протаскалась по лесу не евши. На зоре прибежала она в деревню, взошла на двор к мужику и полезла на насесть к курам

Только что подкралась и хотела схватить одну курицу, а петуху пришло время петь: вдруг он крыльями захлопал, ногами затопал и закричал во все горло.

Лиса с насести-то так со страху полетела, что недели три лежала в лихорадке.

Вот раз вздумалось петуху пойти в лес—разгуляться, а лисица уже давно его стережет; спряталась за куст и поджидает, скоро ли петух подойдет. А петух увидел сухое дерево, взлетел на него и сидит себе.

В то время лисе скучно показалось дожидаться, захотелось сманить петуха с дерева; вот думала, думала, да и придумала: дай прельщу его.

Подходит к дереву и стала здоровкаться:

— Здравствуй, Петенька!

«Зачем ее лукавый занес?»—думает петух. А лиса приступает с своими хитростями:

— Я тебе, Петенька, добра хочу—на истинный путь наставить и разуму научить. Вот ты, Петя, имеешь у себя пятьдесят жен, а на исповеди ни разу не бывал. Слезай ко мне покайся, а я все грехи с тебя сниму и на смех не подыму.

Петух стал спускаться ниже и ниже и попал прямо лисе в лапы.

Схватила его лиса и говорит:

— Теперь я задам тебе жару! Ты у меня за все ответишь; попомнишь, блудник и пакостник, про свои худые дела! Вспомни, как я в осеннюю темную ночь приходила и хотела попользоваться одним куренком, а я в то время три дня ничего не ела, и ты крыльями захлопал и ногами затопал!..

— Ах, лиса! —говорит петух.— Ласковые твои словеса, премудрая княгиня! Вот у нашего архиерея скоро пир будет; в то время стану я просить, чтоб тебя сделали просвирнею, и будут нам с тобой просвиры мягкие, кануны сладкие, и пойдет про нас слава добрая.

Лиса распустила лапы, а петух — порх на дубок.

Лиса-лекарка

Бывал-живал старик со старухой. Старик посадил кочешок в подпольецо, а старуха в попелушку. У старухи в попелушке совсем завял кочешок, а у старика рос, рос, до полу дорос. Старик взял топор и вырубил на полу прямо[1] кочешка дыру. Кочешок опять рос, рос, до потолку дорос; старик опять взял топор и вырубил на потолку прямо кочешка дыру. Кочешок рос, рос, до неба дорос.

Как старику поглядеть на верхушку кочешка? Полез по корешку, лез-лез, лез-лез, долез до неба, просек на небе дыру и влез туда. Смотрит:

---

[1] Против

6

стоят жерновцы; жерновцы повернутся — пирог да шаньга, наверх каши горшок. Старик наелся, напился и спать повалился.

Выспался, слез на землю и говорит:

— Старуха, а старуха! Какое житье-то на небе! Там есть жерновцы, как повернутся — пирог да шаньга, наверх каши горшок!

— Как бы мне, старичок, там побывать?

— Садись, старуха, в мешок; я тебя унесу. Старуха подумала и села в мешок.

Старик взял мешок в зубы и полез на небо; лез, лез, долго лез; старухе стало скучно, она и спрашивает:

— Далеко ли, старичок?

— Далече, старуха! Опять лез-лез, лез-лез.

— Далеко ли, старичок?

— Еще половина!

Опять лез-лез, лез-лез. Старуха снова спрашивает:

— Далеко ли, старичок?

Только старик хотел сказать «Недалече!» —мешок у него из зубов вырвался, старуха на землю свалилась и вся расшиблась. Старик спустился вниз по кочешку, поднял мешок, а в мешке одно костье, и то примельчалось.

Пошел старик из дому и горько плачет. Навстречу ему лиска:

— О чем, старичок, плачешь?

— Как не плакать! Старуха расшиблась.

— Молчи, я вылечу. Старик пал лисице в ноги:

— Вылечи, что угодно заплачу!

— Ну, вытопи баньку, снеси туда толоконца мешочек, маслица горшочек, да старуху, а сам стань за двери и не смотри в баньку.

Старик вытопил баню, принес, что надо, и стал за двери; а лиса зашла в баню, двери на крюк, стала мыть старухины кости, моет — не моет, а все оглядывает. Старик спрашивает:

— Каково старушка?

— Пошевеливается! —говорит лиска, а сама доела старуху, собрала костье и сложила в уголок и принялась месить саламату.

Старик постоял-постоял и спрашивает:

— Каково старушка?

— Посиживает!—говорит лиска, а сама саламату дохлебывает. Съела и говорит:

— Старичок, отвори двери шире.

Он отворил, а лиса прыг из баньки и убежала домой. Старик вошел в баню, поглядел: только старухины кости под лавкой, и те оглоданы, толоконце и маслице съедено. Остался старик один в бедности.

Примечание:

Мужик, медведь и лиса

Пахал мужик ниву, пришел к нему медведь и говорит ему:

— Мужик, я тебя сломаю!

— Нет, не замай; я вот сею репу, себе возьму хоть корешки, а тебе отдам вершки.

— Быть так,— сказал медведь,— а коли обманешь— так в лес по дрова ко мне хоть не езди!

Сказал и ушел в дуброву.

Пришло время: мужик репу копает, а медведь из дубровы вылезает:

— Ну, мужик, давай делить!

— Ладно, медведюшка! Давай я привезу тебе вершки,— и отвез ему воз ботвы.

Медведь остался доволен честным разделом. Вот мужик наклал свою репу на воз и повез в город продавать, а навстречу ему медведь:

— Мужик, куда ты едешь?

— А вот, медведюшка, еду в город корешки продавать.

— Дай-ка попробовать, каков корешок!

Мужик дал ему репу. Медведь как съел:

— А-а,— заревел,— ты меня обманул, мужик! Корешки твои сладеньки. Теперь не езжай ко мне по дрова, а то задеру!

Мужик воротился из города и боится ехать в лес; пожег и полочки, и лавочки, и кадочки, наконец делать нечего — надо в лес ехать.

Въезжает потихонечку; откуда ни возьмись, бежит лисица.

— Что ты, мужичок,— спрашивает она,— так тихо бредешь?

— Боюсь медведя, сердит на меня, обещал задрать.

— Небось медведя, руби дрова, а я стану порскать: коли спросит медведь: «Что такое?»—скажи: «Ловят волков и медведей».

Мужик принялся рубить; глядь — ан медведь бежит и мужику кричит:

— Эй, старик! Что это за крик? Мужик говорит:

— Волков ловят да медведей.

— Ох, мужичок, положи меня в сани, закидай дровами да увяжи веревкой; авось подумают, что колода лежит.

Мужик положил его в сани, увязал веревкою и давай обухом гвоздить его в голову, пока медведь совсем окочурился.

Прибежала лиса и говорит:

— Где медведь?

— А вот, околел!

— Ну что ж, мужичок, теперь нужно меня угостить.

— Изволь, лисонька! Поедем ко мне, я тебя угощу.

Мужик едет, а лиса вперед бежит; стал мужик подъезжать к дому, свистнул своим собакам и притравил лисицу.

Лиса пустилась к лесу и юрк в нору; спряталась в норе и спрашивает:

— Ох вы, мои глазоньки, что вы смотрели, когда я бежала?

— Ох, лисонька, мы смотрели, чтоб ты не споткнулась.

— А вы, ушки, что делали?

— А мы все слушали, далеко ли псы гонят.

— А ты, хвост, что делал?

— Я-то,— сказал хвост,— все мотался под ногами, чтоб ты запуталась, да упала, да к собакам в зубы попала.

— А-а, каналья! Так пусть же тебя собаки едят. И, высунув из норы свой хвост, лиса закричала:

— Ешьте, собаки, лисий хвост!

Собаки за хвост потащили и лисицу закамшили. Так часто бывает: от хвоста и голова пропадает.

Овца, лиса и волк

У крестьянина из гурта бежала овца. Навстречу ей попалась лиса и спрашивает:

— Куда тебя, кумушка, бог несет?

— О-их, кума! Была я у мужика в гурте, да житья мне не стало; где баран сдурит, а все я, овца, виновата! Вот и вздумала уйти куды глаза глядят.

— И я тоже!—отвечала лиса.— Где муж: мой курочку словит, а все я, лиса, виновата. Побежим-ка вместе.

Чрез несколько времени повстречался им бирюк.

— Здорово, кума!

— Здравствуй,— говорит лиса.

— Далече ли бредешь? Она в ответ:

— Куда глаза глядят! —да как рассказала про свое горе; бирюк молвил:

— И я также! Где волчица зарежет ягненка, а все я, бирюк, виноват. Пойдемте-ка вместе.

Пошли. Дорогою бирюк и говорит овце:

— А что, овца, ведь на тебе тулуп-то мой? Лиса услышала и подхватила:

— Взаправду, кум, твой?

— Верно, мой!

— Побожишься?

— Побожусь!

— К присяге пойдешь?

— Пойду.

— Ну, иди, целуй присягу.

Тут лиса сметила, что мужики на тропинке поставили капкан; она привела бирюка к самому капкану и говорит:

— Ну, вот здесь целуй!

Только что сунулся бирюк сдуру—а капкан щелкнул и ухватил его за морду. Лиса с овцой тотчас убежали от него подобру-поздорову.

Звери в яме

Жил себе старик со старушкой, и у них только и было именья, что один боров. Пошел боров в лес желуди есть. Навстречу ему идет волк.

— Боров, боров, куда ты идешь?

— В лес, желуди есть.

— Возьми меня с собою.

— Я бы взял,— говорит,— тебя с собою, да там яма есть глубока, широка, ты не перепрыгнешь.

— Ничего,— говорит,— перепрыгну.

Вот и пошли; шли, шли по лесу и пришли к этой яме.

— Ну,— говорит волк,— прыгай.

Боров прыгнул — перепрыгнул. Волк прыгнул, да прямо в яму. Ну, потом боров наелся желудей и отправился домой.

На другой день опять идет боров в лес. Навстречу ему медведь.

— Боров, боров, куда ты идешь?

— В лес, желуди есть.

— Возьми,— говорит медведь,— меня с собою.

— Я бы взял тебя, да там яма глубока, широка, ты не перепрыгнешь.

— Небось,— говорит,— перепрыгну.

Подошли к этой яме. Боров прыгнул — перепрыгнул; медведь прыгнул — прямо в яму угодил. Боров наелся желудей, отправился домой.

На третий день боров опять пошел в лес желуди есть. Навстречу ему косой заяц.

— Здравствуй, боров!

— Здравствуй, косой заяц!

— Куда ты идешь?

— В лес, желуди есть.

— Возьми меня с собою.

— Нет, косой, там яма есть широка, глубока, ты не перепрыгнешь.

— Вот, не перепрыгну,— как не перепрыгнуть!

Пошли и пришли к яме. Боров прыгнул — перепрыгнул. Заяц прыгнул — попал в яму. Ну, боров наелся желудей, отправился домой.

На четвертый день идет боров в лес желуди есть. Навстречу ему лисица; тоже просится, чтоб взял ее боров с собою.

— Нет,— говорит боров,— там яма есть глубока, широка, ты не перепрыгнешь.

— И-и,— говорит лисица,— перепрыгну! Ну, и она попалась в яму.

Вот их набралось там в яме четверо, и стали они горевать, как им еду добывать. Лисица и говорит:

— Давайте-ка голос тянуть; кто не встянет — того и есть станем.

Вот начали тянуть голос; один заяц отстал, а лисица всех перетянула. Взяли зайца, разорвали и съели. Проголодались и опять стали уговариваться голос тянуть: кто отстанет — чтоб того и есть.

— Если,— говорит лисица,— я отстану, то и меня есть, все равно!

Начали тянуть; только волк отстал, не мог встянуть голос. Лисица с медведем взяли его, разорвали и съели.

Только лисица надула медведя: дала ему немного мяса, а остальное припрятала от него и ест себе потихоньку. Вот медведь начинает опять голодать и говор'ит:

— Кума, кума, где ты берешь себе еду?

— Экой ты, кум! Ты возьми-ка просунь себе лапу в ребра, зацепись за ребро — так и узнаешь, как есть.

Медведь так и сделал, зацепил себя лапой за ребро, да и околел. Лисица осталась одна. После этого, убрамши медведя, начала лисица голодать.

Над этой ямой стояло древо, на этом древе вил дрозд гнездо. Лисица сидела, сидела в яме, все на дрозда смотрела и говорит ему:

— Дрозд, дрозд, что ты делаешь?

— Гнездо вью.

— Для чего ты вьешь?

— Детей выведу.

— Дрозд, накорми меня, если не накормишь—я твоих детей поем.

Дрозд горевать, дрозд тосковать, как лисицу ему накормить. Полетел в село, принес ей курицу. Лисица курицу убрала и говорит опять:

— Дрозд, дрозд, ты меня накормил?

— Накормил.

— Ну, напои ж меня.

Дрозд горевать, дрозд тосковать, как лисицу напоить. Полетел в село, принес ей воды. Напилась лисица и говорит:

— Дрозд, дрозд, ты меня накормил?

— Накормил.

— Ты меня напоил?

— Напоил.

— Вытащи ж меня из ямы.

Дрозд горевать, дрозд тосковать, как лисицу вынимать. Вот начал он палки в яму метать; наметал так, что лисица выбралась по этим палкам на волю и возле самого древа легла — протянулась.

— Ну,— говорит,— накормил ты меня, дрозд?

— Накормил.

— Напоил ты меня?

— Напоил.

— Вытащил ты меня из ямы?

— Вытащил.

— Ну, рассмеши ж меня теперь.

Дрозд горевать, дрозд тосковать, как лисицу рассмешить.

— Я,— говорит он,— полечу, а ты, лиса, иди за мною.

Вот хорошо — полетел дрозд в село, сел на ворота к богатому мужику, а лисица легла под воротами. Дрозд и начал кричать:

— Бабка, бабка, принеси мне сала кусок! Бабка, бабка, принеси мне сала кусок!

Выскочили собаки и разорвали лисицу.

Я там была, мед-вино пила, по губам текло, в рот не попало. Дали мне синий кафтан; я пошла, а вороны летят да кричат:

— Синь кафтан, синь кафтан!

Я думала: «Скинь кафтан»,— взяла да и скинула. Дали мне красный шлык. Вороны летят да кричат:

— Красный шлык, красный шлык! Я думала, что «краденый шлык», скинула—и осталась ни с чем.

Лиса и тетерев

Бежала лисица по лесу, увидала на дереве тетерева и говорит ему:

— Терентий, Терентий! Я в городе была!

— Бу-бу-бу, бу-бу-бу! Была так была.

— Терентий, Терентий! Я указ добыла.

— Бу-бу-бу, бу-бу-бу! Добыла так добыла.

— Чтобы вам, тетеревам, не сидеть по деревам, а все бы гулять по зеленым лугам.

— Бу-бу-бу, бу-бу-бу! Гулять так гулять.

— Терентий, кто там едет? — спрашивает лисица, услышав конский топот и собачий лай.

— Мужик.

— Кто за ним бежит?

— Жеребенок!

— Как у него хвост-то?

— Крючком.

— Ну так прощай, Терентий! Мне дома недосуг.

Лиса и журавль

Лиса с Журавлем подружилась, даже покумилась с ним у кого-то на родинах. Вот и вздумала однажды лиса угостить журавля, пошла звать его себе в гости.

— Приходи, куманек, приходи, дорогой! Уж я как тебя угощу!

Идет журавль на званый пир, а лиса наварила манной каши и размазала по тарелке. Подала и потчевает:

— Покушай, мой голубчик-куманек! Сама стряпала.

Журавль хлоп-хлоп носом, стучал, стучал, ничего не попадает!

А лисица в это время лижет себе да лижет кашу, так всю сама и скушала.

Каша съедена; лисица говорит:

— Не бессудь, любезный кум! Больше потчевать нечем.

— Спасибо, кума, и на этом! Приходи ко мне в гости.

На другой день приходит лиса, а журавль приготовил окрошку, наклал в кувшин с малым горлышком, поставил на стол и говорит:

— Кушай, кумушка! Право, больше нечем потчевать.

Лиса начала вертеться вокруг кувшина, и так зайдет и этак, и лизнет его, и понюхает-то, все ничего не достанет! Не лезет голова в кувшин. А журавль меж; тем клюет себе да клюет, пока все поел.

— Ну, не бессудь, кума! Больше угощать нечем. Взяла лису досада, думала, что наестся на целую

неделю, а домой пошла как не солоно хлебала. Как аукнулось, так и откликнулось!

С тех пор и дружба у лисы с журавлем врозь.

Лиса и рак

Лиса и рак стоят вместе и говорят промеж себя. Лиса говорит раку:

— Давай с тобой перегоняться.

Рак:

— Что ж, лиса, ну давай!

Зачали перегоняться. Лишь лиса побегла, рак уцепился лисе за хвост. Лиса до места добегла, а рак не отцепляется. Лиса обернулась посмотреть, вернула хвостом, рак отцепился и говорит:

— А я давно уж жду тебя тут.

Колобок

Жил-был старик со старухою. Просит старик:

— Испеки, старуха, колобок.

— Из чего печь-то? Муки нету.

— Э-эх, старуха! По коробу поскреби, по сусеку помети; авось муки и наберется.

Взяла старуха крылышко, по коробу поскребла, по сусеку помела, и набралось муки пригоршни с две. Замесила на сметане, изжарила в масле и положила на окошечко постудить.

Колобок полежал-полежал, да вдруг и покатился— с окна на лавку, с лавки на пол, по полу да к дверям, перепрыгнул через порог в сени, из сеней на крыльцо, с крыльца на двор, со двора за ворота, дальше и дальше.

Катится колобок по дороге, а навстречу ему заяц:

— Колобок, колобок! Я тебя съем!

— Не ешь меня, косой зайчик! Я тебе песенку спою,— сказал колобок и запел:

Я по коробу скребен,
По сусеку метен,
На сметане мешон
Да в масле пряжон,
На окошке стужон;
Я у дедушки ушел,
Я у бабушки ушел,
У тебя, зайца, не хитро уйти!

И покатился себе дальше; только заяц его и видел!.; Катится колобок, а навстречу ему волк:

— Колобок, колобок! Я тебя съем!

— Не ешь меня, серый волк! Я тебе песенку спою!

Я по коробу скребен,
По сусеку метен,
На сметане мешон
Да в масле пряжон,
На окошке стужон;
Я у дедушки ушел,
Я у бабушки ушел,
Я у зайца ушел,
У тебя, волка, не хитро уйти!

И покатился себе дальше; только волк его и видел!.. Катится колобок, а навстречу ему медведь:

— Колобок, колобок! Я тебя съем.

— Где тебе, косолапому, съесть меня!

Я по коробу скребен,
По сусеку метен,
На сметане мешон
Да в масле пряжон,
На окошке стужон;
Я у дедушки ушел,
Я у бабушки ушел,
Я у зайца ушел,
Я у волка ушел,
У тебя, медведь, не хитро уйти!

И опять укатился; только медведь его и видел!.. Катится, катится колобок, а навстречу ему лиса: — Здравствуй, колобок! Какой ты хорошенький! А колобок запел:

Я по коробу скребен,
По сусеку метен,
На сметане мешон
Да в масле пряжон,
На окошке стужон;
Я у дедушки ушел,
Я у бабушки ушел,

Я у зайца ушел,
Я у волка ушел,
У медведя ушел,
У тебя, лиса, и подавно уйду!

— Какая славная песенка!—сказала лиса.— Но ведь я, колобок, стара стала, плохо слышу; сядь-ка на мою мордочку да пропой еще разок погромче.

Колобок вскочил лисе на мордочку и запел ту же песню.

— Спасибо, колобок! Славная песенка, еще бы послушала! Сядь-ка на мой язычок да пропой в последний разок,— сказала лиса и высунула свой язык.

Колобок сдуру прыг ей на язык, а лиса — ам его!—и скушала.

Кот, петух и лиса

Жил кот с кочетком. Кот идет за лыками в лес и бает кочетку:

— Если лиса придет звать в гости и станет кликать, не высовывай ей головочку, а то унесет тебя.

Вот пришла лиса звать в гости, стала кликать:

— Кочетунюшка, кочетунюшка! Пойдем на гумен-цы золоты яблочки катать.

Он глянул, она его и унесла. Вот он и стал кликать:

— Котинька, котинька! Несет меня лиса за крутые горы, за быстрые воды.

Кот услыхал, пришел, избавил кочетка от лисы.

Кот опять идет за лыками и опять приказывает: - Если лиса придет звать в гости, не высовывай головку, а то опять унесет.

Вот лиса пришла и по-прежнему стала кликать.

Кочеток глянул, она его и унесла. Вот он и стал кричать:

— Котунюшка, котунюшка! Несет меня лиса за крутые горы, за быстрые воды!

Кот услыхал, прибежал, опять избавил кочетка. Кот опять скрутился идтить за лыками и говорит:

— Ну, теперь я уйду далеко. Если лиса опять придет звать в гости, не высовывай головку, а то унесет, и не услышу, как будешь кричать.

Кот ушел; лиса опять пришла и стала опять кликать по-прежнему. Кочеток глянул, лиса опять унесла его.

Кочеток стал кричать; кричал, кричал — нет, не идет кот.

Лиса принесла кочетка домой и крутилась уж жарить его. Тут прибежал кот, стал стучать хвостом об окно и кликать:

— Лисонька! Живи хорошенько своим подворьем: один сын— Димеша, другой—Ремеша, одна дочь— Чучилка, другая — Пачучилка, третья — Подмети-шесток, четвертая — Подай-челнок!

К коту стали выходить лисонькины дети, один за другим; он их всех поколотил; после вышла сама лиса, он и ее убил и избавил кочетка от смерти.

Пришли оба домой, стали жить да поживать да денежки наживать.

Кот и лиса

Жил-был мужик; у него был кот, только такой шкодливый, что беда! Надоел он мужику. Вот мужик думал, думал, взял кота, посадил и мешок, завязал и понес в лес. Принес и бросил его в лесу: пускай пропадает!

Кот ходил, ходил и набрел на избушку, в которой лесник жил; залез на чердак и полеживает себе, а захочет есть — пойдет по лесу птичек да мышей ловить, наестся досыта и опять на чердак, и горя ему мало!

Вот однажды пошел кот гулять, а навстречу ему лиса, увидала кота и дивится:

— Сколько лет живу в лесу, а такого зверя не видывала.

Поклонилась коту и спрашивает:

— Скажись, добрый молодец, кто ты таков, каким случаем сюда зашел и как тебя по имени величать?

А кот вскинул шерсть свою и говорит:

— Я из сибирских лесов прислан к вам бурмистром, а зовут меня Котофей Иванович.

— Ах, Котофей Иванович,— говорит лиса,— не знала про тебя, не ведала: ну, пойдем же ко мне в гости.

Кот пошел к лисице; она привела его в свою нору и стала потчевать разной дичинкою, а сама выспрашивает:

— Что, Котофей Иванович, женат ты али холост?

— Холост,— говорит кот.

— И я, лисица,—девица, возьми меня замуж:.

Кот согласился, и начался у них пир да веселье. На другой день отправилась лиса добывать припасов, чтоб было чем с молодым мужем жить; а кот остался дома. Бежит лиса, а навстречу ей попадается волк и начал с нею заигрывать.

— Где ты, кума, пропадала? Мы все норы обыскали, а тебя не видали.

— Пусти, дурак! Что заигрываешь? Я прежде была лисица-девица, а теперь замужня жена.

— За кого же ты вышла, Лизавета Ивановна?

— Разве ты не слыхал, что к нам из сибирских лесов прислан бурмистр Котофей Иванович? Я теперь бурмистрова жена.

— Нет, не слыхал, Лизавета Ивановна. Как бы на него посмотреть?

— У! Котофей Иванович у меня такой сердитый: коли кто не по нем, сейчас съест! Ты смотри, приготовь барана да принеси ему на поклон; барана-то положи, а сам схоронись, чтоб он тебя не увидел, а то, брат, туго придется!

Волк побежал за бараном.

Идет лиса, а навстречу ей медведь и стал с нею заигрывать.

— Что ты, дурак, косолапый Мишка, трогаешь меня? Я прежде была лисица-девица, а теперь замужня жена.

— За кого же ты, Лизавета Ивановна, вышла?

— А который прислан к нам из сибирских лесов бурмистром, зовут Котофей Иванович,— за него и вышла.

— Нельзя ли посмотреть его, Лизавета Ивановна?

— У! Котофей Иванович у меня такой сердитый: коли кто не по нем, сейчас съест! Ты ступай, приготовь быка да принеси ему на поклон; волк барана хочет принесть. Да смотри, быка-то положи, а сам схоронись, чтоб Котофей Иванович тебя не увидел, а то, брат, туго придется!

Медведь потащился за быком.

Принес волк барана, ободрал шкуру и стоит в раздумье: смотрит — и медведь лезет с быком.

— Здравствуй, брат Михайло Иваныч!

— Здравствуй, брат Левон! Что, не видал лисицы с мужем?

— Нет, брат, давно дожидаю.

— Ступай, зови.

— Нет, не пойду, Михайло Иваныч! Сам иди, ты посмелей меня.

— Нет, брат Левон, и я не пойду.

Вдруг откуда ни взялся — бежит заяц. Медведь как крикнет на него:

— Поди-ка сюда, косой черт! Заяц испугался, прибежал.

— Ну что, косой пострел, знаешь, где живет лисица?

— Знаю, Михайло Иваныч!

— Ступай же скорее да скажи ей, что Михайло Иваныч с братом Левоном Иванычем давно уж готовы, ждут тебя-де с мужем, хотят поклониться бараном да быком.

Заяц пустился к лисе во всю свою прыть. А медведь и волк стали думать, где бы спрятаться. Медведь говорит:

— Я полезу на сосну.

— А мне что же делать? Я куда денусь? — спрашивает волк.— Ведь я на дерево ни за что не взберусь! Михайло Иваныч! Схорони, пожалуйста, куда-нибудь, помоги горю.

Медведь положил его в кусты и завалил сухим листьем, а сам взлез на сосну, на самую-таки макушку, и поглядывает: не идет ли Котофей с лисою? Заяц меж тем прибежал к лисицыной норе, постучался и говорит лисе:

— Михайло Иваныч с братом Левоном Иванычем прислали сказать, что они давно готовы, ждут тебя с мужем, хотят поклониться вам быком да бараном.

— Ступай, косой! Сейчас будем.

Вот идет кот с лисою. Медведь увидал их и говорит волку:

— Ну, брат Левон Иваныч, идет лиса с мужем; какой же он маленький!

Пришел кот и сейчас же бросился на быка, шерсть на нем взъерошилась, и начал он рвать мясо и зубами и лапами, а сам мурчит, будто сердится:

— Мало, мало!

А медведь говорит:

— Невелик, да прожорист! Нам четверым не съесть, а ему одному мало; пожалуй, и до нас доберется!

Захотелось волку посмотреть на Котофея Ивановича, да сквозь листья не видать! И начал он прокапывать над глазами листья, а кот услыхал, что лист шевелится, подумал, что это — мышь, да как кинется и прямо волку в морду вцепился когтями.

Волк вскочил, да давай бог ноги, и был таков. А кот сам испугался и бросился прямо на дерево, где медведь сидел.

«Ну,— думает медведь,—увидал меня!»

Слезать-то некогда, вот он положился на божью волю да как шмякнется с дерева оземь, все печенки отбил; вскочил — да бежать! А лисица вслед кричит:

— Вот он вам задаст! Погодите!

С той поры все звери стали кота бояться; а кот с лисой запаслись на целую зиму мясом и стали себе жить да поживать, и теперь живут, хлеб жуют.

Напуганные медведь и волки

Жили-были на одном дворе козел да баран; жили промеж себя дружно: сена клок — и тот пополам, а коли вилы в бок — так одному коту

19

Ваське. Он такой вор и разбойник, за каждый час на промысле, и где плохо лежит — тут у него и брюхо болит.

Вот однажды лежат себе козел да баран и разговаривают промеж себя; где ни взялся котишко-мурлышко, серый лобишко, идет да таково жалостно плачет. Козел да баран и спрашивают:

— Кот-коток, серенький лобок! О чем ты, ходя, плачешь, на трех ногах скачешь?

— Как мне не плакать? Била меня старая баба, била, била, уши выдирала, ноги поломала да еще удавку припасала.

— А за какую вину такая тебе погибель?

— Эх, за то погибель была, что себя не опознал да сметанку слизал.

И опять заплакал кот-мурлыко.

— Кот-коток, серый лобок! О чем же ты еще плачешь?

— Как не плакать? Баба меня била да приговари-пала: «Ко мне придет зять, где будет сметаны взять? За неволю придется колоть козла да барана!»

Заревели козел и баран:

— Ах ты серый кот, бестолковый лоб! За что ты пас-то загубил? Вот мы тебя забодаем!

Тут мурлыко вину свою приносил и прощенья просил. Они простили его и стали втроем думу думать: как быть и что делать?

— А что, середний брат баранко,— спросил мурлыко,— крепок ли у тебя лоб: попробуй-ка о ворота.

Баран с разбегу стукнулся о ворота лбом: покачнулись ворота, да не отворились. Поднялся старший брат, мрасище-козлище, разбежался, ударился — и порота отворились.

Пыль столбом подымается, трава к земле приклоняется, бегут козел да баран, а за ними скачет на трех ногах кот, серый лоб. Устал он и возмолился названым братьям:

— Ни то старший брат, ни то средний брат! Не оставьте меньшого братишку на съедение зверям.

Взял козел, посадил его на себя, и понеслись они опять по горам, по долам, по сыпучим пескам. Долго бежали, и день и ночь, пока в ногах силы хватило.

Вот пришло крутое крутище, станово становище; под тем крутищем скошенное поле, на том поле стога что города стоят. Остановились козел, баран и кот отдыхать; а ночь была осенняя, холодная.

«Где огня добыть?»—думают козел да баран.

А мурлышко уже добыл бересты, обернул козлу рога и велел ему с бараном стукнуться лбами. Стукнулись козел с бараном, да таково крепко, что искры из глаз посыпались; берестечко так и зарыдало.

— Ладно,— молвил серый кот,— теперь обогреемся,—да за словом и затопил стог сена.

Не успели они путем обогреться, глядь — жалует незваный гость мужик-серячок Михайло Иванович.

— Пустите,— говорит,— обогреться да отдохнуть: что-то неможется.

— Добро жаловать, мужик-серячок муравейни-чек! Откуда, брат, идешь?

— Ходил на пасеку да подрался с мужиками, оттого и хворь прикинулась; иду к лисе лечиться.

Стали вчетвером темну ночь делить: медведь под стогом, мурлыко на стогу, а козел с бараном у теплины.

Идут семь волков серых, восьмой белый — и прямо к стогу.

— Фу-фу,— говорит белый волк,—нерусским духом пахнет. Какой-такой народ здесь? Давайте силу пытать!

Заблеяли козел и баран со страстей, а мурлышко такую речь повел:

— Ахти, белый волк, над волками князь! Не серди нашего старшего; он, помилуй бог, сердит!—как расходится, никому несдобровать. Аль не видите у него бороды: в ней-то и сила, бородою он зверей побивает, а рогами только кожу сымает. Лучше с честью подойдите да попросите: хотим, дескать, поиграть с твоим меньшим братишком, что под стогом-то лежит.

Волки на том козлу кланялись, обступили Мишку и стали его задирать. Вот он крепился, крепился, да как хватит на каждую лапу по волку; запели они Лазаря, выбрались кое-как, да, поджав хвосты,—подавай бог ноги!

А козел да баран тем времечком подхватили мурлыку и побежали в лес и опять наткнулись на серых волков. Кот вскарабкался на самую макушку ели.

козел с бараном схватились передними ногами за еловый сук и повисли.

Волки стоят под елью, зубы оскалили и воют, глядя на козла и барана. Видит кот, серый лоб, что дело плохо, стал кидать в волков еловые шишки да приговаривать:

— Раз волк! Два волк! Три волк! Всего-то по волку на брата. Я, мурлышко, давеча двух волков съел, и с косточками, так еще сытехонек; а ты, большой братим, за медведями ходил, да не изловил, бери себе и мою долю!

Только сказал он эти речи, как козел сорвался и упал прямо рогами на волка. А мурлыко знай свое кричит:

— Держи его, лови его!

Тут на волков такой страх нашел, что со всех ног припустили бежать без оглядки. Так и ушли.

Медведь, лиса, слепень и мужик

Жил-был мужик, у него была пегая лошадь. Мужик запряг ее в телегу и поехал в лес за дровами. Только приехал в лес, а навстречу ему идет большой медведь. Поздоровался с мужиком и спрашивает:

— Скажи, мужичок, кто твою лошадку пежил? Ишь какая рябенькая да славная!

— Эх, брат Мишка!—говорит мужик.— Я сам ее выпестрил.

— Да разве ты умеешь пежить?

— Кто? Я-то? Да еще какой мастак! Коли хочешь, я, пожалуй, сделаю тебя пестрее моей лошади.

Медведь обрадовался:

— Сделай милость, пожалуйста! Я тебе за работу целый улей притащу.

— Ну что ж! Хорошо. Только надо тебя, старого черта, связать веревками; а то тебе не улежать, как стану пежить.

Медведь согласился. «Погоди,— думает мужик,— я тебя спеленаю!» Взял вожжи и веревки и так скрутил, опутал медведя, что тот зачал реветь на весь лес, а мужик ему:

— Постой, брат Мишка! Не шевелись, пора пежить.

— Развяжи, мужичок!—просится медведь.— Я уже не хочу быть пегим; пожалуйста, отпусти!

— Нет, старый черт! Сам напросился, так тому и быть.

Нарубил мужик дров, наклал целый ворох и развел огонь жарко-жарко, да взял топор и положил его прямо на огонь.

Как накалился топор докрасна, мужик вытащил его и давай пежить медведя; только заверещало. Медведь заревел что есть мочи, понатужился, перервал все веревки и вожжи и ударился бежать по лесу без оглядки — только лес трещит. Рыскал, рыскал медведь по лесу, из силы выбился, хочет лечь — нельзя; все брюхо и бока выжжены; как заревет, заревет! «Ну, только попадись мне мужик в лапы, уж будет меня помнить!»

На другой день мужикова жена пошла в поле роясь жать и взяла с собою краюшку хлеба да кувшин молока. Пришла на свою полосу, поставила к сторонке кувшин с молоком и стала жать. А мужик думает: «Дай проведаю жену». Запряг лошадь, подъезжает к своей полосе и видит, что во ржи бродит лиса. Подобралась плутовка к кувшину с молоком, кое-как всунула в него свою голову, да назад-то уж никак ее и не вытащит; ходит по жниве да головою мотает и говорит:

— Ну, кувшин, пошутил, да и будет!.. Ну, полно же баловать: отпусти меня!.. Кувшинушко! Голубчик! Полно тебе дурачиться, поиграл, да и довольно!..

А сама все головою мотает. Вот покудова лиса уговаривалась с кувшином, мужик достал полено, подошел да как урежет ее по ногам. Лиса бросилась вдруг в сторону, да головой прямо об камень, и кувшин в мелкие черепки разбила. Видит, что за ней гонится мужик с поленом, лиса как прибавит рыси,—даром что на трех ногах, а не догонишь и с собаками,—и скрылась в лесу.

Воротился мужик и стал накладывать на телегу снопы. Откуда не взялся слепень, сел ему на шею и больно его укусил. Мужик хватился за шею и поймал слепня.

— Ну,— говорит,— что с тобой мне делать? Да хорошо, постой, будешь и ты меня помнить.

Взял мужик соломину и воткнул ее слепню в зад.

— Лети теперь как знаешь!

Бедный слепень полетел и соломину за собой потащил. «Ну,— думает себе,—попался я в руки! Еще отроду этакой ноши я не таскивал, как теперь!»

Вот летел он, летел, прилетел в лес и совсем уж из сил выбился. Захотел сесть на дерево отдохнуть, думал повыше подняться, а соломина тянет его книзу. Бился, бился, насилу кое-как присел, запыхался и так тяжело начал дышать, что даже дерево зашаталось. А под этим деревом лежал тот самый медведь, которого мужик пестрил. Медведь испугался: отчего так шибко зашаталось дерево? Глянул вверх, а на дереве сидит слепень. Он и закричал ему:

— Эй, брат! Родня! Слезай, пожалуйста, долой, а то, пожалуй, ведь ты и дерево повалишь.

Слепень послушался и слетел вниз. Медведь посмотрел на него и спрашивает:

— Кто, брат, тебе такую соломину в зад забил? А слепень посмотрел на медведя и сам спрашивает:

— А тебя, брат, кто изуродовал? Вишь, у тебя где шерсть, а в другом месте и кости видать.

— Ну, брат слепень, это меня мужик обработал.

— Ну, брат медведь, и мне от мужика досталось. Смотрят они: лиса на трех ногах скачет.

— Кто тебе ногу-то сломал? — спрашивает медведь.

— Ах, куманек! И сама хорошенько не видала, а некому, кроме мужика; он за мной с поленом гнался.

— Братцы, пойдемте все трое губить мужика! Тотчас все трое собрались и пошли на поле, где мужик убирал снопы. Вот стали они подходить; мужик увидал, испугался и не знает, что ему делать...

Волк

Жил-был старик да старушка, у них была кошечка-судомоечка, собачка-пустолае-чка, овечка да коровушка. Дознался волк, что у старика много скотины; пошел просить себе. Пришел и говорит:

— Отдавай старуху!

Старику жаль отдать старушку; отдал вместо ее кошечку-судомоечку. Волку этого мало; съел и опять пришел к старику:

— Подавай старуху!

Старику жаль отдавать старушку; отдал за нее собачку-пустолаечку. Съел волк и опять идет за старухою. Старик не дает старушки; отдал за нее овечку, а потом и коровушку. А старушку себе оставил; и стали они вдвоем жить да быть и теперь живут, хлеб жуют.

Свинья и волк

Была старая свинья, не ходила никуда днем со двора; ночь пришла — свинья со двора сошла. Хозяйскую полосу миновала, в соседскую попадала; цветочки срывала, соломку бросала. От-куль взялся старый старичище, серый волчище, поднял хвостище, свинье челом отдал:

— Здравствуй, милая жена, супоросная свинья! Зачем шляешься и скитаешься? Здесь волк поедает овец.

Приходит свинье конец.

— Не ешь меня, волчинька, не ешь меня, серенький! Я тебе приведу стадо поросят.

— Не хочу мясца иного, хочу мясца свиного. Взял волк свинку за белую спинку, за черную

щетинку; понес волк свинку за пень, за колоду, за белую березу, стал свиные косточки глодать, свиных родителей поминать.

Волк и коза

Жила-была коза, сделала себе в лесу избушку и нарожала деток. Часто уходила коза в бор искать корму. Как только уйдет, козлятки запрут за нею избушку, а сами никуда не выходят. Воротится коза, постучится в дверь и запоет:

Козлятушки, детятушки!
Отопритеся, отворитеся!
А я, коза, в бору была;
Ела траву шелковую,
Пила воду студеную.
Бежит молоко по вымечку,
Из вымечка в копытечко,
Из копытечка в сыру землю!

Козлятки тотчас отопрут двери и впустят мать. Она покормит их и опять уйдет в бор, а козлятки запрутся крепко-накрепко.

Волк все это й подслушал; выждал время, и только коза в бор, он подошел к избушке и закричал своим толстым голосом:

Вы, детушки, вы, батюшки,
Отопритеся, отворитеся!
Ваша мать пришла,
Молока принесла.
Полны копытца водицы!

А козлятки отвечают:

— Слышим, слышим — не матушкин голосок! Наша матушка поет тонким голоском и не так причитает. Волк ушел и спрятался. Вот приходит коза и стучится:

Козлятушки, детятушки!
Отопритеся, отворитеся!
А я, коза, в бору была;
Ела траву шелковую,
Пила воду студеную.
Бежит молоко по вымечку,
Из вымечка в копытечко,
Из копытечка в сыру землю!

Козлятки впустили мать и рассказали ей, как приходил к ним бирюк и хотел их поесть.

Коза покормила их и, уходя в бор, строго-настрого наказала: коли придет кто к избушке и станет проситься толстым голосом и не переберет всего, что она им причитывает,— того ни за что не впускать в двери.

Только что ушла коза, волк прибежал к избе, постучался и начал причитывать тоненьким голоском:

Козлятушки, детятушки! Отопритеся, отворитеся! А я, коза, в бору была;

Ела траву шелковую,
Пила воду студеную.
Бежит молоко по вымечку,
Из вымечка в копытечко,
Из копытечка в сыру землю!

Козлятки отперли двери, волк вбежал в избу и всех поел, только один козленочек схоронился, в печь улез.

Приходит коза; сколько ни причитывала — никто ей не отзывается. Подошла поближе к дверям и видит, что все отворено; в избу — а там все пусто; заглянула в печь и нашла одного детища.

Как узнала коза о своей беде, села она на лавку, зачала горько плакать и припевать:

— Ох вы, детушки мои, козлятушки! На что отпиралися-отворялися, злому волку доставалися? Он вас всех поел и меня, козу, со великим горем, со кручиной сделал.

Услышал это волк, входит в избушку и говорит козе:

— Ах ты, кума, кума! Что ты на меня грешишь? Неужли-таки я сделаю это! Пойдем в лес, погуляем.

— Нет, кум, не до гулянья.

— Пойдем!—уговаривает волк.

Пошли они в лес, нашли яму, а в этой яме разбойники кашицу недавно варили, и оставалось в ней еще довольно-таки огня.

Коза говорит волку:

— Кум, давай попробуем, кто перепрыгнет через эту яму?

Стали прыгать.

Волк прыгнул, да и ввалился в горячую яму; брюхо у него от огня лопнуло, и козлятки выбежали оттуда да прыг к матери.

И стали они жить да поживать, ума наживать, а лиха избывать.

Волк-дурень

В одной деревне жил-был мужик, у него была собака; смолоду сторожила она весь дом, а как пришла тяжелая старость — и брехать перестала. Надоела она хозяину; вот он собрался, взял веревку, зацепил собаку за шею и повел ее в лес; привел к осине и хотел было удавить, да как увидел, что у старого пса текут по морде горькие слезы, ему и жалко стало: смиловался, привязал собаку к осине, а сам отправился домой.

Остался бедный пес в лесу и начал плакать и проклинать свою долю. Вдруг идет из-за кустов большущий волк, увидал его и говорит:

— Здравствуй, пестрый кобель! Долгонько поджидал тебя в гости. Бывало, ты прогонял меня от своего дому; а теперь сам ко мне попался: что захочу, то над тобой и сделаю. Уж я тебе за все отплачу!

— А что хочешь ты, серый волчок, надо мною сделать?

— Да немного: съем тебя со всей шкурой и с костями.

— Ах, ты, глупый серый волк! С жиру сам не знаешь, что делаешь; таки после вкусной говядины станешь ты жрать старое и худое песье мясо? Зачем тебе понапрасну ломать надо мною свои старые зубы? Мое мясо теперь словно гнилая колода. А вот я лучше тебя научу: поди-ка да принеси мне пудика три хорошей кобылятинки, поправь меня немножко, да тогда и делай со мною что угодно.

Волк послушал кобеля, пошел и притащил ему половину кобылы.

— Вот тебе и говядинка! Смотри, поправляйся. Сказал и ушел.

Собака стала прибирать мясцо и все поела. Через два дня приходит серый дурак и говорит кобелю:

— Ну, брат, поправился али нет?

— Маленько поправился; коли б еще принес ты мне какую-нибудь овцу, мое мясо сделалось бы не в пример слаще!

Волк и на то согласился, побежал в чистое поле, лег в лощине и стал караулить, когда погонит пастух свое стадо. Вот пастух гонит стадо; волк повысмотрел из-за куста овцу, которая пожирнее да побольше, вскочил и бросился на нее: ухватил за шиворот и потащил к собаке.

— Вот тебе овца, поправляйся!

Стала собака поправляться, съела овцу и почуяла в себе силу. Пришел волк и спрашивает:

— Ну что, брат, каков теперь?

— Еще немножко худ. Вот когда б ты принес мне какого-нибудь кабана, так я бы разжирел, как свинья!

Волк добыл и кабана, принес и говорит:

— Это моя последняя служба! Через два дня приду к тебе в гости.

«Ну ладно,— думает собака,— я с тобою поправлюсь».

Через два дня идет волк к откормленному псу, а пес завидел и стал на него брехать.

— Ах ты, мерзкий кобель,— сказал серый волк,— смеешь ты меня бранить? — и тут же бросился на собаку и хотел ее разорвать.

Но собака собралась уже с силами, стала с волком в дыбки и начала его так потчевать, что с серого только космы летят. Волк вырвался да бежать скорее: отбежал далече, захотел остановиться, да как услышал собачий лай—опять припустился.

Прибежал в лес, лег под кустом и начал зализывать свои раны, что дались ему от собаки.

— Ишь как обманул мерзкий кобель! — говорит волк сам с собою.— Постой же, теперь кого ни попаду, уж тот из моих зубов не вырвется!

Зализал волк раны и пошел за добычей. Смотрит, на горе стоит большой козел; он к нему,— и говорит:

— Козел, а козел! Я пришел тебя съесть.

— Ах, ты, серый волк! Для чего станешь ты понапрасну ломать об меня свои старые зубы? А ты лучше стань под горою и разинь свою широкую пасть; я разбегусь да таки прямо к тебе в рот, ты меня и проглотишь!

Волк стал под горою и разинул свою широкую пасть, а козел себе на уме, полетел с горы как стрела, ударил волка в лоб, да так крепко, что он с ног свалился. А козел и был таков!

Часа через три очнулся волк, голову так и ломит ему от боли. Стал он думать: проглотил ли он козла или нет? Думал-думал, гадал-гадал.

— Коли бы я съел козла, у меня брюхо-то было бы полнехонько; кажись, он, бездельник, меня обманул! Ну, уж теперь я буду знать, что делать!

Сказал волк и пустился к деревне, увидал свинью с поросятами и бросился было схватить поросенка; а свинья не дает.

— Ах, ты, свиная харя!—говорит ей волк.— Как смеешь грубить? Да я и тебя разорву, и твоих поросят за один раз проглочу.

А свинья отвечала:

— Ну, до сей поры не ругала я тебя; а теперь скажу, что ты большой дурачина!

— Как так?

— А вот как! Сам ты, серый, посуди: как тебе есть моих поросят? Ведь они недавно родились. Надо их обмыть. Будь ты моим кумом, а я твоей кумою, станем их, малых детушек, крестить.

Волк согласился.

Вот хорошо, пришли они к большой мельнице. Свинья говорит волку:

— Ты, любезный кум, становись по ту сторону заставки, где воды нету, а я пойду, стану поросят в чистую воду окунать да тебе по одному подавать.

Волк обрадовался, думает: «Вот когда попадет в зубы добыча-то!» Пошел серый дурак под мост, а свинья тотчас схватила заставку зубами, подняла и пустила воду. Вода как хлынет, и потащила за собой волка, и почала его вертеть. А свинья с поросятами отправилась домой: пришла, наелась и с детками на мягкую постель спать повалилась.

Узнал серый волк лукавство свиньи, насилу кое-как выбрался на берег и пошел с голодным брюхом рыскать по лесу. Долго издыхал он с голоду, не вытерпел, пустился опять к деревне и увидел: лежит около гумна какая-то падла.

«Хорошо,— думает,— вот придет ночь, наемся хоть этой падлы».

Нашло на волка неурожайное время, рад и падлою поживиться! Все лучше, чем с голоду зубами пощелкивать да по-волчьи песенки распевать.

Пришла ночь; волк пустился к гумну и стал уписывать падлу. Но охотник уж давно его поджидал и приготовил для приятеля пару хороших орехов; ударил он из ружья, и серый волк покатился с разбитой головою. Так и скончал свою жизнь серый волк!

Медведь

Жил-был старик да старуха, детей у них не было. Старуха и говорит старику:

— Старик, сходи по дрова. Старик пошел по дрова; попал ему навстречу медведь и сказывает:

— Старик, давай бороться.

Старик взял да и отсек медведю топором лапу; ушел домой с лапой и отдал старухе:

— Вари, старуха, медвежью лапу.

Старуха сейчас взяла, содрала кожу, села на нее и начала щипать шерсть, а лапу поставила в печь вариться. Медведь ревел, ревел, надумался и сделал себе липовую лапу; идет к старику на деревяшке и поет:

Скрипи, нога,
Скрипи, липовая!
И вода-то спит,
И земля-то спит,
И по селам спят,
По деревням спят;
Одна баба не спит,
На моей коже сидит,
Мою шерстку прядет,
Мое мясо варит,
Мою кожу сушит.

В те поры старик и старуха испугались. Старик спрятался на полати под корыто, а старуха на печь под черные рубахи.

Медведь взошел в избу; старик со страху кряхтит под корытом, а старуха закашляла. Медведь нашел их, взял да и съел.

Медведь, собака и кошка

Жил себе мужик, у него была добрая собака, да как устарела — перестала и лаять и оберегать двор с амбарами. Не захотел мужик кормить ее хлебом, прогнал со двора. Собака ушла в лес и легла под дерево издыхать. Вдруг идет медведь и спрашивает:

— Что ты, кобель, улегся здесь?

— Пришел околевать с голоду! Видишь, нынче какая у людей правда: покуда есть сила — кормят и поят, а как пропадет сила от старости — ну и погонят со двора.

— А что, кобель, хочется тебе есть?

— Еще как хочется-то!

— Ну, пойдем со мною; я тебя накормлю-.

Вот и пошли. Попадается им навстречу жеребец.

— Гляди на меня! — сказал медведь собаке и стал лапами рвать землю.

— Кобель, а кобель!

— Ну что?

— Посмотри-ка, красны ли мои глаза?

— Красны, медведь!

Медведь еще сердитее начал рвать землю.

— Кобель, а кобель! Что — шерсть взъерошилась?

— Взъерошилась, медведь!

— Кобель, а кобель! Что — хвост поднялся?

— Поднялся!

Вот медведь схватил жеребца за брюхо; жеребец упал наземь. Медведь разорвал его и говорит:

— Ну, кобель, ешь сколько угодно. А как приберешь все, приходи ко мне.

Живет себе кобель, ни о чем не тужит; а как съел все да проголодался опять, побежал к медведю.

— Ну что, брат, съел?

— Съел; теперича опять пришлось голодать.

— Зачем голодать! Знаешь ли, где ваши бабы жнут?

— Знаю.

— Ну, пойдем; я подкрадусь к твоей хозяйке и ухвачу из зыбки ее ребенка, а ты догоняй меня да отнимай его. Как отнимешь, и отнеси назад; она за то станет тебя по-старому кормить хлебом.

Вот ладно, прибежал медведь, подкрался и унес ребенка из зыбки. Ребенок закричал, бабы бросились за медведем, догоняли, догоняли и не могли нагнать, так и воротились; мать плачет, бабы тужат.

Откуда не взялся кобель, догнал медведя, отнял ребенка и несет его назад.

— Смотрите,— говорят бабы,— старый-то кобель отнял ребенка!

Побежали навстречу. Мать уж так рада-рада.

— Теперича,— говорит,— я этого кобеля ни за что не покину!

Привела его домой, налила молочка, покрошила хлебца и дала ему:

— На, покушай!

А мужику говорит:

— Нет, муженек, нашего кобеля надо беречь да кормить; он моего ребенка у медведя отнял. А ты сказывал, что у него силы нет!

Поправился кобель, отъелся.

— Дай бог,— говорит,— здоровья медведю! Не дал помереть с голоду,— и стал медведю первый друг.

Раз у мужика была вечеринка. На ту пору медведь пришел к собаке в гости:

— Здорово, кобель! Ну как поживаешь — хлеб поедаешь?

— Слава богу!—отвечает собака.— Не житье, а масленица. Чем же тебя потчевать? Пойдем в избу. Хозяева загуляли и не увидят, как ты пройдешь; а ты войди в избу да поскорей под печку. Вот я что добуду, тем и стану тебя потчевать.

Ладно, забрались в избу. Кобель видит, что гости и хозяева порядком перепились, и ну угощать приятеля. Медведь выпил стакан, другой, и поразобрало его. Гости затянули песни, и медведю захотелось, стал свою заводить; а кобель уговаривает:

— Не пой, а то беда будет.

Куды! Медведь не утихает, а все громче заводит песню. Гости услыхали вой, похватали колья и давай бить медведя; он вырвался да бежать, еле-еле жив уплелся.

Была у мужика еще кошка; перестала ловить мышей и ну проказить: куда ни полезет, а что-нибудь разобьет или из кувшина прольет. Мужик прогнал кошку из дому, а собака видит, что она бедствует без еды, и начала потихоньку носить к ней хлеба да мяса и кормить ее. Хозяйка стала присматривать; как узнала про это, принялась кобеля бить; била, била, а сама приговаривала:

— Не таскай кошке говядины, не носи кошке хлеба!

Вот дня через три вышел кобель со двора и видит, что кошка совсем с голоду издыхает.

— Что с тобой?

— С голоду помираю; потуда и сыта была, покуда ты меня кормил.

— Пойдем со мною.

Вот и пошли. Приходит кобель к табуну и начал копать землю лапами, а сам спрашивает:

— Кошка, а кошка! Что — глаза красны?

— Ничего не красны!

— Говори, что красны!

— Красны.

— Кошка, а кошка! Что — шерсть ощетинилась?

— Нет, не ощетинилась.

— Говори, дура, что ощетинилась.

— Ну, ощетинилась.

— Кошка, а кошка! Что — хвост поднялся?

— Ничего не поднялся.

— Говори, дура, что поднялся!

— Ну, поднялся.

Кобель как бросится на кобылу, а кобыла как ударит его задом; у кобеля и дух вон! А кошка и говорит:

— Вот теперича и впрямь глаза кровью налились, шерсть взъерошилась и хвост завился. Прощай, брат кобель! И я пойду помирать.

Коза

Сидит козел Да плачет: он послал козу за орехами; она пошла и пропала. Вот козел и запел:

Нет козы с орехами,
Нет козы с калеными!
Добро же, коза! Пошлю на тя волки.
Волки нейдут козы гнать:
Нет козы с орехами,
Нет козы с калеными!
Добро же волки! Пошлю на вас медведя.
Медведь нейдет волков драть,
Волки нейдут козы гнать:
Нет козы с орехами

Нет козы с калеными!
Добро же, медведь! Пошлю на тя люд.
Люди нейдут медведь стрелять,
Медведь нейдет волков драть,
Волки нейдут козы гнать:
Нет козы с орехами,
Нет козы с калеными!
Добро же, люди! Пошлю на вас дубье.
Дубье нейдет людей бить,
Люди нейдут медведь стрелять,
Медведь нейдет волков драть,
Волки нейдут козы гнать:
Нет козы с орехами,
Нет козы с калеными!
Добро же, дубье! Пошлю на тя топор.
Топор нейдет дубье рубить,
Дубье нейдет людей бить,
Люди нейдут медведь стрелять,
Медведь нейдет волков драть,
Волки нейдут козы гнать:
Нет козы с орехами,
Нет козы с калеными!
Добро же, топор! Пошлю на тя камень.
Камень нейдет топор тупить,
Топор нейдет дубье рубить,
Дубье нейдет людей бить,
Люди нейдут медведь стрелять,
Медведь нейдет волков драть,
Волки нейдут козы гнать:
Нет козы с орехами,
Нет козы с калеными!
Добро же, камень! Пошлю на тя огонь.
Огонь нейдет камень палить,
Камень нейдет топор тупить,
Топор нейдет дубье рубить,
Дубье нейдет людей бить,
Люди нейдут медведь стрелять,
Медведь нейдет волков драть,
Волки нейдут козы гнать:
Нет козы с орехами,
Нет козы с калеными!
Добро же, огонь! Пошлю на тя воду.

Вода нейдет огонь лить,
 Огонь нейдет камень палить,
Камень нейдет топор тупить,
Топор нейдет дубье рубить,
Дубье нейдет людей бить,
Люди нейдут медведь стрелять,
Медведь нейдет волков драть,
Волки нейдут козы гнать:
Нет козы с орехами,
 Нет козы с калеными!
Добро же, вода! Пошлю на тя бурю.
Буря пошла воду гнать,
Вода пошла огонь лить,
Огонь пошел камень палить,
Камень пошел топор тупить.
Топор пошел дубье рубить,
Дубье пошло людей бить,
Люди пошли медведь стрелять,
Медведь пошел волков драть,
Волки пошли козу гнать:
Вот коза с орехами,
Вот коза с калеными!

Сказка о козе лупленой

Коза рухлена, половина бока луплена!.. Слушай, послушивай! Жил-был мужик, у него был зайчик. Вот и пошел мужик на поле; тут увидал он: лежит коза, половина бока луплена, а половина нет. Мужик сжалился над нею, взял ее, принес домой и положил под сарай. Пообедав и отдохнув немножко, вышел он на огород, и зайчик с ним. Тут коза из-под сарая в избу пробралась и там крючком заперлась.

Вот зайчик захотел поесть и прибежал к дверям избы; хвать лапкой—дверь заперта!

— Кто там? — спрашивает зайчик. Коза отвечает:

— Я—коза рухлена, половина бока луплена; выйду—все бока повыбью!

Зайчик с горем отошел от двери, вышел на улицу и плачет. Навстречу ему бирюк.

— Что ты плачешь?—спросил бирюк.

— У нас в избе кто-то,— сказал сквозь слезы зайчик.

А бирюк:

— Иди со мною, я выгоню! Пришли к дверям.

— Кто здесь? — спросил бирюк. Коза затопала ногами и сказала:

— Я—коза рухлена, половина бока луплена; выйду—все бока повыбью!

Вот они и ушли от двери. Зайчик опять заплакал и вышел на улицу, а бирюк убежал в лес. Навстречу зайцу идет кочет:

— Что ты плачешь? Зайчик ему сказал. Вот кочет и говорит:

— Иди со мною, я выгоню!

Подходя к двери, зайчик, чтобы устрашить козу, кричит:

— Идет кочет на пятах, несет саблю на плечах, идет душу губить — козе голову рубить.

Вот подошли; кочет и спрашивает:

— Кто там?

Коза по-прежнему:

— Я—коза рухлена, половина бока луплена; выйду— все бока повыбью!

Зайчик опять со слезами ушел на улицу. Тут подлетела к нему пчелка, суетится и спрашивает:

— Кто тебя? О чем ты плачешь?

Зайчик сказал ей, и пчелка полетела к избе. Тут она спросила:

— Кто там?

Коза отвечала по-прежнему. Пчелка рассердилась, начала летать круг стенок; вот жужжала, жужжала и нашла дырочку, влезла туда да за голый бок и жальнула козу рухлену и сделала на боку пухлину. Коза со всего маху в дверь — и была такова!

Тут зайчик вбег в избу, наелся-напился и спать повалился. Когда зайчик проснется, тогда и сказка начнется.

Зимовье зверей

Шел бык лесом; попадается ему навстречу баран.

— Куды, баран, идешь? — спросил бык.

— От зимы лета ищу,— говорит баран.

— Пойдем со мною!

Вот пошли вместе; попадается им навстречу свинья.

— Куды, свинья, идешь? — спросил бык.

— От зимы лета ищу,— отвечает свинья.

— Иди с нами!

Пошли втроем дальше; навстречу им попадается гусь.

— Куды, гусь, идешь? — спросил бык.

— От зимы лета ищу,— отвечает гусь.

— Ну, иди за нами!

Вот гусь и пошел за ними. Идут, а навстречу им петух.

— Куды, петух, идешь? — спросил бык.

— От зимы лета ищу,— отвечает петух.

— Иди за нами!

Вот идут они путем-дорогою и разговаривают промеж: себя:

— Как же, братцы-товарищи? Время приходит холодное: где тепла искать?

Бык и сказывает:

— Ну, давайте избу строить, а то и впрямь зимою позамерзнем.

Баран говорит:

— У меня шуба тепла — вишь какая шерсть! Я и так прозимую.

Свинья говорит:

— А по мне хоть какие морозы — я не боюсь: зароюся в землю и без избы прозимую.

Гусь говорит:

— А я сяду в середину ели, одно крыло постелю, а другим оденуся,— меня никакой холод не возьмет; я и так прозимую.

Петух говорит:

— И я тож!

Бык видит — дело плохо, надо одному хлопотать.

— Ну,— говорит,— вы как хотите, а я стану избу строить.

Выстроил себе избушку и живет в ней. Вот пришла зима холодная, стали пробирать морозы; баран — делать нечего — приходит к быку:

— Пусти, брат, погреться.

— Нет, баран, у тебя шуба тепла; ты и так перезимуешь. Не пущу!

— А коли не пустишь, то я разбегуся и вышибу из твоей избы бревно; тебе же будет холоднее.

Бык думал, думал:

«Дай пущу, а то, пожалуй, и меня заморозит»,— и пустил барана.

Вот и свинья прозябла, пришла к быку:

— Пусти, брат, погреться.

— Нет, не пущу; ты в землю зароешься и так прозимуешь!

— А не пустишь, тчк я рылом все столбы подрою да твою избу уроню.

Делать нечего, надо пустить; пустил и свинью. Тут пришли к быку гусь и петух:

— Пусти, брат, к себе погреться.

— Нет, не пущу. У вас по два крыла: одно постелешь, другим оденешься; и так прозимуете!

— А не пустишь,— говорит гусь,— так я весь мох из твоих стен повыщиплю; тебе же холоднее будет.

— Не пустишь? — говорит петух.— Так я взлечу наверх, всю землю с потолка сгребу; тебе же холоднее будет.

Что делать быку? Пустил жить к себе и гуся и петуха. Вот живут они себе да поживают в избушке. Отогрелся в тепле петух и зачал песенки распевать. Услышала лиса, что петух песенки распевает, захотелось петушком полакомиться, да как достать его? Лиса поднялась на хитрости, отправилась к медведю да волку и сказала:

— Ну, любезные куманьки, я нашла для, всех поживу: для тебя, медведь, быка; для тебя, волк, барана, а для себя петуха.

— Хорошо, кумушка,— говорят медведь и волк,— мы твоих услуг никогда не забудем! Пойдем же, приколем да поедим! Лиса привела их к избушке.

— Кум,— говорит она медведю,— отворяй дверь, я наперед пойду, петуха съем.

Медведь отворил дверь, а лисица вскочила в избушку. Бык увидал ее и тотчас прижал к стене рогами, а баран зачал осаживать по бокам; из лисы и дух вон.

— Что она там долго с петухом не может управиться?— говорит волк.— Отпирай, брат Михайло Иванович! Я пойду.

— Ну ступай.

Медведь отворил дверь, а волк вскочил в избушку. Бык и его прижал к стене рогами, а баран ну осаживать по бокам, и так его приняли, что волк и дышать перестал.

Вот медведь ждал, ждал:

— Что он до сих пор не может управиться с бараном! Дай я пойду.

Вошел в избушку, а бык да баран и его так же приняли. Насилу вон вырвался и пустился бежать без оглядки.

Собака и дятел

Жили мужик да баба и не знали, что есть заработа; а была у них собака, она их и кормила и поила. Но пришло время, стала собака-стара; куда уж тут кормить мужика с бабой! Чуть сама с голоду не пропадает.

— Послушай, старик,— говорит баба,— возьми ты эту собаку, отведи за деревню и прогони; пусть идет куда хочет. Теперича она нам не надобна! Было время—кормила нас, ну и держали ее.

Взял старик собаку, вывел за деревню и погнал прочь.

Вот собака ходит себе по чистому полю, а домой идти боится: старик со старухою станут бить-колотить. Ходила, ходила, села наземь и завыла крепким голосом. Летел мимо дятел и спрашивает:

— О чем ты воешь?

— Как не выть мне, дятел! Была я молода, кормила-поила старика со старухою; стала стара, они меня и прогнали. Не знаю, где век доживать.

— Пойдем ко мне, карауль моих детушек, а я кормить тебя стану.

Собака согласилась и побежала за дятлом. Дятел прилетел в лес к старому дубу, а в дубе было дупло, а в дупле дятлово гнездо.

— Садись около дуба,— говорит дятел,—никого не пущай, а я полечу разыскивать корму.

Собака уселась возле дуба, а дятел полетел. Летал, летал и увидал: идут по дороге бабы с горшочками, несут мужьям в поле обедать; пустился назад к дубу, прилетел и говорит:

— Ну, собака, ступай за мною; по дороге бабы идут с горшочками, несут мужьям в поле обедать. Ты становись за кустом, а я окунусь в воду да вываляюсь в песку и стану перед бабами по дороге низко порхать, будто взлететь повыше не могу. Они начнут меня ловить, горшочки свои поставят наземь, а сами за мною. Ну, ты поскорее к горшочкам-то бросайся да наедайся досыта.

Собака побежала за дятлом и, как сказано, стала за кустом; а дятел вывалялся весь в песку и начал перед бабами по дороге перепархивать.

— Смотрите-ка,— говорят бабы,—дятел-то совсем мокрый, давайте его ловить!

Покинули наземь свои горшки, да за дятлом, а он от них дальше да дальше, отвел их в сторону, поднялся вверх и улетел. А собака меж: тем выбежала из-за куста и все, что было в горшочках, приела и ушла. Воротились бабы, глянули, а горшки катаются порожние; делать нечего, заорали горшки и пошли домой.

Дятел нагнал собаку и спросил:

— Ну что, сыта?

— Сыта,— отвечает собака.

— Пойдем же домой.

Вот дятел летит, а собака бежит; попадается им на дороге лиса.

— Лови лису!—говорит дятел. Собака бросилась за лисою, а лиса припустила изо всех сил. Случись в ту пору ехать мужику с бочкою дегтю. Вот лиса кинулась через дорогу, прямо к телеге и проскочила сквозь спицы колеса; собака было за нею, да завязла в колесе; тут из нее и дух вон.

— Ну, мужик,— говорит дятел,— когда ты задавил мою собаку, то и я причиню тебе великое горе!

Сел на телегу и начал долбить дыру в бочке, стучит себе в самое дно. Только отгонит его мужик от бочки, дятел бросится к лошади, сядет промежду ушей и долбит ее в голову. Сгонит мужик с лошади, а он опять к бочке; таки продолбил в бочке дыру и весь деготь выпустил. А сам говорит:

— Еще не то тебе будет,— и стал долбить у лошади голову. Мужик взял большое полено, засел за телегу, выждал время и как хватит изо всей мочи; только в дятла не попал, а со всего маху ударил лошадь по голове и ушиб ее до смерти. Дятел полетел к мужико-вой избе, прилетел и прямо в окошко. Хозяйка тогда печь топила, а малый ребенок сидел на лавке; дятел сел ему на голову и ну долбить. Баба прогоняла, прогоняла его, не может прогнать: злой дятел все клюет; вот она схватила палку да как ударит: в дятла-то не попала, а ребенка зашибла...

Кочет и курица

Жили курочка с кочетком, и пошли они в лес по орехи. Пришли к орешне; кочеток залез на орешню рвать орехи, а курочку оставил на земле подбирать орехи: кочеток кидает, а курочка подбирает.

Вот кинул кочеток орешек, и попал курочке в глазок, и вышиб глазок. Курочка пошла — плачет. Вот едут бояре и спрашивают:

— Курочка, курочка! Что ты плачешь?

— Мне кочеток вышиб глазок.

— Кочеток, кочеток! На что ты курочке вышиб глазок?

— Мне орешня портки раздрала.

— Орешня, орешня! На что ты кочетку портки раздрала?

— Меня козы подглодали.

— Козы, козы! На что вы орешню подглодали?

— Нас пастухи не берегут.

— Пастухи, пастухи! Что вы коз не берегете?

— Нас хозяйка блинами не кормит.

— Хозяйка, хозяйка! Что ты пастухов блинами не кормишь?

— У меня свинья опару пролила.

— Свинья, свинья! На что ты у хозяйки опару пролила?

— У меня волк поросеночка унес.

— Волк, волк! На что ты у свиньи поросеночка унес?

— Я есть захотел, мне бог повелел.

Смерть петушка

Ходят курица с петухом на поповом гумне. Подавился петушок бобовым зернятком. Курочка сжалёлась, пошла к речке просить воды. Речка говорит:

— Поди к липке, проси листа, тогда и дам воды!

— Липка, липка! Дай листу: лист нести к речке, речка даст воды, воду нести к петушку — подавился петушок бобовым зернятком: ни спышйт, ни сдышйт, ровно мертвый лежит!

Липка сказала:

— Поди к девке, проси нитки: в те поры дам листа!

— Девка, девка! Дай нитки, нитки нести к липке, липка даст листу, лист нести к речке, речка даст воды, воду нести к петушку — подавился петушок бобовым зернятком: ни спышйт, ни сдышйт, ровно мертвый лежит!

Девка говорит:

— Поди к корове, проси молока; в те поры дам нитки.

Пришла курочка к корове:

— Корова, корова! Дай молока, молоко нести к девке, девка даст нитки, нитки нести к липке, липка даст листу, лист нести к речке, речка даст воды, воду нести к петушку,— подавился петушок бобовым зернятком: ни спышит, ни сдышит, ровно мертвый лежит!

Корова говорит:

— Поди, курочка, к сенокосам, попроси у них сена; в те поры дам молока.

Пришла курочка к сенокосам.

— Сенокосы, сенокосы! Дайте сена, сено нести к корове, корова даст молока, молоко нести к девке, девка даст нитки, нитки нести к липке, липка даст листу, лист нести к речке, речка даст воды, воду нести к петушку,— подавился петушок бобовым зернятком: ни спышйт, ни сдышит, ровно мертвый лежит!

Сенокосы говорят:

— Поди, курочка, к кузнецам, чтобы сковали косу. Пришла курочка к кузнецам:

— Кузнецы, кузнецы! Скуйте мне косу, косу нести к сенокосам, сенокосы дадут сена, сено нести к корове, корова даст молока, молоко нести к девке, девка даст нитки, нитки нести к липке, липка даст листу, лист нести к речке, речка даст воды, воду нести к петушку,— подавился петушок бобовым зернятком: ни слышит, ни сдышит, ровно мертвый лежит!

Кузнецы сказали:

— Иди, курочка, к лаянам, проси у них уголья; в те поры скуем тебе косу.

Пришла курочка к лаянам:

— Лаяна, лаяна! Дайте уголья, уголье нести к кузнецам, кузнецы скуют косу, косу нести к сенокосам, сенокосы дадут сена, сено нести к корове, корова даст молока, молоко нести к девке, девка даст нитки, нитки нести к липке, липка даст листу, лист нести к речке, речка даст воды, воду нести к петушку,— подавился петушок бобовым зернятком: ни спышйт, ни сдышит, ровно мертвый лежит!

Дали лаяна уголья; снесла курочка уголье к кузнецам, кузнецы сковали косу; снесла косу к сенокосам, сенокосы накосили сена; снесла сено к корове, корова дала молока; снесла молоко к девке, девка дала нитки; снесла нитки к липке, липка дала листу; снесла лист к речке, речка дала воды снесла воду к петушку: он лежит, ни спышйт, ни сдышит. подавился на поповом гумне бобовым зернятком!

Курочка

Жил-был старик со старушкою, у них была курочка-татарушка, снесла яичко в куте под окошком: пестро, востро, костяно, мудрено! Положила на полочку; мышка шла, хвостиком тряхнула, полочка упала, яичко разбилось.

Старик плачет, старуха возрыдает, в печи пылает, верх на избе шатается, девочка-внучка с горя удавилась. Идет просвирня, спрашивает: что они так плачут?

Старики начали пересказывать:

— Как нам не плакать? Есть у нас курочка-татарушка, снесла яичко в куте под окошком: пестро, востро, костяно, мудрено! Положила на полочку; мышка шла, хвостиком тряхнула, полочка упала, яичко и разбилось! Я, старик, плачу, старуха возрыдает, в печи пылает, верх на избе шатается, девочка-внучка с горя удавилась.

Просвирня как услыхала — все просвиры изломала и побросала. Подходит дьячок и спрашивает у просвирни: зачем она просвиры побросала?

Она пересказала ему все горе; дьячок побежал на колокольню и перебил все колокола.

Идет поп, спрашивает у дьячка: зачем колокола перебил?

Дьячок пересказал все горе попу, а поп побежал, все книги изорвал.

Журавль и цапля

Летела сова - веселая голова; вот она летала, летала и села, да хвостиком повертела, да по сторонам посмотрела, и опять полетела; летала, летала и села, хвостиком повертела да по сторонам посмотрела... Это присказка, сказка вся впереди.

Жили-были на болоте журавль да цапля, построили себе по концам избушки. Журавлю показалось скучно жить одному, и задумал он жениться.

— Дай пойду посватаюсь на цапле!

Пошел журавль — тяп, тяп! Семь верст болото месил; приходит и говорит:

— Дома ли цапля?

— Дома.

— Выдь за меня замуж!

— Нет, журавль, нейду за тя замуж; у тебя ноги долги, платье коротко, сам худо летаешь, и кормить-то меня тебе нечем! Ступай прочь, долговязый!

Журавль, как не солоно похлебал, ушел домой. Цапля после раздумалась и сказала:

— Чем жить одной, лучше пойду замуж: за журавля.

Приходит к журавлю и говорит:

— Журавль, возьми меня замуж:!

— Нет, цапля, мне тебя не надо! Не хочу жениться, не беру тебя замуж. Убирайся!

Цапля заплакала со стыда и воротилась назад. Журавль раздумался и сказал:

— Напрасно не взял за себя цаплю; ведь одному-то скучно. Пойду теперь и возьму ее замуж.

Приходит и говорит:

— Цапля! Я вздумал на тебе жениться: поди за меня.

— Нет, журавль, нейду за тя замуж! Пошел журавль домой.

Тут цапля раздумалась:

— Зачем отказала? Что одной-то жить? Лучше за журавля пойду!

Приходит свататься, а журавль не хочет. Вот так-то и ходят они по сю пору один на другом свататься, да никак не женятся.

Орел и ворона

Жила-была на Руси ворона, с няньками, с мамками, с малыми детками, с ближними соседками. Прилетели гуси-лебеди, нанесли яичек; а ворона стала их забижать, стала у них яички таскать.

Случилось лететь мимо сычу; видит он, что ворона больших птиц забижает, и полетел к сизому орлу. Прилетел и просит:

— Батюшка сизый орел! Дай нам праведный суд на шельму ворону.

Сизый орел послал за вороной легкого посла воробья. Воробей тотчас полетел, захватил ворону; она было упираться, воробей давай ее пинками и привел-таки к сизому орлу.

Орел стал судить.

— Ах ты шельма ворона, шаловая голова, непотребный нос, г... хвост! Про тебя говорят, что ты на чужое добро рот разеваешь, у больших птиц яички таскаешь.

— Напраслина, батюшка сизый орел, напраслина!

— Про тебя же сказывают: выйдет мужичок сеять, а ты выскочишь со всем своим содомом и ну разгребать.

— Напраслина, батюшка сизый орел, напраслина!

— Да еще сказывают: станут бабы жать, нажнут и покладут снопы в поле, а ты выскочишь со всем содомом и опять-таки ну разгребать да ворошить.

— Напраслина, батюшка сизый орел, напраслина! Осудили ворону в острог посадить.

Золотая рыбка

На море на океане, на острове на Буяне стояла небольшая ветхая избушка; в той избушке жили старик да старуха. Жили они в великой бедности; старик сделал сеть и стал ходить на море да ловить рыбу: тем только и добывал себе дневное пропитание. Раз как-то закинул старик свою сеть, начал тянуть, и показалось ему так тяжело, как доселева никогда не бывало: еле-еле вытянул. Смотрит, а сеть пуста; всего-навсего одна рыбка попалась, зато рыбка не простая — золотая. Взмолилась ему рыбка человечьим голосом:

— Не бери меня, старичок! Пусти лучше в сине море; я тебе сама пригожусь: что пожелаешь, то и сделаю.

Старик подумал-подумал и говорит:

— Мне ничего от тебя не надобно: ступай гуляй в море!

Бросил золотую рыбку в воду и воротился домой. Спрашивает его старуха:

— Много ли поймал, старик?

— Да всего-навсего одну золотую рыбку, и ту бросил в море: крепко она возмолилась: отпусти, говорила, в сине море; я тебе в пригоду стану: что пожелаешь, все сделаю! Пожалел я рыбку, не взял с нее выкупу, даром на волю пустил.

— Ах ты, старый черт! Попалось тебе в руки большое счастье, а ты и владать не сумел.

Озлилась старуха, ругает старика с утра до вечера, не дает ему спокоя:

— Хоть бы хлеба у ней выпросил! Ведь скоро сухой корки не будет; что жрать-то станешь?

Не выдержал старик, пошел к золотой рыбке за хлебом; пришел на море и крикнул громким голосом:

— Рыбка, рыбка! Стань в море хвостом, ко мне головой.

Рыбка приплыла к берегу:

— Что тебе, старик, надо?

— Старуха осерчала, за хлебом прислала.

— Ступай домой, будет у вас хлеба вдоволь. Воротился старик:

— Ну что, старуха, есть хлеб?

— Хлеба-то вдоволь; да вот беда: корыто раскололось, не в чем белье мыть; ступай к золотой рыбке, попроси, чтоб новое дала.

Пошел старик на море:

— Рыбка, рыбка! Стань в море хвостом, ко мне головой.

Приплыла золотая рыбка:

— Что тебе надо, старик?

— Старуха прислала, новое корыто просит.

— Хорошо, будет у вас корыто.

Воротился старик,— только в дверь, а старуха опять на него накинулась:

— Ступай,— говорит,— к золотой рыбке, попроси, чтоб новую избу построила; в нашей жить нельзя, того и смотри что развалится!

Пошел старик на море:

— Рыбка, рыбка! Стань в море хвостом, ко мне головой.

Рыбка приплыла, стала к нему головой, в море хвостом и спрашивает:

— Что тебе, старик, надо?

— Построй нам новую избу; старуха ругается, не дает мне спокою; не хочу, говорит, жить в старой избушке: она того и смотри вся развалится!

— Не тужи, старик! Ступай домой да молись богу, все будет сделано.

Воротился старик — на его дворе стоит изба новая, дубовая, с вырезными узорами. Выбегает к нему навстречу старуха, пуще прежнего сердится, пуще прежнего ругается:

— Ах ты, старый пес! Не умеешь ты счастьем пользоваться. Выпросил избу и, чай, думаешь — дело сделал! Нет, ступай-ка опять к золотой рыбке да скажи ей: не хочу я быть крестьянкою, хочу быть воеводихой, чтоб меня добрые люди слушались, при встречах в пояс кланялись.

Пошел старик на море, говорит громким голосом:

— Рыбка, рыбка! Стань в море хвостом, ко мне головой.

Приплыла рыбка, стала в море хвостом, к нему головой:

— Что тебе,, старик, надо? Отвечает старик:

— Не дает мне старуха спокою, совсем вздурилась: не хочет быть крестьянкою, хочет быть воеводихой.

— Хорошо, не тужи! Ступай домой, да молись богу, псе будет сделано.

Воротился старик, а вместо избы каменный дом стоит, в три этажа выстроен; по двору прислуга бегает, на кухне повара стучат, а старуха в дорогом парчовом платье на высоких креслах сидит да приказы отдает.

— Здравствуй, жена!'—говорит старик.

— Ах ты, невежа этакой! Как смел обозвать меня, иоеводиху, своею женою? Эй, люди! Взять этого мужичонка на конюшню и отодрать плетьми как можно больнее.

Тотчас прибежала прислуга, схватила старика за шиворот и потащила в конюшню; начали конюхи угощать его плетьми, да так угостили, что еле на ноги поднялся. После того старуха поставила старика дворником: велела дать ему метлу, чтоб двор убирал, а кормить и поить его на кухне. Плохое житье старику: целый день двор убирай, а чуть где нечисто — сейчас на конюшню! «Экая ведьма!—думает старик.—Далось ей счастье, а она как свинья зарылась, уж и за мужа меня не считает!»

Ни много, ни мало прошло времени, придокучило старухе быть воеводихой, потребовала к себе старика и приказывает:

— Ступай, старый черт, к золотой рыбке, скажи ей: не хочу я быть воеводихой, хочу быть царицею.

Пошел старик на море:

— Рыбка, рыбка! Стань в море хвостом, ко мне головой!

Приплыла золотая рыбка:

— Что тебе, старик, надо?

— Да что, вздурилась моя старуха пуще прежнего: не хочет быть воеводихой, хочет быть царицею.

— Не тужи! Ступай домой да молись богу, все будет сделано.

Воротился старик, а вместо прежнего дома высокий дворец стоит под

45

золотою крышею; кругом часовые ходят да ружьями выкидывают; позади большой сад раскинулся, а перед самым дворцом — зеленый луг; на лугу войска собраны. Старуха нарядилась царицею, выступила на балкон с генералами да с боярами и начала делать там войскам смотр и развод: барабаны бьют, музыка гремит, солдаты «ура» кричат!

Ни много, ни мало прошло времени, придокучило старухе быть царицею, велела разыскать старика и представить пред свои очи светлые. Поднялась суматоха, генералы суетятся, бояре бегают:

— Какой-такой старик?

Насилу нашли его на заднем дворе, повели к царице.

— Слушай, старый черт!—говорит ему старуха.— Ступай к золотой рыбке да скажи ей: не хочу быть царицею, хочу быть морскою владычицей, чтобы все моря и все рыбы меня слушались.

Старик было отнекиваться; куда тебе! коли не пойдешь — голова долой! Скрепя сердце пошел старик на море, пришел и говорит:

— Рыбка, рыбка! Стань в море хвостом, ко мне головой.

Золотой рыбки нет как нет! Зовет старик в другой раз — опять нету! Зовет в третий раз — вдруг море зашумело, взволновалося; то было светлое, чистое, а тут совсем почернело. Приплывает рыбка к берегу:

— Что тебе, старик, надо?

— Старуха еще пуще вздурилася; уж не хочет быть царицею, хочет быть морскою владычицей, над всеми водами властвовать, над всеми рыбами повелевать.

Ничего не сказала старику золотая рыбка, повернулась и ушла в глубину моря. Старик воротился назад, смотрит и глазам не верит: дворца как не бывало, а на его месте стоит небольшая ветхая избушка, а в избушке сидит старуха в изодранном сарафане. Начали они жить по-прежнему, старик опять принялся за рыбную ловлю; только как часто пи закидывал сетей в море, не удалось больше поймать золотой рыбки.

Жадная старуха

Жил старик со старухою; пошел в лес дрова рубить. Сыскал старое дерево, поднял топор и стал рубить. Говорит ему дерево:

— Не руби меня, мужичок! Что тебе надо, все сделаю.

— Ну, сделай, чтобы я богат был.

— Ладно, ступай домой, всего у тебя вдоволь будет.

Воротился старик домой — изба новая, словно чата полная, денег куры не клюют, хлеба на десятки лет хватит, а что коров, лошадей, овец — в три дня не сосчитать!

— Ах, старик, откуда все это? — спрашивает старуха.

— Да вот, жена, я такое дерево нашел — что ни пожелай, то и сделает.

Пожили с месяц; приелось старухе богатое житье, говорит старику:

— Хоть живем мы богато, да что в этом толку, коли люди нас не почитают! Захочет бурмистр, и тебя и меня на работу погонит; а придерется, так и палками накажет. Ступай к дереву, проси, чтоб ты бурмистром был.

Взял старик топор, пошел к дереву и хочет под самый корень рубить.

— Что тебе надо? — спрашивает дерево.

— Сделай, чтобы я бурмистром был.

— Хорошо, ступай с богом!

Воротился домой, а его уж давно солдаты дожидают:

— Где ты,— закричали,— старый черт, шатаешься? Отводи скорей нам квартиру, да чтоб хорошая была. Ну-ну, поворачивайся!

А сами тесаками его по горбу да по горбу. Видит старуха, что и бурмистру не всегда честь, и говорит старику:

— Что за корысть быть бурмистровой женою! Вот тебя солдаты прибили, а уж о барине и говорить нечего: что захочет, то и сделает. Ступай-ка ты к дереву да проси, чтоб сделало тебя барином, а меня барыней.

Взял старик топор, пошел к дереву, хочет опять рубить; дерево спрашивает:

— Что тебе надо, старичок?

— Сделай меня барином, а старуху барыней.

— Хорошо, ступай с богом!

Пожила старуха в барстве, захотелось ей большего, говорит старику:

— Что за корысть, что я барыня! Вот кабы ты был полковником, а я полковницей — иное дело, все бы нам завидовали.

Погнала старика снова к дереву: взял он топор, пришел и собирается рубить. Спрашивает его дерево:

— Что тебе надобно?

— Сделай меня полковником, а старуху полковницей.

— Хорошо, ступай с богом!

Воротился старик домой, а его полковником пожаловали.

Прошло несколько времени, говорит ему старуха:

— Велико ли дело — полковник! Генерал захочет, под арест посадит. Ступай к дереву, проси, чтобы сделало тебя генералом, а меня генеральшею.

Пошел старик к дереву, хочет топором рубить.

— Что тебе надобно? — спрашивает дерево.

— Сделай меня генералом, а старуху генеральшею.

— Хорошо, иди с богом!

Воротился старик домой, а его в генералы произ-ели. Опять прошло несколько времени, наскучило старухе быть генеральшею, говорит она старику:

— Велико ли дело — генерал! Государь захочет, в Сибирь сошлет. Ступай к дереву, проси, чтобы сделало тебя царем, а меня царицею.

Пришел старик к дереву, хочет топором рубить.

— Что тебе надобно? — спрашивает дерево.

— Сделай меня царем, а старуху царицею.

— Хорошо, иди с богом!

Воротился старик домой, а за ним уж послы приехали:

— Государь-де помер, тебя на его место выбрали. Не много пришлось старику со старухой нацарствовать; показалось старухе мало быть царицею, позвала старика и говорит ему:

— Велико ли дело — царь! Бог захочет, смерть нашлет, и запрячут тебя в сырую землю. Ступай-ка ты к дереву да проси, чтобы сделало нас богами.

Пошел старик к дереву. Как услыхало оно эти безумные речи, зашумело листьями и в ответ старику молвило:

— Будь же ты медведем, а твоя жена медведицей. В ту ж минуту старик обратился медведем, а старуха медведицей, и побежали в лес.

Сказка о Ерше Ершовиче, сыне Щетинникове

Ершишко-кропачишко, ершишко-пагубнишко склался на дровнишки со своим маленьким ребятишкам; пошел он в Кам-реку, из Кам-реки в Трос-реку, из Трос-реки в Кубенское озеро, из Кубенского озера в Ростовское озеро и в этом озере выпросился остаться одну ночку; от одной ночки две ночки, от двух ночек две недели, от двух недель два месяца, от двух месяцев два года, а от двух годов жил тридцать лет.

Стал он по всему озеру похаживать, мелкую и крупную рыбу под добало подкалывать. Тогда мелкая и крупная рыба собрались во един круг и стали выбирать себе судью праведную, рыбу-сом с большим усом:

— Будь ты,— говорят,— нашим судьей.

Сом послал за ершом—добрым человеком и говорит:

— Ерш, добрый человек! Почему ты нашим озером завладел?

— Потому,— говорит,— я вашим озером завладел, что ваше озеро Ростовское горело снизу и доверху, с Петрова дня и до Ильина дня, выгорело оно снизу и доверху и запустело.

— Ни вовек,— говорит рыба-сом,— наше озеро не гарывало! Есть ли у тебя в том свидетели, московские крепости, письменные грамоты?

— Есть у меня в том свидетели и московские крепости, письменные грамоты: сорога-рыба на пожаре была, глаза запалила, и понынче у нее красны.

И посылает сом-рыба за сорогой-рыбой. Стрелец-боец, карась-палач, две горсти мелких молей, туды же понятых, зовут сорогу-рыбу:

— Сорога-рыба! Зовет тебя рыба-сом с большим усом пред свое величество.

Сорога-рыба, не дошедчи рыбы-сом, кланялась. И говорит ей сом:

— Здравствуй, сорога-рыба, вдова честная! Гарывало ли наше озеро Ростовское с Петрова дня до Ильина дня?

— Ни вовек-то,— говорит сорога-рыба,— не гарывало наше озеро!

Говорит сом-рыба:

— Слышишь, ерш, добрый человек! Сорога-рыба в глаза обвинила.

А сорога тут же примолвила:

— Кто ерша знает да ведает, тот без хлеба обедает! Ерш не унывает, на бога уповает.

— Есть же у меня,— говорит,— в том свидетели и московские крепости, письменные грамоты: окунь-рыба на пожаре был, головешки носил, и понынче у него крылья красны.

Стрелец-боец, карась-палач, две горсти мелких молей, туды же понятых (это государские посыльщи-ки), приходят и говорят:

— Окунь-рыба! Зовет тебя рыба-сом с большим усом пред свое величество.

И приходит окунь-рыба. Говорит ему сом-рыба:

— Скажи, окунь-рыба, гарывало ли наше озеро Ростовское с Петрова дня до Ильина дня?

— Ни вовек-то,— говорит,—наше озеро не гарывало! Кто ерша знает да ведает, тот без хлеба обедает!

Ерш не унывает, на бога уповает, говорит сом-рыбе:

— Есть же у меня в том свидетели и московские крепости, письменные грамоты: щука-рыба, вдова честная, притом не мотыга, скажет истинную правду. Она на пожаре была, головешки носила и понынче черна.

Стрелец-боец, карась-палач, две горсти мелких молей, туды же понятых (это государские посыльщи-ки), приходят и говорят:

— Щука-рыба! Зовет рыба-сом с большим усом пред свое величество.

Щука-рыба, не дошедчи рыбы-сом, кланялась:

— Здравствуй, ваше величество!

— Здравствуй, щука-рыба, вдова честная, притом же ты и не

мотыга!—говорит сом.— Гарывало ли наше озеро Ростовское с Петрова дня до Ильина дня?

Щука-рыба отвечает:

— Ни вовек-то не гарывало наше озеро Ростовское! Кто ерша знает да ведает, тот всегда без хлеба обедает!

Ерш не унывает, а на бога уповает:

— Есть же,— говорит,— у меня в том свидетели и московские крепости, письменные грамоты: налим-рыба на пожаре был, головешки носил, и понынче он черен.

Стрелец-боец, карась-палач, две горсти мелких молей, туды же понятых (это государские посылыци-ки), приходят к налим-рыбе и говорят:

— Налим-рыба! Зовет тебя рыба-сом с большим усом пред свое величество.

— Ах, братцы! Нате вам гривну на труды и на волокиту; у меня губы толстые, брюхо большое, в городе не бывал, пред судьям не стаивал, говорить не умею, кланяться, право, не могу.

Эти государские посылыцики пошли домой; тут поймали ерша и посадили его в петлю.

По ершовым-то молитвам бог дал дождь да слякоть. Ерш из петли-то да и выскочил; пошел он в Кубенское озеро, из Кубенского озера в Трос-реку, из Трос-реки в Кам-реку. В Кам-реке идут щука да осетр.

— Куда вас черт понес? — говорит им ерш. Услыхали рыбаки ершов голос тонкий и начали ерша ловить. Изловили ерша, ершишко-кропачишко, ершишко-пагубнишко! Пришел Бродька — бросил ерша в лодку, пришел Петрушка — бросил ерша в плетушку.

— Наварю,— говорит,—ухи, да и скушаю. Тут и смерть ершова!

Байка о щуке зубастой

В ночь на Иванов день родилась щука в Шексне, да такая зубастая, что боже упаси! Лещи, окуни, ерши — все собрались глазеть на нее и дивовались такому чуду.

Вода той порой в Шексне всколыхалася; шел паром через реку, да чуть не затопился, а красные девки гуляли по берегу, да все порассыпались.

Экая щука родилась зубастая!

И стала она расти не по дням, а по часам: что день, то на вершок прибавится; и стала щука зубастая в Шексне похаживать да лещей, окуней полавливать: издали увидит леща, да и хвать его зубами—леща как не бывало, только косточки хрустят на зубах у щуки зубастой.

Экая оказия случилась в Шексне!

Что делать лещам да окуням? Тошно приходит: щука всех приест, прикорнает.

Собралась вся мелкая рыбица,и стали думу думать, как перевести щуку зубастую да такую торовастую. На совет пришел и Ерш Ершович и так наскоро взголцил:

— Полноте думу думать да голову ломать, полноте мозг портить; а вот послушайте, что я буду баять. Тошно нам всем тепере в Шексне: щука зубастая проходу не дает, всякую рыбу на зуб берет! Не житье нам в Шексне, переберемтесь-ка лучше в мелкие речки жить — в Сизму, Конову да Славенку; там нас никто не тронет, и будем жить припеваючи да деток нажив аючи.

И поднялись все ерши, лещи, окуни из Шексны в мелкие речки Сизму, Конову да Славенку.

По дороге, как шли, хитрый рыбарь многих из ихней братьи изловил на удочку и сварил забубённую ушицу, да тем, кажись, и заговелся.

С тех пор в Шексне совсем мало стало мелкой рыбицы. Закинет рыбарь удочку в воду, да ничего не вытащит: когда-некогда попадется стерлядка, да тем и ловле шабаш!

Вот вам и вся байка о щуке зубастой да такой торовастой. Много наделала плутовка хлопот в Шексне, да после и сама несдобровала: как не стало мелкой рыбицы, пошла хватать червячков и попалась сама на крючок.

Рыбарь сварил уху, хлебал да хвалил: такая была жирная! Я там был, вместе уху хлебал, по усу текло, в рот не попало.

Терем мухи

Ехал мужик с горшками, потерял большой кувшин. Залетела в кувшин муха и стала в нем жить-поживать. День живет, другой живет. Прилетел комар и стучится:

— Кто в хоромах, кто в высоких?

— Я, муха-шумиха; а ты кто?

— А я комар-пискун.

— Иди ко мне жить.

Вот и стали вдвоем жить. Прибежала к ним мышь и стучится:

— Кто в хоромах, кто в высоких?

— Я, муха-шумиха, да комар-пискун; а ты кто?

— Я из-за угла хмыстень.

— Иди к нам жить.

И стало их трое. Прискакала лягушка и стучится:

— Кто в хоромах, кто в высоких?

— Я, муха-шумиха, да комар-пискун, да из-за угла хмыстень; а ты кто?

— Я на воде балагта.

— Иди к нам жить. Вот и стало их четверо. Пришел заяц и стучится:

— Кто в хоромах, кто в высоких?

— Я, муха-шумиха, да комар-пискун, из-за угла хмыстень, на воде балагта: а ты кто?

— Я на поле свертень.

— Иди к нам.

Стало их теперь пятеро. Пришла еще лисица и стучится:

— Кто в хоромах, кто в высоких?

— Я, муха-шумиха, да комар-пискун, из-за угла хмыстень, на воде балагта, на поле свертень; а ты кто?

— Я на поле краса.

— Ступай к нам. Прибрела собака и стучится:

— Кто в хоромах, кто в высоких?

— Я, муха-шумиха, да комар-пискун, из-за угла хмыстень, на воде балагта, на поле свертень, да на поле краса; а ты кто?

— А я гам-гам!

— Иди к нам жить. Собака влезла.

Прибежал еще волк и стучится:

— Кто в хоромах, кто в высоких?

— Я, муха-шумиха, да комар-пискун, из-за угла хмыстень, на воде балагта, на поле свертень, на поле краса, да гам-гам; а ты кто?

— Я из-за кустов хап.

— Иди к нам жить.

Вот живут себе все вместе.

Спознал про эти хоромы медведь, приходит и стучится — чуть хоромы живы:

— Кто в хоромах, кто в высоких?

— Я муха-шумиха, да комар-пискун, из-за угла хмыстень, на воде балагта, на поле свертень, на поле краса, гам-гам, да из-за кустов хап; а ты кто?

— А я лесной гнет!

Сел на кувшин и всех раздавил.

Мизгирь

В стары годы, в старопрежние, в красну вёсну, в теплые лета сделалась такая соморота, в мире тягота: стали появляться комары да мошки, людей кусать, горячую кровь пропускать. Проявился мизгирь, удалой добрый молодец, стал ножками трясти да мерёжки плести, ставить на пути, на дорожки, куда летают комары да мошки.

Муха грязна, строка некошна, полетела, да чуть не пала, да к мизгирю в сеть попала; то ее мизгирь стал бить, да губить, да за горло давить.

Муха мизгирю возмолилася:

— Батюшка мизгирь! Не бей ты меня, не губи ты меня: у меня много будет детей сиротать, по дворам ходить и собак дразнить.

То ее мизгирь опустил; она полетела, забунчала, известила всем комарам и мошкам:

— Ой еси вы, комары и мошки! Убирайтесь под осиново корище: проявился мизгирь, стал ножками трясти, мерёжки плести, ставить на пути, на дорожки, куда летают комары да мошки; всех изловит!

Они полетели, забились под осиново корище, лежат, яко мертвы.

Мизгирь пошел, нашел сверчка, таракана и клопа:

— Ты, сверчок, сядь на кочок испивать табачок; а ты, таракан, ударь в барабан, а ты, клоп-блинник, поди под осиново корище, проложь про меня, мизгиря-борца, добра молодца, такую славу, что мизгиря-борца, добра молодца, в живе нет: в Казань отослали, в Казани голову отсекли на плахе и плаху раскололи.

Сверчок сел на кочок испивать табачок, а таракан ударил в барабан; клоп-блинник пошел под осиново корище, говорит:

— Что запали, лежите, яко мертвы? Ведь мизгиря-борца, добра молодца, в живе нет: в Казань отослали, в Казани голову отсекли на плахе и плаху раскололи.

Они возрадовались и возвеселились, по трою перекрестились, полетели, чуть не пали, да к мизгирю все в сеть попали.

Он и говорит:

— Что вы очень мелки! Почаще бы ко мне в гости бывали, пивца-винца испивали и нам бы подавали!

Пузырь, соломинка и лапоть

Жили-были пузырь, соломинка и лапоть; пошли они в лес дрова рубить, дошли до реки, не знают: как через реку перейти?

Лапоть говорит пузырю:

— Пузырь, давай на тебе переплывем?

— Нет, лапоть, пусть лучше соломинка перетянется с берега на берег, а мы перейдем по ней.

Соломинка перетянулась; лапоть пошел по ней, она и переломилась. Лапоть упал в воду, а пузырь хохотал, хохотал, да и лопнул!

Репка

Посеял дедка репку; пошел репку рвать, захватился за репку: тянет-потянет, вытянуть не может! Созвал дедка бабку; бабка за дедку, дедка за репку, тянут-потянут, вытянуть не можут! Пришла внучка; внучка за бабку, бабка за дедку, дедка за репку, тянут-потянут, вытянуть не можут! Пришла сучка; сучка за внучку, внучка за бабку, бабка за дедку, дедка за репку, тянут-потянут, вытянуть не можут! Пришла нога (?). Нога за сучку, сучка за внучку, внучка за бабку, бабка за дедку, дедка за репку, тянут-потянут, вытянуть не можут! Пришла друга нога; друга нога за ногу, нога за сучку, сучка за внучку, внучка за бабку, бабка за дедку, дедка за репку, тянут-потянут, вытянуть не можут! (и так далее до пятой ноги). Пришла пята нога. Пять ног за четыре, четыре ноги за три, три ноги за две, две ноги за ногу, нога за сучку, сучка за внучку, внучка за бабку, бабка за дедку, дедка за репку, тянут-потянут: вытянули репку!

Грибы

Вздумал гриб, разгадал боровик; под дубочком сидючи, на все грибы глядючи, стал приказывать:

— Приходите вы, белянки, ко мне на войну. Отказалися белянки:

— Мы грибовые дворянки, не идем на войну.

— Приходите, рыжики, ко мне на войну. Отказались рыжики:

— Мы богатые мужики, неповинны на войну идти.

— Приходите вы, волнушки, ко мне на войну. Отказалися волнушки:

— Мы господские стряпушки, не идем на войну.

— Приходите вы, опенки, ко мне на войну. Отказалися опенки:

— У нас ноги очень тонки, мы нейдем на войну.

— Приходите, грузди, ко мне на войну.

— Мы, грузди,— ребятушки дружны, пойдем на войну!

Это было, как царь-горох воевал с грибами.

Солнце, Месяц и Ворон Воронович

Жили-были старик да старуха, у них было три дочери. Старик пошел в амбар крупку брать; взял крупку, понес домой, а на мешке-то была дырка; крупа-то в нее сыплется да сыплется. Пришел домой. Старуха спрашивает:

— Где крупка? — а крупка вся высыпалась. Пошел старик собирать и говорит:

— Кабы Солнышко обогрело, кабы Месяц осветил, кабы Ворон Воронович пособил мне крупку собрать: за Солнышка бы отдал старшую дочь, за Месяца — среднюю, а за Ворона Вороновича младшую!

Стал старик собирать — Солнце обогрело, Месяц осветил, а Ворон Воронович пособил крупку собрать. Пришел старик домой, сказал старшей дочери:

— Оденься хорошенько да выйди на крылечко. Она оделась, вышла на крылечко. Солнце и утащило ее.

Средней дочери также велел одеться хорошенько и выйти на крылечко. Она оделась и вышла. Месяц схватил и утащил вторую дочь.

И меньшей дочери сказал:

— Оденься хорошенько да выйди на крылечко. Она оделась и вышла на крылечко. Ворон Воронович схватил ее и унес.

Старик и говорит:

— Идти разве в гости к зятю.

Пошел к Солнышку, вот и пришел. Солнышко говорит:

— Чем тебя потчевать?

— Я ничего не хочу.

Солнышко сказало жене, чтоб настряпала оладьев. Вот жена настряпала. Солнышко уселось среди полу, жена поставила на него сковороду — и оладьи сжарились. Накормили старика.

Пришел старик домой, приказал старухе состряпать оладьев; сам сел на пол и велит ставить на себя сковороду с оладьями.

— Чего на тебе испекутся!—говорит старуха.

— Ничего,— говорит,— ставь, испекутся.

Она и поставила; сколько оладьи ни стояли, ничего не испеклись, только прокисли.

Нечего делать, поставила старуха сковородку в печь, испеклися оладьи, наелся старик.

На другой день старик пошел в гости к другому зятю, к Месяцу. Пришел.

Месяц говорит:

— Чем тебя потчевать?

— Я,— отвечает старик,— ничего не хочу. Месяц затопил про него баню.

Старик говорит:

— Темно, быват, в бане-то будет! А Месяц ему:

— Нет, светло, ступай.

Пошел старик в баню, а Месяц запихал перстик свой в дырочку, и оттого в бане светло-светло стало.

Выпарился старик, пришел домой и велит старухе топить баню ночью.

Старуха истопила; он и посылает ее туда париться. Старуха говорит:

— Темно париться-то!

— Ступай, светло будет!

Пошла старуха, а старик видел-то, как светил ему Месяц, и сам туда ж — взял прорубил дыру в бане и запихал в нее свой перст. А в бане свету нисколько нет! Старуха знай кричит ему:

— Темно!

Делать нечего, пошла она, принесла лучины с огнем и выпарилась.

На третий день старик пошел к Ворону Вороновичу. Пришел.

— Чем тебя потчевать-то? — спрашивает Ворон Воронович.

— Я,— говорит старик,— ничего не хочу.

— Ну, пойдем, хоть спать на седала.

Ворон поставил лестницу и полез со стариком. Ворон Воронович посадил его под крыло.

Как старик заснул, они оба упали и убились.

Ведьма и Солнцева сестра

В некотором царстве, далеком государстве, жил-был царь с царицей, у них был сын Иван-царевич, с роду немой, было ему лет двенадцать, и пошел он раз в конюшню к любимому своему конюху. Конюх этот сказывал ему завсегда сказки, и теперь Иван-царевич пришел послушать от него сказочки, да не то услышал:

— Иван-царевич! —сказал конюх.— У твоей матери скоро родится дочь, а тебе сестра; будет она страшная ведьма, съест и отца, и мать, и всех подначальных людей; так ступай, попроси у отца что ни есть наилучшего коня — будто покататься, и поезжай отсюдова куда глаза глядят, коли хочешь от беды избавиться.

Иван-царевич прибежал к отцу и с роду впервой заговорил с ним; царь так этому возрадовался, что не стал и спрашивать: зачем ему добрый конь надобен? Тотчас приказал что ни есть наилучшего коня из своих табунов оседлать для царевича. Иван-царевич сел и поехал куда глаза глядят.

Долго-долго он ехал; наезжает на двух старых швей и просит, чтоб они взяли его с собой жить.

Старухи сказали:

— Мы бы рады тебя взять, Иван-царевич, да нам уж немного жить. Вот доломаем сундук иголок да изошьем сундук ниток — тотчас и смерть придет!

Иван-царевич заплакал и поехал дальше. Долго-долго ехал, подъезжает к Вертодубу и просит:

— Прими меня к себе!

— Рад бы тебя принять, Иван-царевич, да мне жить остается немного. Вот как повыдерну все эти дубы с кореньями — тотчас и смерть моя!

Пуще прежнего заплакал царевич и поехал все дальше да дальше. Подъезжает к Вертогору; стал его просить, а он в ответ:

— Рад бы принять тебя, Иван-царевич, да мне самому жить немного. Видишь, поставлен я горы ворочать; как справлюсь с этими последними — тут и смерть моя!

Залился Иван-царевич горькими слезами и поехал еще дальше.

Долго-долго ехал; приезжает, наконец, к Солнцевой сестрице. Она его приняла к себе, кормила-поила, как за родным сыном ходила. Хорошо было жить царевичу, а все нет-нет да и сгрустнется: захочется узнать, что в родном дому деется? Взойдет, бывало, на высокую гору, посмотрит на свой дворец и видит, что все съедено, только стены осталися! Вздохнет и заплачет.

Раз этак посмотрел да поплакал — воротился, а Солнцева сестра спрашивает:

— Отчего ты, Иван-царевич, нонче заплаканный? Он говорит:

— Ветром в глаза надуло.

В другой раз опять то же; Солнцева сестра взяла да и запретила ветру дуть.

И в третий раз воротился Иван-царевич заплаканный; да уж делать нечего — пришлось во всем признаваться, и стал он просить Солнцеву сестрицу, чтоб отпустила его, добра молодца, на родину понаведаться. Она его не пускает, а он ее упрашивает; наконец упросил-таки, отпустила его на родину понаведаться и дала ему на дорогу щетку, гребенку да два моложавых яблочка: какой бы ни был стар человек, а съест яблочко — вмиг помолодеет!

Приехал Иван-царевич к Вертогору, всего одна гора осталась; он взял свою щетку и бросил во чисто поле; откуда ни взялись — вдруг выросли из земли высокие-высокие горы, верхушками в небо упираются; и сколько тут их — видимо-невидимо! Вертогор обрадовался и весело принялся за работу.

Долго ли, коротко ли — приехал Иван-царевич к Вертодубу, всего три дуба осталось; он взял гребенку к кинул во чисто поле; откуда что — вдруг зашумели, поднялись из земли густые дубовые леса, дерево дерева толще! Вертодуб обрадовался, благодарствовал царевичу и пошел столетние дубы выворачивать.

Долго ли, коротко ли — приехал Иван-царевич к старухам, дал им по яблочку; они съели, вмиг помолодели и подарили ему хусточку; как махнешь хусточкой—станет позади целое озеро!

Приезжает Иван-царевич домой. Сестра выбежала, встретила его, приголубила:

— Сядь,— говорит,— братец, поиграй на гуслях, а я пойду — обед приготовлю.

Царевич сел и бренчит на гуслях; выполз из норы мышонок и говорит ему человеческим голосом:

— Спасайся, царевич, беги скорее! Твоя сестра ушла зубы точить.

Иван-царевич вышел из горницы, сел на коня и поскакал назад; а мышонок по струнам бегает: гусли бренчат, а сестра и не ведает, что братец ушел. Наточила зубы, бросилась в горницу, глядь — нет ни души, только мышонок в нору скользнул. Разозлилась ведьма, так и скрипит зубами, и пустилась в погоню.

Иван-царевич услыхал шум, оглянулся — вот-вот нагонит сестра; махнул хусточкой — и стало глубокое озеро. Пока ведьма переплыла озеро, Иван-царевич далеко уехал.

Понеслась она еще быстрее... вот уж близко! Вертодуб угадал, что царевич от сестры спасается, и давай вырывать дубы да валить на дорогу; целую гору накидал! Нет ведьме проходу! Стала она путь прочищать, грызла, грызла, насилу продралась, а Иван-царевич уж далеко. Бросилась догонять, гнала, гнала, еще немножко... и уйти нельзя! Вертогор увидал ведьму, ухватился за самую высокую гору и повернул ее как раз на дорогу, а на ту гору поставил другую. Пока ведьма карабкалась да лезла, Иван-царевич ехал да ехал и далеко очутился.

Перебралась ведьма через горы и опять погнала за братом... Завидела его и говорит:

— Теперь не уйдешь от меня!

Вот близко, вот нагонит! В то самое время подскакал Иван-царевич к теремам Солнцевой сестрицы и закричал:

— Солнце, Солнце! Отвори оконце.

Солнцева сестрица отворила окно, и царевич вскочил в него вместе с конем.

Ведьма стала просить, чтоб ей выдали брата головою; Солнцева сестра ее не послушала и не выдала. Тогда говорит ведьма:

— Пусть Иван-царевич идет со мной на весы, кто кого перевесит! Если я перевешу—так я его съем, а если он перевесит — пусть меня убьет!

Пошли; сперва сел на весы Иван-царевич, а потом и ведьма полезла; только ступила ногой, так Ивана-царевича вверх и подбросило, да с такою силою, что он прямо попал на небо, к Солнцевой сестре в терема; а ведьма-змея осталась на земле.

Вазуза и Волга

Волга с Вазузой долго спорили, кто из них умнее, сильнее и достойнее большего почета. Спорили, спорили, друг друга не переспорили и решились вот на какое дело.

— Давай вместе ляжем спать, а кто прежде встанет и скорее придет к морю Хвалынскому, та из нас и умнее, и сильнее, и почету достойнее.

Легла Волга спать, легла и Вазуза. Да ночью встала Вазуза потихоньку, убежала от Волги, выбрала себе дорогу и прямее и ближе и потекла.

Проснувшись, Волга пошла ни тихо, ни скоро, а как следует; в Зубцове догнала Вазузу, да так грозно, что Вазуза испугалась, назвалась меньшою сестрою и просила Волгу принять ее к себе на руки и снести в море Хвалынское.

А все-таки Вазуза весною раньше просыпается и будит Волгу от зимнего сна.

Морозко

У мачехи была падчерица да родная дочка; родная что ни сделает, за все ее гладят по головке да приговаривают: «Умница!» А падчерица как ни угождает — ничем не угодит, все не так, все худо; а надо правду сказать, девочка была золото, в хороших руках она бы как сыр в масле купалась, а у мачехи кажный день слезами умывалась. Что делать? Ветер хоть пошумит, да затихнет, а старая баба расходится — не скоро уймется, все будет придумывать да зубы чесать. И придумала мачеха падчерицу со двора согнать:

— Вези, вези, старик, ее куда хочешь, чтобы мои глаза ее не видали, чтобы мои уши об ней не слыхали; да не вози к родным в теплую хату, а во чисто поле на трескун-мороз!

Старик затужил, заплакал; однако посадил дочку на сани, хотел прикрыть попонкой — и то побоялся; повез бездомную во чисто поле, свалил на сугроб, перекрестил, а сам поскорее домой, чтоб глаза не иидали дочерниной смерти.

Осталась, бедненькая, трясется и тихонько молитву творит. Приходит Мороз, попрыгивает, поскакивает, на красную девушку поглядывает:

— Девушка, девушка, я Мороз красный нос!

— Добро пожаловать, Мороз; знать, бог тебя принес по мою душу грешную.

Мороз хотел ее тукнуть и заморозить; но полюбились ему ее умные речи, жаль стало! Бросил он ей шубу. Оделась она в шубу, подожмала ножки, сидит.

Опять пришел Мороз красный нос, попрыгивает-поскакивает, на красную девушку поглядывает:

— Девушка, девушка, я Мороз красный нос!

— Добро пожаловать, Мороз; знать, бог тебя принес по мою душу грешную.

Мороз пришел совсем не по душу, он принес красной девушке сундук высокий да тяжелый, полный всякого приданого. Уселась она в шубочке на сундучке, такая веселенькая, такая хорошенькая! Опять пришел Мороз красный нос, попрыгивает-носкакивает, на красную девушку поглядывает. Она его приветила, а он ей подарил платье, шитое и серебром и золотом. Надела она и стала какая красавица, какая нарядница! Сидит и песенки попевает.

А мачеха по ней поминки справляет; напекла блинов.

— Ступай, муж:, вези хоронить свою дочь. Старик поехал. А собачка под столом:

— Тяв, тяв! Стариkov дочь в злате, в серебре везут, а старухину женихи не берут!

— Молчи, дура! На блин, скажи: старухину дочь женихи возьмут, а стариковой одни косточки привезут!

Собачка съела блин да опять:

— Тяв, тяв! Стариков дочь в злате, в серебре везут, а старухину женихи не берут!

Старуха и блины давала, и била ее, а собачка все свое:

— Старикову дочь в злате, в серебре везут, а старухину женихи не возьмут!

Скрипнули ворота, растворилися двери, несут сундук высокий, тяжелый, идет падчерица — панья паньей сияет! Мачеха глянула — и руки врозь!

— Старик, старик, запрягай других лошадей, вези мою дочь поскорей! Посади на то же поле, на то же место.

Повез старик на то же поле, посадил на то же место.

Пришел и Мороз красный нос, поглядел на свою гостью, попрыгал-поскакал, а хороших речей не дождал; рассердился, хватил ее и убил.

— Старик, ступай, мою дочь привези, лихих коней запряги, да саней не повали, да сундук не оброни!

А собачка под столом:

— Тяв, тяв! Старикову дочь женихи возьмут, а старухиной в мешке косточки везут!

— Не ври! На пирог, скажи: старухину в злате, в серебре везут!

Растворились ворота, старуха выбежала встреть дочь, да вместо ее обняла холодное тело. Заплакала, заголосила, да поздно!

Старуха-говоруха

И день и ночь старуха ворчит, как у ней язык не заболит? А все на падчерицу: и не умна и не статна! Пойдет и придет, станет и сядет — все не так, невпопад. С утра до вечера как заведенные гусли. Надоела мужу, надоела всем, хоть со двора бежи! Запряг старик лошадь, затеял в город просо везть, а старуха кричит:

— Бери и падчерицу, вези хоть в темный лес, хоть на путь на дорогу, только с моей шеи долой.

Старик повез. Дорога дальняя, трудная, все бор да болото, где кинуть девку? Видит: стоит избушка на курьих ножках, пирогом подперта, блином накрыта, стоит'—перевертывается. «В избушке,— подумал,— лучше оставить дочь», ссадил ее, дал проса на кашу, ударил по лошади и укатил из виду.

Осталась девка одна; натолкла проса, наварила каши много, а есть некому. Пришла ночь длинная, жуткая; спать — бока пролежишь, глядеть — глаза проглядишь, слова молвить не с кем, и скучно и страшно! Стала она на порог, отворила дверь в лес и зовет:

— Кто в лесе, кто в темном — приди ко мне гостевать!

Леший откликнулся, скинулся молодцом, новгородским купцом,

прибежал и подарочек принес. Нынче придет покалякает, завтра придет — гостинец принесет; увадился, наносил столько, что девать некуда!

А старуха-говоруха и скучила без падчерицы, в избе у ней стало тихо, на животе тошно, язык пересох.

— Ступай, муж, за падчерицей, со дна моря ее достань, из огня выхвати! Я стара, я хила, за мной походить некому.

Послушался муж; приехала падчерица, да как раскрыла сундук, да развесила добро на веревочке от избы до ворот,— старуха было разинула рот, хотела по-своему встретить, а как увидела — губки сложила, под святые гостью посадила и стала величать ее да приговаривать:

— Чего изволишь, моя сударыня?

Дочь и падчерица

Женился мужик вдовый с дочкою на вдове — тоже с дочкою, и было у них две сводные дочери. Мачеха была ненавистная; отдыху не дает старику:

— Вези свою дочь в лес, в землянку! Она там больше напрядет.

Что делать! Послушал мужик бабу, свез дочку в землянку и дал ей огнивко, кремешек, труду да мешочек круп и говорит:

— Вот тебе огоньку; огонек не переводи, кашку вари, а сама сиди, да пряди, да избушку-то припри.

Пришла ночь. Девка затопила печурку, заварила кашу; откуда ни возьмись мышка, и говорит:

— Девица, девица, дай мне ложечку каши.

— Ох, моя мышенька! Разбай мою скуку; я тебе дам не одну ложку каши, а и досыта накормлю.

Наелась мышка и ушла. Ночью вломился медведь:

— Ну-ка, деушка,— говорит,— туши огни, давай в жмурку играть.

Мышка взбежала на плечо девицы и шепчет на ушко:

— Не бойся, девица! Скажи: «Давай!»—а сама туши огонь да под печь полезай, а я стану бегать и в колокольчик звенеть.

Так и сталось. Гоняется медведь за мышкою — не поймает; стал реветь да поленьями бросать; бросал, бросал, да не попал, устал и молвил:

— Мастерица ты, деушка, в жмурку играть! За то пришлю тебе утром стадо коней да воз добра.

Наутро жена говорит:

— Поезжай, старик, проведай-ка дочь — что напряла она в ночь?

Уехал старик, а баба сидит да ждет: как-то он дочерние косточки привезет! Вот собачка:

— Тяф, тяф, тяф! С стариком дочка едет, стадо коней гонит, воз добра везет.

— Врешь, шафурка! Это в кузове кости гремят да погромыхивают.

Вот ворота заскрипели, кони на двор вбежали, а дочка с отцом сидят на возу: полон воз добра! У бабы от жадности аж глаза горят.

— Экая важность!—кричит.— Повези-ка мою дочь в лес на ночь; моя дочь два стада коней пригонит, два воза добра притащит.

Повез мужик и бабину дочь в землянку и так же снарядил ее и едою и огнем. Об вечеру заварила она кашу. Вышла мышка и просит кашки у Наташки. А Наташка кричит:

— Ишь, гада какая!—и швырнула в нее ложкой. Мышка убежала; а Наташка уписывает одна кашу, съела, огни позадула и в углу прикорнула.

Пришла полночь — вломился медведь и говорит:

— Эй, где ты, деушка? Давай-ка в жмурку поиграем.

Девица молчит, только со страху зубами стучит.

— А, ты вот где! На колокольчик, бегай, а я буду ловить.

Взяла колокольчик, рука дрожит, колокольчик бесперечь звенит, а мышка отзывается:

— Злой девице живой не быть! Наутро шлет баба старика в лес:

— Ступай! Моя дочь два воза привезет, два табуна пригонит.

Мужик уехал, а баба за воротами ждет. Вот собачка:

— Тяф, тяф, тяф! Хозяйкина дочь едет — в кузове костьми гремит, а старик на пустом возу сидит.

— Врешь ты, шавчонка! Моя дочь стада гонит и возы везет.

Глядь — старик у ворот жене кузов подает; баба кузовок открыла, глянула на косточки и завыла, да так разозлилась, что с горя и злости на другой же день умерла; а старик с дочкою хорошо свой век доживал и знатного зятя к себе в дом примал.

Крошечка-Хаврошечка

Вы знаете, что есть на свете люди и хорошие, есть и похуже, есть и такие, которые бога не боятся, своего брата не стыдятся: к таким-то и попала Крошечка-Хаврошечка. Осталась она сиротой маленькой; взяли ее эти люди, выкормили и на свет божий не пустили, над работою каждый день зануди-ли, заморили; она и подает, и прибирает, и за всех и за все отвечает.

А были у хозяйки три дочери большие. Старшая звалась Одноглазка, средняя — Двуглазка, а меньшая— Триглазка; но они только и знали у ворот сидеть, на улицу глядеть, а Крошечка-Хаврошечка на них работала, их обшивала, для них и пряла и ткала, а слова доброго никогда не слыхала. Вот то-то и больно— ткнуть да толкнуть есть кому, а приветить да приохотить нет никого!

Выйдет, бывало, Крошечка-Хаврошечка в поле, обнимет свою рябую корову, ляжет к ней на шейку и рассказывает, как ей тяжко жить-поживать:

— Коровушка-матушка! Меня бьют, журят, хлеба не дают, плакать не велят. К завтрему дали пять пудов напрясть, наткать, побелить, в трубы покатать.

А коровушка ей в ответ:

— Красная девица! Влезь ко мне в одно ушко, а в другое вылезь — все будет сработано.

Так и сбывалось. Вылезет красная девица из ушка — все готово: и наткано, и побелено, и покатано.

Отнесет к мачехе; та поглядит, покряхтит, спрячет в сундук, а ей еще больше работы задаст. Хаврошечка опять придет к коровушке, в одно ушко влезет, в другое вылезет и готовенькое возьмет принесет.

Дивится старуха, зовет Одноглазку:

— Дочь моя хорошая, дочь моя пригожая! Доглядись, кто сироте помогает: и ткет, и прядет, и в трубы катает?

Пошла с сиротой Одноглазка в лес, пошла с нею в поле; забыла матушкино приказанье, распеклась на солнышке, разлеглась на травушке; а Хаврошечка приговаривает:

— Спи, глазок, спи, глазок!

Глазок заснул; пока Одноглазка спала, коровушка и наткала и побелила. Ничего мачеха не дозналась, послала Двуглазку. Эта тоже на солнышке распеклась и на травушке разлеглась, матернино приказанье забыла и глазки смежила; а Хаврошечка баюкает:

— Спи, глазок, спи, другой!

Коровушка наткала, побелила, в трубы покатала; а Двуглазка все еще спала.

Старуха рассердилась, на третий день послала Триглазку, а сироте еще больше работы дала. И Триглазка, как ее старшие сестры, попрыгала-попрыгала и. на травушку пала. Хаврошечка поет:

— Спи, глазок, спи, другой! —а об третьем забыла. Два глаза заснули, а третий глядит и все видит, все — как красная девица в одно ушко влезла, в другое вылезла и готовые холсты подобрала. Все, что видела, Триглазка матери рассказала; старуха обрадовалась, на другой же день пришла к мужу:

— Режь рябую корову! Старик так, сяк:

— Что ты, жена, в уме ли? Корова молодая, хорошая!

— Режь, да и только!

Наточил ножик...

Побежала Хаврошечка к коровушке:

— Коровушка-матушка! Тебя хотят резать.

— А ты, красная девица, не ешь моего мяса; косточки мои собери, в платочек завяжи, в саду их рассади и никогда меня не забывай, каждое утро водою их поливай.

Хаврошечка все сделала, что коровушка завещала: голодом голодала, мяса ее в рот не брала, косточки каждый день в саду поливала, и выросла из них яблонька, да какая — боже мой! Яблочки на ней висят наливные, листвицы шумят золотые, веточки гнутся серебряные; кто ни едет мимо — останавливается, кто проходит близко — тот заглядывается.

Случилось раз — девушки гуляли по саду; на ту пору ехал по полю барин — богатый, кудреватый, молоденький. Увидел яблочки, затрогал девушек:

— Девицы-красавицы!—говорит он.— Которая из вас мне яблочко поднесет, та за меня замуж пойдет.

И бросились три сестры одна перед другой к яблоньке. А яблочки-то висели низко, под руками были, а то вдруг поднялись высоко-высоко, далеко над головами стали. Сестры хотели их сбить — листья глаза засыпают, хотели сорвать — сучья косы расплетают; как ни бились, ни метались — ручки изодрали, а достать не могли.

Подошла Хаврошечка, и веточки приклонились, и яблочки опустились. Барин на ней женился, и стала она в добре поживать, лиха не знавать.

Буренушка

Не в каком царстве, не в каком государстве был-жил царь с царицею, и была у них одна дочь, Марья-царевна. А как умерла царица, то царь взял другую жену, Ягишну. У Ягишны родилось две дочери: одна — двоеглазая, другая — троеглазая. Мачеха не залюбила Марьи-царевны, послала ее пасти коровушку-буренушку и дала ей сухую краюшку хлебца.

Царевна пошла в чистое поле, в праву ножку буренушке поклонилась — напилась-наелась, хорошо

снарядилась; за коровушкой-буренушкой целый день ходит, как барыня. День прошел, она опять поклонилась ей в праву ножку, разрядилась, пришла домой и краюшку хлеба назад принесла, на стол положила. «Чем сука жива живет?»—думает Ягишна; на другой день дала Марье-царевне ту же самую краюшку и посылает с нею свою большую дочь.

— Присмотри, чем Марья-царевна питается? Пришли в чистое поле; говорит Марья-царевна:

— Дай, сестрица, я поищу у тебя в головке. Стала искать, а сама приговаривает:

— Спи-спи, сестрица! Спи-спи, родима! Спи-спи, глазок! Спи-спи, другой!

Сестрица заснула, а Марья-царевна встала, подошла к коровушке-буренушке, в праву ножку поклонилась, напилась-наелась, хорошо срядилась и ходит весь день как барыня. Пришел вечер; Марья-царевна разрядилась и говорит:

— Вставай, сестрица! Вставай, родима! Пойдем домой.

— Охти мне!—взгоревалась сестрица.— Я весь день проспала, ничего не видела; теперь мати забранит меня!

Пришли домой; спрашивает ее мати:

— Что пила, что ела Марья-царевна?

— Я ничего не видела.

Ягишна заругалась на нее; поутру встает, посылает троеглазую дочерь.

— Поди-ка,— говорит,— погляди, что она, сука, ест и пьет?

Пришли девицы в чистое поле буренушку пасти; говорит Марья-царевна:

— Сестрица! Дай я тебе в головушке поищу.

— Поищи, сестрица, поищи, родима! Марья-царевна стала искать да приговаривать:

— Спи-спи, сестрица! Спи-спи, родима! Спи-спи, глазок! Спи-спи, другой!

А про третий глазок позабыла; третий глазок глядит да глядит, что робит Марья-царевна. Она подбежала к буренушке, в праву ножку поклонилась, напилась-наелась, хорошо срядилась; стало солнышко садиться — она опять поклонилась буренушке, разрядилась и ну будить троеглазую:

— Вставай, сестрица! Вставай, родима! Пойдем домой.

Пришла Марья-царевна домой, сухую краюшку на стол положила. Стала мати спрашивать у своей дочери:

— Что она пьет и ест? Троеглазая все и рассказала. Ягишна приказывает:

— Режь, старик, коровушку-буренушку. Старик зарезал; Марья-царевна просит:

— Дай, дедушка родимый, хоть гузённую кишочку мне.

Бросил старик ей гузённую кишочку; она взяла, посадила ее к верее — вырос ракитов куст, на нем красуются сладкие ягодки, на нем сидят разные пташечки да поют песни царские и крестьянские.

Прослышал Иван-царевич про Марью-царевну, пришел к ее мачехе, положил блюдо на стол:

— Которая девица нарвет мне полно блюдо ягодок, ту за себя замуж возьму.

Ягишна послала свою большую дочерь ягод брать; птички ее и близко не подпускают, того и смотри— глаза выклюют; послала другую дочерь — и той не дали. Выпустила, наконец, Марью-царевну; Марья-царевна взяла блюдо и пошла ягодок брать; она берет, а мелкие пташечки вдвое да втрое на блюдо кладут; пришла, поставила на стол и царевичу поклон отдала. Тут веселым пирком да за свадьбу; взял Иван-царевич за себя Марью-царевну, и стали себе жить-поживать, добра наживать.

Долго ли, коротко ли жили, родила Марья-царевна сына. Захотелось ей отца навестить; поехала с мужем к отцу в гости. Мачеха обворотила ее гусынею, а свою большую дочь срядила Ивану-царевичу в жены. Воротился Иван-царевич домой. Старичок-пестун встает поутру ранехонько, умывается белехонько, взял младенца на руки и пошел в чистое поле к кусточку. Летят гуси, летят серые.

— Гуси вы мои, гуси серые! Где вы младёного матерь видали?

— В другом стаде. Летит другое стадо.

— Гуси вы мои, гуси серые! Где вы младёного матерь видали?

Младёного матерь на землю скочила, кожух сдернула, другой сдернула, взяла младенца на руки, стала грудью кормить, сама плачет:

— Сегодня покормлю, завтра покормлю, а послезавтра улечу за темные леса, за высокие горы!

Старичок пошел домой; паренек спит до утра без разбуду, а подмененная жена бранится, что старичок в чистое поле ходит, всего сына заморил! Поутру старичок опять встает ранехонько, умывается белехонько, идет с ребенком в чистое поле; и Иван-царевич встал, пошел невидимо за старичком и забрался в куст. Летят гуси, летят серые. Старичок окликивает:

— Гуси вы мои, гуси серые! Где младёного матку видали?

— В другом стаде. Летит другое стадо.

— Гуси вы мои, гуси серые! Где вы младёного матерь видали?

Младёного матерь на землю скочила, кожу сдернула, другую сдернула, бросила на куст и стала младёного грудью кормить, стала прощаться с ним:

— Завтра улечу за темные леса, за высокие горы! Отдала младенца старику.

— Что,— говорит,— смородом пахнет?

Хотела было надевать кожи, хватилась — нет ничего: Иван-царевич спалил. Захватил он Марью-царевну; она обернулась скакухой, потом ящерицей и всякой гадиной, а после всего веретёшечком. Иван-царевич переломил веретёшечко надвое, пятку назад бросил, носок перед себя — стала перед ним молодая молодица. Пошли они вместе домой. А дочь Ягишны кричит-ревет:

— Разорительница идет! Погубительница идет! Иван-царевич собрал князей и бояр, спрашивает:

— С которой женой поволите жить? Они сказали:

— С первой.

— Ну, господа, которая жена скорее на ворота скочит, с той и жить стану.

Дочь Ягишны сейчас на ворота взлезла, а Марья-царевна только чапается, а вверх не лезет. Тут Иван-царевич взял свое ружье и застрелил подмененную жену, а с Марьей-царевной стал по-старому жить-поживать, добра наживать.

Баба-яга

Жил себе дед да баба; дед овдовел и женился на другой жене, а от первой жены осталась у него девочка. Злая мачеха ее не полюбила, Пила ее и думала, как бы вовсе извести.

Раз отец уехал куда-то, мачеха и говорит девочке:

— Поди к своей тетке, моей сестре, попроси у нее иголочку и ниточку — тебе рубашку сшить.

А тетка эта была баба-яга костяная нога. Вот девочка не была глупа, да зашла прежде к своей родной тетке.

— Здравствуй, тетушка!

— Здравствуй, родимая! Зачем пришла?

— Матушка послала к своей сестре попросить иголочку и ниточку — мне рубашку сшить.

Та ее и научает:

— Там тебя, племянушка, будет березка в глаза стегать — ты ее ленточкой перевяжи; там тебе ворота будут скрипеть и хлопать — ты подлей им под пяточки маслица; там тебя собаки будут рвать — ты им хлебца брось; там тебе кот будет глаза драть — ты ему ветчины дай.

Пошла девочка; вот идет, идет и пришла. Стоит хатка, а в ней сидит баба-яга костяная нога и ткет.

— Здравствуй, тетушка!

— Здравствуй, родимая!

— Меня матушка послала попросить у тебя иго-лючку и ниточку — мне рубашку сшить.

— Хорошо: садись покуда ткать.

Вот девочка села за кросна, а баба-яга вышла и говорит своей работнице:

— Ступай, истопи баню да вымой племянницу, да смотри, хорошенько; я хочу ею позавтракать.

Девочка сидит ни жива ни мертва, вся перепуганная, и просит она работницу:

— Родимая моя! Ты не столько дрова поджигай, сколько водой заливай, решетом воду носи,— и дала ей платочек.

Баба-яга дожидается; подошла она к окну и спрашивает:

— Ткешь ли, племянушка, ткешь ли, милая?

— Тку, тетушка, тку, милая!

Баба-яга и отошла, а девочка дала коту ветчинки и спрашивает:

— Нельзя ли как-нибудь уйти отсюдова?

— Вот тебе гребешок и полотенце,— говорит кот,— возьми их и убежи; за тобою будет гнаться баба-яга, ты приклони ухо к земле и, как заслышишь, что она близко, брось сперва полотенце — сделается широкая-широкая река; если ж баба-яга перейдет через реку и станет догонять тебя, ты опять приклони ухо к земле и, как услышишь, что она близко, брось гребешок — сделается дремучий-дремучий лес, сквозь него она уже не проберется!

Девочка взяла полотенце и гребешок и побежала; собаки хотели ее рвать — она бросила им хлебца, и они ее пропустили; ворота хотели захлопнуться — она подлила им под пяточки маслица, и они ее пропустили; березка хотела ей глаза выстегать — она ее ленточкой перевязала, и та ее пропустила. А кот сел за кросна и ткет; не столько наткал, сколько напутал. Баба-яга подошла к окну и спрашивает:.

— Ткешь ли, племянушка, ткешь ли, милая?

— Тку, тетка, тку, милая!—отвечает грубо кот.

Баба-яга бросилась в хатку, увидела, что девочка ушла, и давай бить кота и ругать, зачем не выцарапал девочке глаза.

— Я тебе сколько служу,— говорит кот,— ты мне косточки не дала, а она мне ветчинки дала.

Баба-яга накинулась на собак, на ворота, на березку и на работницу, давай всех ругать и колотить. Собаки говорят ей:

— Мы тебе сколько служим, ты нам горелой корочки не бросила, а она нам хлебца дала.

Ворота говорят:

— Мы тебе сколько служим, ты нам водицы под пяточки не подлила, а она нам маслица подлила.

Березка говорит:

— Я тебе сколько служу, ты меня ниточкой не перевязала, а она меня ленточкой перевязала.

Работница говорит:

— Я тебе сколько служу, ты мне тряпочки не подарила, а она мне платочек подарила.

Баба-яга костяная нога поскорей села на ступу, толкачом погоняет, помелом след заметает и пустилась и погоню за девочкой. Вот девочка приклонила ухо к земле и слышит, что баба-яга гонится, и уж близко, взяла да и бросила полотенце; сделалась река, и такая широкая-широкая! Баба-яга приехала к реке и от злости зубами заскрипела; воротилась домой, взяла своих быков и пригнала к реке; быки выпили всю реку дочиста.

Баба-яга пустилась опять в погоню. Девочка приклонила ухо к земле и слышит, что баба-яга близко, бросила гребешок; сделался лес, такой дремучий да страшный! Баба-яга стала его грызть, но сколько ни стиралась — не могла прогрызть и воротилась назад.

А дед уже приехал домой и спрашивает:

— Где же моя дочка?

— Она пошла к тетушке,— говорит мачеха. Немного погодя и девочка прибежала домой.

— Где ты была?—спрашивает отец.

— Ах, батюшка!—говорит она.— Так и так—меня матушка посылала к тетке попросить иголочку с ниточкой — мне рубашку сшить, а тетка, баба-яга, меня съесть хотела.

— Как же ты ушла, дочка?

— Так и так,—рассказывает девочка.

Дед, как узнал все это, рассердился на жену и расстрелил ее; а сам с дочкою стал жить да поживать да добра наживать, и я там был, мед-пиво пил; по усам текло, в рот не попало.

Василиса Прекрасная

В некотором царстве жил-был купец. Двенадцать лет жил он в супружестве и прижил только одну дочь, Василису Прекрасную. Когда мать скончалась, девочке было восемь лет. Умирая, купчиха призвала к себе дочку, вынула из-под одеяла куклу, отдала ей и сказала:

— Слушай, Василисушка! Помни и исполни последние мои слова. Я умираю и вместе с родительским благословением оставляю тебе вот эту куклу; береги ее всегда при себе и никому не показывай; а когда приключится тебе какое горе, дай ей поесть и спроси у нее совета. Покушает она и скажет тебе, чем помочь несчастью.

Затем мать поцеловала дочку и померла.

После смерти жены купец потужил, как следовало, а потом стал думать, как бы опять жениться. Он был человек хороший; за невестами дело не стало, но больше всех по нраву пришлась ему одна вдовушка. Она была уже в летах, имела своих двух дочерей, почти однолеток Василисе,— стало быть, и хозяйка, и мать опытная. Купец женился на вдовушке, но обманулся и не нашел в ней доброй матери для своей Василисы. Василиса была первая на все село красавица; мачеха и сестры завидовали ее красоте, мучили ее всевозможными работами, чтоб она от трудов похудела, а от ветру и солнца почернела; совсем житья не было!

Василиса все переносила безропотно и с каждым днем все хорошела и полнела, а между тем мачеха с дочками своими худела и дурнела от злости, несмотря на то, что они всегда сидели сложа руки, как барыни. Как же это так делалось? Василисе помогала ее куколка. Без этого где бы девочке сладить со всею работою! Зато Василиса сама, бывало, не съест, а уж куколке оставит самый лакомый кусочек, и вечером, как все улягутся, она запрется в чуланчике, где жила, и потчевает ее, приговаривая:

— На, куколка, покушай, моего горя послушай! Живу я в доме у батюшки, не вилсу себе никакой радости; злая мачеха гонит меня с белого света. Научи ты меня, как мне быть и жить и что делать?

Куколка покушает, да потом и дает ей советы и утешает в горе, а наутро всякую работу справляет за Василису; та только отдыхает в холодочке да рвет цветочки, а у нее уж и гряды выполоты, и капуста полита, и вода наношена, и печь вытоплена. Куколка еще укажет Василисе и травку от загару. Хорошо было жить ей с куколкой.

Прошло несколько лет; Василиса выросла и стала невестой. Все женихи в городе присватываются к Василисе; на мачехиных дочерей никто и не посмотрит. Мачеха злится пуще прежнего и всем женихам отвечает:

— Не выдам меньшой прежде старших!

А проводя женихов, побоями вымещает зло на Василисе.

Нот однажды купцу понадобилось уехать из дому на долгое время по торговым делам. Мачеха и перешли на житье в другой дом, а возле этого дома был дремучий лес, а в лесу на поляне стояла избушка, а в избушке жила баба-яга; никого она к себе не подпускала и ела людей, как цыплят. Перебравшись на новоселье, купчиха то и дело посылала за чем-нибудь и лес ненавистную ей Василису, но эта завсегда возвращалась домой благополучно: куколка указывала ей дорогу и не подпускала к избушке бабы-яги.

Пришла осень. Мачеха раздала всем трем девушкам вечерние работы: одну заставила кружева плести, другую чулки вязать, а Василису прясть, и всем по урокам. Погасила огонь во всем доме, оставила только одну свечку там, где работали девушки, и сама легла спать. Девушки работали. Вот нагорело на свечке; одна из мачехиных дочерей взяла щипцы, чтоб поправить светильню, да вместо того, по приказу матери, как будто нечаянно и потушила свечку.

— Что теперь нам делать?—говорили девушки.— Огня нет в целом доме, а уроки наши не кончены. Надо сбегать за огнем к бабе-яге!

— Мне от булавок светло!—сказала та, что плела кружево.— Я не пойду.

— И я не пойду,— сказала та, что вязала чулок.— Мне от спиц светло!

— Тебе за огнем идти,— закричали обе.— Ступай к Пабе-яге!

И вытолкали Василису из горницы. Василиса пошла в свой чуланчик, поставила перед куклою приготовленный ужин и сказала:

— На, куколка, покушай да моего горя послушай: меня посылают за огнем к бабе-яге; баба-яга съест меня!

Куколка поела, и глаза ее заблестели, как две свечки.

— Не бойся, Василисушка!—сказала она.— Ступай, куда посылают, только меня держи всегда при себе. При мне ничего не станется с тобой у бабы-яги.

Василиса собралась, положила куколку свою в карман и, перекрестившись, пошла в дремучий лес.

Идет она и дрожит. Вдруг скачет мимо ее всадник: сам белый, одет в белом, конь под ним белый, и сбруя на коне белая,— на дворе стало рассветать.

Идет она дальше, как скачет другой всадник: сам красный, одет в красном и на красном коне,— стало всходить солнце.

Василиса прошла всю ночь и весь день, только к следующему вечеру вышла на полянку, где стояла избушка яги-бабы; забор вокруг избы из человечьих костей, на заборе торчат черепа людские с глазами; вместо верей у ворот — ноги человечьи, вместо запоров— руки, вместо замка — рот с острыми зубами. Василиса обомлела от ужаса и стала как вкопанная. Вдруг едет опять всадник: сам черный, одет во всем черном и на черном коне; подскакал к воротам бабы-яги и исчез, как сквозь землю провалился,—настала ночь. Но темнота продолжалась недолго: у всех черепов на заборе засветились глаза, на всей поляне стало светло, как среди дня. Василиса дрожала со страху, но, не зная, куда бежать, оставалась на месте.

Скоро послышался в лесу страшный шум: деревья трещали, сухие листья хрустели; выехала из лесу баба-яга —- в ступе едет, пестом погоняет, помелом след заметает. Подъехала к воротам, остановилась и, обнюхав вокруг себя, закричала:

— Фу, фу! Русским духом пахнет! Кто здесь? Василиса подошла к старухе со страхом и, низко поклонясь, сказала:

— Это я, бабушка! Мачехины дочери прислали меня за огнем к тебе.

— Хорошо,— сказала баба-яга,— знаю я их, поживи ты наперед да поработай у меня, тогда и дам тебе огня; а коли нет, так я тебя съем!

Потом обратилась к воротам и вскрикнула:

— Эй, запоры мои крепкие, отомкнитесь; ворота мои широкие, отворитесь!

Ворота отворились, а баба-яга въехала, посвистывая, за нею вошла Василиса, а потом опять все заперлось.

Войдя в горницу, баба-яга растянулась и говорит Василисе:

— Подавай-ка сюда, что там есть в печи: я есть хочу.

Василиса зажгла лучину от тех черепов, что на заборе, начала таскать из печки да подавать яге кушанье, а кушанья настряпано было человек на десять; из погреба принесла она квасу, меду, пива и мин». Все съела, все выпила старуха; Василисе оставили только щец немножко, краюшку хлеба да кусочек поросятины. Стала яга-баба спать ложиться и говорит:

Когда завтра я уеду, ты смотри — двор вычисти, избу вымети, обед состряпай, белье приготовь да пойди в закром, возьми четверть пшеницы и очисть ее от чернушки. Да чтоб все было сделано, а не то — съем тебя!

После такого наказу баба-яга захрапела; а Васили-са поставила старухины объедки перед куклою, зали-лась слезами и говорила:

На, куколка, покушай, моего горя послушай! Тяжелую дала мне яга-баба работу и грозится съесть меня, коли всего не исполню; помоги мне!

Кукла ответила:

Не бойся, Василиса Прекрасная! Поужинай, помолися да спать ложися; утро мудреней вечера!

Ранешенько проснулась Василиса, а баба-яга уже встала, выглянула в окно: у черепов глаза потухают; вот мелькнул белый всадник — и совсем рассвело. Баба-яга вышла на двор, свистнула — перед ней явилась ступа с пестом и помелом. Промелькнул красный всадник—взошло солнце. Баба-яга села в ступу и выехала со двора, пестом погоняет, помелом след заметает. Осталась Василиса одна, осмотрела дом Бабы-яги, подивилась изобилью во всем и остановилась в раздумье: за какую работу ей прежде всего приняться. Глядит, а вся работа уже сделана; куколка выбирала из пшеницы последние зерна чернушки.

— Ах ты, избавительница моя!—сказала Василиса куколке.— Ты от беды меня спасла.

— Тебе осталось только обед состряпать,— отвечала куколка, влезая в карман Василисы.— Состряпай с богом, да и отдыхай на здоровье!

К вечеру Василиса собрала на стол и ждет бабу-ягу. Начало смеркаться, мелькнул за воротами черный всадник — и совсем стемнело; только светились глаза у черепов. Затрещали деревья, захрустели листья— едет баба-яга. Василиса встретила ее.

— Все ли сделано? — спрашивает яга.

— Изволь посмотреть сама, бабушка!—молвила Василиса.

Баба-яга все осмотрела, подосадовала, что не за что рассердиться, и сказала:

— Ну, хорошо! Потом крикнула:

— Верные мои слуги, сердечные други, смелите мою пшеницу!

Явились три пары рук, схватили пшеницу и унесли вон из глаз. Баба-яга наелась, стала ложиться спать и опять дала приказ Василисе:

— Завтра сделай ты то же, что и нынче, да сверх того возьми из закрома мак да очисти его от земли по зернышку, вишь, кто-то по злобе земли в него намешал!

Сказала старуха, повернулась к стене и захрапела, а Василиса принялась кормить свою куколку. Куколка поела и сказала ей по-вчерашнему:

— Молись богу да ложись спать: утро вечера мудренее, все будет сделано, Василисушка!

Наутро баба-яга опять уехала в ступе со двора, а Василиса с куколкой всю работу тотчас исправили. Старуха воротилась, оглядела все и крикнула:

— Верные мои слуги, сердечные други, выжмите из маку масло!

Явились три пары рук, схватили мак и унесли из глаз. Баба-яга села обедать; она ест, а Василиса стоит молча.

— Что ж ты ничего не говоришь со мною? — сказала баба-яга.— Стоишь как немая?

— Не смела,— отвечала Василиса,— а если позволишь, то мне хотелось бы спросить тебя кой о чем.

— Спрашивай; только не всякий вопрос к добру ведет: много будешь знать, скоро состареешься!

— Я хочу спросить тебя, бабушка, только о том, что видела: когда я шла к тебе, меня обогнал всадник на белом коне, сам белый и в белой одегкде: кто он такой?

— Это день мой ясный,— отвечала баба-яга.

— Потом обогнал меня другой всадник на красном коне, сам красный и весь в красном одет; это кто такой?

— Это мое солнышко красное!—отвечала баба-яга.

А что значит черный всадник, который обогнал меня у самых твоих ворот, бабушка?

— Это ночь моя темная—всё мои слуги верные! Василиса вспомнила о трех парах рук и молчала.

Что ж ты еще не спрашиваешь?—молвила Баба-яга.

Будет с меня и этого; сама ж ты, бабушка, сказала, что много узнаешь — состареешься.

— Хорошо,— сказала баба-яга,—что ты спраши-ваешь только о том, что видала за двором, а не во дворе! Я не люблю, чтоб у меня сор из избы выносили, и слишком любопытных ем! Теперь я тебя спрошу: как успеваешь ты исполнять работу, которую я задаю тебе?

— Мне помогает благословение моей матери,— отвечала Василиса.

— Так вот что! Убирайся же ты от меня, благосло-венная дочка! Не нужно мне благословенных.

Вытащила она Василису из горницы и вытолкала за порота, сняла с забора один череп с горящими глазами и, наткнув на палку, отдала ей и сказала:

— Вот тебе огонь для мачехиных дочек, возьми его; они ведь за этим тебя сюда и прислали.

Бегом пустилась Василиса при свете черепа, который погас только с наступлением утра, и наконец к вечеру другого дня добралась до своего дома. Подходя к воротам, она хотела было бросить череп: Верно, дома,— думает себе,— уж больше в огне не нуждают-ся. Но вдруг послышался глухой голос из черепа:

— Не бросай меня, неси к мачехе!

Она взглянула на дом мачехи и, не видя ни в одном окне огонька, решилась идти туда с черепом. Впервые встретили ее ласково и рассказали, что с той поры, как она ушла, у них не было в доме огня: сами высечь никак не могли, а который огонь приносили от соседей — тот погасал, как только входили с ним в горницу.

— Авось твой огонь будет держаться!—сказала мачеха.

Внесли череп в горницу; а глаза из черепа так и глядят на мачеху и ее дочерей, так и жгут! Те было прятаться, но куда ни бросятся — глаза всюду за ними так и следят; к утру совсем сожгло их в уголь; одной Василисы не тронуло.

Поутру Василиса зарыла череп в землю, заперла дом на замок, пошла в город и попросилась на житье к одной безродной старушке; живет себе и поджидает отца. Вот как-то говорит она старушке:

— Скучно мне сидеть без дела, бабушка! Сходи, купи мне льну самого лучшего; я хоть прясть буду.

Старушка купила льну хорошего; Василиса села за дело, работа так и горит у нее, и пряжа выходит ровная да тонкая, как волосок. Набралось пряжи много; пора бы и за тканье приниматься, да таких берд не найдут, чтобы годились на Василисину пряжу; никто не берется и сделать-то. Василиса стала просить свою куколку, та и говорит:

— Принеси-ка мне какое-нибудь старое бердо, да старый челнок, да лошадиной гривы; я все тебе смастерю.

Василиса добыла все, что надо, и легла спать, а кукла за ночь приготовила славный стан. К концу зимы и полотно выткано, да такое тонкое, что сквозь иглу вместо нитки продеть можно. Весною полотно выбелили, и Василиса говорит старухе:

— Продай, бабушка, это полотно, а деньги возьми себе.

Старуха взглянула на товар и ахнула:

— Нет, дитятко! Такого полотна, кроме царя, носить некому; понесу во дворец.

Пошла старуха к царским палатам да все мимо окон похаживает. Царь увидал и спросил:

— Что тебе, старушка, надобно?

— Ваше царское величество,—отвечает старуха,—я принесла диковинный товар; никому, окроме тебя, показать не хочу.

Царь приказал впустить к себе старуху и как увидел полотно— вздивовался.

— Что хочешь за него?—спросил царь.

— Ему цены нет, царь-батюшка! Я тебе в дар его принесла.

Поблагодарил царь и отпустил старуху с подарками.

Стали царю из того полотна сорочки шить; вскро-или, да нигде не могли найти швеи, которая взялась бы их работать. Долго искали; наконец царь позвал старуху и сказал:

— Умела ты напрясть и соткать такое полотно, умей из него и сорочки сшить.

— Не я, государь, пряла и соткала полотно,— ска-ла старуха,— это работа приемыша моего — де-вушки.

— Ну так пусть и сошьет она!

Воротилась старушка домой и рассказала обо все Василисе.

— Я знала,— говорит ей Василиса,— что эта работа моих рук не минует.

Заперлась в свою горницу, принялась за работу; шила она не покладываючи рук, и скоро дюжина сорочек была готова.

Старуха понесла к царю сорочки, а Василиса умылась, причесалась, оделась и села под окном. Сидит себе и ждет, что будет. Видит: на двор к старухе идет царский слуга; вошел в горницу и говорит:

— Царь-государь хочет видеть искусницу, что работала ему сорочки, и наградить ее из своих царских рук.

Пошла Василиса и явилась пред очи царские. Как увидел царь Василису Прекрасную, так и влюбился в нее без памяти.

— Нет,— говорит он,— красавица моя! Не расстанусь я с тобою; ты будешь моей женою.

Тут взял царь Василису за белые руки, посадил ее подле себя, а там и свадебку сыграли. Скоро воротился и отец Василисы, порадовался об ее судьбе и остался жить при дочери. Старушку Василиса взяла к себе, а куколку по конец жизни своей всегда носила в кармане.

Баба-яга и Заморышек

Жил-был старик да старуха; детей у них не было. Уж чего они ни делали, как ни молились богу, а старуха все не рожала. Раз пошел старик в лес за грибами; попадается ему дорогою старый дед.

— Я знаю,— говорит,— что у тебя на мыслях; ты все об детях думаешь. Поди-ка по деревне, собери с каждого двора по яичку и посади на те яйца клушку; что будет, сам увидишь!

Старик воротился в деревню; в ихней деревне был сорок один двор; вот он обошел все дворы, собрал с каждого по яичку и посадил клушку на сорок одно яйцо.

Прошло две недели, смотрит старик, смотрит и старуха,— а из тех яичек народились мальчики; сорок крепких, здоровеньких, а один не удался — хил да слаб! Стал старик давать мальчикам имена; всем дал, а последнему недостало имени.

— Ну,— говорит,— будь же ты Заморышек! Растут у старика со старухою детки, растут не по дням, а по часам; выросли и стали работать, отцу с матерью помогать: сорок молодцов в поле возятся, а Заморышек дома управляется. Пришло время сенокосное; братья траву косили, стога ставили, поработали с неделю и вернулись на деревню; поели, что бог послал, и легли спать. Старик смотрит и говорит:

— Молодо-зелено! Едят много, спят крепко, а дела, поди, ничего не сделали!

— А ты прежде посмотри, батюшка! —отзывается Заморышек.

Старик снарядился и поехал в луга; глянул — сорок стогов сметано.

— Ай да молодцы ребята! Сколько за одну неделю накосили и в стога сметали.

На другой день старик опять собрался в луга, захотелось на свое добро полюбоваться; приехал — а одного стога как не бывало! Воротился домой и говорит:

— Ах, детки! Ведь один стог-то пропал.

—Ничего, батюшка!— твечает Заморышек.— Мы этого вора поймаем; дай-ка мне сто рублев, а уж я дело сделаю.

Взял у отца сто рублев и пошел к кузнецу:

— Можешь ли сковать мне такую цепь, чтоб хватило с ног до головы обвить человека?

— Отчего не сковать!

— Смотри же, делай покрепче; коль цепь выдержит— сто рублев плачу, а коли лопнет — пропал твой труд!

Кузнец сковал железную цепь; Заморышек обвил ее вокруг себя, потянул—она и лопнула. Кузнец вдвое крепче сделал; ну, та годилась.

Заморышек взял эту цепь, заплатил сто рублей и пошел сено караулить; сел под стог и дожидается.

Вот в самую полуночь поднялась погода, всколыхалось море, и выходит из морской глубины чудная кобылица, подбежала к первому стогу и принялась пожирать сено. Заморышек подскочил, оброил ее железной цепью и сел верхом. Стала его кобылица мыкать, по долам, по горам носить; нет, не в силах седока сбить! Остановилась она и говорит ему:

Ну, добрый молодец, когда сумел ты усидеть на мне, то возьми-владей моими жеребятами.

Подбежала кобылица к синю морю и громко заржала; тут сине море всколыхалося, и вышли на берег сорок один жеребец; конь коня лучше! Весь свет изойди, нигде таких не найдешь!

Утром слышит старик на дворе ржанье, топот; что такое? а это его сынок Заморышек целый табун пригнал.

— Здорово,— говорит,— братцы! Теперь у всех у нас по коню есть; поедемте невест себе искать.

— Поедем!

Отец с матерью благословили их, и поехали братья в путь-дорогу далекую.

Долго они ездили по белому свету, да где столько невест найти? Порознь жениться не хочется, чтоб никому обидно не было; а какая мать похвалится, что у ней как раз сорок одна дочь народилась?

Заехали молодцы за тридевять земель; смотрят: на крутой горе стоят белокаменные палаты, высокой стеной обведены, у ворот железные столбы поставлены. Сосчитали — сорок один столб. Вот они привязали к тем столбам своих богатырских коней и идут на двор. Встречает их баба-яга:

— Ах, вы, незваные-непрошеные! Как вы смели лошадей без спросу привязывать?

— Ну, старая, чего кричишь? Ты прежде напой-пакорми, в баню своди, да после про вести и спрашивай.

Баба-яга накормила их, напоила, в баню сводила и стала спрашивать:

— Что, добрые молодцы, дела пытаете иль от дела лытаете?

— Дела пытаем, бабушка!

— Чего ж вам надобно?

— Да невест ищем.

— У меня есть дочери,— говорит баба-яга, бросилась в высокие терема и вывела сорок одну девицу.

Тут они сосватались, начали пить, гулять, свадьбы справлять. Вечером пошел Заморышек на своего коня посмотреть. Увидел его добрый конь и промолвил человеческим голосом:

— Смотри, хозяин! Как ляжете вы спать с молодыми женами,

нарядите их в свои платья, а на. себя наденьте женины; не то все пропадем!

Заморышек сказал это братьям; нарядили они молодых жен в свои платья, а сами оделись в женины и легли спать. Все заснули, только Заморышек глаз не смыкает. В самую полночь закричала баба-яга зычным голосом:

— Эй вы, слуги мои верные! Рубите незваным гостям буйны головы.

Прибежали слуги верные и отрубили буйны головы дочерям бабы-яги. Заморышек разбудил своих братьев и рассказал все, что было; взяли они отрубленные головы, воткнули на железные спицы кругом стены, потом оседлали коней и поехали наскоро.

Поутру встала баба-яга, глянула в окошечко — кругом стены торчат на спицах дочерние головы; страшно она озлобилась, приказала подать свой огненный щит, поскакала в погоню и начала палить щитом на все четыре стороны. Куда молодцам спрятаться? Впереди сине море, позади баба-яга — и жжет и палит! Помирать бы всем, да Заморышек догадлив был: не забыл он захватить у бабы-яги платочек, махнул тем платочком перед собою — и вдруг перекинулся мост через все сине море; переехали добрые молодцы на другую сторону. Заморышек махнул платочком в иную сторону — мост исчез, баба-яга воротилась назад, а братья домой поехали.

Ивашко и ведьма

В некоторой деревне жил старик со старухой; детей у них не было. Однажды старик поехал в лес за дровами; это было зимою. Старик нарубил дров, сколько нужно было, да срубил еще лутошку. Приехал домой, дрова на дворе оставил, а лутошку в избу принес и положил в подпечек. На третий день что-то в подпечке зашумело, а потом кричит:

— Тятя! Мама! Выньте меня. Старик со старухой испугались; да слышат и в другой раз тот же голос.

— Тятя! Мама! Выньте меня.

Старик поглядел в подпечек и увидел там небольшого мальчика. Вынул его оттуда, показал старухе, и называли его Лутонькою, стали его и кормить и поить.

Пришло лето, стал мальчик промышлять рыбною ловлею и тем промыслом кормил старика со старухою. Старуха, бывало, придет к нему на ловлю и кричит его:

— Лутонь, Лутонь, Лутонюшка! Пригрянь, пригрянь ко бережку, а я тебе дам пирожка с начинкою.

Лутоня как заслышит голос матери — и подъезжает к берегу; от матери берет кусок пирога, а ей дает рыбу. Однажды подглядела это ягая-баба, пришла к тому месту и начала его манить к себе такими же словами, как и мать кликала; Лутонюшка услыхал толстый голос ягой-бабы и сказал ей в ответ:

— Нет, не матушкин голос: очень толст! Поди, язык поточи!

С тем ягая-баба и отправилась. После того приходит туда же старуха, его мать названая, и начала манить:

— Лутонь, Лутонь, Лутонюшка! Пригрянь, пригрянь ко бережку, а я тебе дам пирожка с начинкою.

Лутонька услыхал материн голос, подъехал к берегу, взял у нее пирог, а ей рыбу отдал.

Старуха ушла, а ягая-баба выточила свой язык на точиле и немного погодя прибежала на берег и стала манить Лутонюшку. Лутонька не узнал ее голоса, подумал, что мать его зовет, подъехал к берегу; ягая-баба схватила его и утащила в свою избу. У ягой-бабы было три дочери. Она приказала большей дочери истопить избу жарко-жарко, Лутоньку ожарить, а сама ушла в поле гулять. Большая дочь истопила избу, привела Лутоньку и велела ему садить-ся на лопату. Лутонька был не плох, начал отговари-ваться, что не знает, не ведает, как сесть на лопату:

— Покажи,— просит,— как надо садиться!

Дочка ягой-бабы села на лопату, а Лутонька взял лопату за черен и сунул ее в печь, а сам залез на полдовку. Приходит ягая-баба и спрашивает Лутонь-ку; дочери вынули из печи свою сестру и подали матери: она ее и скушала. Вышла на двор и говорит:

— Покатаюсь, поваляюсь на Лутонькиных косточках!

А Лутонька сидит на полдовке да себе говорит: «Покатайся, поваляйся на дочерних косточках!» Ягая-баба увидела Лутоньку и закричала:

— Как ни встану, а достану тебя, Лутонька! Достала Лутоньку и отдала дочерям, приказала его ожарить, а сама опять ушла. Дочери истопили избу; середняя хотела посадить Лутоньку на лопату, но он обманул ее и сунул самоё в печь. То же сделал он и с младшею. Ягая-баба пришла домой, стала звать дочерей; нет никого. Вынула сама жареное и съела, потом вышла на двор и говорит:

— Покатаюсь, поваляюсь на Лутонькиных косточках!

А Лутонька с полдовки отвечает:

— Покатайся, поваляйся, дура, на дочерних косточках!

Ягая-баба увидела его, осердилась и хотела достать. Лутонька закричал жалобным голосом:

— Ах вы, гуси, ах вы, лебеди! Прилетите ко мне, вырвите по перышку.

Гуси-лебеди прилетели, вырвали у себя по перышку, сделали два крылышка и дали Лутонюшке; Лутонька взял и улетел от ягой-бабы к отцу, к матери и стал вместе с ними жить-поживать да рыбку из воды таскать.

Терешечка

Худое житье было старику со старухою! Век они прожили, а детей не нажили; смолоду еще перебивались так-сяк; состарились оба, напиться-подать некому, и тужат и плачут. Вот сделали они колодочку, завернули ее в пеленочку, положили в люлечку, стали качать да прибаюкивать—и вместо колодочки стал рость в пеленочках сынок Терешечка, настоящая ягодка!

Мальчик рос-подрастал, в разум приходил. Отец ему сделал челночок. Терешечка поехал рыбу ловить; а мать ему и молочко и творожок стала носить. Придет, бывало, на берег и зовет:

— Терешечка, мой сыночек! Плыви, плыви к бере-жочку; я, мать, пришла, молока принесла.

Терешечка далеко услышит ее голосок, подъедет к бережку, высыпет рыбку, напьется-наестся и опять поедет ловить.

Один раз мать говорила ему:

— Сыночек, милочка! Будь осторожен, тебя караулит ведьма Чувилиха; не попадись ей в когти.

Сказала и пошла. А Чувилиха пришла к бережку и зовет страшным голосом:

— Терешечка, мой сыночек! Плыви, плыви к бере-жочку; я, мать, пришла, молока принесла.

А Терешечка распознал и говорит:

— Дальше, дальше, мой челночок! Это не родимой матушки голосок, а злой ведьмы Чувилихи.

Чувилиха услышала, побежала, доку сыскала и добыла себе голосок, как у Терешечкиной матери.

Пришла мать, стала звать сына тоненьким голоском:

— Терешечка, мой сыночек, плыви, плыви к бережочку.

Терешечка услышал и говорит:

— Ближе, ближе, мой челночок! Это родимой матушки голосок.

Мать его накормила, напоила и опять за рыбкой пустила.

Пришла ведьма Чувилиха, запела выученным голоском, точь-в-точь родимая матушка. Терешечка обознался, подъехал; она его схватила да в куль, и помчала.

Примчала в избушку на курьих ножках, велела дочери его сжарить; а сама, поднявши лытки, пошла опять на раздобытки.

Терешечка был мужичок не дурачок, в обиду девке не дался, вместо себя посадил ее жариться в печь, а сам взобрался на высокий дуб.

Прибежала Чувилиха, вскочила в избу, напилась-наелась, вышла на двор, катается-валяется и приговаривает:

— Покатаюсь я, поваляюсь я, Терешечкиного мяса наевшись!

А он ей с дуба кричит:

— Покатайся, поваляйся, ведьма, своей дочери мяса наевшись!

Услышала она, подняла голову, раскинула глаза на все стороны — нет никого! Опять затянула:

— Покатаюсь я, поваляюсь я, Терешечкиного мяса наевшись!

А он отвечает:

— Покатайся, поваляйся, ведьма, своей дочери мяса наевшись!

Испугалась она, глянула и увидела его на высоком дубу. Вскочила, бросилась к кузнецу:

— Кузнец, кузнец! Скуй мне топорок. Сковал кузнец топорок и говорит:

— Не руби же ты острием, а руби обухом. Послушалась, стучала-стучала, рубила-рубила, ничего не сделала. Припала к дереву, впилась в него зубами, дерево затрещало.

По небу летят гуси-лебеди; Терешечка видит беду, видит гусей-лебедей, взмолился им, стал их упрашивать:

— Гуси-лебеди, возьмите меня, посадите меня на крылышки, донесите меня к отцу, к матери; там вас накормят-напоят.

А гуси-лебеди отвечают:

— Ка-га! Вон летит другое стадо, поголоднее нас, оно тебя возьмет, донесет.

А ведьма грызет, только щепки летят, а дуб трещит. да шатается.

Летит другое стадо. Терешечка опять кричит:

— Гуси-лебеди! Возьмите меня, посадите меня на крылышки, донесите меня к отцу, к матери; там вас накормят-напоят!

— Ка-га!—отвечают гуси.— За нами летит защипанный гусенёк, он тебя возьмет, донесет.

Гусенёк не летит, а дерево трещит да шатается. Ведьма погрызет-погрызет, взглянет на Терешечку — оближется и опять примется за дело; вот-вот к ней свалится!

По счастью, летит защипанный гусенёк, крылышками машет, а Терешечка-то его просит, ублажает:

— Гусь-лебедь ты мой, возьми меня, посади меня на крылышки, донеси меня к отцу, к матери; там тебя накормят-напоят и чистой водицей обмоют.

Сжалился защипанный гусенёк, подставил Тере-шечке крылышки, встрепенулся и полетел вместе с ним.

Подлетели к окошечку родимого батюшки, сели на травке. А старушка напекла блинов, созвала гостей, поминает Терешечку и говорит:

— Это тебе, гостёк, это тебе, старичок, а это мне блинок!

А Терешечка под окном отзывается:

— А мне?

— Погляди-ка, старичок, кто там просит блинок? Старик вышел, увидел Терешечку, обхватил его, привел к матери — пошло обниманье!

А защипанного гусенька откормили, отпоили, на нолю пустили, и стал он с тех пор широко крыльями махать, впереди всех летать да Терешечку вспоминать.

Гуси-лебеди

Жили старичок со старушкою; у них была дочка да сынок маленький.

— Дочка, дочка! —говорила мать.— Мы пойдем на работу, принесем тебе булочку, сошьем платьице, купим платочек; будь умна, береги братца, не ходи со двора.

Старшие ушли, а дочка забыла, что ей приказыва-ли; посадила братца на травке под окошком, а сама побежала на улицу, заигралась, загулялась. Налетели гуси-лебеди, подхватили мальчика, унесли на крылышках.

Пришла девочка, глядь — братца нету! Ахнула, кинулась туда-сюда — нету! Кликала, заливалась сле-чами, причитывала, что худо будет от отца и матери,— братец не откликнулся! Выбежала в чистое поле; метнулись вдалеке гуси-лебеди и пропали за темным лесом.

Гуси-лебеди давно себе дурную славу нажили, много шкодили и маленьких детей крадывали; девочка угадала, что они унесли ее братца, бросилась их догонять. Бежала, бежала, стоит печка.

— Печка, печка, скажи, куда гуси полетели?

— Съешь моего ржаного пирожка,— сказку.

— О, у моего батюшки пшеничные не едятся! Печь не сказала.

Побежала дальше, стоит яблонь.

— Яблонь, яблонь, скажи, куда гуси полетели?

— Съешь моего лесного яблока,— скажу.

— О, у моего батюшки и садовые не едятся! Побежала дальше, стоит молочная речка, кисельные берега.

— Молочная речка, кисельные берега, куда гуси полетели?

— Съешь моего простого киселика с молоком,— скажу.

— О, у моего батюшки и сливочки не едятся! И долго бы ей бегать по полям да бродить по лесу,

да, к счастью, попался еж; хотела она его толкнуть, побоялась наколоться и спрашивает:

— Ежик, ежик, не видал ли, куда гуси полетели?

— Вон туда-то! —указал.

Побежала — стоит избушка на курьих ножках, стоит-поворачивается. В избушке сидит баба-яга, морда жилиная, нога глиняная; сидит и братец на лавочке, играет золотыми яблочками. Увидела его сестра, подкралась, схватила и унесла; а гуси за нею в погоню летят; нагонят злодеи, куда деваться? Бежит молочная речка, кисельные берега.

— Речка-матушка, спрячь меня!

— Съешь моего киселика!

Нечего делать, съела. Речка ее посадила под бережок, гуси пролетели. Вышла она, сказала: «Спасибо!»— и опять бежит с братцем; а гуси воротились, летят навстречу. Что Делать? Беда! Стоит яблонь.

— Яблонь, яблонь-матушка, спрячь меня!

— Съешь мое лесное яблочко!

Поскорей съела. Яблонь ее заслонила веточками, прикрыла листиками: гуси пролетели. Вышла и опять бежит с братцем, а гуси увидели—да за ней; совсем налетают, уж крыльями бьют, того и гляди — из рук вырвут! К счастью, на дороге печка.

— Сударыня печка, спрячь меня!

— Съешь моего ржаного пирожка!

Девушка поскорей пирожок в рот, а сама в печь, села в устьецо. Гуси полетали-полетали, покричали и ни с чем улетели.

А она прибежала домой, да хорошо еще, что успела прибежать, а тут и отец и мать пришли.

Правда и Кривда

Однажды спорила Кривда с Правдою: чем лучше жить — кривдой или правдой? Кривда говорила: лучше жить кривдою, а Правдаа утверждала: лучше жить правдою. Спорили, спорили, никто не переспорит. Говорит Кривда:

— Пойдем к писарю, он нас рассудит!

— Пойдем,— отвечает Правда. Вот пришли к писарю.

— Реши наш спор,— говорит Кривда,— чем лучше жить — кривдою али правдою?

Писарь спросил:

— О чем вы бьетеся?

— О ста рублях.

— Ну ты, Правда, проспорила; в наше время лучше жить кривдою.

Правда вынула из кармана сто рублей и отдала Кривде, а сама все стоит на своем, что лучше жить правдою.

— Пойдем к судье, как он решит? — говорит Кривда.—Коли по-твоему — я тебе плачу тысячу рублей, а коли по-моему—ты мне должна оба глаза отдать.

— Хорошо, пойдем.

Пришли они к судье, стали спрашивать: чем лучше жить?

Судья сказал то же самое:

— В наше время лучше жить кривдою.

— Подавай-ка свои глаза! —говорит Кривда Правде; выколола у ней глаза и ушла куда знала.

Осталась Правда безглазая, пала лицом наземь и поползла ощупью. Доползла до болота и легла в траве. В самую полночь собралась туда неверная сила. Небольшой стал всех спрашивать: кто и что сделал? Кто говорит — я душу загубил; кто говорит — я того-то на грех смустил; а Кривда, в свой черед, похваляется:

— Я у Правды сто рублей выспорила да глаза выколола!

— Что глаза! —говорит набольшой.— Стоит потереть тутошней травкою — глаза опять будут!

Правда лежит да слушает. Вдруг крикнули петухи, и неверная сила разом пропала. Правда нарвала травки и давай тереть глаза; потерла один, потерла другой — и стала видеть по-прежнему; захватила с собой этой травки и пошла в путь-дорогу.

В это время у одного царя ослепла дочь, и сделал он клич: кто вылечит царевну, за того отдаст ее замуж. Правда приложила ей к очам травку, потерла и вылечила; царь обрадовался, женил Правду на своей дочери и взял к себе в дом...

Королевич и его дядька

Был мужик, у него было три сына: два умных, третий дурак. Вот хорошо, зачал мужик горох сеять, и повадился к нему на горох незнамо кто. Видит отец, что все побито, повалено, потоптано, и стал говорить своим детям:

— Дети мои любезные! Надобно караулить, кто такой горох у нас топчет?

Сейчас большой брат пошел караулить. Приходит полуночное время, ударил его сон — горох потоптан, а он ничего не видал.

Опосля досталось караулить середнему брату — и середний ничего не видал.

— Сем-ка я пойду,— говорит дурак,—уж я не прогляжу!

— Хорошо ты поешь! Каково станется? — отвечают ему братья.

И таки пошел дурак караулить, взял с собой воз лык да фунт табаку. Как стал его сон ударять, он стал табак больше нюхать.

Приезжает на горох Никанор-богатырь, пускает своего коня, а сам лег богатырским сном спать—лег и заснул. Сейчас это дурак взял и зачал его сонного лыками путлять. Упутлял его лыками и пришел к отцу.

— Ну,— говорит,— поймал я вора! Отец приходит, смотрит:

— Как же ты, дурак, мог этакую силу повалить? Вот донесли царю, что пойман этакий богатырь.

Царь сейчас посылает:

— Кем он пойман?

Докладают ему, что пойман таким-то дураком. Тут сейчас царь приказывает:

— Приведите мне дурака! Привели; царь спрашивает:

— Как же это, дурак, как бы его сюда перевезть? Он ему говорит:

— А вот как надобно править: надобно двенадцать лошадей, да шестьдесят человек народу, да чугунные дроги—тогда можно положить Никанора-богатыря на дроги и привезть сюда.

Привезли богатыря к царю.

— Как же, дурак,— спрашивает царь,— куды же его посадить и чем закрепить, чтоб не ушел?

Дурак говорит:

— На двадцать аршин вели земли выкопать, той землей завали чугунные стены да накати накатники; крепко будет!

Завалили чугунные стены, накатили накатники, посадили туда Никанора-богатыря и поставили над ним полк солдат караульных. Дурак зацепил крюком, перервал лыки и развязал богатыря. Царь дурака наградил, домой отпустил.

Раз как-то гуляли царские дети по саду и пущали золотые стрелы, и попала стрела меньшого брата, Ивана-царевича, в окошечко Никанора-богатыря.

— Ах, Никанор-богатырь, отдай мою стрелку.

— Помоги мне,— говорит Никанор-богатырь,— прикажи хоть одну накатинку скатить — так отдам твою стрелку; пожалуй, еще три свои подарю!

Иван-царевич понатужился и сам снял одну накатину; Никанор-богатырь отдал ему золотую стрелку и говорит:

— Ну, Иван-царевич, будешь ты лакеем, пастухом и поваром, и опять будешь Иваном-царевичем.

Сейчас разломал Никанор-богатырь свою темницу, вылез оттуда и весь полк побил. Царь пришел, увидал и ужаснулся:

— Кем богатырь выпущен?

Тут валялись избитые, израненные: у того солдата рука оторвана, у того нога изломана; говорят они царю:

— Так и так, Иван-царевич выпустил. Осердился царь, послал собирать с разных земель королей и принцев. Собрались короли и принцы; угостил их царь и стал с ними думать-гадать.

— Что мне,— говорит,— с сыном, Иваном-царевичем, делать? Ведь царских детей ни казнят, ни вешают.

Присоветовали ему: дать царевичу одного слугу, и пускай идет, куда сам знает!

Пошел Иван-царевич от своего отца; шел ни много, ни мало, и захотелось ему пить. Приходит к колодезю, глянул—далече вода, не достанешь, напиться нечем. Говорит он слуге своему:

— Ах, Ванька, как же быть?

— Ну, Иван-царевич,— говорит Ванька,—держи меня за ноги, я напьюся, а там и тебя напою; а то не достанешь—далече вода.

Сейчас это Ванька начал пить, напился, а там стал .царевича держать. Иван-царевич напился:

— Ну, Ванька, вытаскивай меня! Он ему отвечает:

— Нет же! Будь ты Ванька, а я буду Иван-царевич.

— Что ты, дурак, пустое болтаешь!

— Сам болтаешь! Коли не хочешь, утоплю в колодезе!

— Нет же! Лучше не топи; будь ты Иван-царевич, а я буду Ванька.

На том и поладили; приходят в большой град столичный, прямо в палаты царские; названый царевич идет впереди, кресты кладет не по-писаному, поклоны ведет не по-ученому, а настоящий царевич позади выступает, кресты кладет по-писаному, поклоны ведет по-ученому. Царь принимает их с охотою.

— Живите у меня,— говорит.

Сейчас Ванька-названник начал наговаривать:

— Ах, какой лакей у меня! Как хорошо скотину стережет! Если лошадей погонит, то у всякой лошади сделаются хвост золотой, грива золотая, по бокам часты звезды; а коров погонит, у всякой коровы сделаются рога золотые, хвост золотой, по бокам часты звезды.

Дал ему царь лошадей стеречь. Погнал Иван-царе-вич табун в чистое поле; все лошади от него разбежа-лись. Он сел и заплакал горько. Эх, Никанор-богатырь, что ты сделал надо мной! Как мне теперь быть?

Откуда не взялся — является перед ним Никанор-богатырь.

— Что,— говорит,— тебе надобно, Иван-царевич?

Тот рассказал ему про свое горе.

— Ничего! Поедем-ка с тобой, соберем всех лошадей да погоним к моей меньшой сестре. Меньшая сестра все поделает, что тебе царь приказал.

Пригнали табун к меньшой сестре; она и впрямь нее поделала, накормила-напоила гостей и домой проводила. Гонит Иван-царевич лошадей к царскому дворцу: у всякой лошади грива золота, хвост золотой, по бокам звезды. Названник Ванька под окном сидит.

— Ах, каналья, сделал-таки, сделал! Хитер,— го-ворит,— мудер!

Ну, теперича приказывает ему царь коров гнать: - Чтоб было то же сделано, а если не сделаешь — я тебя на воротах расстреляю!

Иван-царевич горько заплакал и погнал коров; целый день стерег.

— Ах, друг Никанор, явись передо мной! Никанор-богатырь является; погнали к его средней сестре; она всем коровам поделала рожки золотые, хвосты золотые, по бокам — звезды; накормила гостей, напоила и домой проводила.

Гонит Иван-царевич коров, а Ванька-названник под окном сидит.

— Ах,— говорит,— хотел погубить, да нет: и это сделал!

Царь увидал:

— Вот так пастух! Вишь, каких лошадей да коров поставил — любо-дорого посмотреть!

Говорит ему Ванька:

— Он мне и кушанье хорошо готовит!

Царь сейчас отправил его в поварскую; пошел Иван-царевич к поварам под начало, а сам горько плачет.

— Господи! Я ничего не умею; это все на меня напраслину наговаривают.

Вот задумал царь отдать свою дочь за названника; а тут и пишет к нему трехглавый змей: «Если ты не отдашь своей дочери за меня, то я всю твою силу порублю и тебя самого в полон возьму». Говорит царь своему нареченному зятю:

— Что же мне делать? Ванька отвечает:

— Батенька, выставим силу; может быть, и наша возьмет!

Выставили силу, стали воевать. А Иван-царевич просится у поваров:

— Пустите меня, дяденьки, посмотреть сражение; я сроду не видал.

Те говорят:

— Ступай, посмотри!

Сейчас приходит он на чистое поле и говорит:

— Друг Никанор, явись передо мной. Никанор-богатырь перед ним является.

— Что угодно тебе, Иван-царевич, то и буду делать. Он спрашивает:

— Как асе нам разогнать все это сражение, побить неприятелей? Сослужи-ка мне эту службу.

— Это службишка, а не служба!

Поехал Никанор-богатырь и разогнал силу неприятельскую, всех побил, порубал.

— Ну, теперь надо свадьбу играть!—говорит царь. Вдруг пишет шестиглавый змей: «Если ты не отдашь своей дочери за меня, то всю силу твою порублю и тебя самого в полон возьму!»

— Ах, как же нам быть?—спрашивает царь. Говорит Ванька:

— Нечего делать — надо силу выставлять; может быть, нам бог помогнёт!

Выставили против силы змеиной свою армию. Стал Иван-царевич проситься у поваров:

— Дяденьки, отпустите меня посмотреть.

— Ступай, да скорей назад приходи. Он пошел на чистое поле:

— Ах, друг Никанор, явись передо мной! Никанор-богатырь является:

— Что тебе угодно, все для тебя буду делать.

— Как бы нам порубить эту силу? Отвечает Никанор-богатырь:

— Поеду и потружусь для тебя!

Пустился на рать-силу змеиную и побил ее всю дочиста.

— Ну,— говорит царь,—теперь нам можно и свадьбу играть: никакой помехи не будет!

Взялись за свадьбу, а тут двенадцатиглавый змей пишет: «Если не отдашь за меня своей дочери, то всю гною силу побью, тебя самого в полон возьму, а царство твое головней выжгу!» Надобно опять выставлять армию. «Если станет змей побивать,— думает царь,— в ту же минуту отдам ему дочь добром, чтоб только царства не тронул».

Иван-царевич просится у поваров:

— Дяденьки, отпустите меня посмотреть.

— Ступай, да скорей назад приходи!

Вот приходит он на чистое поле, свистнул-гаркнул своим громким голосом:

— Друг Никанор, явись передо мной! Никанор-богатырь является:

— Ну, брат Иван-царевич, вот когда служба-то нам пришла! Садись и ты на коня, и поедем: я впереди—на двенадцатиглавого змея, а ты позади—на всех его богатырей.

А у того змея было двенадцать подручных богатырей. Сел Иван-царевич на коня и вслед за Никанором-богатырем поехал на неприятеля; стали биться, рубиться, изводить силу змеиную.

На том бою ранили Ивана-царевича в руку; он повернул коня и прямо наехал на царскую карету. Царевна сняла с себя шаль, разорвала пополам и половинкой завязала ему руку. Иван-царевич опять ударил на змея и побил все его войско; после приехал в свое место, лег спать и заснул крепким, богатырским сном.

Во дворце свадьба готовится; хватились его повара:

— Куда, — говорят, — делся наш молодой повар?

Побежали искать и нашли сонного; стали будить — никак не разбудят, стали толкать — никак не растолкают. Один повар взял колотушку:

— Сейчас пришибу его, пускай пропадает! Ударил его раз, другой; Иван-царевич проснулся.

— Ах, братцы, я проспал! — И просит: — Дяденьки, не сказывайте, что я так долго спал.

Те говорят:

— Пойдем, дурак, скорее, чтобы нас за тебя не ругали!

Привели его в поварскую и заставили кастрюли чистить. Иван-царевич засучил рукава и принялся за работу. Увидала царевна у него половинку своей шали:

— Покажи-ка, Ванька! Где ты этот платок взял? Тут он и признался:

— Не тот, — говорит, — названник — царевич, а я! — и рассказал ей все, как было.

Сейчас взяла царевна его за руку, повела к отцу:

— Вот мой нареченный жених, а не тот лакей! Царь стал у него спрашивать:

— Как у вас дело было?

— Так и так, — говорит.

Царь перевенчал свою дочь за Ивана-царевича, а названника расказнил.

И я там был, мед-вино пил, по усам текло, во рту не было; подали белужины — остался не ужинавши.

Иван-царевич и Марфа-царевна

У одного царя много лет содержался мужичок руки железны, голова чугунна, сам медный, хитрец был, важный человек. Сын царя Иван-царевич был маленький, ходил мимо тюрьмы. Этот старик подкликал его к себе и взмолился ему:

— Дай, пожалуйста, Иван-царевич, напиться!

Иван-царевич еще ничего не знал — был маленький, почерпнул воды и подал ему: старика с этого в тюрьме не стало, ушел. Дошла эта весть и до царя. Царь приказал Ивана-царевича за это дело выгнать из царства. Царское слово — закон: Ивана-царевича выгнали из царства; пошел он куда глаза глядят.

Шел долго; наконец приходит в друго царство прямо к царю, просится в службу. Царь его принял, приказал сделать конюхом. Он

только спит на конюшне, а за конями не ходит; конюшенный староста не
однажды бил его. Иван-царевич все терпел. Какой-то царь сватал царевну
у этого царя и не высватал; за то объявил войну. Этот царь ушел с
войсками, а царством осталась править дочь его Марфа-царевна. Она и
прежде замечала Ивана-царевича, что он не простого роду; за то и послала
его в какое-то место губернатором.

Иван-царевич уехал, живет там, правит делом. Один раз поехал он на
охоту; только выехал за жило — неоткуда взялся мужичок руки железны,
голова чугунна, сам медный:

— А, здравствуй, Иван-царевич! Иван-царевич ему поклонился.
Старик зовет его:

— Поедем,— говорит,— ко мне в гости. Поехали. Старичок ввел его
в богатый дом, крикнул малой дочери:

— Эй, давай-ка нам пить и есть, да и полуведерную чашу вина!

Закусили; вдруг дочь приносит полуведерную чашу вина и подносит
Ивану-царевичу. Он отказывается, говорит:

— Мне не выпить!

Старик велит браться; взял чашу, и откуда у него сила взялася — на
один дух так и выпил это вино!

Потом старик созвал его разгуляться; дошли до камня в пятьсот
пудов. Старик говорит:

— Поднимай этот камень, Иван-царевич!

Он думает себе: «Где мне поднять такой камень! Однако попробую».
Взял и легко перекинул; сам опять и думает: «Откуда у меня берется сила?
Небось, этот старик в вине ее мне подает».

Походили сколько времени и пошли в дом. Приходят: старик
средней дочери крикнул ведро вина принести. Иван-царевич смело взялся
за чашу вина, выпил на один дух. Опять пошли разгуляться, дошли до
камня в тысячу пудов. Старик говорит Ивану-царевичу:

— Ну-ка, переметни этот камень! Иван-царевич тотчас схватил
камень и бросил, и думает себе: «Эка сила хочет во мне быть!»

Воротились опять в дом, и опять старик крикнул большой дочери
принести полтора ведра чару зелена пина. Иван-царевич и это выпил на
один дух. Пошли со стариком разгуляться. Иван-царевич легонько метнул
камень в полторы тысячи пудов. Тогда старик дал ему скатёртку-
самовёртку и говорит:

— Ну, Иван-царевич, в тебе теперь много силы: лошади не поднять!
Крыльцо дома вели переделать, тебя оно не станет поднимать; стулья надо
другие же; под полы можно наставить чаще подстоек. Ступай с богом!

Все люди засмеялись, как увидели, что губернатор с охоты идет
пешком, а лошадь ведет в поводу. Он пришел домой; под полы велел
наставить стоек, стулья все переделали, стряпок, горничных прогнал,

один себе живет, как пустынник. И все дивятся, как живет он голодом; никто ему не стряпает! Даром что его питает скатёртка-самовёртка.

В гости ходить ни к кому он не стал, да и как ходить? Ничего его не поднимало в домах.

Царь между тем с походу воротился, узнал, что Иван-царевич живет губернатором, приказал его сменить и сделать опять конюхом. Нечего делать — Иван-царевич стал жить конюхом. Один раз конюшенный староста стал его куда-то наряжать, да и ударил; Иван-царевич не стерпел, как схватил его сам, так голову и отшиб. Дошло дело это до царя; привели Ивана-царевича.

— Почто ты ушиб старосту? — спросил царь.

— Он сам наперед ударил меня; я нешибко и отплатил ему, да как-то по голове: голова и отпала.

Другие конюхи сказали то же — задел наперед староста, а Иван-царевич ударил его нешибко. Ничего не сделали с Иваном-царевичем, только сменили из конюхов в солдаты; он и тут начал жить.

Не чрез долгое времени приходит к царю мужичок сам с ноготь, борода с локоть, и подает письмо за тремя черными печатями от Водяного царя; тут написано: ежели царь в такой-то день и на такой-то остров не привезет дочь свою Марфу-царевну взамуж за сына Водяного царя, то он людей всех прибьет и все царство огнем сожжет; а за Марфой-царевной будет трехглавый змий. Царь прочитал это письмо, подал от себя другой ответ к Водяному царю, что дочь отдать согласен; проводил старика и созвал сенаторов и думных дьяков думу думать, как отстоять дочь от трехглавого змия? Ежели не послать ее на остров, то всему царству от Водяного царя будет смерть. Кликнули клич, не выищется ли такой человек, который бы взялся выручать от змия Марфу-царевну? За того ее царь и взамуж отдаст.

Нашелся какой-то поддергайко, взял роту солдат, повез Марфу-царевну; привозит на остров, оставил ее в хижине, а сам остался дожидаться змия на улице.

Между тем Иван-царевич узнал, что Марфу-царевну увезли к Водяному царю, собрался и поехал на остров; пришел в хижину, Марфа-царевна плачет.

— Не плачь, царевна!—сказал он ей.— Бог милостив!

Сам лег на лавку, голову положил на колена Марфе-царевне и уснул. Вдруг змий начал выходить, воды за ним хлынуло на три аршина. Барин с солдатами стоял тут; как начала вода прибывать, он и скомандовал им:

— Марш на лес!

Солдаты все сбились на лес. Змий вышел и идет прямо в хижину. Марфа-царевна увидела, что змий идет за ней, начала Ивана-царевича будить; тот соскочил, на один раз отсек все три головы у змия, а сам ушел. Барин повез Марфу-царевну домой к отцу.

Не чрез много времени старик сам с ноготь, борода с локоть выходит опять из воды и несет от Водяного царя письмо за шести черными печатями, чтобы царь привез дочь на тот же остров шестиглавому змию; а ежели он не отдаст Марфу-царевну, то Водяной царь грозился все царство потопить. Царь отписал опять, что согласен отдать Марфу-царевну. Маленький ста-ричонко ушел. Царь начал кликать клич; послали везде бумаги: не найдется ли такой человек, который бы избавил Марфу-царевну от змия? Тот же барин опять явился, говорит:

— Я, ваше царско величество, избавлю; только дайте роту солдат.

— Да больше не надо ли? Теперь змий о шести главах.

— Будет! Мне и этого много.

Собрались все, повезли Марфу-царевну; а Иван-царевич узнал, что Марфа-царевна опять в напасти, за добродетель ее, что его сделала губернатором, пошел туда ли, поехал ли; так же застал Марфу-царевну в хижине, входит к ней. Она уж ждет его; только увидела — обрадовалась. Он лег и уснул. Вдруг шестиглавый змий и начал выходить; воды хлынуло на шесть аршин. Барин с солдатами еще сперва сидел на лесу. Змий вошел в хижину, Марфа-царевна разбудила Ивана-царевича; вот они схватились, бились, бились, Иван-царевич отсек змию голову, другу, третью, и все шесть, и сбросал их в воду, а сам будто ни в чем не бывал — пошел. Барин с солдатами слез с лесу, поехал домой, доносит царю, что бог помог отстоять Марфу-царевну; и ее, видно, настращал чем-то этот барин: она не смела сказать, что не он отстаивал ее. Барин стал приступать, чтобы сделали свадьбу. Марфа-царевна велит подождать.

— Дайте,— говорит,— мне поправиться со страху; я и то вон как напугалась!

Вдруг опять тот же старик сам с ноготь, борода с локоть выходит из воды и несет письмо с девяти черными печатями, чтобы царь немедленно послал Марфу-царевну на такой-то остров и в такой-то день к девятиглавому змию, а ежели не пошлет, то все его царство будет потоплено. Царь опять отписал, что согласен; сам начал искать такого человека, какой бы избавил царевну от девятиглавого змия. Тот же барин опять выискался и поехал с ротой солдат и с Марфой-царевной.

Иван-царевич услыхал это, собрался и отправился туда же, а Марфа-царевна там ждет уж его. Он пришел; она обрадовалась, стала его спрашивать, какого он роду, кто такой, как зовут? Он ничего не сказал, лег и уснул. Вот девятиглавый змий и начал выходить, воды поднял на себе девять аршин. Барин опять скомандовал солдатам:

— Марш на лес!

Залезли. Марфа-царевна будит Ивана-царевича, не может разбудить; змий уже близко у порогу! Она слезно заплакала; Ивана-царевича разбудить все не может. Змий уж подползает, только схватить Ивана-царевича! Он все спит. У Марфы-царевны был ножичек перочинный; она им и резнула по щеке Ивана-царевича. Он проснулся, соскочил, схватился со змием биться-барахтаться. Вот змий начал издолять Ивана-царевича. Неоткуда взялся мужичок руки железны, голова чугунна, сам медный, схватил змия; отсекли двойма ему все головы, сбросали в воду и ушли. Барин пуще того обрадовался; соскакали с лесу, отправились в свое царство, и он неотступно стал просить царя сделать свадьбу. Марфа-царевна отказывалась:

— Подождите немного да дайте мне оправиться; я и то вон как испугалась!

Старичок сам с ноготок, борода с локоток опять принес письмо. Водяной царь требует виноватого.

Барину и не хотелось было ехать к Водяному царю, да нечего делать — послали. Снарядили корабль и отпра-вились (а Иван-царевич тут на флоте служил, как-то попал тут же на корабль); плывут. Вдруг навстречу им корабль — как птица летит, только и кричат:

— Виноватого, виноватого!—и пробежал мимо. Немного отплыли, другой корабль навстречу, и опять кричат:

— Виноватого, виноватого!

Иван-царевич указал на барина; уж они его били, били—до полусмерти! Проехали.

Вот приезжают они к Водяному царю. Водяной царь приказал натопить докрасна чугунну ли, железну ли баню и виноватого посадить туда. Барин перепугался, душа в пятки ушла! Смертонька приходит! А у Ивана-царевича остался с тех кораблей какой-то человек, увидел, что Иван-царевич не простого роду, и стал у него служить. Иван-царевич и послал его:

— Ступай, просиди в бане.

Тот сейчас сбегал; ему — дьявол то и есть — ничего там не делается, прибежал обратно невредим. Виноватого опять потребовали, теперь уже к самому Водяному царю; барина увели. Уж его ругал-ругал, бил-бил Водяной царь и велел прогнать. Поехали обратно.

Барин дома пуще еще стал гордиться и не отходит от царя, приступает, чтобы сделал свадьбу. Царь просватал; назначили день, когда быть свадьбе. Барин— где поднялся! Рукой не достанешь! Никто близко не подходи! А царевна говорит отцу:

— Батюшка! Вели собрать всех солдат; я хочу смотреть их.

Тотчас солдат собрали. Марфа-царевна и пошла, всех обошла и доходит до Ивана-царевича, взглянула па щеку и видит рубец, как она ножичком его резнула; берет она Ивана-царевича за руку и ведет к отцу:

— Вот, батюшка, кто меня избавил от змиев; я не знала — кто он, а теперь узнала по рубцу на щеке. Барин-от сидел с солдатами на лесу!

Тут же солдат тех спросили: сидели ли они на лесу? Они сказали:

— Правда, ваше царско величество! Барин был еле жив, не годен!

Того разу его разжаловали и послали в ссылку; а Иван-царевич обвенчался на Марфе-царевне, стал жить да быть и хлеб жевать.

Купеческая дочь и служанка

Жил купец пребогатый; у него одна дочь была хороша-расхороша! Развозит этот купец товар по разным губерням, и приехал он в некое царство к царю, привез красный товар и стал ему отдавать. Изымел с ним царь таково слово:

— Что,— говорит,— я по себе невесты не найду? Вот купец и стал говорить этому царю:

— У меня есть дочка хороша; так хороша, что человек ни вздумает, то она узнает!

То царь часа насовать не стал, написал письмо и скричал своим господам жандармам:

— Ступайте вы к этому купцу и отдайте это письмо купеческой дочери! — а в письме написано: «Убирайся венчаться».

Взяла купеческая дочь это письмо на руки, залилась слезами и стала убираться, и служанка с нею; и никто эту служанку не разгадает с купеческой дочерью: потому не разгадает, что обе на одно лицо. Вот убрались они в одинаков платье и едут к царю венчаться. Досадно стало этой служанке; сейчас и говорит:

— Пойдем, по острову погуляем!

Пошли по острову; усыпила служанка купеческую дочь сонным зельем, вырезала у ней глаза и положила в карманчик. Потом приходит к жандармам и говорит:

— Господа жандармы! Уходилась на море моя служанка.

А они в ответ:

— Нам лишь бы ты была жива, а эта крестьянка вовсе не нужна!

Приехали к царю; сейчас стали венчаться и начали жить. Вот царь сам себе и думает: «Должно быть, купец меня обманул! Это не купеческая дочь. Отчего она так нехороша умом-разумом? Вовсе ничего не умеет делать!»

Живет он с нею; а эта купеческая дочь опомнилась от болезни, что ей служанка-то причинила; ничего она не видит, а только слышит. И слышит она, что стережет старичок скотину; стала ему говорить:

— Где ты, дедушка, находишься?

— Я живу в избушке.

— Прими и меня с собою.

Старичок принял ее. Она и говорит:

— Дедушка, отгони скотину-то!

Он ее послушал—отогнал скотину. И посылает она этого старика в лавку:

— Возьми ты бархату и шелку в долг. Старик пошел. Из богатых никто не дал в долг, а дали ему из бедной лавки. Принес он слепенькой бархату и шелку. Она ему говорит:

— Дедушка, ложись спать и ухом не веди; а мне что день, что ночь — все равно!

И стала из бархату и шелку царскую корону шить; вышила такую хорошую корону, что глядеть—не наглядишься.

Поутру рано будит слепенькая старика и говорит:

— Поди, отнеси к царю; ничего не проси, а проси только глаз; и что над тобой ни будут там делать—ничего не бойся!

Вот он пришел во дворец, принес корону. Тут все над этой короной сдивовались и стали у него торго-вать; а старичок стал у них просить глаз. Сейчас донесли царю, что он глаз просит. Царь вышел, обрадовался короне и начал торговать ее, а тот с него глаз просит. Ну, царь заругался и хотел уж его в острог сажать. Только что царь ни говорит, а он свое дело правит. Царь скричал своим жандармам:

— Подите у пленного солдата вырежьте глаз!

А жена его, царица, сейчас выскочила, вынимает глаз и дает его царю. Царь очень обрадовался:

— Ах, как ты меня выручила, царевнушка!—и отдал старику этот глаз.

Старик взял и пошел со дворца; пришел в свою избушку. Слепая спрашивает:

— Взял ли ты, дедушка, мой глазок? Он говорит:

— Взял.

Вот она приняла у него, вышла на зорю, поплевала на глазок, приставила — и стала видеть.

Посылает она старичка опять в лавки, дала ему денег, велела долг отдать за шелк и за бархат и еще приказала взять бархату и золота. Взял он у бедного купца и принес купеческой дочери и бархату и золота.

Вот она села шить другую корону, сшила и посылает старичка к этому же царю, а сама приказывает:

— Ничего не бери, только глаз проси; а станут тебя спрашивать, где ты взял,— скажи: мне бог дал!

Пришел старик во дворец; там все сдивовались; первая корона была хороша, а эта еще лучше. И говорит царь:

— Что ни давать, а купить надо!

— Дай мне глаз,—просит старик.

Царь сейчас посылает вырезать глаз у пленного, а супруга царева тут же и вынимает другой глазок. Царь очень обрадовался, благодарит ее:

— Ах, как ты меня, матушка, выручила этим глазком!

Спрашивает царь старичка:

— Где ты, старичок, берешь эти короны?

— Мне' бог дал!—сказал ему старик и пошел со дворца. Приходит в избушку, отдает глазок слепенькой. Она вышла опять на зорю, поплевала глазок, приставила его—и стала видеть обоими глазами. Ночь спала в избушке, а то вдруг очутилась в стеклянном дому, и завела она гулянья.

Едет царь посмотреть, что такое за диво, кто такой построил эти хоромы? Въехал во двор, и так она ему рада, сейчас его принимает и за столик сажает. Попировал там, уезжает и зовет ее к себе в гости. Вернулся к себе в дом и сказывает своей царице:

— Ах, матушка, какой в этом месте дом и какая в нем девица! Кто что ни вздумает, то она узнает!

Царица догадалась и говорит сама себе: «Это, верно, она, которой я глаза вырезала!»

Вот царь опять едет к ней в гости, а царице очень досадно. Приехал царь, попировал и зовет ее в гости. Она стала убираться и говорит старичку:

— Прощай! Вот тебе сундук денег: до дна его не добирай—всегда будет полон. Ляжешь ты спать в этом стеклянном дому, а встанешь в избушке своей. Вот я в гости поеду; меня вживе не будет—убьют и в мелкие части изрубят; ты встань поутру, сделай гробок, собери мои кусочки и похорони.

Старичок заплакал об ней. Тем же часом жандармы приехали, посадили ее и повезли. Привозят ее в гости, а царица на нее и не смотрит—сейчас застрелила бы ее.

Вот и вышла царица на двор и говорит жандармам:

— Как вы эту девку домой повезете, так тут же иссеките ее в мясные части и выньте у нее сердце да привезите ко мне!

Повезли они купеческу дочь домой и разговаривают с ней быстро; а она уж знает, что они хочут делать, и говорит им:

— Секите ж меня скорее!

Они иссекли ее, вынули у ней сердце, а самую в ничем закопали и приехали во дворец. Царица вышла, шила сердце, скатала его в яйцо и положила в карман. Старичок спал в стеклянном дому, а встал в избушке и чалился слезами. Плакал, плакал, а дело надо исполнить. Сделал гроб и пошел искать ее; нашел в навозе, разрыл, собрал все части, положил их в гроб и похоронил у себя.

А царь не знает никакого дела, едет к купеческой дочери в гости. Приехал на то место — нет ни дома, нет ни девицы, а только где она схоронена, там над ней сад вырос. Вернулся во дворец и стал царице рассказывать:

— Ездил, ездил, не нашел ни дома, ни девицы, а только один сад!

Вот царица услыхала об этом; вышла на двор и говорит жандармам:

— Ступайте вы, посеките на том месте сад! Приехали они к саду и стали его сечь, а он весь окаменел.

Не терпится царю — хочется сад посмотреть; вот он и едет глядеть его. Приехал в сад и увидел в нем мальчика — и какой хорошенький мальчик! «Верно,—думает,— господа гуляли да потеряли». Взял его но дворец, привез в свои палаты и говорит царице:

— Смотри, матушка, не расквили его.

А мальчик на то время так раскричался, что ничем его и не забавят: и так и сяк, а он знай кричит! Царица вынула из карманчика яичко, скатанное из сердца, и дала ему; он и перестал кричать, зачал бегать по комнатам.

— Ах, матушка,— говорит царь царице,— как ты ого утешила!

Мальчик побег на двор, а царь за ним; он на улицу — и царь на улицу, он в поля — и царь в поля, он в сад — и царь в сад. Увидал там этот царь девицу и очень обрадовался. Девица и говорит ему:

— Я твоя невеста, купеческая дочь, а царица твоя—моя служанка.

Вот и приехали они во дворец. Царица упала ей в ноги:

— Прости меня!

— А ты меня не прощала: один раз глаза вырезала, а в другой велела в мелкие части рассечь!

Царь и говорит:

— Жандармы! Вырежьте же теперь и царице глаза и пустите ее в поля.

Вырезали ей глаза, привязали к коням и пустили в поля. Размыкали ее кони по чистому полю. А царь с младой царицею стали жить да поживать, добра наживать. Царь ею завсегда любовался и в золоте водил.

Три царства - медное, серебряное и золотое

В то давнее время, когда мир божий наполнен был лешими, ведьмами да русалками, когда реки текли молочные, берега были кисельные, а по полям летали жареные куропатки, в то время жил-был царь по имени Горох с царицею Анастасьей Прекрасною; у них было три сына-царевича.

Сотряслась беда немалая—утащил царицу нечистый дух. Говорит царю большой сын:

— Батюшка, благослови меня, поеду отыскивать матушку.

Поехал и пропал, три года про него ни вести, ни слуху не было.

Стал второй сын проситься:

— Батюшка, благослови меня в путь-дорогу, авось мне посчастливится найти и брата и матушку.

Царь благословил; он поехал и тоже без вести пропал — словно в воду канул.

Приходит к царю меньшой сын Иван-царевич:

— Любезный батюшка, благослови меня в путь-дорогу; авось разыщу и братьев и матушку.

— Поезжай, сынок!

Иван-царевич пустился в чужедальнюю сторону; ехал, ехал и приехал к синю морю, остановился на бережку и думает: «Куда теперь путь держать?»

Вдруг прилетели на море тридцать три колпицы, ударились оземь и стали красные девицы — все хороши, а одна лучше всех; разделись и бросились в воду.

Много ли, мало ли они купались — Иван-царевич подкрался, взял у той девицы, что всех краше, кушачок и спрятал за пазуху.

Искупались девицы, вышли на берег, начали одеваться—одного кушачка нет.

— Ах, Иван-царевич,— говорит красавица,— отдай мой кушачок.

— Скажи прежде, где моя матушка?

— Твоя матушка у моего отца живет—у Ворона Ироновича. Ступай вверх по морю, попадется тебе серебряная птичка, золотой хохолок: куда она полетит, туда и ты иди.

Иван-царевич отдал ей кушачок и пошел вверх по морю; тут повстречал своих братьев, поздоровался с ними и взял с собою.

Идут они вместе берегом, увидали серебряную птичку, золотой хохолок, и побежали за ней следом. Птичка летела, летела и бросилась под плиту железную, в яму подземельную.

— Ну, братцы,— говорит Иван-царевич, благосло-ните меня вместо отца, вместо матери; опущусь в эту яму и узнаю, какова земля иноверная, не там ли наша матушка.

Братья его благословили, он сел на рели, полез в ту яму глубокую и спущался ни много, ни мало — ровно три года; спустился и пошел путем-дорогою.

Шел-шел, шел-шел, увидал медное царство; во дворце сидят тридцать три девицы-колпицы, вышивают полотенца хитрыми узорами,— городками с приго-родками.

— Здравствуй, Иван-царевич!—говорит царевна медного царства.— Куда идешь, куда путь держишь?

— Иду свою матушку искать.

— Твоя матушка у моего отца, у Ворона Воронови-ча; он хитер и мудёр, по горам, по долам, по вертепам, по облакам летал! Он тебя, добра молодца, убьет! Вот тебе клубочек, ступай к моей средней сестре — что она тебе скажет. А назад пойдешь, меня не забудь.

Иван-царевич покатил клубочек и пошел вслед за ним.

Приходит в серебряное царство; там сидят тридцать три девицы-колпицы. Говорит царевна серебряного царства:

— Доселева русского духа было видом не видать, слыхом не слыхать, а нонче русский дух воочью проявляется! Что, Иван-царевич, от дела лытаешь али дела пытаешь?

— Ах, красная девица, иду искать матушку.

— Твоя матушка у моего отца, у Ворона Воронови-ча; и хитер он, и мудёр, по горам, по долам летал, по вертепам, по облакам носился! Эх, царевич, ведь он тебя убьет! Вот тебе клубочек, ступай-ка ты к меньшой моей сестре — что она тебе скажет: вперед ли идти, назад ли вернуться?

Приходит Иван-царевич к золотому царству; там сидят тридцать три девицы-колпицы, полотенца вышивают. Всех выше, всех лучше царевна золотого царства — такая краса, что ни в сказке сказать, ни пером написать. Говорит она:

— Здравствуй, Иван-царевич! Куда идешь, куда путь держишь?

— Иду матушку искать.

— Твоя матушка у моего отца, у Ворона Воронови-ча; и хитер он, и мудёр, по горам, по долам летал, по вертепам, по облакам носился. Эх, царевич, ведь он тебя убьет! На тебе клубочек, ступай в жемчужное царство: там твоя мать живет. Увидя тебя, она возрадуется и тотчас прикажет: няньки-мамки, подайте моему сыну зелена вина. А ты не бери; проси, чтоб дала тебе трехгодовалого вина, что в шкапу стоит, да горелую корку на закусочку. Не забудь еще: у моего батюшки есть на дворе два чана воды—одна вода сильная, а другая малосильная; переставь их с места на место и напейся сильной воды.

Долго царевич с царевной разговаривали и так полюбили друг друга, что и расставаться им не хотелося; а делать было нечего—попрощался Иван-царевич и отправился в путь-дорогу.

Шел, шел, приходит к жемчужному царству. Увидала его мать, обрадовалась и крикнула:

— Мамки-няньки! Подайте моему сыну зелена вина.

— Я не пью простого вина, подайте мне трехгодовалого, а на закуску горелую корку.

Выпил трехгодовалого вина, закусил горелою коркою, вышел на широкий двор, переставил чаны с места на место и принялся сильную воду пить.

Вдруг прилетает Ворон Воронович; был он светел, как ясный день, а увидал Ивана-царевича — и сделался мрачней темной ночи; опустился к чану и стал тянуть бессильную воду.

Тем временем Иван-царевич пал к нему на крылья; Ворон Воронович взвился высоко-высоко, носил его и по долам, и по горам, и по вертепам, и облакам и начал спрашивать:

— Что тебе нужно, Иван-царевич? Хочешь — казной наделю?

— Ничего мне не надобно, только дай мне посошок-перышко.

— Нет, Иван-царевич! Больно в широки сани садишься.

И опять понес его Ворон по горам и по долам, по вертепам и облакам. Иван-царевич крепко держится; налег всею своей тяжестью и чуть-чуть не обломил ему крылья. Вскрикнул тогда Ворон Воронович:

— Не ломай ты мои крылышки, возьми посошок-перышко!

Отдал царевичу посошок-перышко; сам сделался простым вороном и полетел на крутые горы.

А Иван-царевич пришел в жемчужное царство, взял свою матушку и пошел в обратный путь; смотрит—жемчужное царство клубочком свернулося да вслед за ним покатилося.

Пришел в золотое царство, потом в серебряное, а потом и в медное, взял повел с собою трех прекрасных царевен, а те царства свернулись клубочками да за ними ж покатилися. Подходит к релям и затрубил в золотую трубу.

— Братцы родные! Если живы, меня не выдайте. Братья услыхали трубу, ухватились за рели и вытащили на белый свет душу красную девицу, медного царства царевну; увидали ее и начали меж собою ссориться: один другому уступить ее не хочет.

— Что вы бьетесь, добрые молодцы! Там есть еще лучше меня красная девица.

Царевичи опустили рели и вытащили царевну серебряного царства. Опять начали спорить и драться; тот говорит:

— Пусть мне достанется! А другой;

— Не хочу! Пусть моя будет!

— Не ссорьтесь, добрые молодцы, там есть краше меня девица.

Царевичи перестали драться, опустили рели и вытащили царевну золотого царства. Опять было принялись ссориться, да царевна-красавица тотчас остановила их:

— Там ждет ваша матушка! Вытащили они свою матушку и опустили рели за.

Иваном-царевичем; подняли его до половины и обсекли веревки. Иван-царевич полетел в пропасть, крепко ушибся и полгода лежал без памяти; очнувшись, посмотрел кругом, припомнил все, что с ним сталося, вынул из кармана посошок-перышко и ударил им 6 землю. В ту ж минуту явилось двенадцать молодцев.

— Что, Иван-царевич, прикажете?

— Вынесть меня на вольный свет.

Молодцы подхватили его под руки и вынесли на вольный свет. Стал Иван-царевич про своих братьев разведывать и узнал, что они давно поженились: царевна из медного царства вышла замуж за середнего брата, царевна из серебряного царства—за старшего брата, а его нареченная невеста ни за кого не идет. И вздумал на ней сам отец-старик жениться; собрал думу, обвинил свою жену в совете с злыми духами и велел отрубить ей голову; после казни спрашивает он царевну из золотого царства:

— Идешь за меня замуж?

— Тогда пойду за тебя, когда сошьешь мне башмаки без мерки.

Царь приказал клич кликать, всех и каждого выспрашивать: не сошьет ли кто царевне башмаков без мерки? На ту пору приходит Иван-царевич в свое государство, нанимается у одного старичка в работники и посылает его к царю:

— Ступай, дедушка, бери на себя это дело. Я тебе башмаки сошью, только ты на меня не сказывай.

Старик пошел к царю:

— Я-де готов за эту работу взяться.

Царь дал ему товару на пару башмаков и спрашивает:

— Да потрафишь ли ты, старичок?

— Не бойся, государь, у меня сын чеботарь. Воротясь домой, отдал старичок товар Ивану-царевичу; тот изрезал товар в куски, выбросил за окно, потом растворил золотое царство и вынул готовые башмаки:

— Вот, дедушка, возьми, отнеси к царю. Царь обрадовался, пристает к невесте:

— Скоро ли к венцу ехать? Она отвечает:

— Тогда за тебя пойду, когда сошьешь мне платье без мерки.

Царь опять хлопочет, сбирает к себе всех мастеровых, дает им большие деньги, только чтоб платье без мерки сшили. Иван-царевич говорит старику:

— Дедушка, иди к царю, возьми материю, я тебе платье сошью, только на меня не сказывай.

Старик поплелся во дворец, взял атласов и бархатов, воротился домой и отдал царевичу. Иван-царевич тотчас за ножницы, изрезал на клочки все атласы и бархаты и выкинул за окно; растворил золотое цар-ство, взял оттуда что ни есть лучшее платье и отдал старику:

— Неси во дворец! Царь радехонек:

— Что, невеста моя возлюбленная, не пора ли нам к ненцу ехать?

Отвечает царевна:

— Тогда за тебя пойду замуж, когда возьмешь старикова сына да велишь в молоке сварить.

Царь не задумался, отдал приказ—и в тот же день собрали со всякого двора по ведру молока, налили большой чан и вскипятили на сильном огне.

Привели Ивана-царевича; начал он со всеми прощаться, в землю кланяться; бросили его в чан: он раз нырнул, другой нырнул, выскочил вон—и сделался таким красавцем, что ни в сказке сказать, ни пером написать. Говорит царевна:

— Посмотри-ка, царь! За кого мне замуж идти: за тебя ли, старого, или за него, доброго молодца?

Царь подумал: «Если и я в молоке искупаюся, таким же красавцем сделаюся!»

Бросился в чан и сварился в молоке.

А Иван-царевич поехал с царевной из золотого царства венчаться; обвенчались и стали жить-поживать, добра наживать.

Фролка-сидень

Жил-был царь, у него было три дочери, да такие красавицы, что ни в сказке сказать, ни пером написать; любили они по вечерам гулять в своем саде, а сад был большой и славный. Вот змий черноморский и повадился туда летать.

Однажды дочери царские припоздали в саду, засмотрелись на цветы; вдруг откуда ни взялся змий черноморский и унес их на своих огненных крыльях. Царь ждать-пождать—нет дочерей! Послал служанок искать их в саду, но все было напрасно: служанки не нашли царевен.

Утром царь сделал тревогу, народу собралось множество. Тут царь и говорит:

— Кто разыщет моих дочерей, тому сколько угодно дам денег.

Вот и избрались трое: солдат-пьяница, Фролка-сидень и Ерема; уговорились с царем и пустились искать царевен.

Шли они, шли и пришли в дремучий густой лес. Только взошли в него, сильный сон стал одолевать их. Фролка-сидень вытащил из кармана табакерку, постукал, открыл ее и пхнул в нос охапку табаку; потом зашумел:

— Эй, братцы, не уснем, не воздремлем! Идите дальше.

Вот и пошли: шли, шли и приходят, наконец, к огромному дому, а дом этот был пятиглавого змия. Долго они стучали в ворота и не могли достучаться. Вот Фролка-сидень оттолкнул солдата и Ерему:

— Пустите-ка, братцы!

Понюхал табаку и стукнул в двери так сильно, что расшиб их.

Тут вошли они на двор, сели в кружок и собирают-ся закусить чем бог послал. А из дома выходит девица, гобою такая красавица; вышла и говорит:

— Зачем вы, голубчики, сюда зашли? Ведь здесь живет прелихой змий; он вас съест! Счастливы вы, что его теперь дома нет.

Фролка отвечает ей:

— Мы сами его съедим!

Не успел вымолвить эти слова, вот и летит змий, летит и рычит:

— Кто мое царство разорил? Ужель в свете есть мне противники? Есть у меня один противник, да его и костей сюда ворон не занесет!

— Ворон меня не занесет,— сказал Фролка,— а добрый конь завезет!

Змий, услыхав такие слова, сказал:

— Мириться, что ли, али драться

— Не мириться я пришел,— говорит Фролка,— а драться!

Вот разошлись они, соступились, и Фролка с одного мпху срубил все пять голов змию, взял и положил их под камень, а туловище зарыл в землю. Тут девица обрадовалась и говорит этим молодцам:

— Возьмите меня, голубчики, с собою.

— Да ты чья? — спросили они.

Она говорит, что царская дочь; Фролка также рассказал ей, что было нужно; вот и сошлось у них дело! Царевна позвала их в хоромы, накормила-напоила и просит, чтоб они выручили и других ее сестер. Фролка отвечал:

— Да мы за этим и посланы!

Царевна рассказала, где живут ее сестры:

— У средней сестры еще страшнее моего: с нею живет змий семиголовый.

— Нужды нет!—сказал Фролка.— Мы и с тем справимся; разве долго покопаюсь я с двенадцатигла-вым змием.

Распростились и пошли дальше.

Приходят к средней сестре. Палаты, в которых она залючена была, огромные, а вокруг палат ограда высокая, чугунная. Вот подошли они и начали искать порота; нашли, Фролка что ни есть силы бухнул в порота, и ворота растворились; вошли они на двор и опять по-прежнему сели позакусить.

Вдруг летит семиглавый змий.

— Что-то русским духом пахнет!—говорит он.— Ба! Это ты, Фролка, сюда зашел. Зачем?

— Я знаю, зачем!—отвечал Фролка, сразился с змием и с одного маху сшиб ему все семь глав, положил их под камень, а туловище зарыл в землю.

Потом вошли они в палаты; проходят комнату, другую и третью, в четвертой увидали среднюю царскую дочь — сидит на диване. Как рассказали они ей, каким образом и для чего сюда пришли, она повеселела, начала угощать их и просила выручить от двенадцатиглавого змия ее меньшую сестру. Фролка сказал:

— А как же! Мы за этим и посланы. Только что-то робеет сердце; ну, да авось бог! Поднеси-ка нам еще по чарочке.

Вот выпили они и пошли; шли, шли и пришли к оврагу крутому-раскрутому. На другой стороне оврага стояли вместо ворот огромные столбы, а к ним прикованы были два страшные льва и рычали так громко, что Фролка только один устоял на ногах, а товарищи его от страха попадали на землю. Фролка сказал им:

— Я не такие страсти видал,— и то не робел, пойдемте за мною!

И пошли дальше.

Вдруг вышел из палат старец — примерно лет семидесяти, увидал их, пошел к ним навстречу и говорит:

— Куда вы идете, мои родимые?

— Да вот в эти палаты,— отвечал Фролка.

— И, мои родимые! Не на добро вы идете; в этих палатах живет двенадцатиглавый змий. Теперь его нет дома, а то бы он вас сейчас поел!

— Да нам его-то и нужно!

— Когда так,— сказал старик,— ступайте; я проведу вас туда.

Старик подошел ко львам и начал их гладить; тут Фролка пробрался с своими товарищами на двор.

Вот взошли они и в палаты; старик повел их в ту комнату, где жила царевна. Увидела она их, проворно скочила с кровати, подошла и порасспросила: кто они таковы и зачем пришли? Они рассказали ей. Царевна угостила их, а сама уж начала сряжаться.

Только стали они выходить из хором — вдруг видят: в версте от них летит змий. Тут царская дочь бросилась назад в хоромы, а Фролка с товарищами пошел навстречу и сразился с змием. Змий сначала очень шибко напал на них, но Фролка — парень расторопный! —успел одержать победу, сшиб ему все двенадцать голов и кинул их в овраг.

Потом вошли назад в хоромы и начали гулять от радости пуще прежнего, а после отправились в путь и зашли за другими царевнами и все вместе прибыли на родину.

Царь оченно обрадовался, растворил им свою царскую казну и сказал:

— Ну, верные мои слуги,— берите, сколько угодно, себе денег за работу.

Фролка был тороват: принес свою большую шапку треуху; солдат принес свой ранец, а Ерема принес куриное лукошко. Вот Фролка первый стал насыпать, сыпал, сыпал, треуха и прорвалась, и серебро утонуло в грязь. Фролка опять начал сыпать: сыплет, а из треухи валится!

— Нечего делать!—сказал Фролка.— Верно, вся царская казна за меня пойдет.

— А нам-то что останется? — спросили его товарищи.

— У царя достанет казны и на вас!

Ерема давай-ка, пока деньги есть, насыпать лукошко, а солдат ранец, насыпали и пошли себе домой. Л Фролка с треухою остался подле царской казны и поныне сидит да насыпает. Когда насыпет треуху, тогда дальше скажу; а теперь нет мочи и духу.

Иван Быкович

В некотором царстве, в некотором государстве жил-был царь с царицею; детей у них не было. Стали они бога молить, чтоб создал им детище во младости на погляденье, а под старость на прокормление; помолились, легли спать и уснули крепким сном.

Во сне им привиделось, что недалеко от дворца есть тихий пруд, в том пруде златоперый ерш плавает, коли царица его скушает, сейчас может забеременеть. Просыпались царь с царицею, кликали к себе мамок и нянек, стали им рассказывать свой сон. Мамки и няньки так рассудили: что во сне привиделось, то и наяву может случиться.

Царь призвал рыбаков и строго наказал поймать ерша златоперого.

На заре пришли рыбаки на тихий пруд, закинули сети, и на их счастье с первою ж тонею попался златоперый ерш. Вынули его, принесли во дворец; как увидала царица, не могла на месте усидеть, скоро к рыбакам подбегала, за руки хватала, большой казной награждала; после позвала свою любимую кухарку и отдавала ей ерша златоперого с рук на руки.

— На, приготовь к обеду, да смотри, чтобы никто до него не дотронулся.

Кухарка вычистила ерша, вымыла и сварила, помои на двор выставила; по двору ходила корова, те помои выпила; рыбку съела царица, а посуду кухарка подлизала.

И вот разом забрюхатели: и царица, и ее любимая кухарка, и корова, и разрешились все в одно время тремя сыновьями: у царицы родился Иван-царевич, у кухарки — Иван, кухаркин сыш, у коровы — Иван Быкович.

Стали ребятки расти не по дням, а по часам; как хорошее тесто на опаре поднимается, так и они вверх тянутся. Все три молодца на одно лицо удались, и признать нельзя было, кто из них дитя царское, кто — кухаркино и кто от коровы народился. Только по тому и различали их: как воротятся с гулянья, Иван-царевич просит белье переменить, кухаркин сын норовит съесть что-нибудь, а Иван Быкович прямо на отдых ложится.

По десятому году пришли они к царю и говорят: — Любезный наш батюшка! Сделай нам железную палку в пятьдесят пудов.

Царь приказал своим кузнецам сковать железную палку в пятьдесят пудов; те принялись за работу и в неделю сделали. Никто палки за один край приподнять не может, а Иван-царевич, да Иван, кухаркин сын, да Иван Быкович между пальцами ее повертывают, словно перо гусиное.

Вышли они на широкий царский двор.

— Ну, братцы,—говорит Иван-царевич,—давайте силу пробовать; кому быть большим братом.

— Ладно,—отвечал Иван Быкович,—бери палку и бей нас по плечам.

Иван-царевич взял железную палку, ударил Ивана, кухаркина сына, да Ивана Быковича по плечам и вбил того и другого по колена в землю. Иван, кухаркин сын, ударил—вбил Ивана-царевича да Ивана Быко-вича по самую грудь в землю; а Иван Быкович ударил—вбил обоих братьев по самую шею.

— Давайте,—говорит царевич,—еще силу попытаем: станем бросать железную палку кверху; кто выше забросит—тот будет больший брат.

— Ну что ж, бросай ты!

Иван-царевич бросил—палка через четверть часа назад упала, Иван, кухаркин сыш, бросил—палка через полчаса упала, а Иван Быкович бросил—только через час воротилась.

— Ну, Иван Быкович, будь ты больший брат. После того пошли они гулять по саду и нашли громадный камень.

— Ишь какой камень! Нельзя ль его с места сдвинуть?—сказал Иван-царевич, уперся в него руками, возился, возился—нет, не берет сила.

Попробовал Иван, кухаркин сын,—камень чуть-чуть подвинулся. Говорит им Иван Быкович:

— Мелко же вы плаваете! Постойте, я попробую.

Подошел к камню да как двинет его ногою—камень ажио загудел, покатился на другую сторону сада и переломал много всяких деревьев. Под тем камнем подпал открылся, в подвале стоят три коня богатырские, по стенам висит сбруя ратная: есть на чем добрым молодцам разгуляться!

Тотчас побежали они к царю и стали проситься:

— Государь-батюшка! Благослови нас в чужие земли ехать, самим на людей посмотреть, себя в людях показать.

Царь их благословил, на дорогу казной наградил; они с царем простились, сели на богатырских коней и в путь-дорогу пустились.

Ехали по долам, по горам, по зеленым лугам и приехали в дремучий лес; в том лесу стоит избушка на курячьих ножках, на бараньих рожках, когда надо—повертывается.

— Избушка, избушка, повернись к нам передом, к лесу задом; нам в тебя лезти, хлеба-соли ести.

Избушка повернулась. Добрые молодцы входят в избушку—на печке лежит баба-яга костяная нога, из угла в угол, нос в потолок.

— Фу-фу-фу! Прежде русского духу слыхом не слыхано, видом не видано; нынче русский дух на ложку садится, сам в рот катится.

— Эй, старуха, не бранись, слезь-ка с печки да на лавочку садись. Спроси: куда едем мы? Я добренько скажу.

Баба-яга слезла с печки, подходила к Ивану Быко-вичу близко, кланялась ему низко:

— Здравствуй, батюшка Иван Быкович! Куда едешь, куда путь держишь?

— Едем мы, бабушка, на реку Смородину, на калиновый мост; слышал я, что там не одно чудо-юдо живет.

— Ай да Ванюша! За дело хватился; ведь они, злодеи, всех приполонили, всех разорили, ближние царства шаром покатили.

Братья переночевали у бабы-яги, поутру рано встали и отправились в путь-дорогу. Приезжают к реке Смородине; по всему берегу лежат кости человеческие, по колено будет навалено! Увидали они избушку, вошли в нее—пустехонька, и вздумали тут остановиться.

Пришло дело к вечеру. Говорит Иван Быкович:

— Братцы! Мы заехали в чужедальную сторону, надо жить нам с осторожкою; давайте по очереди на дозор ходить.

Кинули жеребий—доставалось первую ночь сторожить Ивану-царевичу, другую—Ивану, кухаркину сыну, а третью—Ивану Быковичу.

Отправился Иван-царевич на дозор, залез в кусты и крепко заснул. Иван Быкович на него не понадеялся; как пошло время за полночь—он тотчас готов был, взял с собой щит и меч, вышел и стал под калиновый мост.

Вдруг на реке воды взволновалися, на дубах орлы закричали—выезжает чудо-юдо шестиглавое; под ним конь споткнулся, черный ворон на плече встрепенулся, позади хорт ощетинился. Говорит чудо-юдо шестиглавое:

— Что ты, собачье мясо, спотыкаешься, ты, воронье перо, трепещешься, а ты, песья шерсть, ощетинилась? Аль вы думаете, что Иван Быкович здесь? Так он, добрый молодец, еще не родился, а коли родился—так на войну не сгодился; я его на одну руку посажу, другой прихлопну—только мокренько будет!

Выскочил Иван Быкович:

— Не хвались, нечистая сила! Не поймав ясна сокола, рано перья щипать; не отведав добра молодца, нечего хулить его. А давай лучше силы пробовать: кто одолеет, тот и похвалится.

Вот сошлись они—поравнялись, так жестоко ударились, что кругом земля простонала. Чуду-юду не посчастливилось: Иван Быкович с одного размаху сшиб ему три головы.

— Стой, Иван Быкович! Дай мне роздыху.

— Что за роздых! У тебя, нечистая сила, три головы, у меня всего одна; вот как будет у тебя одна голова, тогда и отдыхать станем

Снова они сошлись, снова ударились; Иван Быкович отрубил чуду-юду и последние головы, взял туловище—рассек на мелкие части и побросал в реку Смородину, а шесть голов под калиновый мост сложил. Сам в избушку вернулся. Поутру приходит Иван-царевич.

— Ну что, не видал ли чего?

— Нет, братцы, мимо меня и муха не пролетала.

На другую ночь отправился на дозор Иван, кухаркин сын, забрался в кусты и заснул. Иван Быкович на него не понадеялся; как пошло время за полночь—он тотчас снарядился, взял с собой щит и меч, вышел и стал под калиновый мост.

Вдруг на реке воды взволновались, на дубах орлы раскричались— выезжает чудо-юдо девятиглавое; под ним конь споткнулся, черный ворон на плече встрепенулся, позади хорт ощетинился. Чудо-юдо коня по бедрам, ворона по перьям, хорта по ушам:

— Что ты, собачье мясо, спотыкаешься, ты, воронье перо, трепещешься, ты, песья шерсть, щетинишься? Аль вы думаете, что Иван Быкович здесь? Так он еще не родился, а коли родился—так на войну не сгодился: я его одним пальцем убью!

Выскочил Иван Быкович:

— Погоди—не хвались, прежде богу помолись, руки умой да за дело примись! Еще неведомо—чья возьмет!

Как махнет богатырь своим острым мечом раз-два, так и снес с нечистой силы шесть голов; а чудо-юдо ударил—по колена его в сыру землю вогнал.

Иван Быкович захватил горсть земли и бросил своему супротивнику прямо в очи. Пока чудо-юдо протирал свои глазища, богатырь срубил ему и остальные головы, взял туловище—рассек на мелкие части и побросал в реку Смородину, а девять голов под калиновый мост сложил.

Наутро приходит Иван, кухаркин сын.

— Что, брат, не видал ли за ночь чего?

— Нет, возле меня ни одна муха не пролетала, ни один комар не пищал!

Иван Быкович повел братьев под калиновый мост, показал им на мертвые головы и стал стыдить:

— Эх вы, сони, где вам воевать? Вам бы дома на печи лежать!

На третью ночь собирается на дозор идти Иван Быкович; взял белое полотенце, повесил на стенку, а под ним на полу миску поставил и говорит братьям:

— Я на страшный бой иду; а вы, братцы, всю ночь не спите да присматривайтесь, как будет с полотенца кровь течь: если половина миски набежит—ладно дело, если полна миска набежит—все ничего, а если через край польет—тотчас спускайте с цепей моего богатырского коня и сами спешите на помочь мне.

Вот стоит Иван Быкович под калиновым мостом; пошло время за полночь, на реке воды взволновались, на дубах орлы раскричалися—выезжает чудо-юдо двенадцатиглавое; конь у него о двенадцати крылах, шерсть у коня серебряная, хвост и грива—золотые. Едет чудо-юдо; вдруг под ним конь споткнулся; черный ворон на плече встрепенулся, позади хорт ощетинился. Чудо-юдо коня по бедрам, ворона по перьям, хорта по ушам:

— Что ты, собачье мясо, спотыкаешься, ты, воронье перо, трепещешься, ты, песья шерсть, щетинишься? Аль вы думаете, что Иван Быкович здесь? Так он еще не родился, а коли родился—так на войну не сгодился, я только дуну—его и праху не останется!

Выскочил Иван Быкович.

— Погоди—не хвались, прежде богу помолись!

— А, ты здесь! Зачем пришел?

— На тебя, нечистая сила, посмотреть, твоей крепости испробовать.

— Куда тебе мою крепость пробовать? Ты муха передо мной!

Отвечает Иван Быкович

— Я пришел с тобой не сказки рассказывать, а насмерть воевать.

Размахнулся своим острым мечом и срубил чуду-юду три головы. Чудо-юдо подхватил эти головы, черкнул по ним своим огненным пальцем—и тотчас все головы приросли, будто и с плеч не падали! Плохо пришлось Ивану Быковичу; чудо-юдо стал одолевать его, по колена вогнал в сыру землю.

— Стой, нечистая сила! Цари-короли сражаются, и те замиренье делают; а мы с тобой ужли будем воевать без роздыху? Дай мне роздыху хоть до трех раз.

Чудо-юдо согласился; Иван Быкович снял правую рукавицу и пустил в избушку. Рукавица все окна побила, а его братья спят, ничего не слышат. В другой раз размахнулся Иван Быкович сильней прежнего и срубил чуду-юду шесть голов; чудо-юдо подхватил их, черкнул огненным пальцем—и опять все головы на местах, а Ивана Быковича забил он по пояс в сыру землю.

Запросил богатырь роздыху, снял левую рукавицу и пустил в избушку. Рукавица крышу пробила, а братья все спят, ничего не слышат. В третий раз размахнулся он еще сильнее и срубил чуду-юду девять голов; чудо-юдо подхватил их, черкнул огненным пальцем—головы опять приросли, а Ивана Быковича погнал он в сыру землю по самые плечи.

Иван Быкович запросил роздыху, снял с себя шляпу и пустил в избушку; от того удара избушка развалилась, вся по бревнам раскатилась.

Тут только братья проснулись, глянули—кровь из миски через край льется, а богатырский конь громко ржет да с цепей рвется. Бросились они на конюшню, спустили коня, а следом за ним и сами на помочь спешат.

— А!—говорит чудо-юдо,—ты обманом живешь; у тебя помочь есть.

Богатырский конь прибежал, начал бить его копытами; а Иван Быкович тем временем вылез из земли, приловчился и отсек чуду-юду огненный палец. После того давай рубить ему головы: сшиб все до единой, туловище на мелкие части разнял и побросал все в реку Смородину.

Прибегают братья.

— Эх вы, сони!—говорит Иван Быкович.—Из-за вашего сна я чуть-чуть головой не поплатился.

Поутру ранешенько вышел Иван Быкович в чистое поле, ударился оземь и сделался воробышком, прилетел к белокаменным палатам и сел у открытого окошечка. Увидала его старая ведьма, посыпала зер-нышков и стала сказывать:

— Воробышек-воробей! Ты прилетел зернышков покушать, моего горя послушать. Насмеялся надо мной Иван Быкович, всех зятьев моих извел.

— Не горюй, матушка! Мы ему за все отплатим,—говорят чудо-юдовы жены.

— Вот я,—говорит меньшая,—напущу голод, сама выйду на дорогу да сделаюсь яблоней с золотыми и серебряными яблочками: кто яблочко сорвет—тот сейчас лопнет.

— А я,—говорит средняя,—напущу жажду, сама сделаюсь колодезем; на воде будут две чаши плавать: одна золотая, другая серебряная; кто за чашу возьмется—того я утоплю.

— А я,—говорит старшая,— сон напущу, а сама перекинусь золотой кроваткою; кто на кроватке ляжет—тот огнем сгорит.

Иван Быкович выслушал эти речи, полетел назад, ударился оземь и стал по-прежнему добрым молод-цем. Собрались три брата и поехали домой.

Едут они дорогою, голод их сильно мучает, а есть нечего. Глядь—стоит яблоня с золотыми и серебряными яблочками; Иван-царевич да Иван, кухаркин сын, пустились было яблочки рвать, да Иван Быкович наперед заскакал и давай рубить яблоню крест-накрест —только кровь брызжет!

То же сделал он и с колодезем и с золотою кроваткою. Сгибли чудо-юдовы жены.

Как проведала о том старая ведьма, нарядилась нищенкой, выбежала на дорогу и стоит с котомкою. Едет Иван Быкович с братьями; она протянула руку и стала просить милостыни.

Говорит царевич Ивану Быковичу:

— Братец! Разве у нашего батюшки мало золотой казны? Подай этой нищенке святую милостыню.

Иван Быкович вынул червонец и подает старухе; она не берется за деньги, а берет его за руку и вмиг с ним счезла. Братья оглянулись—нет ни старухи, ни Ивана Быковича, и со страху поскакали домой, хвосты поджавши.

А ведьма утащила Ивана Быковича в подземелье и привела к своему мужу—старому старику.

— На тебе,—говорит,—нашего погубителя! Старик лежит на железной кровати, ничего не видит: длинные ресницы и густые брови совсем глаза закрывают. Позвал он двенадцать могучих богатырей и стал им приказывать:

— Возьмите-ка вилы железные, подымите мои брови и ресницы черные, я погляжу, что он за птица, что убил моих сыновей?

Богатыри подняли ему брови и ресницы вилами; старик взглянул:

— Ай да молодец Ванюша! Дак это ты взял смелость с моими детьми управиться! Что ж мне с тобою делать?

— Твоя воля, что хочешь, то и делай, я на все готов.

— Ну да что много толковать, ведь детей не поднять; сослужи-ка мне лучше службу: съезди в повиданное царство, в небывалое государство и достань мне царицу—золотые кудри, я хочу на ней жениться.

Иван Быкович про себя подумал: «Куда тебе, тарому черту, жениться, разве мне, молодцу!»

А старуха взбесилась, навязала камень на шею, бултых в воду и утопилась.

— Вот тебе, Ванюша, дубинка,—говорит старик,— ступай ты к такому-то дубу, стукни в него три раза дубинкою и скажи: «Выйди, корабль! Выйди, корабль! Выйди, корабль!» Как выйдет к тебе корабль, в то самое время отдай дубу трижды приказ, чтобы он затворился; да смотри не забудь! Если этого не сделаешь, причинишь мне обиду великую.

Иван Быкович пришел к дубу, ударяет в него дубинкою бессчетное число раз и приказывает: — Все, что есть, выходи!

Вышел первый корабль; Иван Быкович сел в него, крикнул:

— Все за мной!—и поехал в путь-дорогу. Отъехав немного, оглянулся назад—и видит: сила несметная кораблей и лодок! Все его хвалят, все благодарят.

Подъезжает к нему старичок в лодке:

— Батюшка Иван Быкович, много лет тебе здравствовать! Прими меня в товарищи.

— А ты что умеешь?

— Умею, батюшка, хлеб есть. Иван Быкович сказал:

— Фу, пропасть! Я и сам на это гораздо; однако садись на корабль, я добрым товарищам рад.

Подъезжает в лодке другой старичок:

— Здравствуй, Иван Быкович! Возьми меня с собой.

— А ты что умеешь?

— Умею, батюшка, вино-пиво пить.

— Нехитрая наука! Ну да полезай на корабль. Подъезжает третий старичок:

— Здравствуй, Иван Быкович! Возьми и меня.

— Говори: что умеешь?

— Я, батюшка, умею в бане париться.

— Фу, лихая те побери! Эки, подумаешь, мудрецы! Взял на корабль и этого; а тут еще лодка подъехала; говорит четвертый старичок:

— Много лет здравствовать, Иван Быкович! Прими меня в товарищи.

— Да ты кто такой?

— Я, батюшка, звездочет.

— Ну, уж на это я не гораздо; будь моим товарищем. Принял четвертого, просится пятый старичок.

— Прах вас возьми! Куды мне с вами деваться? Сказывай скорей: что умеешь?

— Я, батюшка, умею ершом плавать.

— Ну, милости просим!

Вот поехали они за царицей — золотые кудри. Приезжают в невиданное царство, небывалое государство; а там уже давно сведали, что Иван Быкович будет, и целые три месяца хлеб пекли, вино курили, пиво варили. Увидал Иван Быкович несчетное число возов хлеба да столько же бочек вина и пива; удивляется и спрашивает:

— Что б это значило?

— Это все для тебя наготовлено.

— Фу, пропасть! Да мне столько в целый год не съесть, не выпить. Тут вспомнил Иван Быкович про своих товарищей и стал вызывать:

— Эй вы, старички-молодцы! Кто из вас пить-есть разумеет?

Отзываются Объедайло да Опивайло:

— Мы, батюшка! Наше дело ребячье.

— А ну, принимайтесь за работу!

Подбежал один старик, начал хлеб поедать: разом в рот кидает не то что караваями, а целыми возами. Все приел и ну кричать:

— Мало хлеба; давайте еще!

Подбежал другой старик, начал пиво-вино пить, все выпил и бочки проглотил.

— Мало,—кричит.—Подавайте еще! Засуетилась прислуга, бросилась к царице с докладом, что ни хлеба, ни вина недостало.

А царица — золотые кудри приказала вести Ивана Быковича в баню париться. Та баня топилась три месяца и так накалена была, что за пять верст нельзя было подойти к ней. Стали звать Ивана Быковича в баню париться; он увидал, что от бани огнем пышет, и говорит:

— Что вы, с ума сошли? Да я сгорю там! Тут ему опять вспомнилось:

— Ведь со мной товарищи есть! Эй вы, старички-молодцы! Кто из вас умеет в бане париться?

Подбежал старик:

— Я, батюшка! Мое дело ребячье.

Живо вскочил в баню, в угол дунул, в другой плюнул—вся баня остыла, а в углах снег лежит.

— Ох, батюшки, замерз, топите еще три года!— кричит старик что есть мочи.

Бросилась прислуга с докладом, что баня совсем замерзла, а Иван Быкович стал требовать, чтоб ему царицу — золотые кудри выдали. Царица сама к нему вышла, подала свою белую руку, села на корабль и поехала.

Вот плывут они день и другой; вдруг ей сделалось грустно, тяжко — ударила себя в грудь, оборотилась звездой и улетела на небо.

— Ну,— говорит Иван Быкович,— совсем пропала! — Потом вспомнил:—Ах, ведь у меня есть товарищи. Эй, старички-молодцы! Кто из вас звездочет?

— Я, батюшка! Мое дело ребячье,— отвечал старик, ударился оземь, сделался сам звездою, полетел на небо и стал считать звезды; одну нашел лишнюю и ну толкать ее! Сорвалась звездочка с своего места, быстро покатилась по небу, упала на корабль и обернулась царицею—золотые кудри.

Опять едут день, едут другой; нашла на царицу грусть-тоска, ударила себя в грудь, оборотилась щукою и поплыла в море. «Ну, теперь пропала!» —думает Иван Быкович, да вспомнил про последнего старичка и стал его спрашивать:

— Ты, что ль, горазд ершом плавать?

— Я, батюшка, мое дело ребячье!—Ударился оземь, оборотился ершом, поплыл в море за щукою и давай ее под бока колоть. Щука выскочила на корабль и опять сделалась царицею—золотые кудри.

Тут старички с Иваном Быковичем распростились, по своим домам пустились; а он поехал к чудо-юдову отцу.

Приехал к нему с царицею—золотые кудри; тот позвал двенадцать могучих богатырей, велел принести вилы железные и поднять ему брови и ресницы черные. Глянул на царицу и говорит:

— Ай да Ванюша! Молодец! Теперь я тебя прощу, на белый свет отпущу.

— Нет, погоди,—отвечает Иван Быкович,—не подумавши сказал!

— А что?

— Да у меня приготовлена яма глубокая, через яму лежит жердочка; кто по жердочке пройдет, тот за себя и царицу возьмет!

— Ладно, Ванюша! Ступай ты наперед.

Иван Быкович пошел по жердочке, а царица—золотые кудри про себя говорит:

— Легче пуху лебединого пройди!

Иван Быкович прошел—и жердочка не погнулась; а старый старик пошел—только на середину ступил, так и полетел в яму.

Иван Быкович взял царицу—золотые кудри и воротился домой; скоро они обвенчались и задали пир на весь мир. Иван Быкович сидит за столом да своим братьям похваляется:

— Хоть долго я воевал, да молодую жену достал! А вы, братцы, садитесь-ка на печи да гложите кирпичи!

На том пиру и я был, мед-вино пил, по усам текло, да в рот не попало; тут меня угощали: отняли лоханку от быка да налили молока; потом дали калача, в ту ж лоханку помоча. Я не пил, не ел, вздумал утираться, со мной стали драться; я надел колпак, стали в шею толкать!

Иван крестьянский сын и мужичок сам с перст, усы на семь верст

В некотором царстве, в некотором государстве жил-был царь; у этого царя на дворе был столб, а в этом столбе три кольца: одно золотое, другое серебряное, а третье медное. В одну ночь царю привиделся такой сон: будто у золотого кольца был привязан конь — что ни шерстинка, то серебринка, а но лбу светел месяц. Поутру встал он и приказал клич кликать: кто этот сон рассудит и коня того достанет, за того свою дочь отдам и половину царства в придачу. Собралось на царский клич множество князей, бояр и исяких господ; думали, думали — никто не может сна растолковать, никто не берется коня достать.

Наконец доложили царю, что у такого-то нищего старичка есть сын Иван, который может сон растолковать и коня достать. Царь приказал призвать его. Призвали Ивана. Спрашивает его царь:

— Рассудишь ли ты мой сон и достанешь ли коня? Иван отвечает:

— Расскажи наперед, что за сон и какой тебе конь надобен?

Царь говорит:

— В прошлой ночи привиделось мне, будто у золотого кольца на моем дворе был привязан конь — что ни шерстинка, то серебринка, а во лбу светел месяц.

— Это не сон, а быль; потому что в прошлую ночь на этом коне приезжал к тебе двенадцатиглавый змей и хотел царевну украсть.

— А можно ли достать этого коня? Иван отвечает:

— Можно — только тогда, как минет мне пятнадцать лет.

В то время было Ивану только двенадцать годочков; царь взял его во дворец, кормил и поил до пятнадцати.

Вот как минуло Ивану пятнадцать лет, сказал он царю:

— Давай, государь, мне коня, на котором можно б доехать до того места, где змей находится.

Царь повел его в конюшни и показал всех своих лошадей; только он не мог ни одной выбрать по своей силе и тяжести: как наложит на которую лошадь свою богатырскую руку, та и упадет. И сказал он царю:

— Пусти меня в чистое поле поискать себе под силу коня.

Царь его отпустил.

Иван крестьянский сын три года искал, нигде не мог сыскать. Идет со слезами обратно к царю. Попадается ему навстречу старичок и спрашивает:

— Что ты, парень, плачешь?

Он ему на спрос грубо отвечал, просто-напросто от себя прогнал; старик молвил:

— Смотри, малый, не помяни меня. Иван немного отошел от старика, подумал сам с собою: «За что я старика обидел? Стары люди много знают». Воротился,, догнал старика, упал ему в ноги и сказал:

— Дедушка, прости меня, со кручины тебя обидел. Я плачу вот о чем: три года ходил я по полю по разным табунам — нигде не мог сыскать по себе коня.

Старик отвечает:

— Поди в такое-то село, там у мужичка на конюшне стоит кобыла, а от той кобылы народился паршивый жеребенок; ты возьми его и выкорми: он тебе будет под силу.

Иван поклонился старику и пошел в село.

Приходит к мужику прямо в конюшню, увидал кобылу с паршивым жеребенком и наложил на того жеребенка руку. Жеребенок нимало не поробил; взял он его у крестьянина, покормил несколько времени, приехал к царю и рассказал ему, как добыл себе коня. Потом стал сряжаться в гости к змею. Царь спросил:

— Сколько тебе, Иван крестьянский сын, надобно силы?

Отвечает Иван:

— На что мне твоя сила? Я один могу достать; разве только для посылок дай человек шесть.

116

Дал ему царь шесть человек; вот они собрались и поехали.

Долго ли, коротко ли они ехали — никому не ведомо; ведомо только то, что приехали они к огненной реке, через реку мост лежит, а кругом реки огромный лес. В том лесу раскинули они шатер, достали разных напитков, начали пить, есть, веселиться. Иван кресть-янский сын говорит товарищам:

— Давайте, ребята, каждую ночь поочередно караулить: не будет ли кто проезжать через эту реку? И случилось так, кто ни пойдет из его товарищей караул держать, всякий напьется с вечер пьян и ничего не видит.

Наконец пошел караулить Иван крестьянский сын; смотрит: в самую полуночь едет через реку змей о трех головах и подает голос:

— Нет мне ни спорщика, ни наговорщика: есть разве один спорщик и наговорщик — Иван крестьянский сын, да и того ворон в пузыре костей не заносил!

Иван крестьянский сын из-под моста выскочил:

— Врешь ты! Я здесь.

— А если здесь, то давай поспорим.

И выехал змей против Ивана на коне, а Иван выступил пеший, размахнулся своей саблею и срубил чмею все три головы, а коня себе взял и привязал у шатра.

На другую ночь Иван крестьянский сын убил шестиглавого змея, на третью ночь девятиглавого и побросал их в огненную реку. А как пошел караулить на четвертую ночь, то приехал к нему двенадцатиглавый змей и стал говорить гневно:

— Кто таков Иван крестьянский сын? Сейчас выходи ко мне! Зачем побил моих сыновей?

Иван крестьянский сын выступил и сказал:

— Позволь мне наперед сходить к своему шатру; а после сражаться будем.

— Хорошо, ступай!

Иван побежал к товарищам:

— Ну, ребята, вот вам таз, смотрите в него; когда он полон нальется крови, приезжайте ко мне.

Воротился и стал против змея, и когда они разошлись и ударились, то Иван с первого раза срубил у змея четыре головы, а сам по колена в землю ушел; во второй раз разошлись — Иван три головы срубил, а сам по пояс в землю ушел; в третий раз разошлись — еще три головы отсек, сам по грудь ушел; наконец одну срубил — по шейку ушел. Тогда только вспомянули про него товарищи, посмотрели в таз и увидели, что кровь через край льется; прибежали и срубили у змея последнюю голову, а Ивана из земли вытащили. Иван крестьянский сын взял змеиного коня и увел к шатру.

Вот прошла ночь, настает утро; начали добрые молодцы пить, есть, веселиться. Иван крестьянский сын встал от веселья и сказал своим товарищам:

— Вы, ребята, меня подождите! — а сам обратился котом, пошел по мосту через огненную реку, пришел в тот дом, где змеи жили, и стал дружиться с тамошними кошками. А в целом доме осталось в живых только сама змеиха. да три ее снохи; сидят они в горнице и говорят между собою:

— Как бы нам злодея Ивана крестьянского сына сгубить?

Малая сноха говорит:

— Куда бы ни поехал Иван крестьянский сын, сделаю на пути голод, а сама оборочусь яблоней; как он съест яблочко, сейчас разорвет его!

Средняя сказала:

— А я на пути их сделаю жажду и оборочусь колодцем; пусть попробует выпить!

Старшая сказала:

— А я наведу сон, а сама сделаюсь кроватью; если Иван крестьянский сын ляжет, то сейчас помрет!

Наконец сама свекровь сказала:

— А я разину пасть свою от земли до неба и всех их пожру!

Иван крестьянский сын выслушал все, что они говорили, вышел из горницы, оборотился человеком и пришел к своим товарищам:

— Ну, ребята, сряжайтесь в путь! Собрались, поехали в путь, и в первый раз на пути сделался ужасный голод, так что нечего было перекусить; видят они — стоит яблоня; товарищи Ивановы хотели нарвать яблоков, но Иван не велел.

— Это,— говорит,— не яблоня!—и начал ее рубить из яблони кровь пошла. Во второй раз напала на них жажда; Иван увидал колодец, не велел пить, начал его рубить — из колодца кровь потекла. В третий раз напал на них сон; стоит на дороге кровать, Иван и ее изрубил. Подъезжают они к пасти, разинутой от земли до неба; что делать? Вздумали с разлету через пасть скакать. Никто не мог перескочить; только перескочил один Иван крестьянский сын: вынес его из беды чудесный конь — что ни шерстинка, то серебрин-ка, а во лбу светел месяц.

Приехал он к одной реке; у той реки стоит избенка. Тут попадается ему навстречу мужичок сам с перст, усы на семь верст и говорит ему:

— Отдай мне коня; а коли не отдашь честью, то ипсилкой возьму!

Отвечает Иван:

— Отойди от меня, проклятый гад, покудова тебя конем не раздавил!

Мужичок сам с перст, усы на семь верст сшиб его наземь, сел на коня и уехал. Входит Иван в избенку и сильно о коне тужит. В той избенке лежит на печи безногий-безрукий и говорит Ивану:

— Послушай, добрый молодец — не знаю, как тебя по имени

назвать; зачем ты связывался с ним бороться. Я не этакий был богатырь, как ты; да и то он у меня и руки и ноги отъел!

— За что?

— А за то, что я у него на столе хлеб поел! Иван начал спрашивать, как бы назад коня достать? Говорит ему безногий-безрукий:

— Ступай на такую-то реку, сними перевоз, три года перевози, ни с кого денег не бери; разве тогда достанешь!

Иван крестьянский сын поклонился ему, пошел на реку, снял перевоз и целых три года перевозил безденежно. Однажды случилось ему перевозить трех старичков, они дают ему денег, он не берет.

— Скажи, добрый молодец, почему ты денег не берешь?

Он отвечает:

— По обещанию.

— По какому?

— У меня ехидный человек коня отбил; так меня добрые люди научили, чтоб я перевоз снял да три года ни с кого денег не брал.

Старички сказали:

— Пожалуй, Иван крестьянский сын, мы готовы тебе услужить — твоего коня достать.

— Помогите, родимые!

Старички были не простые люди: это был Студе-нец, Обжора и колдун. Колдун вышел на берег, нарисовал на песке лодку и говорит:

— Ну, братцы, видите вы эту лодку?

— Видим!

— Садитесь в нее.

Сели все четверо в эту лодку. Говорит колдун:

— Ну, легкая лодочка, сослужи мне службу, как прежде служила.

Вдруг лодка поднялась по воздуху и мигом, словно стрела, из лука пущенная, привезла их к большой каменистой горе. У той горы дом стоит, а в доме живет сам с пёрст, а усы на семь верст. Послали старики Ивана коня спрашивать. Иван начал коня просить; мужичок сам с пёрст, усы на семь верст сказал ему:

— Украдь у царя дочь и привези ко мне, тогда отдам коня.

Иван сказал про то своим товарищам, и тотчас они его оставили, а сами к царю отправились. Приезжают; царь узнал, почто они приехали, и приказал слугам баню истопить, докрасна накалить: пусть де задохнутся! После попросил гостей в баню: они поблагодарили и пошли. Колдун велел наперед Студенцу идти. Студенец взошел в баню и прохладил; вот они вымылись, выпарились и пошли к царю. Царь приказал большой обед подавать; множество всяких яств на стол было подано. Обжора принялся и всё поел. Ночью собрались гости потихоньку, украли царевну, привезли к мужику сам с пёрст, усы на семь верст; царевну ему отдавали, а коня выручали.

Иван крестьянский сын поклонился старичкам, сел на коня и поехал к царю. Ехал, ехал, остановился в чистом поле отдохнуть, разбил шатер и лег опочив держать. Проснулся, хвать — подле него царевна лежит. Он обрадовался, начал ее спрашивать:

— Как сюда угодила? Царевна сказала:

— Я оборотилась булавкою да в твой воротник воткнулась.

В ту же минуту оборотилась она опять булавкою; Иван крестьянский сын воткнул ее в воротник и поехал дальше. Приезжает к царю; царь увидал чудного коня, принимает доброго молодца с честию и рассказывает, как у него дочь украли. Иван говорит:

— Не горюй, государь! Я ее назад привез. Вышел в другую комнату; царевна оборотилась красной девицей. Иван взял ее за руку и привел к царю. Царь еще больше возрадовался, взял себе коня, а дочь отдал замуж за Ивана крестьянского сына. Иван и поныне живет с молодой женою.

Медведко, Усыня, Горыня и Дугиня богатыри

Жила-была старуха, детей у нее не было. В одно время пошла она щепки собирать и нашла сосновый чурбан; воротилась, затопила избу, а чурбан положила на печку и говорит сама с собою: «Пускай высохнет, на лучину годится!» А изба у старухи была черная; скоро щепки разгорелися, и пошел дым по всей избе. Вдруг старухе послышалось, будто на печи чурбан кричит:

— Матушка, дымно! Матушка, дымно!

Она сотворила молитву, подошла к печке и сняла чурбан, смотрит — что за диво? Был чурбан, а стал мальчик. Обрадовалась старуха: «Бог сынка дал!» И начал тот мальчик расти не по годам, а по часам, как тесто на опаре киснет; вырос и стал ходить на диоры боярские и шутить шуточки богатырские: кого счпатит за руку — рука прочь, кого за ногу — нога прочь, кого за голову — голова долой! Стали бояре старухе жаловаться; она позвала сынка и говорит ему:

— Что ты задумал? Живи, батюшка, потише. А он в ответ:

— Если я тебе неугоден, я совсем уйду! Вышел из города и пошел дорогою; навстречу ему

Дугиня-богатырь — хоть какое дерево, так в дугу согнет! Спрашивает Дугиня:

— Куда идешь, Сосна-богатырь?

— Куда глаза глядят!

— Возьми меня с собой.

— Пойдем.

Пошли вдвоем; повстречался им Горыня-богатырь:

— Куда идете?

— А куда глаза глядят!

— Возьмите и меня с собой.

— Ладно, иди

Прошли еще сколько-то верст; попадается им у большой реки Усыня-богатырь — сидит на берегу, одним усом реку запрудил, а по его усу, словно по мосту, пешие идут, конные скачут, обозы едут. Спрашивает Усыня:

— Куда идешь, Сосна-богатырь?

— Куда глаза глядят!

— Возьми и меня с собой

— Ладно, будь товарищ.

Вот идут они четверо, долго ли, коротко ли—подходят к синю морю; хочется им попасть на ту сторону, а как — не знают. Усыня-богатырь раскинул свои усы, и по тем усам перебрались все на другую сторону.

Шли, шли и очутились в дремучем лесу.

— Стой, ребята!—говорит Сосна-богатырь.— Что нам по белу свету шататься? Не лучше ли здесь на житье остаться?

Принялись за работу, срубили избу и стали ходить охотиться, а дома оставляют одного по очереди—обед стряпать, за хозяйством смотреть. На первый день была очередь Дугинина, изготовил он попить-поесть и лег на лавку отдохнуть немножко. Стук-стук, приходит баба-яга:

— Подавай,— говорит,— обед! Пить-есть хочу! Дугиня поставил на стол хлеб-соль и жареную утку; она все сожрала да еще спрашивает.

— Больше нет ничего,— отвечает Дугиня,— мы сами люди заезжие.

Баба-яга ухватила его за волосы, принялась таскать по полу, таскала, таскала, еле живого оставила. Воротились с охоты товарищи:

— Что лежишь, Дугиня?

— Угорел, братцы! Изба новая, сырая...

На другой день то же самое случилось с Горынею, а на третий день — с Усынею. Дошла очередь до Сосны-богатыря; приходит к нему баба-яга, требует:

— Подавай пить-есть!

Он поставил на стол хлеб-соль и жареного гуся. Баба-яга съела и еще спрашивает.

— Больше нет ничего, мы сами люди заезжие. Она кинулась на богатыря, да Сосна-богатырь сам силен ухватил ее за седые космы, оттаскал и выкинул из избы еле живую. Баба-яга поползла на карачках и ушла под большой камень. Воротились с охоты товарищи; Сосна-богатырь повел их к этому камню и говорит:

— Надобно, ребята, поднять его.

Они пробовали, пробовали —никто своротить не может; а Сосна-богатырь кулаком ударил —камень за версту отлетел. Глянули, а на том месте, где камень лежал, пропасть оказалась.

— Ну ребята, надо зверье бить да веревки вить! Набили зверей, нарезали кож, связали длинный ремень, прицепили к нему сетку и в той сетке спустили Сосну-богатыря в подземельное царство.

Начал он ходить по подземельному царству, набрел на избушку, взошел туда — в избушке сидит дочь бабы-яги да ковер вышивает. Увидала гостя и вскрикнула:

— Ах, Сосна-богатырь! Сейчас моя матушка придет- куда тебя спрятать от нее?

Взяла оборотила его в булавку и воткнула в пяльцы. Приходит баба-яга и спрашивает: __ Кто у тебя в избе?

— Никого, матушка!

__ Что же русским духом пахнет?

Кинулась искать, искала, искала, никого не нашла. Как только баба-яга ушла, красная девица бросила булавочку об пол — из булавочки явился Сосна-богатырь; повела его в чулан, в том чулане два кувшина стоят: в синем — сильная вода, в белом — бессильная.

— Когда будешь с матушкой драться, выскочи скорей в двери да в чулан, выпей всю воду из синего кувшина и перелей в него из белого.

Только успела это рассказать, как прибегает баба-яга и хочет в богатыря вцепиться.

— Постой, матушка!—говорит ей дочь.— Сделай прежде уговор: если он тебя сшибет, пускай даст тебе дух перевести; а если ты его сшибешь, тогда ему просить отдыху.

Сосна-богатырь и баба-яга сделали такой уговор и бросились друг на друга; яга-баба ударила его об пол. Красная девица сейчас закричала:

— Матушка! Дай ему отдохнуть. Сосна-богатырь побежал в чулан, выпил из синего кувшина всю воду, перелил в него из белого, воротился в избу, ухватил бабу-ягу и ударил об пол.

— Дай дух перевести!—закричала старуха, вскочила, побежала в чулан и напилась бессильной воды. Стали они опять драться; Сосна-богатырь ударил ее так сильно, что до смерти убил; положил мертвую на огонь, сжег и развеял пепел по ветру. Потом взял он красную девицу, посадил в сетки и затряс ремнем; богатыри Дугиня, Горыня да Усыня тотчас ее вытащили, опустили опять канат, подняли Сосну-богатыря до половины и оборвали ремень. (Сосна-богатырь упал; его выносит на Русь огромная птица, он женится на дочери бабы-яги, а богатыри, его товарищи, с испугу разбегаются в разные чужедальние земли.)

Семь Симеонов

В одном месте у мужика было семь сынов, семь Семенов — все молодец молодца лучше, а такие лентяи, неработицы — во всем свете поискать! Ничего не делали. Отец мучился, мучился с ними и повез к царю: привозит туда, сдает всех в царскую службу. Царь поблагодарил его за таких молодцов и спросил, что они умеют делать.

— У самих спросите, ваше царско величество! Царь наперво созвал большого Семена, спросил:

— Чего ты умеешь делать?

— Воровать, ваше царско величество.

— Ладно; мне такой человек на время надобен. Созвал второго:

— А ты чего?

— Я умею ковать всяки дороги вещи.

— Мне и такой человек надобен.

Созвал третьего Семена, спрашиват:

— А ты чего умеешь делать?

— Я умею стрелять на лету птицу, ваше царско величество.

— Ладно! Спрашивает четвертого:

— А ты чего?

— Если стрелец подстрелит птицу, я вместо собаки сплаваю за ней и притащу.

— Ладно!—говорит царь.— А ты чему мастер?— спросил пятого.

— Я буду смотреть с высокого места во все царства и стану сказывать, где чего делатся.

— Хорошо, хорошо! Спросил шестого:

— Я знаю делать корабли: только тяп-ляп, у меня и будет корабь.

— Хорошо, а ты чего знашь? — спросил седьмого.

— Я умею лечить людей.

— Ладно!

Царь отпустил их. Живут долго уж; царь и вздумал попытать одного Семена:

— Ну-ка, Семен, узнай, где чего делатся? Семен забился куда-то наверх, посмотрел по сторонам и рассказал:

— Тут вот то-то делатся, там — то-то.

После сличили с газетами — точно так!

Прошло опять много время; царь вздумал жениться на одной царевне: как ее достать? Не знат, некого послать! И вспомнил семь Семенов, созвал их, дал службу: достать эту царевну; дал им сколько-то солдатства. Семены скоро собрались, все мастера — тяп да ляп, и сделали корабь, сели и поплыли.

Подплывают под то царство, где была невеста-царевна; один

посмотрел с высокого шеста, сказал, что царевна теперь одна—украсть можно; другой сковал какие-то самые дорогие вещи, и пошли с вором продавать: только дошли, вор тотчас и украл царевну. Отсекли якоря, поплыли.

Царевна видит, что ее везут, обернулась белой лебедью и полетела с корабля.

Стрелец не оробел, схватил ружье, стрелил и попал ей в левое крыло; вместо собаки кинулся другой

Семен, схватил лебедь на море и принес на корабь. Лебедь обернулась опять царевной, только лева рука у нее была подстрелена. Лекарь у них свой, тотчас руку у царевны вылечил.

Приехали к своему царству здоровы, благополучны, выстрелили из пушки. Царь услышал, и забыл уж про Семенов,— думат: что за корабь пришел там?

— Поди-ка,— говорит,— сбегайте, узнайте там.

Кто-то сбегал ли, съездил ли; сколь скоро доложили царю о семи Семенах вместе с царской невестой,— он обрадовался Семеновым трудам, приказал встретить их с честью, с пушечной пальбой, с барабанным боем.

Только царевна не пошла за царя взамуж: он был уж стар. Он ее и спросил, за кого она хочет выйти? Царевна говорит:

— За того, кто меня воровал!—А вор Сенька был бравый детина, царевне приглянулся.

Царь, не говоря больше ни слова, приказал их обвенчать; потом сам захотел на спокой, Семена поставил на свое место, а братовей его сделал всех большими боярами.

Никита Кожемяка

Около Киева проявился змей, брал он с народа поборы немалые: с каждого двора по красной девке; возьмет девку, да и съест ее.

Пришел черед идти к тому змею царской дочери. Схватил змей царевну и потащил ее к себе в берлогу, а есть ее не стал: красавица собой была, так за жену себе взял.

Полетит змей на свои промыслы, а царевну завалит бревнами, чтоб не ушла. У той царевны была собачка, увязалась с нею из дому. Напишет, бывало, царевна записочку к батюшке с матушкой, навяжет собачке на шею; а та побежит, куда надо, да и ответ еще принесет.

Вот раз царь с царицею и пишут к царевне: узнай, кто сильнее змея?

Царевна стала приветливей к своему змею, стала у него

допытываться, кто его сильнее. Тот долго не говорил, да раз и проболтался, что живет в городе Киеве Кожемяка — тот и его сильнее.

Услыхала про то царевна, написала к батюшке: сыщите в городе Киеве Никиту Кожемяку да пошлите его меня из неволи выручать.

Царь, получивши такую весть, сыскал Никиту Кожемяку да сам пошел просить его, чтобы освободил его землю от лютого змея и выручил царевну.

В ту пору Никита кожи мял, держал он в руках двенадцать кож; как увидал он, что к нему пришел сам царь, задрожал со страху, руки у него затряслись — и разорвал он те двенадцать кож;. Да сколько ни упрашивал царь с царицею Кожемяку, тот не пошел супротив змея.

Вот и придумали собрать пять тысяч детей малолетних, да и заставили их просить Кожемяку; авось на их слезы сжалобится!

Пришли к Никите малолетние, стали со слезами просить, чтоб шел он супротив змея. Прослезился и сам Никита Кожемяка, на их слезы глядя. Взял триста пуд пеньки, насмолил смолою и весь-таки обмотался, чтобы змей не съел, да и пошел на него.

Подходит Никита к берлоге змеиной, а змей заперся и не выходит к нему.

— Выходи лучше в чистое поле, а то и берлогу размечу!—сказал Кожемяка и стал уже двери ломать.

Змей, видя беду неминучую, вышел к нему в чистое поле.

Долго ли, коротко ли бился с змеем Никита Кожемяка, только повалил змея. Тут змей стал молить Никиту:

— Не бей меня до смерти, Никита Кожемяка! Сильней нас с тобой в свете нет; разделим всю землю, весь свет поровну: ты будешь жить в одной половине, а я в другой.

— Хорошо,— сказал Кожемяка,— надо межу проложить.

Сделал Никита соху в триста пуд, запряг в нее змея, да и стал от Киева межу пропахивать; Никита провел борозду от Киева до моря Кавстрийского.

— Ну,— говорит змей,— теперь мы всю землю разделили!

— Землю разделили,—проговорил Никита,— давай море делить, а то ты скажешь, что твою воду берут.

Взъехал змей на середину моря. Никита Кожемяка убил и утопил его в море. Эта борозда и теперь видна; вышиною та борозда двух сажен. Кругом ее пашут, а борозды не трогают; а кто не знает, от чего эта борозда,—называет ее валом.

Никита Кожемяка, сделавши святое дело, не взял за работу ничего, пошел опять кожи мять.

Шабарша

Ай потешить вас сказочкой? А сказочка чудесная; есть в ней дива дивные, чуда чудные, а батрак Шабарша из плутов плут; уж как взялся за гуж, так неча сказать — на все дюж!

Пошел Шабарша по батракам жить, да година настала лихая: ни хлеба никакого, ни овощей не родилось.

Вот и думает думу хозяин, думу глубокую: как разогнать злую кручину, чем жить-поживать, откуда деньги брать?

— Эх, не тужи, хозяин, — говорит ему Шабарша.— Был бы день — хлеб да деньги будут!

И пошел Шабарша на мельничну плотину. «Авось,— думает,— рыбки поймаю; продам — ан вот и деньги! Эге, да веревочки-то нет на удочку... Постой, сейчас совью».

Выпросил у мельника горсть пеньки, сел на бережку и ну вить уду.

Вил, вил, а из воды прыг на берег мальчик в черной курточке да в красной шапочке.

— Дядюшка! Что ты здесь поделываешь? — спросил он.

— А вот веревку вью.

— Зачем?

— Да хочу пруд вычищать да вас, чертей, из воды таскать.

— Э, нет! Погоди маленько; я пойду скажу дедушке.

Чертенок нырнул вглубь, а Шабарша принялся снова за работу. «Погоди,—думает,— сыграю я с вами, окаянными, штуку, принесете вы мне и злата и серебра».

И начал Шабарша копать яму, выкопал и наставил на нее свою шапку с вырезанной верхушкою.

— Шабарша, а Шабарша! Дедушка говорит, чтобы я с тобой сторговался. Что возьмешь, чтобы нас из воды не таскать?

— Да вот эту шапочку насыпьте полну злата и серебра.

Нырнул чертенок в воду; воротился назад.

— Дедушка говорит, чтобы я с тобой сперва поборолся.

— О, да где ж тебе, молокососу, со мною бороться! Да ты не сладишь с моим средним братом Мишкою.

— А где твой Мишка?

— А вон, смотри, отдыхает в яру под кустиком.

— Как же мне его вызвать?

— А ты подойди да ударь его по боку; так он и сам встанет.

Пошел чертенок в яр, нашел медведя и хватил его дубинкой по боку. Поднялся Мишка на дыбки, скрутил чертенка так, что у него все кости затрещали. Насилу вырвался из медвежьих лап, прибежал к водяному старику.

— Ну, дедушка,— сказывает он в испуге,— у Ша-барши есть средний брат Мишка, схватился было со мною бороться — ажио косточки у меня затрещали! Что ж было бы, если б сам-то Шабарша стал бороться?

— Гм! Ступай, попробуй побегать с Шабаршой взапуски: кто кого обгонит?

И вот мальчик в красной шапочке опять подле Шабарши; передал ему дедушкины речи, а тот ему в ответ:

— Да куда тебе со мной взапуски бегать! Мой маленький брат Заинька — и тот тебя далеко за собой оставит!

— А где твой брат Заинька?

— Да вон — в травке лег, отдохнуть захотел. Подойди к нему поближе да тронь за ушко — вот он и побежит с тобою!

Побежал чертенок к Заиньке, тронул его за ушко; заяц так и прыснул, чертенок было вслед за ним!

— Постой, постой, Заинька, дай с тобой поравняться... Эх, ушел!

— Ну, дедушка,— говорит водяному,— я было бросился резво бежать. Куды! И поравняться не дал, а то еще не сам Шабарша, а меньшой его брат бегал!

— Гм! —проворчал старик, нахмурив брови.— Ступай к Шабарше, и попробуйте: кто сильнее свистнет?

— Шабарша, а Шабарша! Дедушка велел попробовать: кто из нас крепче свистнет?

— Ну, свисти ты прежде.

Свистнул чертенок, да так громко, что Шабарша насилу на ногах устоял, а с дерев так листья и посыпались.

— Хорошо свистишь,— говорит Шабарша,— а все не по-моему! Как я свистну — тебе на ногах не устоять, и уши твои не вынесут... Ложись ничком наземь да затыкай уши пальцами.

Лег чертенок ничком на землю и заткнул угли пальцами; Шабарша взял дубину да со всего размаху как хватит его по шее, а сам фю-фю-фю!.. посвистывает.

— Ох, дедушка, дедушка! Да как же здорово свистнул Шабарша — ажио у меня искры из глаз посыпались; еле-еле с земли поднялся, а на шее да на пояснице, кажись, все косточки поломались!

— Ого! Не силен, знать, ты, бесенок! Пойди-тка, возьми там, в тростнике, мою железную дубинку, да попробуйте." кто из вас выше вскинет ее на воздух?

Взял чертенок дубинку, взвалил на плечо и пошел к Шабарше.

— Ну, Шабарша, дедушка велел в последний раз попробовать: кто из нас выше вскинет на воздух эту дубинку?

— Ну, кидай ты прежде, а я посмотрю.

Вскинул чертенок дубинку — высоко-высоко полетела она, словно точка в вышине чернеет! Насилу дождались, пока на землю упала...

Взял Шабарша дубинку — тяжела! Поставил ее на конец ноги, оперся ладонью и начал пристально глядеть на небо.

— Что же ты не бросаешь? Чего ждешь? — спрашивает чертенок.

— Жду, когда вон энта тучка подойдет — я на нее дубинку вскину, там сидит мой брат кузнец, ему железо на дело пригодится.

— Э, нет, Шабарша! Не бросай дубинки на тучку, а то дедушка рассердится!

Выхватил бесенок дубинку и нырнул к дедушке.

Дедушка как услыхал от внучка, что Шабарша чуть-чуть не закинул его дубинки, испугался не на шутку и велел таскать из омута деньги да откупаться.

Чертенок таскал, таскал деньги, много уж перетаскал— а шапка все не полна!

— Ну, дедушка, на диво у Шабарши шапочка! Все деньги в нее перетаскал, а она все еще пуста. Теперь остался твой последний сундучок.

— Неси и его скорее! Веревку-то он вьет?

— Вьет, дедушка!

— То-то!

Нечего делать, почал чертенок заветный дедушкин сундучок, стал насыпать Шабаршову шапочку, сыпал, сыпал... насилу дополнил!

С той поры, с того времени зажил батрак на славу; звали меня к нему мед-пиво пить, да я не пошел: мед, говорят, был горек, а пиво мутно. Отчего бы такая притча?

Солдат избавляет царевну

Загнали солдата на дальние границы; прослужил он положенный срок, получил чистую отставку и пошел на родину. Шел он чрез многие земли, чрез разные государства; приходит в одну столицу и останавливается на квартире у бедной старушки. Начал ее расспрашивать:

— Как у вас, баушка, в государстве — все ли здорово?

— И-и, служивый! У нашего царя есть дочь-красавица Марфа-царевна; сватался за нее чужестранный принц; царевна не захотела за него идти, а он напустил на нее нечистую силу. Вот уж третий год неможет! Не дает ей нечистая сила по ночам спокою; бьется сердечная и кричит без памяти... Уж чего царь не делает: и колдунов и знахарей приводил — никто не избавил!

Выслушал это солдат и думает сам с собой: «Дай пойду, счастья попытаю; может, и избавлю царевну! Царь хоть что-нибудь на дорогу пожалует». Взял шинель, вычистил пуговицы мелом, надел и марш во дворец. Увидала его придворная прислуга, узнала, зачем идет, подхватила под руки и привела к самому царю.

— Здравствуй, служба! Что хорошего скажешь?— говорит царь.

— Здравия желаю, ваше царское величество! Слышал я, что у вас Марфа-царевна хворает; я могу ее вылечить.

— Хорошо, братец! Коли вылечишь, я тебя с ног до головы золотом осыплю.

— Только прикажите, ваше величество, выдавать мне все, что требовать стану.

— Говори, что тебе надобно?

— Да вот дайте мне меру чугунных пуль, меру грецких орехов, фунт свечей и две колоды карт да изладьте мне чугунный прут, чугунную царапку о пяти зубьях да чугунное подобие человека с пружинами.

— Ну, хорошо; к завтрему все будет готово. Вот изготовили, что надо; солдат запер во дворце все окна и двери накрепко и закрестил их православным крестом, только одну дверь оставил незапертой и стал возле нее на часах; комнату осветил свечами, на стол положил карты, а в карманы насыпал чугунных пуль да грецких орехов. Управился и ждет. Вдруг в самую полночь прилетел нечистый дух: куда ни сунется — не может войти! Летал, летал кругом дворца и увидал, наконец, отворёну дверь; скинулся человеком и хочет войти.

— Кто идет? — окликнул солдат.

— Пусти, служивый! Я придворный лакей.

— Где асе ты, халдейская харя, до сих пор таскался?

— А где был, там теперь нету! Дай-ка мне орешков погрызть!

— Много вас тут, халдеев! Всех по ореху оделить, самому ничего не останется.

— Дай, пожалуйста!

— Ну, возьми!—дает ему пулю.

Черт взял в рот пулю, давил, давил зубами, в лепешку ее смял, а разгрызть — не разгрыз. Пока он с чугунного пулей возился, солдат орехов с двадцать разгрыз да съел.

— Эх, служивый,— говорит черт,— крепки у тебя зубы!

— Плох ты, я вижу!—отвечал солдат.— Ведь я двадцать пять лет царю прослужил, над сухарями зубы притупил, а ты б посмотрел, каков с молодых годов я был!

— Давай, служивый, в карты играть.

— А на что играть-то станем?

— Известно — на деньги.

— Ах ты, халдейская харя! Ну, какие у солдата деньги? Он всего жалованья — три денежки в сутки получает, а надо ему и мыла, и ваксы, и мелу, и клею купить и в баню сходить. Хочешь — на щелчки играть?

— Пожалуй!

Начали на щелчки играть. Черт наиграл на солдата три щелчка.

— Давай,— говорит,— бить стану!

— Догоняй по десятку, тогда и бей; из трех щелчков нечего и рук марать!

— Ладно!

Стали опять играть; пришел солдату крестовый хлюст, и нагнал он на нечистого десять щелчков.

— Ну-ка,— говорит черту,— подставляй свой лоб; я покажу тебе, каково с нашим братом на щелчки играть! По-солдатски урежу! И другу и недругу закажешь!..

Черт взмолился, просит, чтоб солдат полегче его бил.

— То-то! С вами, халдеями, только свяжись, сам не рад будешь; как дело к расчету — так сейчас и отлынивать! А мне никоим способом нельзя тебя пощадить; я — солдат и давал присягу завсегда поступать верою-правдою.

— Возьми, служивый, деньгами!

— А на что мне твои деньги? Я играл на щелчки— щелчками и плати. Разве вот что: есть у меня меньшой брат, пойдем-ка к нему — он пробьет тебе щелчки потише моего; а если не хочешь, давай я сам стану бить!

— Нет, служивый, веди лучше к меньшому брату. Солдат привел нечистого к чугунному человеку, тронул за пружину да как щелкнет черта по лбу — тот ажио в другую стену отлетел; а солдат ухватил его за руку:

— Стой! Еще девять щелчков за тобою. Тронул в другой раз пружину да так урезал, что черт кубарем покатился да чуть-чуть стены не пробил! А в третий раз отбросило нечистого прямо в окно; вышиб- он раму, выскочил вон и навострил лыжи.

— Помни, проклятый,— кричит солдат,— за тобой еще семь щелчков осталось!

А черт-то улепетывает, аж пятками в зад достает. Наутро спрашивает царь Марфу-царевну:

— Ну что — каково ночь проводила?

— Спокойно, государь-батюшка! На другую ночь отрядил сатана во дворец иного черта; вишь, они ходили стращать да мучить царевну по очереди. Досталось и этому на орехи! В тринадцать ночей перебывало у солдата тринадцать нечистых в переделке, и всем равно туго пришлось! Ни один в другой раз идти не хочет.

— Ну, внучки,— говорит им дедушка-сатана,— я сам теперь пойду.

Пришел сатана во дворец и ну с солдатом разговаривать; то-другое, пятое-десятое, стали в карты играть; солдат обыграл его и повел к меньшому брату щелчками угощать. Привел, подавил пружины, меньшой брат обхватил сатану чугунными руками да так-таки плотно, что ему ни взад, ни вперед нельзя пошевелиться. Солдат схватил чугунный прут и давай хлестать; бьет сатану да приговаривает:

— Вот тебе в карты играть! Вот тебе Марфу-царевну мучить!

Исхлестал чугунный прут и взялся царапкой строгать: сатана благим матом ревет, а солдат знай себе дерет, и так его донял, что тот как вырвался — без оглядки убежал! Вернулся в свое болото, охает:

— Ах, внучки, чуть было солдат до смерти не убил!

— То-то, дедушка! Вишь он какой мудреный! Вот уж две недели, как я во дворце был, а все голова трещит! Да еще спасибо, что не сам бил, а меньшого брата заставлял!

Вот стали черти придумывать, как бы выжить им из дворца этого солдата. Думали, думали и решились золотом откупиться. Прибежали к солдату разом все; тот увидал, испугался и закричал громким голосом:

— Эй, брат, ступай сюда скорее, должники пришли, надо щелчки давать.

— Полно, полно, служивый! Мы пришли к тебе о деле потолковать; сколько хочешь возьми с нас золота — только выйди из дворца!

— Нет! Что мне золото! Уж коли хотите услужить мне, так полезайте все в ранец; я слыхал, что нечистая сила больно хитра — хоть в щель, и то влезет! Вот коли это сделаете,— право слово, уйду из дворца!

Черти обрадовались:

— Ну, служивый, открывай свой ранец. Солдат открыл; они и полезли туда все до единого, сатана сверху лег.

— Укладывайтесь плотнее,— говорит солдат,— чтоб можно было на все пряжки застегнуть.

— Застегивай, не твоя печаль!

— Счастье вам, коли застегну! А не то не прогневайтесь, ни за что из дворца не выйду.

Вот солдат взял застегнул ранец на все пряжки, перекрестил его, надел на себя и пошел к царю:

— Ваше царское величество! Прикажите изготовить тридцать железных молотов, каждый молот в три пуда.

Царь отдал приказ; сейчас изготовили тридцать молотов. Солдат принес ранец в кузницу, положил на наковальню и велел бить как можно сильнее. Плохо пришлось чертям, а вылезть никак нельзя! Угостил их солдат на славу!

— Теперь довольно!

Вскинул ранец на плечи и явился к царю с докладом: «Служба-де моя кончена; больше нечистая сила не станет царевны тревожить».

Царь поблагодарил его:

— Молодец служивый! Ступай гуляй по всем кабакам и трактирам, требуй, что только душе угодно; ни в чем тебе нет запрету!

И приставил к нему царь двух писарей, чтобы всюду за ним ходили да записывали на казенный счет, где сколько солдат нагуляет. Вот он гулял, гулял, целый месяц прогулял и пошел к царю.

— Что, служба, нагулялся?

— Нагулялся, ваше величество! Хочу домой идти.

— Что ты! Оставайся-ка у нас; я тебя первым человеком сделаю.

— Нет, государь, хочется повидать своих сродников.

— Ну, ступай с богом!—сказал царь, дал ему повозку, лошадей и денег столько, что в целый век не прожить.

Поехал солдат на родину; пристал дорогою в какой-то деревне и увидал знакомого солдата — в одном полку служили.

— Здравствуй, брат!

— Здравствуй!

— Как поживаешь?

— Все по-старому!

— А мне господь счастье дал:1 вдруг разбогател! На радостях надо бы выпить: сбегай-ка, брат, купи ведерку вина.

— Рад бы сбегать, да вишь, у меня скотинка еще не убрана; потрудись, сходи сам — кабак вот, недалече!

— Ладно; а ты возьми мой ранец, положи в избе да накажи бабам, чтоб не трогали!

Отправился нагл солдат за вином, а земляк его принес ранец в избу и говорит бабам:

— Не трожьте!

Пока убирал он скотину, бабам не терпится:

— Дай, посмотрим, что такое в ранце накладено? Принялись расстегивать — как выскочат оттуда черти с шумом да с треском; двери с крючьев посбивали и ну бежать! А навстречу им солдат с ведеркою:

— Ах, проклятые! Кто вас выпустил?

Черти испугались и бросились в буковище под мельницу, да там навсегда и остались. Солдат пришел в избу, разбранил баб и давай гулять со старым товарищем; а после приехал на родину и зажил богато и счастливо.

Беглый солдат и черт

Отпросился солдат в отпуск, собрался и пошел в поход. Шел, шел, не видать нигде воды, чем бы ему сухарики помочить да на пути на дороге закусить, а в брюхе давно пусто. Нечего делать — потащился дальше; глядь — бежит ручеек, подошел к этому ручейку, достал из ранца три

132

сухаря и положил в воду. Да была еще у солдата скрипка; в досужее время он на ней разные песни играл, скуку разгонял. Вот сел солдат у ручья, взял скрипку и давай наигрывать. Вдруг откуда ни возьмись — приходит к нему нечистый в виде старца, с книгою в руках.

— Здравствуй, господин служба!

— Здорово, добрый человек!

Черт аж поморщился, как солдат обозвал его добрым человеком.

— Послушай, дружище, поменяемся: я отдам тебе свою книгу, а ты мне скрипку.

— Эх, старый, на что мне твоя книжка? Я хоть десять лет прослужил государю, а грамотным никогда не бывал; прежде не знал, а теперь и учиться поздно!

— Ничего, служивый! У меня такая книга — кто ни посмотрит, всякий прочитать сумеет!

— А ну дай — попробую!

Развернул солдат книжку и начал читать, словно с малых лет навык грамоте, обрадовался и тотчас же променял свою скрипку. Нечистый взял скрипку, начал смычком водить, а дело не клеится — нет в его игре никакого ладу.

— Слушай, брат,— говорит он солдату,— оставайся-ка у меня в гостях дня на три да поучи на скрипке играть; спасибо тебе скажу!

— Нет, старик,— отвечает солдат,— мне надо на родину, а за три дня я далеко уйду.

— Пожалуйста, служивый, коли останешься да научишь на скрипке играть, я тебя в один день домой доставлю — на почтовой тройке довезу.

Солдат сидит в раздумье: оставаться или нет? И вынимает он сухари из ручья — хочет закусывать.

— Эх, брат служивый,— говорит нечистый,— плохая твоя еда; покушай-ка моей!

Развязал мешок и достал белого хлеба, жареной говядины, водки и всяких заедков: ешь — не хочу!

Солдат наелся-напился и согласился остаться у того незнакомого старика и поучить его на скрипке играть. Погостил у него три дня и просится домой; черт выводит его из своих хором — перед крыльцом стоит тройка добрых коней.

— Садись, служивый! Мигом довезу.

Солдат сел с чертом в повозку; как подхватили их лошади, как понесли — только версты в глазах мелькают! Духом довезли.

— А что, узнаешь эту деревню? — спрашивает нечистый.

— Как же не узнать!—отвечает солдат.— Ведь в этой деревне я родился и вырос.

— Ну, прощай!

Солдат слез с повозки, пришел к сродственникам, стал с ними

здороваться да про себя рассказывать, когда его и на сколько из полку отпустили. Показалось ему, что пробыл он у нечистого в гостях всего-навсего три дня, а на самом деле пробыл у него три года; срок отпуску давным-давно кончился, а в полку, чай, в бегах его считают.

Оробел солдат, не знает, что и делать ему! И гульба на ум нейдет! Вышел за околицу и думает: «Куда теперь деваться? Коли в полк идти — так там сквозь строй загоняют. Эх, нечистый, славно ты подшутил надо мною». Только вымолвил это слово, а нечистый тут как тут.

— Не кручинься, служивый! Оставайся со мной — ведь у вас в полку житье незавидное, сухарями кормят да палками бьют, а я тебя счастливым сделаю... Хочешь, купцом сделаю?

— Вот это ладно: купцы хорошо живут, дай и я попробую счастья!

Нечистый сделал его купцом, дал ему в столичном городе большую лавку с разными дорогими товарами и говорит:

— Теперь, брат, прощай! Я уйду от тебя за тридевять земель, в тридесятое государство; у тамошнего короля есть прекрасная дочь Марья-королевна; стану ее всячески мучить!

Живет наш купец, ни о чем не тужит; счастье само так и валит на двор; в торговле такая ему задача, что лучше требовать нельзя! Стали ему другие купцы завидовать. «Давайте-ка,— говорят,— его спросим: что он за человек, и откуда приехал, и может ли торг вести? Ведь он у нас всю торговлю отбил — чтоб ему пусто было!» Пришли к нему, стали допрашивать, а он отвечает им:

— Братцы вы мои! Теперь у меня дел подошло много, некогда с вами потолковать; приходите завтра—всё узнаете.

Купцы разошлись по домам; а солдат думает, что ему делать? Как ответ давать? Думал, думал и решился бросить свою лавку и уйти ночью из города. Вот забрал он все деньги, какие налицо были, и пошел в тридесятое государство.

Шел, шел и приходит на заставу.

— Что за человек? — спрашивает его часовой. Он отвечает:

— Я лекарь; иду в ваше царство, потому что у нашего короля дочь больна; хочу ее вылечить.

Часовой доложил про то придворным, придворные довели до самого короля, Король призвал солдата:

— Коли ты вылечишь мою дочь, отдам ее за тебя замуж;.

— Ваше величество, прикажите мне дать три колоды карт, три бутылки вина сладкого да три бутылки спирту горячего, три фунта орехов, три фунта свинцовых пуль да три пучка свеч воску ярого.

— Хорошо, все будет готово!

Солдат дождался вечера, купил себе скрипку и пошел к королевне; зажег в ее горницах свечи, начал пить-гулять, на скрипочке играть.

В полночь приходит нечистый, услыхал музыку и бросился к солдату:

— Здравствуй, брат!

— Здорово!

— Что ты пьешь?

— Квасок потягиваю.

— Дай-ка мне!

— Изволь! —и поднес ему полный стакан горячего спирту; черт выпил — и глаза под лоб закатил:

— Эх, крепко забирает! Дай-ка закусить чем-нибудь.

— Вот орехи, бери да закусывай! —говорит солдат, а сам свинцовые пули подсовывает. Черт грыз, грыз, только зубы поломал. Стали они в карты играть; пока то да се — время ушло, петухи закричали, и нечистый пропал. Спрашивает король королевну:

— Каково ночь спала?

— Слава богу', спокойно!

И другая ночь так же прошла; а к третьей ночи просит солдат короля:

— Ваше величество! Прикажите в пятьдесят пуд клещи сковать да сделать три прута медных, три прута железных и три оловянных.

— Хорошо, все будет сделано!

В глухую полночь является нечистый.

—Здравствуй, служивый! Я опять к тебе погулять пришел.

— Здравствуй! Кто не рад веселому товарищу! Начали пить-гулять. Нечистый увидел клещи и спрашивает:

— А это что такое?

— Да, вишь, король взял меня в свою службу да заставил музыкантов на скрипке учить; а у них у всех пальцы-то кривые — не лучше твоих, надо в клещах выправлять.

— Ах, братец,— стал просить нечистый,— нельзя ли и мне выправить пальцы? А то до сей поры не умею на скрипке играть.

— Отчего нельзя? Клади сюда пальцы.

Черт вложил обе руки в клещи; солдат прижал их, стиснул, потом схватил прутья и давай его потчевать; бьет да приговаривает: «Вот тебе купечество!» Черт молит, черт просит:

— Отпусти, пожалуй! За тридцать верст не подойду к дворцу.

А он знай бичует. Прыгал, прыгал черт, вертелся, вертелся, насилу вырвался и говорит солдату:

— Хоть ты и женишься на королевне, а моих рук не уйдешь! Только отъедешь за тридцать верст от города — сейчас захвачу тебя!

Сказал и исчез.

Вот женился солдат на королевне и жил с нею в любви и согласии; а спустя несколько лет помер король, и он стал управлять всем царством. В одно время вышел новый король с своею женою в сад погулять.

— Ах, какой славный сад!—говорит он.

— Это что за сад! — отвечает королева.— Есть у нас за городом другой сад, верст тридцать отсюда, вот там есть на что полюбоваться!

Король собрался и поехал туда с королевою; только вылез он из коляски, а нечистый навстречу:

— Ты зачем? Разве забыл, что тебе сказано! Ну, брат, сам виноват, теперь из моих лап не вырвешься.

— Что делать! Видно, такова судьба моя! Позволь хоть с молодой женой проститься.

— Прощайся, да поскорей!..

Кощей Бессмертный

В некотором царстве, в некотором государстве жил-был царь; у этого царя было три сына, все они были на возрасте. Только мать их вдруг унес Кош Бессмертный.

Старший сын и просит у отца благословенье искать мать. Отец благословил; он уехал и без вести пропал.

Середний сын пождал-пождал, тоже выпросился у отца, уехал,— и тот без вести пропал.

Малый сын, Иван-царевич, говорит отцу:

— Батюшка! Благословляй меня искать матушку. Отец не пускает, говорит:

— Тех нет братовей. да и ты уедешь: я с кручины умру!

— Нет, батюшка, благословишь — поеду, и не благословишь — поеду. Отец благословил.

Иван-царевич пошел выбирать себе коня; на которого руку положит, тот и падет; не мог выбрать себе коня, идет дорогой по городу, повесил голову. Неоткуда взялась старуха, спрашивает:

— Что, Иван-царевич, повесил голову?

— Уйди, старуха! На руку положу, другой пришлепну— мокренько будет.

Старуха обежала другим переулком, идет опять навстречу, говорит:

— Здравствуй, Иван-царевич! Что повесил голову? Он и думает: «Что же старуха меня спрашивает?

Не поможет ли мне она?» И говорит ей:

— Вот, баушка, не могу найти себе доброго коня.

— Дурашка, мучишься, а старухе не кучишься!— отвечает старуха.— Пойдем со мной.

Привела его к горе, указала место:

— Скапывай эту землю.

Иван-царевич скопал, видит чугунную доску на двенадцати замках; замки он тотчас же сорвал и двери отворил, вошел под землю: тут прикован на двенадцати цепях богатырский конь; он, видно, услышал ездока по себе, заржал, забился, все двенадцать цепей порвал.

Иван-царевич надел на себя богатырские доспехи, надел на коня узду, черкасское седло, дал старухе денег и сказал:

— Благословляй и прощай, баушка!

Сам сел и поехал.

Долго ездил, наконец доехал до горы; пребольшу-щая гора, крутая, взъехать на нее никак нельзя. Тут и братья его ездят возле горы; поздоровались, поехали вместе; доезжают до чугунного камня пудов в полтораста, на камне надпись: кто этот камень бросит на гору, тому и ход будет.

Старшие братовья не могли поднять камень, а Иван-царевич с одного маху забросил на гору — и тотчас в горе показалась лестница.

Он оставил коня, наточил из мизинца в стакан крови, подает братьям и говорит:

— Ежели в стакане кровь почернеет, не ждите меня: значит, я умру!

Простился и пошел. Зашел на гору; чего он не насмотрелся! Всяки тут леса, всяки ягоды, всяки птицы!

Долго шел Иван-царевич, дошел до дому: огромный дом! В нем жила царска дочь, утащена Кошом Бессмертным.

Иван-царевич кругом ограды ходит, а дверей не видит. Царская дочь увидела человека, вышла на балкон, кричит ему:

— Тут, смотри, у ограды есть щель, потронь ее мизинцем, и будут двери.

Так и сделалось. Иван-царевич вошел в дом. Девица его приняла, напоила-накормила и расспросила. Он ей рассказал, что пошел доставать мать от Коша Бессмертного. Девица говорит ему на это:

— Трудно доступать мать, Иван-царевич! Он ведь бессмертный— убьет тебя. Ко мне он часто ездит... вон у него меч в пятьсот пудов, поднимешь ли его? Тогда ступай!

Иван-царевич не только поднял меч, еще бросил кверху; сам пошел дальше.

Приходит к другому дому; двери знает как искать; вошел в дом, а тут его мать, обнялись, поплакали.

Он и здесь испытал свои силы, бросил какой-то шарик в полторы тысячи пудов. Время приходит быть Кошу Бессмертному; мать спрятала его. Вдруг Кош Бессмертный входит в дом и говорит:

— Фу, фу! Русской коски слыхом не слыхать, видом не видать, а русская коска сама на двор пришла! Кто у тебя был? Не сын ли?

— Что ты, бог с тобой! Сам летал по Руси, нахватался русского духу, тебе и мерещится,— ответила мать Ивана-царевича. А сама поближе с ласковыми словами к Кошу Бессмертному, выспрашивает то-другое и говорит:

— Где же у тебя смерть, Кош Бессмертный?

— У меня смерть,— говорит он,— в таком-то месте; там стоит дуб, под дубом ящик, в ящике заяц, в зайце утка, в утке яйцо, в яйце моя смерть.

Сказал это Кош Бессмертный, побыл немного и улетел.

Пришло время — Иван-царевич благословился у матери, отправился по смерть Коша Бессмертного.

Идет дорогой много время, не пивал, не едал, хочет есть до смерти и думает: кто бы на это время попался! Вдруг — волчонок; он хочет его убить. Выскакивает из норы волчиха и говорит:

— Не тронь моего детища; я тебе пригожусь.

— Быть так!

Иван-царевич отпустил волка; идет дальше, видит ворону.

«Постой,— думает,— здесь я закушу!» Зарядил ружье, хочет стрелять, ворона и говорит:

— Не тронь меня, я тебе пригожусь. Иван-царевич подумал и отпустил ворону.

Идет дальше, доходит до моря, остановился на берегу. В это время вдруг взметался щучонок и выпал на берег, он его схватил, есть хочет смертно — думает: «Вот теперь поем!»

Неоткуда взялась щука, говорит:

— Не тронь, Иван-царевич, моего детища, я тебе пригожусь.

Он и щучонка отпустил.

Как пройти море? Сидит на берегу да думает; щука ровно знала его думу, легла поперек моря. Иван-царевич прошел по ней, как по мосту; доходит до дуба, где была смерть Коша Бессмертного, достал ящик, отворил — заяц выскочил и побежал. Где тут удержать зайца!

Испугался Иван-царевич, что отпустил зайца, призадумался, а волк, которого не убил он, кинулся за зайцем, поймал и несет к Ивану-царевичу. Он обрадовался, схватил зайца, распорол его и как-то оробел: утка спорхнула и полетела. Он постреллял, постреллял— мимо! Задумался опять.

Неоткуда взялась ворона с воронятами и ступай за уткой, поймала утку, принесла Ивану-царевичу. Царевич обрадел, достал яйцо, пошел, доходит до моря, стал мыть яичко, да и ронил в воду. Как достать из моря? Безмерна глубь! Закручинился опять царевич.

Вдруг море встрепенулось — и щука принесла ему яйцо, потом легла поперек моря. Иван-царевич прошел по ней и отправился к матери; приходит, поздоровались, и она его опять спрятала.

В то время прилетел Кош Бессмертный и говорит:

— Фу, фу! Русской коски слыхом не слыхать, видом не видать, а здесь Русью несет!

— Что ты, Кош? У меня никого нет,— отвечала мать Ивана-царевича.

Кош опять и говорит:

— Я что-то немогу!

А Иван-царевич пожимал яичко: Коша Бессмертного от того коробило. Наконец Иван-царевич вышел, кажет яйцо и говорит:

— Вот, Кош Бессмертный, твоя смерть! Тот на коленки против него и говорит:

— Не бей меня, Иван-царевич, станем жить дружно; нам весь мир будет покорен.

Иван-царевич не обольстился его словами, раздавил яичко — и Кош Бессмертный умер.

Взяли они, Иван-царевич с матерью, что было нужно, пошли на родиму сторону; по пути зашли за царской дочерью, к которой Иван-царевич заходил вперед, взяли и ее с собой; пошли дальше, доходят до горы, где братья Ивана-царевича все ждут. Девица говорит:

— Иван-царевич! Воротись ко мне в дом; я забыла подвенечно платье, брильянтовый перстень и нещи-тые башмаки.

Между тем он спустил мать и царску дочь, с коей они условились дома обвенчаться; братья приняли их, да взяли спуск и перерезали, чтобы Ивану-царевичу нельзя было спуститься, мать и девицу как-то угрозами уговорили, чтобы дома про Ивана-царевича не сказывали. Прибыли в свое царство; отец обрадовался детям и ясене, только печалился об одном Иване-царевиче.

А Иван-царевич воротился в дом своей невесты, взял обручальный перстень, подвенечно платье и нешитые башмаки; приходит на гору, метнул с руки на руку перстень. Явилось двенадцать молодцов, спрашивают:

— Что прикажете?

— Перенесите меня вот с этой горы. Молодцы тотчас его спустили. Иван-царевич надел перстень — их не стало; пошел в свое царство, приходит в тот город, где жил его отец и братья, остановился у одной старушки и спрашивает:

— Что, баушка, нового в вашем царстве?

— Да чего, дитятко! Вот наша царица была в плену у Коша Бессмертного; ее искали три сына, двое нашли и воротились, а третьего, Ивана-царевича, нет, и не знают, где. Царь кручинится об нем. А эти царевичи с матерью привезли какую-то царску дочь, большак жениться на ней хочет, да она посылает наперед куда-то за обручальным перстнем или велит сделать такое же кольцо, какое ей надо; колдася уж кличут клич, да никто не выискивается.

— Ступай, баушка, скажи царю, что ты сделаешь; а я пособлю,— говорит Иван-царевич.

Старуха в кою пору скрутилась, побежала к царю и говорит:

— Ваше царско величество! Обручальный перстень я сделаю.

— Сделай, сделай, баушка! Мы таким людям рады,— говорит царь,— а если не сделаешь, то голову на плаху.

Старуха перепугалась, пришла домой, заставляет Ивана-царевича делать перстень, а Иван-царевич спит, мало думает, перстень готов. Он шутит над старухой, а старуха трясется вся, плачет, ругает его:

— Вот ты,— говорит,— сам-от в стороне, а меня, дуру, подвел под смерть.

Плакала, плакала старуха и уснула. Иван-царевич встал поутру рано, будит старуху:

— Вставай, баушка, да ступай понеси перстень, да смотри: больше одного червонца за него не бери. Если спросят, кто сделал перстень, скажи: сама; на меня не сказывай!

Старуха обрадовалась, снесла перстень; невесте понравился.

— Такой,— говорит,— и надо!

Вынесла ей полно блюдо золота; она взяла один только червонец. Царь говорит:

— Что, баушка, мало берешь?

— На что мне много-то, ваше царско величество! После понадобятся — ты асе мне дашь.

Пробаяла это старуха и ушла.

Прошло там сколько время — вести носятся, что невеста посылает жениха за подвенечным платьем или велит сшить такое же, како ей надо. Старуха и тут успела (Иван-царевич помог), снесла подвенечное платье.

После снесла нешитые башмаки, а червонцев брала по одному и сказывала: эти вещи сама делает.

Слышат люди, что у царя в такой-то день свадьба; дождались и того дня. А Иван-царевич старухе заказал:

— Смотри, баушка, как невесту привезут под венец, ты скажи мне.

Старуха время не пропустила. Иван-царевич тотчас оделся в царское платье, выходит:

— Вот, баушка, я какой! Старуха в ноги ему.

— Батюшка, прости, я тебя ругала! .— Бог простит.

Приходит в церковь. Брата его еще не было. Он стал в ряд с невестой; их обвенчали и повели во дворец.

На дороге попадается навстречу жених, -большой брат, увидал, что невесту ведут с Иваном-царевичем, ступай-ка со стыдом обратно.

Отец обрадовался Ивану-царевичу, узнал о лукавстве братьев и, как отпировали свадьбу, больших сыновей разослал в ссылку, а Ивана-царевича сделал наследником.

Марья Моревна

В некотором царстве, в некотором государстве жил-был Иван-царевич; у него было три сестры: одна Марья-царевна, другая Ольга-царевна, третья Анна-царевна. Отец и мать у них померли; умирая, они сыну наказывали:

— Кто первый за твоих сестер станет свататься, за того и отдавай — при себе не держи долго!

Царевич похоронил родителей и с горя пошел с сестрами во зеленый сад погулять. Вдруг находит на небо туча черная, встает гроза страшная.

— Пойдемте, сестрицы, домой!—говорит Иван-царевич.

Только пришли во дворец — как грянул гром, раздвоился потолок, и влетел к ним в горницу ясен сокол, ударился сокол об пол, сделался добрым молодцем и говорит:

— Здравствуй, Иван-царевич! Прежде я ходил гостем, а теперь пришел сватом; хочу у тебя сестрицу Марью-царевну посватать.

— Коли люб ты сестрице, я ее не унимаю — пусть с богом идет!

Марья-царевна согласилась; сокол женился и унес ее в свое царство.

Дни идут за днями, часы бегут за часами — целого года как не бывало; пошел Иван-царевич с двумя сестрами во зеленый сад погулять. Опять встает туча с вихрем, с молнией.

— Пойдемте, сестрицы, домой!—говорит царевич. Только пришли во дворец — как ударил гром, распалася крыша, раздвоился потолок, и влетел орел; ударился об пол и сделался добрым молодцем.

— Здравствуй, Иван-царевич! Прежде я гостем ходил, а теперь пришел сватом.

И посватал Ольгу-царевну. Отвечает Иван-царевич:

— Если ты люб Ольге-царевне, то пусть за тебя идет; я с нее воли не снимаю.

Ольга-царевна согласилась и вышла за орла замуж;; орел подхватил ее и унес в свое царство.

Прошел еще один год; говорит Иван-царевич своей младшей сестрице:

— Пойдем, во зеленом саду погуляем! Погуляли немножко; опять встает туча с вихрем, с молнией.

— Вернемся, сестрица, домой!

Вернулись домой, не успели сесть — как ударил гром, раздвоился потолок, и влетел ворон; ударился ворон об пол и сделался добрым молодцем: прежние были хороши собой, а этот еще лучше.

— Ну, Иван-царевич, прежде я гостем ходил, а теперь пришел сватом, отдай за меня Анну-царевну

— Я с сестрицы воли не снимаю; коли ты полюбился ей, пусть идет за тебя.

Вышла за ворона Анна-царевна, и унес он ее в свое государство.

Остался Иван-царевич один; целый год жил без сестер, и сделалось ему скучно.

— Пойду,— говорит,— искать сестриц. Собрался в дорогу, шел, шел и видит — лежит в поле рать-сила побитая. Спрашивает Иван-царевич:

— Коли есть тут жив человек — отзовися! Кто побил это войско великое?

Отозвался ему жив человек:

— Все это войско великое побила Марья Моревна, прекрасная королевна.

Пустился Иван-царевич дальше, наезжал на шатры белые, выходила к нему навстречу Марья Моревна, прекрасная королевна:

— Здравствуй, царевич, куда тебя бог несет — поволе аль по неволе?

Отвечал ей Иван-царевич:

— Добрые молодцы по неволе не ездят!

— Ну, коли дело не к спеху, погости у меня в шатрах.

Иван-царевич тому и рад, две ночи в шатрах ночевал, полюбился Марье Моревне и женился на ней.

Марья Моревна, прекрасная королевна, взяла его с собой в свое государство; пожили они вместе сколько-то времени, и вздумалось королевне на войну собираться; покидает она на Ивана-царевича все хозяйство и приказывает:

— Везде ходи, за всем присматривай; только в этот чулан не моги заглядывать!

Он не вытерпел: как только Марья Моревна уехала, тотчас бросился в чулан, отворил дверь, глянул — а там висит Кощей Бессмертный, на двенадцати цепях прикован.

Просит Кощей у Ивана-царевича:

— Сжалься надо мной, дай мне напиться! Десять лет я здесь мучаюсь, не ел, не пил — совсем в горле пересохло!

Царевич подал ему целое ведро воды; он выпил и еще запросил:

— Мне одним ведром не залить жажды; дай еще! Царевич подал другое ведро; Кощей выпил и запросил третье, а как выпил третье ведро — взял свою прежнюю силу, тряхнул цепями и сразу все двенадцать порвал.

— Спасибо, Иван-царевич!—сказал Кощей Бессмертный.— Теперь тебе никогда не видать Марьи Моревны, как ушей своих!— и страшным вихрем нылетел в окно, нагнал на дороге Марью Моревну, прекрасную королевну, подхватил ее и унес к себе.

А Иван-царевич горько-горько заплакал, снарядился и пошел в путь-дорогу:

— Что ни будет, а разыщу Марью Моревну! Идет день, идет другой, на рассвете третьего видит

чудесный дворец, у дворца дуб стоит, на дубу ясен сокол сидит. Слетел сокол с дуба, ударился оземь, обернулся добрым молодцем и закричал:

— Ах, шурин мой любезный! Как тебя господь милует?

Выбежала Марья-царевна, встрела Ивана-царевича радостно, стала про его здоровье расспрашивать, про свое житье-бытье рассказывать.

Погостил у них царевич три дня и говорит:

— Не могу у вас гостить долго; я иду искать жену мою, Марью Моревну, прекрасную королевну.

— Трудно тебе сыскать ее,— отвечает сокол.— Оставь здесь на всякий случай свою серебряную ложку: будем на нее смотреть, про тебя вспоминать.

Иван-царевич оставил у сокола свою серебряную ложку и пошел в дорогу.

Шел он день, шел другой, на рассвете третьего видит дворец еще лучше первого, возле дворца дуб стоит, на дубу орел сидит. Слетел орел с дерева, ударился оземь, обернулся добрым молодцем и закричал:

— Вставай, Ольга-царевна! Милый наш братец идет.

Ольга-царевна тотчас прибежала навстречу, стала его целовать-обнимать, про здоровье расспрашивать, про свое житье-бытье рассказывать.

Иван-царевич погостил у них три денька и говорит:

— Дольше гостить мне некогда; я иду искать жену мою, Марью Моревну, прекрасную королевну.

Отвечает орел:

— Трудно тебе сыскать ее; оставь у нас серебряную вилку: будем на нее смотреть, тебя вспоминать.

Он оставил серебряную вилку и пошел в дорогу.

День шел, другой шел, на рассвете третьего видит дворец лучше первых двух, возле дворца дуб стоит, на дубу ворон сидит. Слетел ворон с дуба, ударился оземь, обернулся добрым молодцем и закричал:

— Анна-царевна! Поскорей выходи, наш братец идет.

Выбежала Анна-царевна, встрела его радостно, стала целовать-обнимать, про здоровье расспрашивать, про свое житье-бытье рассказывать.

Иван-царевич погостил у них три денька и говорит:

— Прощайте! Пойду жену искать — Марью Мо-ревну, прекрасную королевну.

Отвечает ворон:

— Трудно тебе сыскать ее; оставь-ка у нас серебряную табакерку: будем на нее смотреть, тебя вспоминать.

Царевич отдал ему серебряную табакерку, попрощался и пошел в дорогу.

День шел, другой шел, а на третий добрался до Марьи Моревны. Увидала она своего милого, бросилась к нему на шею, залилась слезами и промолвила:

— Ах, Иван-царевич! Зачем ты меня не послушался— посмотрел в чулан и выпустил Кощея Бессмертного?

— Прости, Марья Моревна! Не поминай старого, лучше поедем со мной, пока не видать Кощея Бессмертного; авось не догонит!

Собрались и уехали.

А Кощей на охоте был; к вечеру он домой ворочается, под ним добрый конь спотыкается.

— Что ты, несытая кляча, спотыкаешься? Али чуешь какую невзгоду?

Отвечает конь:

— Иван-царевич приходил, Марью Моревну увез.

— А молено ли их догнать?

— Можно пшеницы насеять, дождаться, пока она вырастет, сжать ее, смолотить, в муку обратить, пять печей хлеба наготовить, тот хлеб поесть, да тогда вдогонь ехать — и то поспеем!

Кощей поскакал, догнал Ивана-царевича.

— Ну,— говорит,— первый раз тебя прощаю за твою доброту, что водой меня напоил; и в другой раз прощу, а в третий берегись — на куски изрублю!

Отнял у него Марью Моревну и увез; Иван-царевич сел на камень и заплакал.

Поплакал-поплакал и опять воротился назад за Марьей Моревною; Кощея Бессмертного дома не случилося.

— Поедем, Марья Моревна!

— Ах, Иван-царевич! Он нас догонит.

— Пускай догонит; мы хоть часок-другой проведем вместе.

Собрались и уехали. Кощей Бессмертный домой возвращается, под ним добрый конь спотыкается.

— Что ты, несытая кляча, спотыкаешься? Али чуешь какую невзгоду?

— Иван-царевич приходил, Марью Моревну с собой взял.

— А молено ли догнать их?

— Можно ячменю насеять, подождать, пока он вырастет, сжать-смолотить, пива наварить, допьяна напиться, до отвала выспаться да тогда вдогонь поехать — и то поспеем!

Кощей поскакал, догнал Ивана-царевича:

— Ведь я же говорил, что тебе не видать Марьи Моревны, как углей своих!

Отнял ее и увез к себе.

Оставался Иван-царевич один, поплакал-поплакал и опять воротился за Марьей Моревною; на ту пору Кощея дома не случилося.

— Поедем, Марья Моревна!

— Ах, Иван-царевич! Ведь он догонит, тебя в куски изрубит.

— Пускай изрубит! Я без тебя жить не могу. Собрались и поехали.

Кощей Бессмертный домой возвращается, под ним добрый конь спотыкается.

— Что ты спотыкаешься? Али чуешь какую невзгоду?

— Иван-царевич приходил, Марью Моревну с собой взял.

Кощей поскакал, догнал Ивана-царевича, изрубил его в мелкие куски и поклал в смоленую бочку; взял эту бочку, скрепил железными обручами и бросил в синее море, а Марью Моревну к себе увез.

В то самое время у зятьев Ивана-царевича серебро почернело.

— Ах,— говорят они,— видно, беда приключилася!

Орел бросился на сине море, схватил и вытащил бочку на берег, сокол полетел за живой водою, а ворон за мертвою.

Слетелись все трое в одно место, разбили бочку, вынули куски Ивана-царевича, перемыли и склали, как надобно. Ворон брызнул мертвой водою — тело срослось, соединилось; сокол брызнул живой водою — Иван-царевич вздрогнул, встал и говорит:

— Ах, как я долго спал!

— Еще бы дольше проспал, если б не мы!—отвечали зятья.— Пойдем теперь к нам в гости.

— Нет, братцы! Я пойду искать Марью Моревну. Приходит к ней и просит:

— Разузнай у Кощея Бессмертного, где он достал себе такого доброго коня.

Вот Марья Моревна улучила добрую минуту и стала Кощея выспрашивать. Кощей сказал:

— За тридевять земель, в тридесятом царстве, за огненной рекою живет баба-яга; у ней есть такая кобылица, на которой она каждый день вокруг света облетает. Много у ней и других славных кобылиц; я у ней три дня пастухом был, ни одной кобылицы не упустил, и за то баба-яга дала мне одного жеребеночка.

— Как же ты через огненную реку переправился?

— А у меня есть такой платок — как махну в правую сторону три раза, сделается высокий-высокий мост, и огонь его не достанет!

Марья Моревна выслушала, пересказала все Ивану-царевичу и платок унесла да ему отдала.

Иван-царевич переправился через огненную реку и пошел к бабе-яге. Долго шел он не пивши, не евши. Попалась ему навстречу заморская птица с малыми детками. Иван-царевич говорит:

— Съем-ка я одного цыпленочка.

— Не ешь, Иван-царевич!—просит заморская птица.— В некоторое время я пригожусь тебе.

Пошел он дальше; видит в лесу улей пчел.

— Возьму-ка я, — говорит, — сколько-нибудь медку.

Пчелиная матка отзывается:

— Не тронь моего меду, Иван-царевич! В некоторое время я тебе пригожусь.

Он не тронул и пошел дальше; попадает ему навстречу львица со львенком.

— Съем я хоть этого львенка; есть так хочется, ажио тошно стало!

— Не тронь, Иван-царевич,— просит львица.— В некоторое время я тебе пригожусь.

— Хорошо, пусть будет по-твоему!

Побрел голодный, шел, шел — стоит дом бабы-яги, кругом дома двенадцать шестов, на одиннадцати шестах по человечьей голове, только один незанятый.

— Здравствуй, бабушка!

— Здравствуй, Иван-царевич! Почто пришел — по своей доброй воле аль по нужде?

— Пришел заслужить у тебя богатырского коня.

— Изволь, царевич! У меня ведь не год служить, а всего-то три дня; если упасешь моих кобылиц — дам тебе богатырского коня, а если нет, то не гневайся— торчать твоей голове на последнем шесте.

Иван-царевич согласился; баба-яга его накормила-напоила и велела за дело приниматься.

Только что выгнал он кобылиц в поле, кобылицы задрали хвосты и все врознь по лугам разбежались; не успел царевич глазами вскинуть, как они совсем пропали. Тут он заплакал-запечалился, сел на камень и заснул. Солнышко уже на закате, прилетела заморская птица и будит его:

— Вставай, Иван-царевич! Кобылицы теперь дома. Царевич встал, воротился домой; а баба-яга и глумит и кричит на своих кобылиц:

— Зачем вы домой воротились?

— Как же нам было не воротиться? Налетели птицы со всего света, чуть нам глаза не выклевали.

— Ну, вы завтра по лугам не бегайте, а рассыпьтесь по дремучим лесам.

Переспал ночь Иван-царевич; наутро баба-яга ему говорит:

— Смотри, царевич, если не упасешь кобылиц, если хоть одну потеряешь — быть твоей буйной головушке на шесте!

Погнал он кобылиц в поле, они тотчас задрали хвосты и разбежались по дремучим лесам. Опять сел царевич на камень, плакал, плакал, да и уснул. Солнышко село за лес; прибежала львица:

— Вставай, Иван-царевич! Кобылицы все собраны.

Иван-царевич встал и пошел домой; баба-яга пуще прежнего и шумит и кричит на своих кобылиц:

— Зачем домой воротились?

— Как же нам было не воротиться? Набежали лютые звери со всего света, чуть нас совсем не разорвали.

— Ну, вы завтра забегите в сине море.

Опять переспал ночь Иван-царевич, наутро посылает его баба-яга кобылиц пасти:

— Если не упасешь — быть твоей буйной головушке на шесте.

Он погнал кобылиц в поле; они тотчас задрали хвосты, скрылись с глаз и забежали в сине море; стоят в воде по шею. Иван-царевич сел на камень, заплакал и уснул. Солнышко за лес село, прилетела пчелка и говорит:

— Вставай, царевич! Кобылицы все собраны; да как воротишься домой, бабе-яге на глаза не показывайся, пойди в конюшню и спрячься за яслями. Там есть паршивый жеребенок — в навозе валяется; ты украдь его и в глухую полночь уходи из дому.

Иван-царевич встал, пробрался в конюшню и улегся за яслями; баба-яга и глумит и кричит на своих кобылиц:

— Зачем воротились?

— Как же нам было не воротиться? Налетело пчел видимо-невидимо со всего света и давай нас со всех сторон жалить до крови!

Баба-яга заснула, а в самую полночь Иван-царевич украл у нее паршивого жеребенка, оседлал его, сел и поскакал к огненной реке. Доехал до той реки, махнул три раза платком в правую сторону — и вдруг, откуда ни взялся, повис через реку высокий, славный мост.

Царевич переехал по мосту и махнул платком на левую сторону только два раза — остался через реку мост тоненький-тоненький!

Поутру пробудилась баба-яга — паршивого жеребенка видом не видать! Бросилась в погоню; во весь дух на железной ступе скачет, пестом погоняет, помелом след заметает.

Прискакала к огненной реке, взглянула и думает:Хорош мост! Поехала по мосту, только добралась до средины мост обломился, и баба-яга чубурах в реку; тут ей и лютая смерть приключилась!

Иван-царевич откормил жеребенка в зеленых лугах, стал из него чудный конь.

Приезжает царевич к Марье Моревне; она выбежали, Просилась к нему на шею: Как тебя бог воскресил? Так и так,— говорит.— Поедем со мной. Поюсь, Иван-царевич! Если Кощей догонит, быть тебе опять изрублену.

Нет, не догонит! Теперь у меня славный богатырский конь, словно птица летит. Сели они на коня и поехали.

147

Кощей Бессмертный домой ворочается, под ним конь, спотыкается.

Что ты, несытая кляча, спотыкаешься? Али чуешь какую невзгоду?

— Иван-царевич приезжал, Марью Моревну увез.

— А можно ли их догнать?

— Бог знает! Теперь у Ивана-царевича конь богатырский лучше меня.

— Нет, не утерплю,— говорит Кощей Бессмертный,—поеду в погоню.

Долго ли, коротко ли — нагнал он Ивана-царевича, соскочил наземь и хотел было сечь его острой саблею; и те поры конь Ивана-царевича ударил со всего размаху копытом Кощея Бессмертного и размозжил ему голову, а царевич доконал его палицей.

После того наклал царевич груду дров, развел огонь, спалил Кощея Бессмертного на костре и самый пепел его пустил по ветру.

Марья Моревна села на Кощеева коня, а Иван-царевич на своего, и поехали они в гости сперва к ворону, потом к орлу, а там и к соколу. Куда ни приедут, всюду встречают их с радостью:

— Ах, Иван-царевич, а уж мы не чаяли тебя видеть. Ну, да недаром же ты хлопотал: такой красавицы, как Марья Моревна, во всем свете поискать— другой не найти!

Погостили они, попировали и поехали в свое царство; приехали и стали себе жить-поживать, добра наживать да медок попивать.

Иван-царевич и Белый Полянин

В некотором царстве, в некотором государстве жил-был царь; у этого царя было три дочери и один сын, Иван-царевич. Царь состарился и помер, а корону принял Иван-царевич.

Как узнали про то соседние короли, сейчас собрали несчетные войска и пошли на него войною.

Иван-царевич не знает, как ему быть; приходит к своим сестрам и спрашивает:

— Любезные мои сестрицы! Что мне делать? Все короли поднялись на меня войною.

— Ах ты, храбрый воин! Чего убоялся? Как же Белый Полянин воюет с бабой-ягою золотой ногою, тридцать лет с коня не слезает, роздыху не знает? А ты, ничего не видя, испугался!

Иван-царевич тотчас оседлал своего доброго коня, надел на себя сбрую ратную, взял меч-кладенец, копье долгомерное и плетку шелковую, помолился богу и выехал против неприятеля; не столько мечом бьет, сколько конем топчет; перебил все воинство вражее, воротился в город, лег спать и спал трое суток беспробудным сном.

На четвертые сутки проснулся, вышел на балкон, глянул в чистое поле — короли больше того войск собрали и опять под самые стены подступили.

Запечалился царевич, идет к своим сестрам:

— Ах, сестрицы! Что мне делать? Одну силу истребил, другая под городом стоит, пуще прежнего грозит.

— Какой же ты воин! Сутки воевал, да трое суток без просыпа спал. Как яке Белый Полянин воюет с бабой-ягою золотой ногою, тридцать лет с коня не слезает, роздыху не знает?

Иван-царевич побежал в белокаменные конюшни, оседлал доброго коня богатырского, надел сбрую ратную, опоясал меч-кладенец, в одну руку взял копье долгомерное, в другую плетку шелковую, помолился богу и выехал против неприятеля.

Не ясен сокол налетает на стадо гусей, лебедей и на серых утиц, нападает Иван-царевич на войско вражее; не столько сам бьет, сколько конь его топчет. Побил рать-силу великую, воротился домой, лег спать и спал непробудным сном шесть суток.

На седьмые сутки проснулся, вышел на балкон, глянул в чистое поле — короли больше того войск собрали и опять весь город обступили.

Идет Иван-царевич к сестрам:

Любезные мои сестрицы! Что мне делать? Две силы истребил, третья под стенами стоит, еще пуще грозит.

- Ах ты, храбрый воин! Одни сутки воевал, да шестеро без просыпа спал. Как же Белый Полянин воюет с бабой-ягою золотой ногою, тридцать лет с коми не слезает, роздыху не знает?

Горько показалось то царевичу; побежал он в белокаменные конюшни, оседлал своего доброго коня богатырского, надел на себя сбрую ратную, опоясал меч-кладенец, в одну руку взял копье долгомерное, в другую плетку шелковую, помолился богу и выехал против неприятеля.

Не ясен сокол налетает на стадо гусей, лебедей и на серых утиц, нападает Иван-царевич на войско вражее; не столько сам бьет, сколько конь его топчет. Побил рать-силу великую, воротился домой, лег спать и спал непробудным сном девять суток.

На десятые сутки проснулся, призвал всех министров и сенаторов

— Господа мои министры да сенаторы! Вздумал я в чужие страны ехать, на Бела Полянина посмотреть; прошу вас судить и рядить, все дела разбирать в правду.

Затем попрощался с сестрами, сел на коня и поехал в путь-дорогу.

Долго ли, коротко ли — заехал он в темный лес; видит — избушка стоит, в той избушке стар человек живет. Иван-царевич зашел к нему:

— Здравствуй, дедушка!

— Здравствуй, русский царевич! Куда бог несет?

— Ищу Белого Полянина; не знаешь ли, где он?

— Сам я не ведаю, а вот подожди, соберу своих мерных слуг и спрошу у них.

Старик выступил на крылечко, заиграл в серебряную трубу—и вдруг начали к нему со всех сторон птицы слетаться. Налетело их видимо-невидимо, черной тучею все небо покрыли.

Крикнул стар человек громким голосом, свистнул молодецким посвистом:

— Слуги мои верные, птицы перелетные! Не видали ль, не слыхали ль чего про Белого Полянина?

— Нет, видом не видали, слыхом не слыхали!

— Ну, Иван-царевич,— говорит стар человек,— ступай теперь к моему старшему брату; может, он тебе скажет. На, возьми клубочек, пусти перед собою; куда клубочек покатится, туда и коня управляй.

Иван-царевич сел на своего доброго коня, покатил клубочек и поехал вслед за ним; а лес все темней да темней.

Приезжает царевич к избушке, входит в двери; в избушке старик сидит — седой как лунь.

— Здравствуй, дедушка!

— Здравствуй, русский царевич! Куда путь держишь?

— Ищу Белого Полянина; не знаешь ли, где он?

— А вот погоди, соберу своих верных слуг и спрошу у них.

Старик выступил на крылечко, заиграл в серебряную трубу — и вдруг собрались к нему со всех сторон разные звери. Крикнул им громким голосом, свистнул молодецким посвистом:

— Слуги мои верные, звери прыскучие! Не видали ль, не слыхали ль чего про Белого Полянина?

— Нет,— отвечают звери,— видом не видали, слыхом не слыхали.

— А ну, рассчитайтесь промеж себя; может, не все пришли.

Звери рассчитались промеж себя — нет кривой вол

Старик послал искать ее; тотчас побежали гонцы и привели ее.

— Сказывай, кривая волчица, не знаешь ли ты Белого Полянина?

— Как мне его не знать, коли я при нем завсегда живу; он войска побивает, а я мертвым трупом питаюсь.

— Где же он теперь?

— В чистом поле, на большом кургане, в шатре спит. Воевал он с бабой-ягою золотой ногою, а после бою залег на двенадцать суток спать.

Проводи туда Ивана-царевича.

Волчица побежала, а вслед за нею поскакал царевич.

Приезжает он к большому кургану, входит в шатер - Белый Полянин крепким сном почивает. «Вот сестры мои говорили, что Белый Полянин без роздыху воюет, а он на двенадцать суток спать залег! Не заснуть ли и мне пока?»

Подумал-подумал Иван-царевич и лег с ним рядом.

Тут прилетела в шатер малая птичка, вьется у самого изголовья и говорит таковые слова:

Встань-пробудись, Белый Полянин, и предай злой смерти моего брата Ивана-царевича; не то встанет - сам тебя убьет!

Иван-царевич вскочил, поймал птичку, оторвал ей правую ногу, выбросил за шатер и опять лег возле Полого Полянина.

Не успел заснуть, как прилетает другая птичка, пьется у изголовья и говорит:

— Встань-пробудись, Белый Полянин, и предай злой смерти моего брата Ивана-царевича; не то встанет — сам тебя убьет!

Иван-царевич вскочил, поймал птичку, оторвал ей правое крыло, выбросил ее из шатра и опять лег на то же место.

Вслед за тем прилетает третья птичка, вьется у и воловья и говорит:

— Встань-пробудись, Белый Полянин, и предай злой смерти брата моего Ивана-царевича; не то он мотанет да тебя убьет!

Иван-царевич вскочил, изловил ту цтичку и оторвал ей клюв; птичку выбросил вон, а сам лег и крепко заснул.

Пришла пора — пробудился Белый Полянин, смотрит—рядом с ним незнамо какой богатырь лежит; схватился за острый меч и хотел было предать его члой смерти, да удержался вовремя. «Нет,—думает,— он наехал на меня на сонного, а меча не хотел кровавить; не честь, не хвала и мне, доброму молодцу, загубить его! Сонный что мертвый! Лучше разбужу его».

Разбудил Ивана-царевича и спрашивает:

— Добрый ли, худой ли человек? Говори: как тебя по имени зовут и зачем сюда заехал?

— Зовут меня Иваном-царевичем, а приехал на тебя посмотреть, твоей силы попытать.

— Больно смел ты, царевич! Без спросу в шатер вошел, без докладу выспался, можно тебя за то смерти предать!

— Эх, Белый Полянин! Не перескочил через ров, да хвастаешь; подожди — может, споткнешься! У тебя две руки, да и 'меня мать не с одной родила.

Сели они на своих богатырских коней, съехались и ударились, да так сильно, что их копья вдребезги разлетелись, а добрые кони на колени попадали.

Иван-царевич вышиб из седла Белого Полянина и занес над ним острый меч. Взмолился ему Белый Полянин:

— Не дай мне смерти, дай мне живот! Назовусь твоим меньшим братом, вместо отца почитать буду.

Иван-царевич взял его за руку, поднял с земли, поцеловал в уста и назвал своим меньшим братом:

— Слышал я, брат, что ты тридцать лет с бабой-ягою золотой ногою воюешь, за что у вас война?

— Есть у нее дочь-красавица, хочу добыть да жениться.

— Ну,— сказал царевич,— коли дружбу водить, так в беде помогать! Поедем воевать вместе.

Сели на коней, выехали в чистое поле; баба-яга золотая нога выставила рать-силу несметную.

То не ясные соколы налетают на стадо голубиное, напускаются сильномогучие богатыри на войско вра-жее! Не столько мечами' рубят, сколько конями топчут; прирубили, притоптали целые тысячи.

Баба-яга наутек бросилась, а Иван-царевич за ней вдогонку. Совсем было нагонять стал — как вдруг прибежала она к глубокой пропасти, подняла чугунную доску и скрылась под землею.

Иван-царевич и Белый Полянин накупили быков многое множество, начали их бить, кожи сымать да ремни резать; из тех ремней канат свили—да такой длинный, что один конец здесь, а другой на тот свет достанет.

Говорит царевич Белому Полянину:

— Опускай меня скорей в пропасть, да назад каната не вытаскивай, а жди: как я за канат дерну, тогда и тащи!

Белый Полянин опустил его в пропасть на самое дно. Иван-царевич осмотрелся кругом и пошел искать бабу-ягу.

Шел, шел, смотрит — за решеткой портные сидят.

— Что вы делаете?

— А вот что, Иван-царевич: сидим да войско шьем для бабы-яги золотой ноги.

— Как же вы шьете?

— Известно как: что кольнешь иглою, то и казак с пикою, на лошадь садится, в строй становится и идет войной на Белого Полянина.

— Эх, братцы! Скоро вы делаете, да не крепко; становитесь-ка в ряд, я вас научу, как крепче шить.

Они тотчас выстроились в один ряд; а Иван-царевич как махнет мечом, так и полетели головы. Побил портных и пошел дальше.

Шел, шел, смотрит — за решеткою сапожники сидят.

— Что вы тут делаете?

— Сидим да войско готовим для бабы-яги золотой нОГИ.

— Как же вы, братцы, войско готовите?

— А вот как: что шилом кольнем, то и солдат с ружьем, на коня садится, в строй становится и идет мойной на Белого Полянина.

— Эх, ребята! Скоро вы делаете, да не споро. ('тановитесь-ка в ряд, я вас получше научу.

Вот они стали в ряд; Иван-царевич махнул мечом, и полетели головы. Побил сапожников и опять в дорогу.

Долго ли, коротко ли—добрался он до большого прекрасного города; в том городе царские терема выстроены, в тех теремах сидит девица красоты неописанной.

Увидала она в окно добра молодца; полюбились ей кудри черные, очи соколиные, брови соболиные, ухватки богатырские; зазвала к себе царевича, расспросила, куда и зачем идет.

Он ей сказал, что ищет бабу-ягу золотую ногу.

— Ах, Иван-царевич, ведь я ее дочь; она теперь спит непробудным сном, залегла отдыхать на двенадцать суток.

Вывела его из города и показала дорогу.

Иван-царевич пошел к бабе-яге золотой ноге, застал ее сонную, ударил мечом и отрубил ей голову. Голова покатилась и промолвила:

— Бей еще, Иван-царевич!

— Богатырский удар и один хорош! —отвечал царевич, воротился в терема к красной девице, сел с нею за столы дубовые, за скатерти браные. Наелся-напился и стал ее спрашивать:

— Есть ли на свете сильнее меня и краше тебя?

— Ах, Иван-царевич! Что я за красавица! Вот как за тридевять земель, в тридесятом царстве живет у царя-змея королевна, так та подлинно красота несказанная: она только ноги помыла, а я тою водою умылась!

Иван-царевич взял красную девицу за белую руку, привел к тому месту, где канат висел, и подал знак Белому Полянину. Тот ухватился за канат и давай тянуть; тянул, тянул и вытащил царевича с красной девицей.

— Здравствуй, Белый Полянин,— сказал Иван-царевич,— вот тебе невеста; лсиви, веселись, ни о чем не крушись! А я в змеиное царство поеду.

Сел на своего богатырского коня, попрощался с Белым Полянином и его невестою и поскакал за тридевять земель.

Долго ли, коротко ли, низко ли, высоко ли — скоро сказка сказывается, да не скоро дело делается — приехал он в царство змеиное, убил царя-змея, освободил из неволи прекрасную королевну и женился на ней; после того воротился домой и стал с молодой женою жить-поживать да добра наживать.

Погостили они, попировали и поехали в свое царство; приехали и стали себе жить-поживать, добра наживать да медок попивать.

Хрустальная гора

В некотором царстве, в некотором государстве жил-был царь; у царя было три сына.

Вот дети и говорят ему:

— Милостивый государь-батюшка! Благослови нас, мы на охоту поедем.

Отец благословил, и они поехали в разные стороны.

Малый сын ездил, ездил и заплутался; выезжает на поляну, на поляне лежит палая лошадь; около этой падали собралось много всякого зверя, птицы и гаду.

Поднялся сокол, прилетел к царевичу, сел ему на плечо и говорит:

Иван-царевич, раздели нам эту лошадь; лежит она здесь тридцать три года, а мы все спорим, а как поделить — не придумаем. Царевич слез с своего доброго коня и разделил падаль: зверям — кости, птицам — мясо, кожа — гадам, а голова — муравьям.

— Спасибо, Иван-царевич!—сказал сокол.— За эту услугу можешь ты обращаться ясным соколом и муравьем всякий раз, как захочешь.

Иван-царевич ударился о сырую землю, сделался ясным соколом, взвился и полетел в тридесятое государство; а того государства больше чем наполовину втянуло в хрустальную гору. Прилетел прямо во дворец, оборотился добрым молодцем и спрашивает придворную стражу:

— Не возьмет ли ваш государь меня на службу к себе?

— Отчего не взять такого молодца?

Вот он поступил к тому царю на службу и живет у него неделю, другую и третью. Стала просить царевна: Государь мой батюшка! Позволь мне с Иваном-царевичем на хрустальной горе погулять.

Царь позволил. Сели они на добрых коней и поехали.

Подъезжают к хрустальной горе, вдруг откуда ни возьмись — выскочила золотая коза. Царевич погнал за ней, скакал, скакал, козы не добыл, а воротился назад — и царевны нету! Что делать? Как к царю на глаза показаться? Нарядился он таким древним старичком, что и признать нельзя; пришел во дворец и говорит царю: - Ваше величество! Найми меня стадо пасти. - Хорошо, будь пастухом; коли прилетит змей о трех головах—дай ему три коровы, коли о шести головах— дай шесть коров, а коли о двенадцати головах — то отсчитывай двенадцать коров.

Иван-царевич погнал стадо по горам, по долам; вдруг летит с озера змей о трех головах: Эх, Иван-царевич, за какое ты дело взялся? Где бы сражаться доброму молодцу, а он стадо пасет! Ну-ка,— говорит,— отгони мне трех коров.

— Не жирно ли будет? — отвечает царевич.— Я сам в суточки ем по одной уточке; а ты трех коров захотел... Нет тебе ни одной!

Змей осерчал и вместо трех захватил шесть коров; Иван-царевич тотчас обернулся ясным соколом, снял у змея три головы и погнал стадо домой.

— Что, дедушка? — спрашивает царь.— Прилетал ли трехглавый змей, дал ли ему трех коров?

— Нет, ваше величество, ни одной не дал!

На другой день гонит царевич стадо по горам, по долам; прилетает с озера змей о шести головах и требует шесть коров.

— Ах ты, чудо-юдо обжорливое! Я сам в суточки ем по одной уточке, а ты чего захотел! Не дам тебе ни единой!

Змей осерчал, вместо шести захватил двенадцать коров; а царевич обратился ясным соколом, бросился на змея и снял у него шесть голов. Пригнал домой стадо; царь и спрашивает:

— Что, дедушка, прилетал ли шестиглавый змей, много ли мое стадо поубавилось?

— Прилетать-то прилетал, да ничего не взял!

Поздним вечером оборотился Иван-царевич в муравья и сквозь малую трещинку заполз в хрустальную гору; смотрит — в хрустальной горе сидит царевна.

— Здравствуй,— говорит Иван-царевич,— как ты сюда попала?

— Меня унес змей о двенадцати головах; живет он на батюшкином озере; в том змее сундук таится, в сундуке — заяц, в зайце — утка, в утке — яичко, в яичке— семечко; коли ты убьешь его да достанешь это семечко, в те поры можно хрустальную гору извести и меня избавить.

Иван-царевич вылез из той горы, снарядился пастухом и погнал стадо.

Вдруг прилетает змей о двенадцати головах:

— Эх, Иван-царевич! Не за свое ты дело взялся; чем бы тебе, доброму молодцу, сражаться, а ты стадо пасешь... Ну-ка отсчитай мне двенадцать коров!

— Жирно будет! Я сам в суточки ем по одной уточке; а ты чего захотел!

Начали они сражаться, и долго ли, коротко ли сражались — Иван-царевич победил змея о двенадцати головах, разрезал его туловище и на правой стороне нашел сундук; в сундуке — заяц, в зайце — утка, в утке — яйцо, в яйце — семечко.

Взял он семечко, зажег и поднес к хрустальной горе — гора скоро растаяла.

Иван-царевич вывел оттуда царевну и привез ее к отцу; отец возрадовался и говорит царевичу:

— Будь ты моим зятем!

Тут их и обвенчали; на той свадьбе и я был, мед-пиво пил, по бороде текло, в рот не попало.

Козьма Скоробогатый

Жил-проживал Кузенька один-одинешенек в темном лесу; у него был худой домишко, да один петушок, да пять курочек.

К этому Кузеньке повадилась ходить лисичка; пошел он раз на охоту, и только из дому, а лисичка как тут; прибежала, заколола одну курочку, изжарила и скушала.

Воротился Кузенька, хвать — нет курочки! И дума-ет: верно, коршун утащил.

На другой день пошел опять на охоту. Попадается ему навстречу лисичка и спрашивает:

— Куда, Кузенька, идешь?

— На охоту, лисичка!

— Ну, прощай!—И тотчас же побежала к нему в избу, заколола курочку, изжарила и скушала.

Пришел домой Кузенька, хватился курочки — нету! Пало ему в догадку: «Уж не лисичка ли кушает моих курочек?»

Вот на третий день он крепко-накрепко заколотил у себя в избе окна и двери, а сам пустился на промысел. Неоткуль взялась лисичка и спрашивает:

— Куда идешь, Кузенька?

— На охоту, лисичка!

Лисичка тут же и побежала к дому Кузеньки, а он поворотил да вслед за нею. Прибежала лисичка, обошла кругом избу, видит: окна и двери заколочены крепко-накрепко, как попасть в избу? Взяла да и спустилась в трубу. Тут Кузенька и поймал лисичку.

— Ба,— говорит,— вот какой вор ко мне жалует. Постой-ка, сударз'шка, я тебя теперь живу из рук не выпущу!

Лисичка стала просить Кузеньку:

— Не убивай меня! Я тебя сделаю Козьмою Скоро-богатым, только изжарь для меня одну курочку с масличком пожирнее.

Кузенька согласился, а лисонька, накушавшись такого жирного обеда, побежала на царские заповедные луга и стала на тех заповедных лугах кататься.

Бежит волк и говорит:

— Эх ты, проклятая лиса! Где так жирно обтрескалась?

— Ах, любезный волченёк-куманек! Ведь я была у царя на пиру. Неужели тебя, куманек, не звали? А нас там было всяких разных зверей, куниц, соболей, видимо-невидимо!

Волк и просит:

— Лисонька, не сведешь ли и меня к царю на обед? Лисичка

обещалась и велела собрать сорок сороков серых волков и привести с собою.

Волк согнал сорок сороков серых волков. Лиса повела их к царю; как привела, сейчас же вошла в белокаменные палаты и поклонилась царю сороком сороков серых волков от Козьмы Скоробогатого.

Царь весьма тому обрадовался, приказал всех волков загнать в ограду и запереть накрепко.

А лисичка бросилась к Кузеньке; прибежала, велела зажарить еще одну курочку; пообедала сытно и пустилась на заповедные луга и стала кататься по траве.

Бежит медведь мимо, увидел лисоньку и говорит:

— Эк ведь ты, проклятая хвостомеля, как обтрескалась!

Она отвечает:

— Я была у царя в гостях; нас там было всяких разных зверей, куниц, соболей, видимо-невидимо! Да и теперь еще остались — пируют волки. Ты знаешь, любезный куманек, какие они объедалы! По сию пору все обедают.

Мишка и просит:

— Лисонька, не сведешь ли и меня на царский обед?

Лисичка согласилась и велела ему собрать сорок сороков черных медвед

— Для одного тебя царь-де и беспокоиться не захочет.

Мишка собрал сорок сороков черных медведей. Лиса повела их к царю; привела и поклонилась ему сороком сороков черных медведей от Козьмы Скоробогатого.

Царь тому и рад, приказал загнать их и запереть накрепко.

А лисичка отправилась к Кузеньке; прибежала и велела зажарить последнюю курочку с петушком.

Кузенька не пожалел, зажарил ей последнюю курочку с петушком; лисичка скушала на здоровье и пустилась на заповедные луга и стала валяться по зеленой траве.

Бежит мимо соболь с куницею и спрашивает:

— Эк ты, лукавая лиса, где так жирно накушалась?

— Ах вы, соболь и куница! Я у царя в превеликом почете. У него нынче пир и обед на всяких зверей; я что-то порадела, таки много жирного поела; а что зверей на обеде-то было, видимо-невидимо! Только вас там и недоставало. Вы сами знаете волков, как они завистливы, будто сроду жирного не едали, о сю пору трескают у царя! А про косолапого Мишку и говорить нечего: он потуль ест, что чуть дышит!

Соболь и куница стали лису упрашивать:

— Кумушка, своди ты нас к царю; мы хоть посмотрим!

Лиса согласилась и велела им согнать к себе сорок сороков соболей и куниц.

Согнали; лиса привела их во дворец и поклонилась царю сороком сороков соболей и куниц от Козьмы Скоробогатого.

Царь не может надивиться богатству Козьмы Ско-робогатого, с радостью принял дар и приказал всех чверей перебить и поснимать с них шкуры.

На другой день лисичка опять прибежала к царю и говорит:

— Ваше царское величество! Козьма Скоробога-тый приказал тебе низко кланяться и попросить пудовки; нужно размеривать серебряны деньги. Свои-то пудовки все запростаны у него золотом.

Царь без отказу дал лисе пудовку.

Она прибежала к Кузеньке и велела мерить пудовкою песок, чтобы высветлить у ней бочок! Как высветлило, она заткнула в зауторы сколько-то мелких денег и понесла назад к царю.

Пришла и стала сватать у него прекрасную царевну за Козьму Скоробогатого.

Царь не отказывает, велит Козьме совсем изготовиться и приезжать.

Поехал Кузенька к царю, а лисичка забежала вперед и подрядила работников подпилить мостик. Кузенька только что въехал на мостик — мостик вместе с ним и рушился в воду.

Лисичка стала кричать:

— Ахти! Пропал Козьма Скоробогатый!

Царь услышал и тотчас же послал людей перехватить Козьму. Вот они перехватили его, переодели в нарядное платье и привели к царю.

Обвенчался он на царевне и живет у царя неделю и две.

— Ну,— говорит царь,— пойдем теперь, любезный зять, к тебе в гости.

Козьме делать нечего, надо собираться. Запрягли лошадей и поехали.

А лисичка отправилась вперед. Бежала, бежала, глядит: пастухи пасут стадо овец; она спрашивает их:

— Пастухи, пастухи! Чье стадо пасете? Пастухи отвечают:

— Стадо царя Змиулана. Лисичка начала их учить:

— Сказывайте всем, что это стадо Козьмы Скоро-богатого, а не Змиулана-царя; а то едут царь Огонь да царица Маланьица; коли не скажете им, что это стадо Козьмы Скоробогатого,— они всех вас и с овцами-то сожгут и спалят.

Пастухи видят, что дело неминучее, надо слушаться, и обещаются всякому сказывать про Козьму Скоробогатого, как лиса учила.

А лисичка пустилась вперед; видит — пастухи стерегут свиней, и спрашивает:

— Пастухи, пастухи! Чье стадо пасете?

— Царя Змиулана.

— Сказывайте, что стадо это Козьмы Скоробогатого, а то едут царь

Огонь и царица Маланьица; они всех вас сожгут и спалят, коли станете поминать царя Змиулана.

Пастухи согласились.

Лиса опять побежала вперед; добегает до коровьего стада царя Змиулана, потом до конского стада и велит пастухам сказывать, что эти стада Козьмы Скоробогатого, а о царе же Змиулане ничего не говорить. Добегает лиса и до стада верблюжьего.

— Пастухи, пастухи! Чье стадо пасете? — Царя Змиулана.

Лиса строго запретила им сказывать о царе Змиулане, а велела говорить, что это стадо Козьмы Скоробогатого, а то царь Огонь и царица Маланьица сожгут и спалят все стадо!

Лисонька опять побежала вперед, прибегает в царство царя Змиулана и прямо в белокаменные палаты.

— Что скажешь, лисонька?

— Ну, царь Змиулан, теперь-то надо скоро-наскоро спрятаться. Едет грозный царь Огонь и царица Маланьица, все жгут и палят. Стада твои и с пастухами прижгли; сначала овечье, потом свиное, а тут коровье и конское. Я не стала мешкать, пустилась к тебе сказать и чуть от дыма не задохнулась!

Царь Змиулан закручинился-запечалился.

— Ах, лисонька, куда же я подеваюсь?

— Есть в твоем саду старый заповедный дуб, средина вся повыгнила; беги и схоронись в дупло, пока они мимо не проедут.

Царь Змиулан вмиг собрался и по сказанному, как по писанному, сделал так, как лиса научила.

А Козьма Скоробогатый едет себе да едет с женою и тестем. Доезжают они до стада овечьего. Молодая княгиня и спрашивает:

— Пастушки, пастушки, чье стадо пасете?

— Козьмы Скоробогатого,— отвечают пастухи. Царь тому и рад:

— Ну, любезный зять, много же у тебя овец. Едут они дальше, доезжают до стада свиного.

— Пастушки, пастушки,— спрашивает молодая княгиня,— чье стадо пасете?

— Козьмы Скоробогатого.

— Ну, любезный зять, много, же у тебя свиней. Едут они все дальше и дальше; тут пасется стадо коров, там конское, а там и верблюжье. Спросят у пастухов: «Чье стадо пасете?»—они знай отвечают одно: «Козьмы Скоробогатого».

Вот приехали к царскому дворцу; лисонька встречает и вводит их в палаты белокаменные. Царь вошел и задивился: столь хорошо было убрано! Давай пировать, пить-есть и веселиться!

Живут они день, живут и неделю.

— Ну, Кузенька,— говорит лисонька,— перестань гулять, надо дело исправлять. Ступай с тестем в зеленый сад; в том саду стоит старый дуб, а в том дубе сидит царь Змиулан — от вас спрятался. Расстреляйте дерево на мелкие части!

Тогда Кузенька по сказанному, как по писанному, пошел вместе с тестем в зеленый сад, и стали они в тот дуб стрелять и убили царя Змиулана до смерти. Козьма Скоробогатый воцарился в том государстве, и стал он с царевною жить да поживать, и теперь живут — хлеб жуют.

Лисоньку всякий день угощали они курочками, и она до тех пор у них гостила, докуда всех кур не испакостила.

Емеля-дурак

Жили три брата, два-то умных, а третий дурак: умные братья поехали в нижние города товаров закупать и говорят дураку:

— Ну, смотри, дурак, слушай наших жен и почитай так, как родных матерей; мы тебе купим сапоги красные, и кафтан красный, и рубашку красную.

Дурак сказал им:

— Ладно, буду почитать.

Они отдали дураку приказание, а сами поехали в нижние города; а дурак лег на печь и лежит. Невестки говорят ему:

— Что же ты, дурак! Братья велели тебе нас почитать и за это хотели тебе по подарку привезти, а ты на печи лежишь, ничего не работаешь; сходи хоть за водой.

Дурак взял ведра и пошел за водой; зачерпнул воды, и попала ему щука в ведро. Дурак и говорит:

— Слава богу! Теперь я наварю хоть этой щуки, сам наемся, а невесткам не дам; я на них сердит!

Говорит ему щука человеческим голосом:

— Не ешь, дурак, меня; пусти опять в воду, счастлив будешь!

Дурак спрашивает:

— Какое ж от тебя счастье?

— А вот какое счастье: что скажешь, то и будет! Вот скажи: по щучьему веленью, по моему прошенью ступайте, ведра, сами домой и поставьтесь на место.

Как только дурак сказал это, ведра тотчас пошли сами домой и поставились на место. Невестки глядят и дивуются. «Что он за дурак!— говорят.— Вишь какой хитрый, что у него ведра сами домой пришли и поставились на свое место».

Дурак пришел и лег на печку; невестки стали опять говорить ему:

— Что ж ты, дурак, улегся на печку! Дров нет, ступай за дровами.

Дурак взял два топора, сел в сани, лошади не запряг.

— По щучьему,— говорит,— веленью, по моему прошенью катитесь, сани, в лес!

Сани покатились скоро да шибко, словно кто погоняет их. Надо было дураку ехать мимо города, и он без лошади столько придавил народу, что ужас! Тут все закричали:

— Держи его! Лови его!—однако не поймали. Дурак въехал в лес, вышел из саней, сел на колодину и сказал:

— Один топор, руби с корня, другой — дрова коли! Вот дрова нарубились и наклались в сани. Дурак говорит:

— Ну, один топор, теперь поди и сруби мне кукову, чтоб было чем носило поднять.

Топор пошел и срубил ему кукову; кукова пришла, на воз легла. Дурак сел и поехал; едет мимо города, а в городе народ собрался, давно его караулит. Тут дурака поймали, начали одерживать да пощипывать; дурак и говорит:

— По щучьему веленью, по моему прошенью ступай, кукова, похлопочи-ка!

Вскочила кукова и пошла ломать, колотить и прибила народу многое множество; люди, словно снопы, так наземь и сыплются! Отделался от них дурак и приехал домой, дрова сложил, а сам на печь сел.

Вот горожане стали бить на него челом и донесли королю: «Так-де его не взять, надобно обманом залучить, а всего лучше обещать ему красную рубаху, красный кафтан и красные сапоги». Пошли за дураком королевские гонцы.

— Ступай,—говорят,— к королю; он тебе даст красные сапоги, красный кафтан и красную рубаху.

Вот дурак и сказал:

— По щучьему веленью, по моему прошенью, печка, ступай к королю!

Сам сел на печь, печка и пошла. Приехал дурак к королю. Король уж хотел казнить его, да у того короля была дочь, и больно понравился ей дурак; стала она отца просить, чтобы отдал ее за дурака замуж. Отец рассердился, обвенчал их и велел посадить обоих в бочку, бочку засмолить и пустить на воду. Так и сделано.

Долгое время плыла бочка по морю; стала жена дурака просить:

— Сделай так, чтобы нас на берег выкинуло. Дурак сказал:

— По щучьему веленью, по моему прошенью — выкинь эту бочку на берег и разорви ее!

Вышли они из бочки; жена опять стала дурака просить, чтобы он построил какую-нибудь избушку. Дурак сказал:

— По щучьему веленью, по моему прошенью — постройся мраморный дворец, и чтобы этот дворец был как раз против королевского дворца!

Сейчас все исполнилось; король увидал поутру новый дворец и послал узнать, кто такой живет в нем? Как только узнал, что там живет его дочь, в ту же минуту потребовал ее с мужем к себе. Они приехали; король их простил, и стали вместе жить-поживать да добра наживать.

Сказка об Иване-царевиче, Жар-птице и о сером волке

В некотором было царстве, в некотором государстве был-жил царь, по имени Выслав Андронович. У него было три сына-царевича: первый — Димитрий-царевич, другой — Василий-царевич, а третий — Иван-царевич.

У того царя Выслава Андроновича был сад такой богатый, что ни в котором государстве лучше того не Пило; в том саду росли разные дорогие деревья с плодами и без плодов, и была у царя одна яблоня любимая, и на той яблоне росли яблочки все золотые.

Повадилась к царю Выславу в сад летать жар-птица; на ней перья золотые, а глаза восточному хрусталю подобны. Летала она в тот сад каждую ночь и садилась на любимую Выслава-царя яблоню, срывала с нее золотые яблочки и опять улетала.

Парь Выслав Андронович весьма крушился о той яблоне, что жар-птица много яблок с нее сорвала; почему призвал к себе трех своих сыновей и сказал им:

— Дети мои любезные! Кто из вас может поймать в моем саду жар-птицу? Кто изловит ее живую, тому ещё при жизни моей отдам половину царства, а по смерти и все.

Тогда дети его царевичи возопили единогласно:

— Милостивый государь-батюшка, ваше царское величество! Мы с великою радостью будем стараться поймать жар-птицу живую.

На первую ночь пошел караулить в сад Димитрий-царевич и, усевшись под ту яблонь, с которой жар-птица яблочки срывала, заснул и не слыхал, как та жар-птица прилетала и яблок весьма много ощипала.

Поутру царь Выслав Андронович призвал к себе своего сына Димитрия-царевича и спросил:

— Что, сын мой любезный, видел ли ты жар-птицу или нет?

Он родителю своему отвечал:

— Нет, милостивый государь-батюшка! Она эту ночь не прилетала.

На другую ночь пошел в сад караулить жар-птицу Василий-царевич.

Он сел под ту же яблонь и, сидя час и другой ночи, заснул так крепко, что не слыхал, как жар-птица прилетала и яблочки щипала.

Поутру царь Выслав призвал его к себе и спрашивал:

— Что, сын мой любезный, видел ли ты жар-птицу или нет?

— Милостивый государь-батюшка! Она эту ночь не прилетала.

На третью ночь пошел в сад караулить Иван-царевич и сел под ту же яблонь; сидит он час, другой и третий — вдруг осветило весь сад так, как бы он многими огнями освещен был: прилетела жар-птица, села на яблоню и начала щипать яблочки.

Иван-царевич подкрался к ней так искусно, что ухватил ее за хвост; однако не мог ее удержать: жар-птица вырвалась и полетела, и осталось у Ивана-царевича в руке только одно перо из хвоста, за которое он весьма крепко держался.

Поутру, лишь только царь Выслав от сна пробудился, Иван-царевич пошел к нему и отдал ему перышко жар-птицы.

Царь Выслав весьма был обрадован, что меньшому его сыну удалось хотя одно перо достать от жар-птицы.

Это перо было так чудно и светло, что ежели принесть его в темную горницу, то оно так сияло, как бы в том покое было зажжено великое множество свеч. Царь Выслав положил то перышко в свой кабинет как такую вещь, которая должна вечно храниться. С тех пор жар-птица не летала уже в сад.

Царь Выслав опять призвал к себе детей своих и говорил им:

— Дети мои любезные! Поезжайте, я даю вам свое благословение, отыщите жар-птицу и привезите ко мне живую; а что прежде я обещал, то, конечно, -получит тот, кто жар-птицу ко мне привезет.

Димитрий и Василий-царевичи начали иметь злобу на меньшого своего брата Ивана-царевича, что ему удалось выдернуть у жар-птицы из хвоста перо; взяли они у отца своего благословение и поехали двое отыскивать жар-птицу.

А Иван-царевич также начал у родителя своего просить на то благословения. Царь Выслав сказал ему:

— Сын мой любезный, чадо мое милое! Ты еще молод и к такому дальнему и трудному пути непривычен; зачем тебе от меня отлучаться? Ведь братья твои и так поехали. Ну, ежели и ты от меня уедешь, и вы все трое долго не возвратитесь? Я уже при старости и хожу под богом; ежели во время отлучки вашей господь бог отымет мою жизнь, то кто вместо меня будет управлять моим царством? Тогда может сделаться бунт или несогласие между нашим народом, а унять будет некому; или неприятель под наши области подступит, и управлять войсками нашими будет некому.

Однако сколько царь Выслав ни старался удерживать Ивана-царевича, но никак не мог не отпустить его, по его неотступной просьбе.

Иван-царевич взял у родителя своего благословение, выбрал себе копи, и поехал в путь, и ехал, сам не зная, куды едет.

Едучи путем-дорогою, близко ли, далеко ли, низко ли, высоко ли, скоро сказка сказывается, да не скоро дело делается, наконец приехал он в чистое поле, в зеленые луга. А в чистом поле стоит столб, а на столбу написаны эти слова: «Кто поедет от столба сего прямо, тот будет голоден и холоден; поедет в правую сторону, тот будет здрав и жив, а конь его будет мертв; а кто поедет в левую сторону, тот сам будет убит, а конь его жив и здрав останется».

Иван-царевич прочел эту надпись и поехал в правую сторону, держа на уме: хотя конь его и убит будет, зато сам жив останется и со временем может достать себе другого коня.

Он ехал день, другой и третий — вдруг вышел ему навстречу пребольшой серый волк и сказал:

— Ох ты гой еси, младой юноша, Иван-царевич! Медь ты читал, на столбе написано, что конь твой будет мертв; так зачем сюда едешь?

Волк вымолвил эти слова, разорвал коня Ивана-царевича надвое и пошел прочь в сторону.

Иван-царевич вельми сокрушался по своему коню, чаплакал горько и пошел пеший.

Он шел целый день и устал несказанно и только что хотел присесть отдохнуть, вдруг нагнал его серый волк и сказал ему:

— Жаль мне тебя, Иван-царевич, что ты пеш изнурился; жаль мне и того, что я заел твоего доброго коня. Добро! Садись на меня, на серого волка, и скажи, куда тебя везти и зачем?

Иван-царевич сказал серому волку, куды ему ехать надобно; и серый волк помчался с ним пуще коня и чрез некоторое время как раз ночью привез Ивана-царевича к каменной стене не гораздо высокой, остановился и сказал:

— Ну, Иван-царевич, слезай с меня, с серого волка, и полезай через эту каменную стену; тут за стеною сад, а в том саду жар-птица сидит в золотой клетке. Ты жар-птицу возьми, а золотую клетку не трогай; ежели клетку возьмешь, то тебе оттуда не уйти будет: тебя тотчас поймают!

Иван-царевич перелез через каменную стену в сад, увидел жар-птицу в золотой клетке и очень на нее прельстился. Вынул птицу из клетки и пошел назад, да потом одумался и сказал сам себе:

— Что я взял жар-птицу без клетки, куда я ее посажу?

Воротился и лишь только снял золотую клетку— то вдруг пошел стук и гром по всему саду, ибо к той золотой клетке были струны приведены. Караульные тотчас проснулись, прибежали в сад, поймали Иван-царевича с жар-птицею и привели к своему царю, которого звали Долматом.

Царь Долмат весьма разгневался на Ивана-царевича и вскричал на него громким и сердитым голосом:

— Как не стыдно тебе, младой юноша, воровать! Да кто ты таков, и которыя земли, и какого отца сын, и как тебя по имени зовут?

Иван-царевич ему молвил:

— Я есмь из царства Выславова, сын царя Выслана Андроновича, а зовут меня Иван-царевич. Твоя жар-птица повадилась к нам летать в сад по всякую ночь, и срывала с любимой отца моего яблони золотые яблочки, и почти все дерево испортила; для того послал меня мой родитель, чтобы сыскать жар-птицу и к нему привезть.

— Ох ты, младой юноша, Иван-царевич,— молвил царь Долмат,— пригоже ли так делать, как ты сделал? Ты бы пришел ко мне, я бы тебе жар-птицу честию отдал; а теперь хорошо ли будет, когда я разошлю во все государства о тебе объявить, как ты в моем государстве нечестно поступил? Однако слушай, Иван-царевич! Ежели ты сослужишь мне службу— съездишь за тридевять земель, в тридесятое государство, и достанешь мне от царя Афрона коня златогривого, то я тебя в твоей вине прощу и жар-птицу тебе с великою честью отдам; а ежели не сослужишь этой службы, то дам о тебе знать во все государства, что ты нечестный вор.

Иван-царевич пошел от царя Долмата в великой печали, обещая ему достать коня златогривого.

Пришел он к серому волку и рассказал ему обо всем, что ему царь Долмат говорил.

Ох ты гой еси, младой юноша, Иван-царевич!—молвил ему серый волк.— Для чего ты
слова моего не слушался и взял золотую клетку?

Виноват я перед тобою,— сказал волку Иван-царевич.

Добро, быть так!—молвил серый волк.— Садись на меня, на серого волка; я тебя свезу, куды тебе надобно.

Иван-царевич сел серому волку на спину; а волк побежал так скоро, аки стрела, и бежал он долго ли, коротко ли, наконец прибежал в государство царя Афрона ночью.

И, пришедши к белокаменным царским конюшням, серый волк Ивану-царевичу сказал:

— Ступай, Иван-царевич, в эти белокаменные конюшни (теперь караульные конюхи все крепко спят!) и бери ты коня златогривого. Только тут на стене висит золотая узда, ты ее не бери, а то худо тебе будет.

Иван-царевич, вступя в белокаменные конюшни, взял коня и пошел было назад; но увидел на стене золотую узду и так на нее прельстился, что снял ее с гвоздя, и только что снял — как вдруг пошел гром и шум по всем конюшням, потому что к той узде были струны приведены. Караульные конюхи тотчас проснулись, прибежали, Ивана-царевича поймали и повели к царю Афрону.

Царь Афрон начал его спрашивать:

— Ох ты гой еси, младой юноша! Скажи мне, из которого ты государства, и которого отца сын, и как тебя по имени зовут?

На то отвечал ему Иван-царевич:

— Я сам из царства Выславова, сын царя Выслава Андроновича, а зовут меня Иваном-царевичем.

— Ох ты, младой юноша, Иван-царевич!—сказал ему царь Афрон.— Честного ли рыцаря это дело, которое ты сделал? Ты бы пришел ко мне, я бы тебе коня златогривого с честию отдал. А теперь хорошо ли тебе будет, когда я разошлю во все государства объявить, как ты нечестно в моем государстве поступил? Однако слушай, Иван-царевич! Ежели ты сослужишь мне службу и съездишь за тридевять земель, в тридесятое государство, и достанешь мне королевну Елену Прекрасную, в которую я давно и душою и сердцем влюбился, а достать не могу, то я тебе эту вину прощу и коня златогривого с золотою уздою честно отдам. А ежели этой службы мне не сослужишь, то я о тебе дам знать во все государства, что ты нечестный вор, и пропишу все, как ты в моем государстве дурно сделал.

Тогда Иван-царевич обещался царю Афрону королевну Елену Прекрасную достать, а сам пошел из палат его и горько заплакал.

Пришел к серому волку и рассказал все, что с ним случилося.

— Ох ты гой еси, младой юноша, Иван-царевич!— молвил ему серый волк.— Для чего ты слова моего не слушался и взял золотую узду?

— Виноват я пред тобою,— сказал волку Иван-царевич.

— Добро, быть так!—продолжал серый волк.— Садись на меня, на серого волка; я тебя свезу, куды тебе надобно.

Иван-царевич сел серому волку на спину; а волк побежал так скоро, как стрела, и бежал он, как бы в сказке сказать, недолгое время и, наконец, прибежал в государство королевны Елены Прекрасной.

И, пришедши к золотой решетке, которая окружала чудесный сад, волк сказал Ивану-царевичу:

— Ну, Иван-царевич, слезай теперь с меня, с серого волка, и ступай назад по той же дороге, по которой мы сюда пришли, и ожидай меня в чистом поле под зеленым дубом.

Иван-царевич пошел, куда ему велено. Серый же волк сел близ той золотой решетки и дожидался, покуда пойдет прогуляться в сад королевна Елена Прекрасная.

К вечеру, когда солнышко стало гораздо опущать-ся к западу, почему и в воздухе было не очень жарко, королевна Елена Прекрасная пошла в сад прогуливаться со своими нянюшками и с придворными боярынями. Когда она вошла в сад и подходила к тому месту, где серый волк сидел за решеткою,— вдруг серый волк перескочил через решетку в сад и ухватил королевну Елену Прекрасную, перескочил назад и побежал с нею что есть силы-мочи.

Прибежал в чистое поле под зеленый дуб, где его Иван-царевич дожидался, и сказал ему:

— Иван-царевич, садись поскорее на меня, на серого волка!

Иван-царевич сел на него, а серый волк помчал их обоих к государству царя Афрона. Няньки, и мамки, и все боярыни придворные, которые гуляли в саду с прекрасною королевною Еленою, побежали тотчас во дворец и послали в погоню, чтоб догнать серого волка; однако сколько гонцы ни гнались, не могли нагнать и воротились назад.

Иван-царевич, сидя на сером волке вместе с прекрасною королевною Еленою, возлюбил ее сердцем, а она Ивана-царевича; и когда серый волк прибежал в государство царя Афрона и Ивану-царевичу надобно было отвести прекрасную королевну Елену во дворец и отдать царю, тогда царевич весьма запечалился и начал слезно плакать.

Серый волк спросил его:

— О чем ты плачешь, Иван-царевич? На то ему Иван-царевич отвечал:

— Друг мой, серый волк! Как мне, доброму молодцу, не плакать и не крушиться? Я сердцем возлюбил прекрасную королевну Елену, а теперь должен отдать её царю Афрону за коня златогривого, а ежели ее не отдам, то царь Афрон обесчестит меня во всех государствах.

— Служил я тебе много, Иван-царевич,— сказал серый волк,— сослужу и эту службу. Слушай, Иван-царевич: я сделаюсь прекрасной королевной Еленой, и ты меня отведи к царю Афрону и возьми коня златогривого; он меня почтет за настоящую королевну. И когда ты сядешь на коня златогривого и уедешь далеко, тогда я выпрошусь у царя Афрона в чистое поле погулять; и как он меня отпустит с нянюшками, и с мамушками, и со всеми придворными боярынями и буду я с ними в чистом поле, тогда ты меня вспомяни— и я опять у тебя буду.

Серый волк вымолвил эти речи, ударился о сыру землю — и стал прекрасною королевною Еленою, так что никак и узнать нельзя, чтоб то не она была.

Иван-царевич взял серого волка, пошел во дворец к царю Афрону, а прекрасной королевне Елене велел дожидаться за городом.

Когда Иван-царевич пришел к царю Афрону с мнимою Еленою Прекрасною, то царь вельми возрадовался в сердце своем, что получил такое сокровище, которого он давно желал. Он принял ложную королевну, а коня златогривого вручил Ивану-царевичу.

Иван-царевич сел на того коня и выехал за город; посадил с собою Елену Прекрасную и поехал, держа путь к государству царя Долмата.

Серый же волк живет у царя Афрона день, другой и третий вместо прекрасной королевны Елены, а на четвертый день пришел к царю Афрону проситься в чистом поле погулять, чтоб разбить тоску-печаль лютую. Как возговорил ему царь Афрон:

— Ах, прекрасная моя королевна Елена! Я для тебя все сделаю, отпущу тебя в чистое поле погулять.

И тотчас приказал нянюшкам, и мамушкам, и всем придворным боярыням с прекрасною королевною идти в чистое поле гулять.

Иван же царевич ехал путем-дорогою с Еленою Прекрасною, разговаривал с нею и забыл было про серого волка; да потом вспомнил:

— Ах, где-то мой серый волк?

Вдруг откуда ни взялся — стал он перед Иваном-царевичем и сказал ему:

— Садись, Иван-царевич, на меня, на серого волка, а прекрасная королевна пусть едет на коне златогривом.

Иван-царевич сел на серого волка, и поехали они в государство царя Долмата. Ехали они долго ли, коротко ли и, доехав до того государства, за три версты от города остановились. Иван-царевич начал просить серого волка:

— Слушай ты, друг мой любезный, серый волк! Сослужил ты мне много служб, сослужи мне и последнюю, а служба твоя будет вот какая: не можешь ли ты оборотиться в коня златогривого наместо этого, потому что с этим златогривым конем мне расстаться не хочется.

Вдруг серый волк ударился о сырую землю — и стал конем златогривым.

Иван-царевич, оставя прекрасную королевну Елену в зеленом лугу, сел на серого волка и поехал во дворец к царю Долмату.

И как скоро туда приехал, царь Долмат увидел Ивана-царевича, что едет он на коне златогривом, весьма обрадовался, тотчас вышел из палат своих, встретил царевича на широком дворе, поцеловал его во уста сахарные, взял его за правую руку и повел в палаты белокаменные.

Царь Долмат для такой радости велел сотворить пир, и они сели за столы дубовые, за скатерти браные; пили, ели, забавлялися и веселилися ровно два дни, а на третий день царь Долмат вручил Ивану-царевичу жар-птицу с золотою клеткою.

Царевич взял жар-птицу, пошел за город, сел на коня златогривого вместе с прекрасною королевной Еленою и поехал в свое отечество, в государство царя Выслава Андроновича.

Царь же Долмат вздумал на другой день своего коня златогривого объездить в чистом поле; велел его оседлать, потом сел на него и поехал в чистое поле; и лишь только разъярил коня, как он сбросил с себя царя Долмата и, оборотясь по-прежнему в серого полка, побежал и нагнал Ивана-царевича.

— Иван-царевич!— сказал он.— Садись на меня, на серого волка, а королевна Елена Прекрасная пусть едет на коне златогривом.

Иван-царевич сел на серого волка, и поехали они в путь. Как скоро довез серый волк Ивана-царевича до тех мест, где его коня разорвал, он остановился и сказал:

— Ну, Иван-царевич, послужил я тебе довольно верою и правдою. Вот на сем месте разорвал я твоего коня надвое, до этого места и довез тебя. Слезай с меня, с серого волка, теперь есть у тебя конь златогривый, так ты сядь на него и поезжай, куда тебе надобно; а я тебе больше не слуга.

Серый волк вымолвил эти слова и побежал в сторону; а Иван-царевич заплакал горько по сером полке и поехал в путь свой с прекрасною королевною.

Долго ли, коротко ли ехал он с прекрасною королевною Еленою на коне златогривом и, не доехав до своего государства за двадцать верст, остановился, слез с коня и вместе с прекрасною королевною лег отдохнуть от солнечного зною под деревом; коня златогривого привязал к тому же дереву, а клетку с жар-птицею поставил подле себя.

Лежа на мягкой траве и ведя разговоры полюбовные, они крепко уснули.

В то самое время братья Ивана-царевича, Димитрий и Василий-царевичи, ездя по разным государствам и не найдя жар-птицы, возвращались в свое отечество с порожними руками; нечаянно наехали они на своего сонного брата Ивана-царевича с прекрасною королевною Еленою.

Увидя на траве коня златогривого и жар-птицу в золотой клетке, весьма на них прельстилися и вздумали брата своего Ивана-царевича убить до смерти.

Димитрий-царевич вынул их ножон меч свой, заколол Ивана-царевича и изрубил его на мелкие части; потом разбудил прекрасную королевну Елену и начал ее спрашивать:

— Прекрасная девица! Которого ты государства, и какого отца дочь, и как тебя по имени зовут?

Прекрасная королевна Елена, увидя Ивана-царевича мертвого, крепко испугалась, стала плакать горькими слезами и во слезах говорила:

— Я королевна Елена Прекрасная, а достал меня Иван-царевич, которого вы злой смерти предали. Вы тогда б были добрые рыцари, если б выехали с ним в чистое поле да живого победили, а то убили сонного и тем какую себе похвалу получите? Сонный человек— что мертвый!

Тогда Димитрий-царевич приложил свой меч к сердцу прекрасной королевны Елены и сказал ей:

— Слушай, Елена Прекрасная! Ты теперь в наших руках; мы повезем тебя к нашему батюшке, царю Выславу Андроновичу, и ты скажи ему, что мы и тебя достали, и жар-птицу, и коня златогривого. Ежели этого не скажешь, сейчас тебя смерти предам!

Прекрасная королевна Елена, испугавшись смерти, обещалась им и клялась всею святынею, что будет говорить так, как ей велено.

Тогда Димитрий-царевич с Васильем-царевичем начали метать жребий, кому достанется прекрасная королевна Елена и кому конь златогривый? И жребий пал, что прекрасная королевна должна достаться Василию-царевичу, а конь златогривый Димитрию-царевичу.

Тогда Василий-царевич взял прекрасную королевну Елену, посадил на своего доброго коня, а Димитрий-царевич сел на коня златогривого и взял жар-птицу, чтобы вручить ее родителю своему, царю Выславу Андроновичу, и поехали в путь.

Иван-царевич лежал мертв на том месте ровно тридцать дней, и в то время набежал на него серый волк и узнал по духу Ивана-царевича. Захотел помочь ему— оживить, да не знал, как это сделать.

В то самое время увидел серый волк одного ворона и двух воронят, которые летали над трупом и хотели опуститься на землю и наесться мяса Ивана-царевича. Серый волк спрятался за куст, и как скоро воронята спустились на землю и начали есть тело Ивана-царевича, он выскочил из-за куста, схватил одного вороненка и хотел было разорвать его надвое. Тогда ворон спустился на землю, сел поодаль от серого волка и сказал ему:

— Ох ты гой еси, серый волк! Не трогай моего младого детища; ведь он тебе ничего не сделал.

— Слушай, ворон воронович!—молвил серый полк.— Я твоего детища не трону и отпущу здрава и невредима, когда ты мне сослужишь службу: слетаешь за тридевять земель, в тридесятое государство, и принесешь мне мертвой и живой воды.

На то ворон воронович сказал серому волку:

— Я тебе службу эту сослужу, только не тронь ничем моего сына.

Выговоря эти слова, ворон полетел и скоро скрылся из виду.

На третий день ворон прилетел и принес с собой два пузырька: в одном — живая вода, в другом — мертвая, и отдал те пузырьки серому волку.

Серый волк взял пузырьки, разорвал вороненка надвое, спрыснул его мертвою водою — и тот вороненок сросся, спрыснул живою водою — вороненок встрепенулся и полетел. Потом серый волк спрыснул Ивана-царевича мертвою водою — его тело срослося, спрыснул живою водою — Иван-царевич встал и промолвил:

— Ах, куды как я долго спал! На то сказал ему серый волк:

— Да, Иван-царевич, спать бы тебе вечно, кабы не и; ведь тебя братья твои изрубили и прекрасную королевну Елену, и коня златогривого, и жар-птицу увезли с собою. Теперь поспешай как можно скорее в свое отечество; брат твой, Василий-царевич, женится сегодня на твоей невесте — на прекрасной королевне Елене. А чтоб тебе поскорее туда поспеть, садись лучше на меня, на серого волка; я тебя на себе донесу.

Иван-царевич сел на серого волка, волк побежал с ним в государство царя Выслава Андроновича и долго ли, коротко ли,— прибежал к городу.

Иван-царевич слез с серого волка, пошел в город и, пришедши во дворец, застал, что брат его Василий-царевич женится на прекрасной королевне Елене: воротился с нею от венца и сидит за столом.

Иван-царевич вошел в палаты, и как скоро Елена Прекрасная увидала его, тотчас выскочила из-за стола, начала целовать его в уста сахарные и закричала:

— Вот мой любезный жених, Иван-царевич, а не тот злодей, который за столом сидит!

Тогда царь Выслав Андронович встал с места и начал прекрасную королевну Елену спрашивать, что бы такое то значило, о чем она говорила? Елена Прекрасная рассказала ему всю истинную правду, что и как было: как Иван-царевич добыл ее, коня златогривого и жар-птицу, как старшие братья убили его сонного до смерти и как стращали ее, чтоб говорила, будто все это они достали.

Царь Выслав весьма осердился на Димитрия и Василья-царевичей и посадил их в темницу; а Иван-царевич женился на прекрасной королевне Елене и начал с нею жить дружно, полюбовно, так что один без другого ниже единой минуты пробыть не могли.

Жар-птица и Василиса-царевна

В некотором царстве, за тридевять земель— в тридесятом государстве жил-был сильный, могучий царь. У того царя был стрелец-молодец, а у стрельца-молодца конь богатырский. Раз поехал стрелец на своем богатырском коне в лес поохотиться; едет он дорогою, едет широкою — и наехал на золотое перо жар-птицы: как огонь перо светится!

Говорит ему богатырский конь:

— Не бери золотого пера; возьмешь — горе узнаешь!

И раздумался добрый молодец — поднять перо аль нет? Коли поднять да царю поднести, ведь он щедро наградит; а царская милость кому не дорога?

Не послушался стрелец своего коня, поднял перо жар-птицы, привез и подносит царю в дар.

— Спасибо!—говорит царь.— Да уж коли ты достал перо жар-птицы, то достань мне и самую птицу; а не достанешь — мой меч, твоя голова с плеч!

Стрелец залился горькими слезами и пошел к своему богатырскому коню.

— О чем плачешь, хозяин?

— Царь приказал жар-птицу добыть.

— Я ж тебе говорил: не бери пера, горе узнаешь! Ну, да не бойся, не печалься: это еще не беда, беда впереди! Ступай к царю, проси, чтоб к завтрему сто кулей белоярой пшеницы было по всему чистому полю разбросано.

Царь приказал разбросать по чистому полю сто нулей белоярой пшеницы.

На другой день на заре поехал стрелец-молодец на то поле, пустил коня по воле гулять, а сам за дерево спрятался.

Вдруг зашумел лес, поднялись волны на море — летит жар-птица; прилетела, спустилась наземь и стала клевать пшеницу. Богатырский конь подошел к жар-птице, наступил на ее крыло копытом и крепко к земле прижал, стрелец-молодец выскочил из-за дерева, прибежал, связал жар-птицу веревками, сел на лошадь и поскакал во дворец.

Приносит царю жар-птицу; царь увидал, возрадовался, благодарил стрельца за службу, жаловал его чином и тут же задал ему другую задачу:

— Коли ты сумел достать жар-птицу, так достань же мне невесту: за тридевять земель, на самом краю света, где восходит красное солнышко, есть Василиса-царевна— ее-то мне и надобно. Достанешь — златом-серебром награжу, а не достанешь — то мой меч, твоя голова с плеч!

Залился стрелец горькими слезами, пошел к своему богатырскому коню.

— О чем плачешь, хозяин? — спрашивает конь.

— Царь приказал добыть ему Василису-царевну.

— Не плачь, не тужи; это еще не беда, беда впереди! Ступай к царю, попроси палатку с золотою маковкой да разных припасов и напитков на дорогу.

Царь дал ему и припасов, и напитков, и палатку с золотою маковкой. Стрелец-молодец сел на своего богатырского коня и поехал за тридевять земель.

Долго ли, коротко ли — приезжает он на край света, где красное солнышко из синя моря восходит. Смотрит, а по синю морю плывет Василиса-царевна в серебряной лодочке, золотым веслом попихается.

Стрелец-молодец пустил своего коня в зеленых лугах гулять, свежую травку щипать; а сам разбил палатку с золотой маковкою, расставил разные кушанья и напитки, сел в палатке — угощается, Василисы-царевны дожидается.

А Василиса-царевна усмотрела золотую маковку, приплыла к берегу, выступила из лодочки и любуется на палатку.

— Здравствуй, Василиса-царевна!—говорит стрелец.— Милости просим хлеба-соли откушать, заморских вин испробовать.

Василиса-царевна вошла в палатку; начали они есть-пить, веселиться. Выпила царевна стакан заморского вина, опьянела и крепким сном заснула.

Стрелец-молодец крикнул своему богатырскому коню, конь прибежал; тотчас снимает стрелец палатку с золотой маковкою, садится на богатырского коня, берет с собою сонную Василису-царевну и пускается в путь-дорогу, словно стрела из лука.

Приехал к царю; тот увидал Василису-царевну, сильно возрадовался, благодарил стрельца за верную службу, наградил его казною великою и пожаловал большим чином.

Василиса-царевна проснулась, узнала, что она далеко-далеко от синего моря, стала плакать, тосковать, совсем из лица переменилась; сколько царь ни уговаривал— все понапрасну.

Вот задумал царь на ней жениться, а она и говорит:

— Пусть тот, кто меня сюда привез, поедет к синему морю, посреди того моря лежит большой камень, под тем камнем спрятано мое подвенечное платье — без того платья замуж: не пойду!

Царь тотчас за стрельцом-молодцом:

— Поезжай скорее на край света, где красное солнышко восходит; там на синем море лежит большой камень, а под камнем спрятано подвенечное платье Василисы-царевны; достань это платье и при-вези сюда; пришла пора свадьбу играть! Достанешь— больше прежнего награжу, а не достанешь— то мой меч, твоя голова с плеч!

Залился стрелец горькими слезами, пошел к своему богатырскому коню. «Вот когда,—думает,—не миновать смерти!»

— О чем плачешь, хозяин? — спрашивает конь.

— Царь велел со дна моря достать подвенечное платье Василисы-царевны.

— А что, говорил я тебе: не бери золотого пера, горе наживешь! Ну, да не бойся: это еще не беда, беда впереди! Садись на меня, да поедем к синю морю.

Долго ли, коротко ли—приехал стрелец-молодец на край света и остановился у самого моря; богатырский конь увидел, что большущий морской рак по песку ползет, и наступил ему на шейку своим тяжелым копытом. Возговорил морской рак:

— Не дай мне смерти, а дай живота! Что тебе нужно, все сделаю,

Отвечал ему конь:

— Посреди синя моря лежит большой камень, под тем камнем спрятано подвенечное платье Василисы-царевны; достань это платье!

Рак крикнул громким голосом на все сине море; тотчас море всколыхалося: сползлись со всех сторон на берег раки большие и малые—

тьма-тьмущая! Старшой рак отдал им приказание, бросились они в воду, и через час времени вытащили со дна моря, из-под великого камня, подвенечное платье Василисы-царевны.

Приезжает стрелец-молодец к царю, привозит царевнино платье; а Василиса-царевна опять заупрямилась.

— Не пойду,— говорит царю,— за тебя замуж, пока не велишь ты стрельцу-молодцу в горячей воде искупаться.

Царь приказал налить чугунный котел воды, вскипятить как можно горячей да в тот кипяток стрельца бросить. Вот все готово, вода кипит, брызги так и летят; привели бедного стрельца.

«Вот беда, так беда! —думает он.— Ах, зачем я брал золотое перо жар-птицы? Зачем коня не послушался?»

Вспомнил про своего богатырского коня и говорит царю:

— Царь-государь! Позволь перед смертию пойти с конем попрощаться.

— Хорошо, ступай попрощайся!

Пришел стрелец к своему богатырскому коню и слезно плачет.

— О чем плачешь, хозяин?

— Царь велел в кипятке искупаться.

— Не бойся, не плачь, жив будешь!—сказал ему конь и наскоро заговорил стрельца, чтобы кипяток не повредил его белому телу.

Вернулся стрелец из конюшни; тотчас подхватили его рабочие люди—и прямо в котел; он раз-другой окунулся, выскочил из котла—и сделался таким красавцем, что ни в сказке сказать, ни пером написать.

Царь увидал, что он таким красавцем сделался, захотел и сам искупаться; полез сдуру в воду и в ту ж минуту обварился.

Царя схоронили, а на его место выбрали стрельца-молодца; он женился на Василисе-царевне и жил с нею долгие лета в любви и согласии.

Сказка о молодце-удальце, молодильных яблоках и живой воде

Один царь очень устарел и глазами обнищал, а слыхал он, что за девять девятин, в десятом царстве, есть сад с молодильными яблоками, а в нем колодец с живою водою: если съесть старику это яблоко, то он помолодеет, а водой этой помазать глаза слепцу — он будет видеть. У царя этого было три сына. Вот он посылает старшего на коне верхом в этот сад за яблоком и водой: царю хочется и молодым быть и видеть. Сын сел на коня и отправился в далеко царство; ехал, ехал, приехал к одному столбу;

на этом столбе написано три дороги: первая для коня сытна, а самому голодна, вторая — не быть самому живому, а третья коню голодна, самому сытна.

Вот он подумал-подумал и поехал по сытной для себя дороге; ехал, ехал, увидал в поле хороший-расхороший дом. Он подъехал к нему, поглядел-поглядел, растворил ворота, шапки не ломал, головы не склонял, на двор вскакал. Хозяйка этого двора, баба-вдова не больно стара, молодца к себе звала: Добро пожалуй, гость дорогой!» В избу его ввела, за стол посадила, всякого яства накрошила и питья медового превдоволь натащила. Вот молодец нагулялся и свалился спать на лавке. Хозяйка ему говорит:

— Не честь молодцу, не хвала удальцу ложиться одному! Ляжь с моею дочкою, прекрасною Дунею.

Он тому и рад. Дуня говорит ему:

— Ляжь ко мне плотней, будет нам теплей!

Он двинулся к ней и провалился сквозь кровать: там его заставили молоть сырой ржи, а вылезть оттуда не моги! Отец старшего сына ждал, ждал и ожиданье потерял.

Царь второго сына отправил, чтоб яблоко и воды ему доставил. Он держал тот же путь и напал на ту же участь, как и старший его брат. От долгого жданья сыновьёв царь больно-больно загоревался.

Младший сын начал просить у отца позволенья ехать в тот сад; а отец ни за что не хочет его отпустить и говорит ему:

— Горе тебе, сынок! Когда старшие братья пропали, а ты молод, как вьюноша, ты скорее их пропадешь.

Но он умоляет, отцу обещает, что он постарается для отца лучше всякого молодца. Отец думал, думал и благословил его на ту же дорогу. На пути до вдовина дома с ним случилось все то же, что и с старшими братьями. Подъехал он ко двору вдовину, слез с коня, постучал у ворот и спросился ночевать. Хозяйка обрадовалась ему, как и этим, просит его:

— Добро пожалуй, гость наш нежданный! Посадила его за стол, наставила всякого яства и питья, хоть завались! Вот он понаелся, хотел ложиться на лавке. Хозяйка и говорит:

— Не честь молодцу, не хвала удальцу ложиться одному! Ляжь с моей прекрасною Дунею.

А он говорит:

— Нет, тетушка! Проезжему человеку не годится так, а надо в головы кулак, а под бок так. Если бы ты, тетушка, баньку мне истопила и с твоей дочерью в нее пустила.

Вот вдова баню жарко-разжарко натопила и его с прекрасною Дунею туда проводила. Дуня такая же, как мать, злоехидна была, ввела его вперед и дверь в бане заперла, а сама в сенях покуда стала. Но молодец-удалец оттолкнул дверь и Дуню туда впер. У него было три прута: один железный, другой свинцовый, а третий чугунный, и начал этими прутьями Дуню хвостать. Она кричит, умоляет его, а он говорит:

— Скажи, злая Дунька, куда девала моих братьев? Она сказала, что у них в подполье мелют сырую роясь. Он пустил ее. Пришли в избу, навязали лестницу на лестницу и братьев оттуда вывели. Он их пустил домой; но им стыдно к отцу появиться — оттого, что с Дуней ложились и к черту не годились, и пошли они бродяжничать по полям и по лесам.

А молодец поехал дальше, ехал, ехал, подъехал к одному двору, вошел в избу: там сидит красна девица, ткет утирки. Он сказал:

— Бог помочь тебе, красная девица! А она ему:

— Спасибо! Что, добрый молодец, отдела лытаешь или дело пытаешь?

— Дело пытаю, красна девица!—сказал молодец.— Я еду за девять девятин, в десятое царство, в сад—за молодильными яблоками и за живой водой для своего старого и слепого батюшки.

Она ему сказала:

— Ну, мудро тебе, мудро-мудро добраться до этого сада; однако поезжай, на дороге живет другая моя сестра, заезжай к ней: она лучше меня знает и тебя научит, что делать.

Вот он ехал, ехал до другой сестры, доехал; так же, как и с первой, поздоровался, рассказал ей об себе и куда едет. Она велела ему оставить своего коня у ней, а на ее двукрылом коне ехать к ее старшей сестре, которая научит, что делать: как побывать в саду и достать яблоко и воды. Вот он ехал, ехал, приехал к третьей сестре. Эта дала ему своего коня об четырех крыльях и приказала:

— Смотри, в этом саду живет наша тетка, страшная ведьма; коли подъедешь к саду, не жалей моего коня, погоняй хорошенько, чтоб он сразу перелетел через стену; а если зацепит за стену—на стене наведены струны с колокольчиками, струны заструнят, колокольчики зазвенят, она проснется, и ты от неё тогда не уедешь! У ней есть конь о шести крыльях; ты тому коню у крыльев подрежь жилки, чтоб она на нем тебя не догнала.

Он все так и сделал. Полетел через стену на своем коне, и конь хвостом зацепил не дюже за струну; струны заструнели, колокольчики зазвенели, но тихо: ведьма проснулась, да не разобрала хорошо голоса струн и колокольчиков, опять зевнула и уснула. А молодец-удалец с молодильным яблоком и живой водою ускакал; заезжая к сестрам, коней у них переменял и на своем опять примчался в свою землю. Поутру рано страшная ведьма заметила, что в саду у ней украдено яблоко и вода; она тут же села на своего шестикрылого коня, доскакала до первой племянницы, спрашивает ее:

— Не проезжал ли тут кто? Племянница сказала:

— Проехал молодец-удалец, да уж давно!

Она поскакала дальше, спрашивает у другой и у третьей; те то же ей сказали. Она еще поскакала и чуть-чуть не догнала, но уж молодец-удалец на свою землю пробрался и ее не опасался: сюда она скакать не смела, только на него посмотрела, от злости захрипела и так ему запела:

— Ну, хорош ты, вор-воришка! Хороша твоя ус-пешка! От меня успел ты ускакать, зато от братьев тебе непременно пропасть!

Так ему наворожила и домой поворотила.

Удалец наш приезжает в свою землю, видит— братья его, бродяги, в поле спят. Он пустил своего коня, не стал их будить, сам лег около и уснул. Братья проснулись, увидали, что брат их воротился в свою землю, легонько вынули у него сонного из пазухи молодильное яблоко, а его взяли да и бросили в пропасть. Он летел туда три дня, упал в подземельное темное царство, где люди всё делают с огнем. Вот он куда ни пойдет—все люди такие кручинные и плачут. Он спрашивает об их кручине. Ему сказали, что у царя их одна и есть дочь—прекрасная царевна Полюша, и ее-то поведут завтра к змею на съедение; в этом царстве каждый месяц дают семиглавому змею по девице, так уж и ведется очередь девицам—уж такой у них закон! Ныне наступила очередь до царской дочери. Вот наш молодец узнал хорошенько об этом и пошел прямо к царю, говорит ему:

— Я спасу, царь, твою дочь от змея, только ты сам сделай мне то, о чем буду тебя после просить.

Царь обрадовался, обещал все для него сделать и выдать за него замуж свою дочь.

Вот пришел тот день: повели прекрасную царевну Полюшу к морю, в трехстенную крепость, а с нею пошел удалец. Он взял с собою железную палку в пять пудов. Остались там двое с царевной ждать змея; ждали, ждали, кой о чем покуда погутарили. Он ей рассказал о своем похождении и что у него есть живая вода. Вот молодец сказал прекрасной царевне Полюше:

— Поищи покуда у меня в голове вши, а коли я усну и прилетит змей, то буди меня моей палкою, а так меня не добудишься!—и лег к ней на колени. Она стала искать у него в голове; он уснул. Прилетел змей, начал виться над царевною. Она стала будить молодца, толкать его руками, а палкой ударить (как он велел) ей жалко; не добудилась и заплакала; слеза ее капнула ему на лицо —он проснулся и вскрикнул:

— О, как ты меня чем-то гойно обожгла! А змей стал уже спускаться на них.

Молодец взял свою пятипудовую палку, махнул ею — и вдруг отшиб змею пять голов, в другой махнул наотмашь—и отшиб две последние; собрал все эти головы, положил их под стену, а туловище бросил в море.

Но какой-то баловня-детина видел все это и легонечко из-за стены подкрался, отсек молодцу голову и бросил его в море, а прекрасной царевне Полюше велел сказать отцу ее, царю, что он ее устерег, а если она так не скажет, то он ее задушит. Делать нечего, Полюша поплакала-поплакала, и пошли они к отцу, царю. Царь их встрел. Она ему сказала, что этот детина ее уберег. Царь невесть как рад, тут же начал сбирать свадьбу. Гости наехались из иных земель: цари, короли да принцы, все пьют, гуляют и веселятся; одна царевна кручинна, зайдет где под сараем в уголок и заливается там горючими слезами о своем молодце-удальце.

Вот и вздумала она попросить своего батюшку, чтоб он послал ловить в море рыбу, и сама она пошла с рыболовами к морю; затянули невод, вытащили рыбы и бознать сколько! Она поглядела и сказала:

— Нет, это не моя рыба!

Затянули в другой, вытащили голову и туловище молодца-удальца. Полюша скорей подбежала к нему, нашла у него в пазухе пузырек с живой водой, приставила к туловищу голову, примочила водой из пузырька—он и оживел. Она ему рассказала, как ее хочет взять постылый для нее детина. Удалец утешил её и велел идти домой, а он сам придет и знает что делать.

Вот пришел удалец в царску палату, там все гости пьяные—играют да пляшут. Он сказался, что умеет играть песни на разные голоса. Ему все рады, заставили играть. Он заиграл им прежде веселую какую-то, прибасную — гости так и растаяли, что больно гойно играет, дружка дружке расхвалили его; а там он заиграл кручинную такую, что все гости заплакали. Вот удалец спросил царя, кто уберег его дочь? Царь сказал, что этот детина.

— Ну-ка, царь, пойдем к той крепости и со всеми гостями твоими; коли он достанет там змеиные головы, так я поверю, что он спас царевну Полюшу.

Пришли все к крепости. Детина тянул, тянул и ни одной головы не вытянул, больно ему не под мочь. А молодец лишь взялся—и вытянул. Тут и царевна рассказала всю правду, кто ее устерег. Все признали, что удалец устерег цареву дочь; а детину привязали коню за хвост и размыкали по полю.

Царю хочется, чтоб молодец-удалец женился на его дочери; но удалец говорит:

— Нет, царь, мне ничего не надо, а только вынеси меня на наш белый свет: я еще не докончил свой ответ батюшке, он меня теперь с живою водой ждет —ведь он слепым живет.

Царь не может пригадать, как его на белый свет поднять; а дочь не хочет расстаться — захотела с ним подняться, говорит своему отцу, что у них есть птица-колпалица: она может их туда несть, только б было что ей в дороге есть.

Вот Полюша велела для птицы-колпалйцы целого быка убить и с собой запасить. Потом простились с подземельным царем, сели птице на хребет и понеслись на божий белый свет. Где больше птицу кормят, там она резче в вершки с ними поднималась; вот всего быка птице и стравили. Делать нечего, боятся, чтоб она не опустила их опять вниз. Полюша взяла отрезала у себя кусок ляхи и птице отдала; а та их как раз на этот свет подняла и сказала:

— Ну, всю дорогу вы меня хорошо кормили, но слаще последнего кусочка я отродясь не едала!

Полюша ей свою ляху развернула, птица ахнула и рыгнула: кусок еще цел. Молодец опять приставил его к ляхе, живой водицей примочил—и царевне ляху исцелил.

Тут пошли они домой. Отец, нашенский царь, их встрел, обрадовался невесть как! Удалец видит, что отец его от того яблока помолодел, но все еще слеп. Он тотчас помазал ему глаза живой водой. Царь стал видеть; тут он расцеловал своего сына-удальца и его невесту из темного царства. Удалец рассказал, как братья унесли у него яблоко и бросили его в подземелье. Братья так испугались—ино в реку покидались! А удалец на той царевне Полюше женился и раздиковинную пирушку сделал; я там обедал, мед пил, а уж какая у них капуста — ино теперь в роте пусто!

Сивко-бурко

Жил-был старик; у него было три сына, третий-от Иван-дурак, ничего не делал,

только на печи в углу сидел да сморкался. Отец стал умирать и говорит:

— Дети! Как я умру, вы каждый поочередно ходите на могилу ко мне спать по три ночи,—и умер.

Старика схоронили.

Приходит ночь; надо большому брату ночевать на могиле, а ему—коё лень, коё боится, он и говорит малому брату:

— Иван-дурак! Поди-ка к отцу на могилу, ночуй за меня. Ты ничего же не делаешь!

Иван-дурак собрался, пришел на могилу, лежит; в Полночь вдруг могила расступилась, старик выходит и спрашивает:

— Кто тут? Ты, большой сын?

— Нет, батюшка! Я, Иван-дурак. Старик узнал его и спрашивает:

— Что же больш-от сын не пришел?

179

— А он меня послал, батюшка!

— Ну, твое счастье!

Старик свистнул-гайкнул богатырским посвистом:

— Сивко-бурко, вещий воронко!

Сивко бежит, только земля дрожит, из очей искры сыплются, из ноздрей дым столбом.

— Вот тебе, сын мой, добрый конь; а ты, конь, служи ему, как мне служил.

Проговорил это старик, лег в могилу. Иван-дурак погладил, поласкал сивка и отпустил, сам домой пошел.

Дома спрашивают братья:

— Что, Иван-дурак, ладно ли ночевал?

— Очень ладно, братья!

Другая ночь приходит. Середний брат тоже не идет ночевать на могилу и говорит:

— Иван-дурак! Поди на могилу-то к батюшке, ночуй и за меня.

Иван-дурак, не говоря ни слова, собрался и покатил, пришел на могилу, лег, дожидается полночи.

В полночь также могила раскрылась, отец вышел, спрашивает:

— Ты, середний сын?

— Нет,— говорит Иван-дурак,— я же опять, батюшка!

Старик гайкнул богатырским голосом, свистнул молодецким посвистом:

— Сивко-бурко, вещий воронко!

Бурко бежит, только земля дрожит, из очей пламя пышет, а из ноздрей дым столбом.

— Ну, бурко, как мне служил, так служи и сыну моему. Ступай теперь!

Бурко убежал; старик лег в могилу, а Иван-дурак пошел домой. Братья опять спрашивают:

— Каково, Иван-дурак, ночевал?

— Очень, братья, ладно!

На третью ночь Иванова очередь; он не дожидается наряду, собрался и пошел.

Лежит на могиле; в полночь опять старик вышел, уж знает, что тут Иван-дурак, гайкнул богатырским голосом, свистнул молодецким посвистом:

— Сивко-бурко, вещий воронко!

Воронко бежит, только земля дрожит, из очей пламя пышет, а из ноздрей дым столбом.

— Ну, воронко, как мне служил, так и сыну моему служи!

Сказал это старик, простился с Иваном-дураком, лег в могилу.

Иван-дурак погладил воронка, посмотрел и отпустил, сам пошел домой. Братья опять спрашивают:

— Каково, Иван-дурак, ночевал?

— Очень ладно, братья!

Живут; двое братовей робят, а Иван-дурак ничего. Вдруг от царя клич: ежели кто сорвет царевнин портрет с дому чрез сколько-то много бревен, за того ее и взамуж отдаст.

Братья сбираются посмотреть, кто станет срывать портрет. Иван-дурак сидит на печи за трубой и бает:

— Братья! Дайте мне каку лошадь, я поеду посмотрю же.

— Э!—взъелись братья на него.— Сиди, дурак, на печи; чего ты поедешь? Людей, что ли, смешить!

Нет, от Ивана-дурака отступу нету! Братья не могли отбиться:

— Ну, ты возьми, дурак, вон трехногую кобы-ленку!

Сами уехали. Иван-дурак за ними же поехал в чисто поле, в широко раздолье; слез с кобыленки, взял ее зарезал, кожу снял, повесил на поскотину, а мясо бросил; сам свистнул молодецким посвистом, гайкнул богатырским голосом:

— Сивко-бурко, вещий воронко!

Сивко бежит, только земля дрожит, из очей пламя пышет, а из ноздрей дым столбом. Иван-дурак в одно ушко залез — напился, наелся, в друго вылез—оделся, молодец такой стал, что и братьям не узнать!

Сел на сивка и Поехал срывать портрет. Народу было тут видимо-невидимо; завидели молодца, все начали смотреть.

Иван-дурак с размаху нагнал, конь его скочил, и портрет не достал только через три бревна. Видели, откуда приехал, а не видали, куда уехал!

Он коня отпустил, сам пришел домой, сел на печь. Вдруг братья приезжают и сказывают женам:

— Ну, жены, какой молодец приезжал, так мы такого сроду не видали! Портрет не достал только через три бревна. Видели, откуль приехал; не видали, куды уехал. Еще опять приедет...

Иван-дурак сидит на печи и говорит:

— Братья, не я ли тут был?

— Куда, к черту, тебе быть! Сиди, дурак, на печи, да протирай нос от.

Время идет. От царя тот же клич. Братья опять стали собираться, а Иван-дурак и говорит:

— Братья! Дайте мне каку-нибудь лошадь. Они отвечают:

— Сиди, дурак, дома! Другу лошадь ты станешь переводить!

Нет, отбиться не могли, велели опять взять хромую кобылешку. Иван-дурак и ту управил, заколол, кожу развесил на поскотине, а мясо бросил; сам свистнул молодецким посвистом, гайкнул богатырским голосом:

— Сивко-бурко, вещий воронко!

Бурко бежит, только земля дрожит, из очей пламя пышет, а из ноздрей дым столбом. Иван-дурак в право ухо залез—оделся, выскочил в лево—молодцом сделался, соскочил на коня, поехал; портрет не достал только за два бревна. Видели, откуда приехал, а не видели, куда уехал!

Бурка отпустил, а сам пошел домой, сел на печь, дожидается братовей. Братья приехали и сказывают:

— Бабы! Тот же молодец опять приезжал, да не достал портрет только за два бревна.

Иван-дурак и говорит им:

— Братья, не я ли тут был?

— Сиди, дурак! Где, у черта, был!

Через немного времени от царя опять клич. Братья начали сбираться, а Иван-дурак и просит:

— Дайте, братья, каку-нибудь лошадь; я съезжу, посмотрю же.

— Сиди, дурак, дома! Докуда лошадей-то у нас станешь переводить?

Нет, отбиться не могли, бились, бились; велели взять худую кобылешку; сами уехали.

Иван-дурак и ту управил, зарезал, бросил; сам свистнул молодецким посвистом, гайкнул богатырским голосом:

— Сивко-бурко, вещий воронко!

Воронко бежит, только земля дрожит, из очей пламя пышет, а из ноздрей дым столбом. Иван-дурак в одно ушко залез—напился-наелся, в друго вылез—молодцом оделся, сел на коня и поехал.

Как только доехал до царских чертогов, портрет и ширинку так и сорвал. Видели, откуда приехал, а не видели, куда уехал!

Он так же воронка отпустил, пошел домой, сел на печь, ждет братовей. Братья приехали, сказывают:

— Ну, хозяйки! Тот же молодец как нагнал сегодня, так портрет и сорвал.

Иван-дурак сидит за трубой и бает:

— Братья, не я ли тут был?

— Сиди, дурак! Где ты, у черта, был? Чрез немного время царь сделал бал, созывает всех бояр, воевод, князей, думных, сенаторов, купцов, мещан и крестьян. И Ивановы братья поехали; Иван-дурак не отстал, сел где-то на печь за трубу, глядит, рот разинул.

Царевна потчует гостей, каждому подносит пива и смотрит, не утрется ли кто ширинкой?—тот ее и жених. Только никто не утерся; а Ивана-дурака не видала, обошла. Гости разошлись.

На другой день царь сделал другой бал; опять виноватого не нашли, кто сорвал ширинку.

На третий день царевна так же стала из своих рук подносить гостям пиво; всех обошла, никто не утерся ширинкой. «Что это,—думает она себе,—нет моего суженого!» Взглянула за трубу и увидела там Ивана-дурака; платьишко на нем худое, весь в саже, волосы дыбом. Она налила стакан пива, подносит ему, а братья глядят, да и думают: царевна-то и дураку-то подносит пиво!

Иван-дурак выпил, да и утерся ширинкой. Царевна обрадовалась, берет его за руку, ведет к отцу и говорит:

— Батюшка! Вот мой суженый.

Братовей тут ровно ножом по сердцу-то резнуло, думают: «Чего это царевна! Не с ума ли сошла? Дурака ведет в сужены».

Разговоры тут коротки: веселым пирком да за свадьбу. Наш Иван тут стал не Иван-дурак, а Иван—царский зять; оправился, очистился, молодец молодцом стал, не стали люди узнавать! Тогда-то братья узнали, что значило ходить спать на могилу к отцу.

Волшебный конь

В некотором царстве, в некотором государве жил-был старик со старухою, и за всю их бытность не было у них детей. Вздумалось им, что вот-де лета их древние, скоро помирать надо, а наследника господь не дал, и стали они богу молиться, чтобы сотворил им детище на помин души. Положил старик завет: коли родит старуха детище, в ту пору кто ни попадется первый навстречу, того и возьму кумом. Через сколько-то времени забрюхатела старуха и родила сына. Старик обрадовался, собрался и пошел искать кума; только за ворота, а навстречу ему катит коляска, четверней запряжена; в коляске государь сидит.

Старик не знавал государя, принял его за боярина, остановился и давай кланяться.

— Что тебе, старичок, надобно?—спрашивает государь.

— Да прошу твою милость, не во гнев будь сказано: окрести моего новорожденного сынка.

— Аль у тебя нет никого на деревне знакомых?

— Есть у меня много знакомых, много приятелей, да брать в кумовья не годится, потому что такой завет положён: кто первый встретится, того и просить.

— Хорошо,—говорит государь,—вот тебе сто рублей на крестины; завтра я сам буду.

На другой день приехал он к старику; тотчас позвали попа, окрестили младенца и нарекли ему имя Иван. Начал этот Иван расти не по годам, а по часам—как пшеничное тесто на опаре подымается; и приходит ему каждый месяц по почте по сту рублей царского жалованья.

Прошло десять лет, вырос он большой и почуял в себе силу непомерную. В то самое время вздумал про него государь, есть-де у меня крестник, а каков он—не ведаю; пожелал его лично видеть и тотчас послал приказ, чтобы Иван крестьянский сын, не медля нимало, предстал пред его очи светлые. Стал старик собирать его в дорогу, вынул деньги и говорит:

— На-ка тебе сто рублей, ступай в город на конную, купи себе лошадь; а то путь дальний—пешком не уйдешь.

Иван пошел в город, и попадается ему на дороге стар человек.

— Здравствуй, Иван крестьянский сын! Куда путь держишь?

Отвечает добрый молодец:

— Иду, дедушка, в город, хочу купить себе лошадь.

— Ну так слушай меня, коли хочешь счастлив быть. Как придешь на конную, будет там один мужичок лошадь продавать крепко худую, паршивую; ты ее и выбери, и сколько б ни запросил с тебя хозяин—давай, не торгуйся! А как купишь, приведи ее домой и паси в зеленых лугах двенадцать вечеров и двенадцать утров по росам—тогда ты ее узнаешь!

Иван поблагодарил старика за науку и пошел в город; приходит на конную, глядь—стоит мужичок и держит за узду худую, паршивую лошаденку.

— Продаешь коня?

— Продаю.

— А что просишь?

— Да без торгу сто рублей.

Иван крестьянский сын вынул сто рублей, отдал мужику, взял лошадь и повел ко двору. Приводит домой, отец глянул и рукой махнул:

— Пропащие деньги!

— Подожди, батюшка! Авось на мое счастье лошадка поправится.

Стал Иван водить свою лошадь каждое утро и каждый вечер в зеленые луга на пастбище, и вот как прошло двенадцать зорь утренних да двенадцать зорь вечерних—сделалась его лошадь такая сильная, крепкая да красивая, что ни вздумать, ни взгадать, разве в сказке сказать, и такая разумная—что только Иван на уме помыслит, а она уж ведает. Тогда Иван крестьянский сын справил себе сбрую богатырскую, оседлал своего доброго коня, простился с отцом, с матерью и поехал в столичный город к царю-государю.

Ехал он близко ли, далеко ль, скоро ли, коротко ль, очутился у государева дворца, соскочил наземь, привязал богатырского коня за кольцо к дубовому столбу и велел доложить царю про свой приезд. Царь приказал его не задерживать, пропустить в палаты без всякой задирки.

Иван вошел в царские покои, помолился на святые иконы, поклонился царю и вымолвил:

— Здравия желаю, ваше величество!

— Здравствуй, крестник!—отвечал государь, посадил его за стол, начал угощать всякими напитками и закусками, а сам на него смотрит-дивуется: славный молодец—и лицом красив, и умом смышлен, и ростом взял; никто не подумает, что ему десять лет, всякий двадцать даст, да еще с хвостиком! «По всему видно,—думает царь,—что в этом крестнике дал мне господь не простого воина, а сильно-могучего богатыря». И пожаловал его царь офицерским чином и велел при себе служить.

Иван крестьянский сын взялся за службу со всею охотою, ни от какого труда не отказывается, за правду грудью стоит; полюбил его за то государь пуще всех своих генералов и министров и никому из них не стал доверять так много, как своему крестнику. Озлобились на Ивана генералы и министры и стали совет держать, как бы оговорить его перед самим государем. Вот как-то созвал царь к себе знатных и близких людей на обед; как уселись все за стол, он и говорит:

— Слушайте, господа генералы и министры! Как вы думаете о моем крестнике?

— Да что сказать, ваше величество! Мы от него не видали ни худого, ни хорошего; одно дурно—больно хвастлив уродился. Уж не раз от него слыхивали, что в таком-то королевстве, за тридевять земель, выстроен большой мраморный дворец, а кругом превысокая ограда поставлена—не пробраться туда ни пешему, ни конному! В том дворце живет Настасья прекрасная королевна. Никому ее не добыть, а он, Иван, похваляется ее достать, за себя замуж: взять.

Царь выслушал этот оговор, приказал позвать своего крестника и стал ему сказывать:

— Что ж ты генералам да министрам похваляешься, что можешь достать Настасью-королевну, а мне про то ничего не докладываешь?

— Помилуйте, ваше величество!—отвечает Иван крестьянский сын.—Мне того и во сне не снилося.

— Теперь поздно отпираться; у меня коли похвалился, так и дело сделай; а не сделаешь—то мой меч, твоя голова с плеч!

Запечалился Иван крестьянский сын, повесил свою головушку ниже могучих плеч и пошел к своему доброму коню. Возговорит ему конь человеческим голосом:

— Что, хозяин, кручинишься, а мне правды не сказываешь?

— Ах, мой добрый конь! Отчего мне веселому быть? Оговорило меня начальство перед самим государем, будто я могу добыть и взять за себя замуж Настасью прекрасную королевну. Царь и велел мне это дело исполнить, а не то хочет рубить голову.

— Не тужи, хозяин! Молись богу да ложись спать; утро вечера

185

мудренее. Мы это дело обделаем; только попроси у царя побольше денег, чтобы не скучать нам дорогою, было бы вдоволь поесть и попить, что захочется.

Иван переночевал ночь, встал поутру, явился к государю и стал просить на поход золотой казны. Царь приказал выдать ему, сколько надобно. Вот добрый молодец взял казну, надел на своего коня сбрую богатырскую, сел верхом и поехал в путь-дорогу.

Близко ли, далеко ль, скоро ли, коротко ль, заехал он за тридевять земель, в тридесятое королевство, и остановился у мраморного дворца; кругом дворца стены высокие, ни ворот, ни дверей не видно; как за ограду попасть? Говорит Ивану его добрый конь:

— Подождем до вечера! Как только стемнеет—оборочусь я сизокрылым орлом и перенесусь с тобой через стену. В то время прекрасная королевна будет спать на своей мягкой постели; ты войди к ней прямо в спальню, возьми ее потихоньку на руки и неси смело.

Вот хорошо, дождались они вечера; как только стемнело, ударился конь о сырую землю, оборотился сизокрылым орлом и говорит:

— Время нам свое дело делать; смотри не давай маху!

Иван крестьянский сын сел на орла; орел поднялся в поднебесье, перелетел через стену и поставил Ивана на широком дворе.

Пошел добрый молодец в палаты, смотрит—везде тихо, вся прислуга спит глубоким сном; он в спальню—на кроватке лежит Настасья прекрасная королевна, разметала во сне покровы богатые, одеяла соболии. Засмотрелся добрый молодец на ее красоту неописанную, на ее тело белое, отуманила его любовь горячая, не выдержал и поцеловал королевну в уста сахарные. От того пробудилась красная девица и с испугу закричала громким голосом; на ее голос поднялись, прибежали слуги верные, поймали Ивана крестьянского сына и связали ему руки и ноги накрепко. Королевна приказала его в темницу посадить и да-вать ему в день по стакану воды да по фунту черного хлеба.

Сидит Иван в крепкой темнице и думает думу невесёлую: «Верно, здесь мне положить свою буйную голову!» А его добрый богатырский конь ударился оземь и сделался малою птичкою, влетел к нему в разбитое окошечко и говорит:

— Ну, хозяин, слушайся: завтра я выломлю двери и тебя ослобоню; ты спрячься в саду за таким-то пустом; там будет гулять Настасья прекрасная королевна, а я обернусь бедным стариком и стану просить у нее милостыни; смотри ж, не зевай, не то худо будет.

Иван повеселел, птичка улетела. На другой день бросился богатырский конь к темнице и выбил дверь копытами; Иван крестьянский сын выбежал в сад и стал за зеленым кустиком. Вышла погулять по саду прекрасная королевна, только поравнялась супротив кустика—как подошел к ней бедный старичок, кланяется и просит со слезами святой милостыни. Пока красная девица вынимала кошелек с деньгами, выскочил Иван крестьянский сын, ухватил ее в охапку, чажал ей рот таково крепко, что нельзя и малого голосу подать. В тот же миг обернулся старик сизокрылым орлом, взвился с королевною и добрым молодцем высоко-высоко, перелетел через ограду, опустился на землю и сделался по-прежнему богатырским конем. Иван крестьянский сын сел на коня и Настасью-королевну с собой посадил; говорит ей:

— Что, прекрасная королевна, теперь не запрешь меня в темницу?

Отвечает прекрасная королевна:

— Видно, мне судьба быть твоею, делай со мной, что сам знаешь!

Вот едут они путем-дорогою; близко ли, далеко ль, скоро ли, коротко ль, приезжают на большой зеленый луг. На том лугу стоят два великана, друг дружку кулаками потчуют; избились-исколотились до крови, а ни один другого осилить не может; возле них лежат на траве помело да клюка.

— Послушайте, братцы,—спрашивает их Иван крестьянский сын.— За что вы деретесь?

Великаны перестали драться и говорят ему:

— Мы оба родные братья; помер у нас отец, и осталось после него всего-навсего имения—вот это помело да клюка; стали мы делиться, да и поссорились: каждому, вишь, хочется все себе забрать! Ну, мы и решились драться не на живот, на смерть, кто в живых останется—тот обе вещи получит.

— А давно вы спорите?

— Да вот уж три года, как друг дружку колотим, а толку все не добьемся!

— Эх вы! Есть из-за чего смертным боем драться. Велика ли корысть—помело да клюка?

— Не говори, брат, чего не ведаешь! С этим помелом да с клюкою хоть какую силу победить можно. Сколько бы неприятель войска ни выставил, смело выезжай навстречу: где махнешь помелом—там будет улица, а перемахнешь—так и с переулочком. А клюка тоже надобна: сколько б ни захватил ею войска—все в плен заберешь!

«Да, вещи хорошие!—думает Иван.—Пожалуй, пригодились бы и мне».

— Ну, братцы,—говорит,—хотите, я разделю вас поровну?

— Раздели, добрый человек!

Иван крестьянский сын слез с своего богатырского коня, набрал горсть мелкого песку, завел великанов в лес и рассеял тот песок на все на четыре стороны.

— Вот,—говорит,—собирайте песок; у кого больше будет, тому и клюка и помело достанутся.

Великаны бросились собирать песок, а Иван тем временем схватил и клюку и помело, сел на коня—и поминай как звали!

Долго ли, коротко ли, подъезжает он к своему государству и видит, что его крестного отца постигла беда немалая: все царство повоевано, около стольного города стоит рать-сила несметная, грозит все огнем пожечь, самого царя злой смерти предать. Иван крестьянский сын оставил королевну в ближнем лесочке, а сам полетел на войско вражее; где помелом махнет—там улица, где перемахнет—там с переулочком! В короткое время перебил целые сотни, целые тысячи; а что от смерти уцелело, то зацепил клюкою и живьем приволок в стольный город. Царь встретил его с радостью, приказал в барабаны бить, в трубы трубить и пожаловал генеральским чином и несметной казною. Тут Иван крестьянский сын вспомнил про Настасью прекрасную королевну, отпросился на время и привез ее прямо во дворец. Похвалил его царь за удаль богатырскую, велел ему дом готовить да свадьбу справлять. Женился Иван крестьянский сын на прекрасной королевне, отпировал свадьбу богатую и стал себе жить, не тужить. Вот вам сказка, а мне бубликов связка.

Конь, скатерть и рожок

Жила-была старуха, у ней был сын дурак. Вот однажды нашел дурак три гороховых зерна, пошел за село и посеял их там. Когда горох взошел, стал он его караулить; приходит раз на горох и увидал, что сидит на нем журавль и клюет.

Дурак подкрался и поймал журавля.

— О!—говорит.— Я тебя убью! А журавль говорит ему:

— Нет, не бей меня, я тебе гостинчик дам.

— Давай! —сказал дурак, и журавль дал ему коня, говоря:

— Если тебе захочется денег, скажи этому коню: «Стой!» — а как наберешь денег, скажи: «Но!»

Вот дурак взял коня, стал садиться на него и сказал: «Стой!» Конь и рассыпался в серебро. Дурак захохотал; потом сказал: «Но!»—и серебро обратилось в коня.

Распростился дурак с журавлем и повел коня домой, взвел на двор и прямо привел его к матери в избу, привел и дает ей строгий приказ:

— Матушка! Не говори: «Стой!»—говори: «Но!» А сам тут же ушел на горох.

Мать была долго в раздумье: «Для чего говорил он мне такие слова? Дай скажу: «Стой!»—и сказала. Вот конь и рассыпался в серебро. У старухи глаза разгорелись; поспешно начала она собирать деньги в свою коробью, и как удовольствовалась — сказала: «Но!»

Меж тем дурак опять застал на своем горохе журавля, поймал его и грозил ему смертью. Но журавль сказал:

— Не бей меня; я тебе гостинку дам,—и дал ему скатерть.

— Вот как захочешь ты есть, скажи: «Развернись!»—а как поешь, сказки: «Свернись!»

Дурак тут же сделал опыт, сказал: «Развернись!» Скатерть развернулась. Он наелся-напился и говорит: «Свернись!» Скатерть свернулась.

Он взял ее и понес домой:

— Вот смотри, матушка, не говори этой скатерти: «Развернись!»—а говори: «Свернись!»

А сам дурак опять пошел на горох. Мать и со скатертью сделала то же, что и с конем; Сказала: «Развернись!»—и начала гулять, есть и пить все, что было на скатерти; потом сказала: «Свернись!» Скатерть и свернулась.

Дурак опять поймал на горохе журавля, который дал ему в гостинец рожок и, поднимаясь от него кверху, сказал:

— Дурак! Скажи: «Из рожка!»

Дурак, на свою беду, и сказал это самое слово; вдруг из рожка выскочили два молодца с дубинами и начали утюжить дурака, и до того утюжили, что он, бедный, с ног свалился. Журавль сверху закричал: «В рожок!»—и молодцы спрятались.

Вот дурак пришел к матери и говорит:

— Матушка! Не говори: «Из рожка!»—а говори: «В рожок!»

Мать, как вышел дурак к соседям, заперла дверь на крючок и сказала: «Из рожка!» Сейчас выскочили два молодца с дубинами и начали утюжить старуху; она кричит во все горло.

Дурак услыхал крик, бежит со всех ног, прибег, хвать —дверь на крючке; он и закричал:

— В рожок! В рожок!

Старуха, опомнившись от побоев, отперла дураку дверь.

Дурак взошел и сказал:

— То-то, матушка! Я тебе сказывал—не говори так-то.

Вот дурак задумал задать пир и созывает господ и бояр. Только они собрались и поселись, дурак и приводит в избу коня и говорит:

— Стой, добрый конь!

Конь рассыпался в серебро. Гости удивились и почали грабить себе деньги да прятать по карманам. Дурак сказал: «Но!» —и конь опять явился, только без хвоста.

Видит дурак, что время гостей потчевать, вынул скатерть и сказал:

— Развернись!

189

Вдруг развернулась скатерть, и на ней всяких закусок и напитков наставлено великое множество. Гости начали пить, гулять и веселиться.

Как все удовольствовались, дурак сказал:

— Свернись!

И скатерть свернулась.

Гости стали зевать и с насмешкой говорить:

— Покажи нам, дурак, еще что-нибудь!

— Изволь,— сказал дурак,—для вас можно!—и приносит рожок.

Гости прямо и закричали:

— Из рожка!

Откуда ни взялись два молодца с дубинками, начали колотить их изо всей мочи и до того били, что гости принуждены были отдать украденные деньги, а сами разбежались.

А дурак с матерью, конем, скатертью и рожком стал жить, да поживать, да больше добра наживать.

Двое из сумы

Жил старик со старухой. Вот старуха на старика всегда бранится, что ни день — то помелом, то рогачом отваляет его; старику от старухи житья вовсе нет. И пошел он в поле, взял с собою тенеты и постановил их. И поймал он журавля и говорит ему:

— Будь мне сыном! Я тебя отнесу своей старухе, авось она не будет теперь на меня ворчать.

Журавль ему отвечает:

— Батюшка! Пойдем со мною в дом.

Вот он и пошел к нему в дом. Припали; журавль взял со стены сумку и говорит: «двое из сумы!» Вот сейчас вылезли из сумы два молодца, стали становить столы дубовые, стлать скатерти шелковые, подавать яствы и питья разные. Старик видит такую сладость, что сроду никогда не видывал, и обрадовался оченно. Журавль и говорит ему:

— Возьми эту суму себе и неси своей старухе. Вот он взял и пошел; шел путем дальним и зашел к куме ночевать; у кумы было три дочери. Собрали ему поужинать чем бог послал. Он ест—не ест и говорит куме:

— Плоха твоя еда!

— Какая есть, батюшка!—отвечала кума. Вот он и говорит:

— Собери свою еду-то; а которая была у него сума, той говорит, как приказывал ему журавль: двое из сумы!

В ту ж минуту двое из сумы вылезли, зачали ставить столы дубовые, стлать скатерти шелковые, подавать яствы и питья разные.

Кума с дочерьми своими удивилась, задумала унесть у старика эту суму и говорит дочерям:

— Подите истопите баньку; может, куманек попарится в баньке-то.

Вот только вышел он в баню-то, а кума сейчас приказала своим дочерям сшить точно такую же суму, какая у старика; они сшили и положили свою суму старику, а его суму себе взяли. Старик вышел из бани, взял обмененную суму и весело пошел в дом свой к старухе; приходит ко двору и кричит громким голосом:

— Старуха, старуха! Встречай меня с журавлем-сыном.

Старуха глядит на него быстро и ворчит промеж себя: «Поди-ка ты, старый кобель! Я тебя отваляю рогачом». А старик свои слова говорит:

— Старуха! Встречай меня с журавлем-сыном. Вошел в избу старик, повесил суму на крючок и кричит: «двое из сумы!» Из сумы нет никого. Вот он в другой раз: «двое из сумы!» Из сумы опять нет никого. Старуха видит, что он говорит бознать [бог знает] что, ухватила помело мокро и ну старика гвоздить.

Старик испугался, заплакал и пошел опять в поле. Отколь ни взялся прежний журавль, видит его несчастье и говорит:

— Пойдем, батюшка, опять ко мне в дом.

Вот он и пошел. У журавля опять сума висит такая же. Двое из сумы!—сказал журавль. Двое из сумы вылезли и поставили такой же обед, как и прежние.

— Возьми себе эту суму,—говорит журавль старику.

Вот он взял суму и пошел; шел, шел по дороге, и захотелось ему поесть, и говорит он, как приказывал журавль: «двое из сумы!» Двое из сумы вылезли — такие молодцы с большими колдашами—и начали его бить, приговаривая: «Не заходи к куме, не парься в бане!»—и до тех пор били старика, пока он не выговорил кое-как: «двое в суму!» Как только изговорил эти слова, двое в суму и спрятались.

Вот старик взял суму и пошел; пришел к той же куме, повесил суму на крючок и говорит куме:

— Истопи мне баньку.

Она истопила. Старик пошел в баню: парится — не парится, только время проводит. Кума созвала своих дочерей, усадила за стол — захотелось ей поесть—и говорит: «двое из сумы!» Двое из сумы вылезли с большими колдашами и ну куму бить, приговаривая: «Отдай старикову суму!» Били, били... вот она и говорит большой дочери:

— Поди, кликни кума из бани; скажи, что двое совсем меня прибили.

— Я ща [еще] не испарился,— отвечает старик. А они всё больше ее бьют, приговаривая: «Отдай старикову суму!» Вот кума послала другую дочь:

— Скорее вели куманьку идти в избу. Он отвечает:

— Я ща голову не мыл. Она и третью посылает.

— Я ща не купался,— говорит старик. Терпенья нет куме! Велела принесть украденную суму. Вот старик вышел из бани, увидал свою прежнюю суму и говорит: «двое в суму!» Двое в суму с колдашами и ушли.

Вот старик взял обе сумы—и сердиту и хорошу—и пошел домой. Подходит ко двору и кричит старухе:

— Встречай меня с журавлем-сыном.

Она на него быстро глядит: «Поди-ка ты домой-то, я тебя отваляю!»

Взошел в избу старик, зовет старуху:

— Садись за стол,—и говорит: «двое из сумы!» Двое из сумы вылезли, настановили и пить и есть.

Старуха наелась-напилась и похвалила старика:

— Ну, старик, я теперь бить тебя не стану. Старик, наевшись, вышел на двор, хорошую суму вынес в клеть, а сердитую повесил на крючок; а сам по двору ходит—не ходит, только время проводит.

Захотелось старухе еще выпить, и говорит она стариковы слова: «двое из сумы!» Вот вылезли двое из сумы с большими колдашами и начали бить старуху; до тех пор били, что у ней мочи не стало! Кличет старика:

— Старик, старик! Поди в избу: меня двое прибили!

А он ходит — не ходит, только посмеивается да поговаривает: «Они тебе зададут!» Двое еще больше бьют старуху и приговаривают:

— Не бей старика! Не бей старика!

Наконец старик сжалился над старухою, вошел в избу и сказал: «двое в суму!» Двое в суму и спрятались. С тех пор старик со старухою стали жить так хорошо, так дружно, что старик везде ею похваляется, тем и сказка кончается.

Петух и жерновцы

Жил да был себе старик со старухою, бедные-бедные! Хлеба-то у них не было; вот они поехали в лес, набрали желудей, привезли домой и начали есть.

Долго ли, коротко ли они ели, только старуха уронила один желудь в подполье.

Пустил желудь росток и в небольшое время дорос до полу.

Старуха заприметила и говорит:

— Старик! Надобно пол-то прорубить; пускай дуб растет выше; как вырастет, не станем в лес за желудями ездить, станем в избе рвать.

Старик прорубил пол. Деревцо росло, росло и выросло до потолка.

Старик разобрал и потолок, а после и крышу снял.

Дерево все растет да растет и доросло до самого неба. Не стало у старика со старухой желудей, взял он мешок и полез на дуб.

Лез, лез и взобрался на небо.

Ходил, ходил по небу, увидал: сидит кочеток золотой гребенек, масляна головка, и стоят жерновцы. Вот старик-от долго не думал, захватил с собою и кочетка и жерновцы и спустился в избу. Спустился и говорит:

— Как нам, старуха, быть, что нам есть?

— Постой,— молвила старуха,— я попробую жерновцы.

Взяла жерновцы и стала молоть: ан блин да пирог, блин да пирог! Что ни повернет — все блин да пирог!.. И накормила старика.

Ехал мимо какой-то барин и заехал к старику со старушкой в хату.

— Нет ли,— спрашивает,— чего-нибудь поесть? Старуха говорит:

— Чего тебе, родимый, дать поесть, разве блинков? Взяла жерновцы и намолола: нападали блинки да пирожки.

Приезжий поел и говорит:

— Продай мне, бабушка, твои жерновцы.

— Нет,—говорит старушка,—продать нельзя. Он взял да и украл у ней жерновцы.

Как уведали старик со старушкою, что украдены жерновцы, стали горе горевать.

— Постой,— говорит кочеток золотой гребенек,—я полечу, догоню!

Прилетел он к боярским хоромам, сел на ворота и кричит:

— Кукареку! Боярин, боярин, отдай наши жерновцы золотые, голубые! Боярин, боярин, отдай наши жерновцы золотые, голубые!

Как услыхал барин, сейчас приказывает:

— Эй, малый! Возьми брось его в воду. Поймали кочетка, бросили в колодезь; он и стал приговаривать:

— Носик, носик, пей воду! Ротик, ротик, пей воду!— И выпил всю воду.

Выпил всю воду и полетел к боярским хоромам; уселся на балкон и опять кричит:

— Кукареку! Боярин, боярин, отдай наши жерновцы золотые, голубые! Боярин, боярин, отдай наши жерновцы золотые, голубые!

Барин велел повару бросить его в горячую печь. Поймали кочетка, бросили в горячую печь—прямо в огонь; он и стал приговаривать:

— Носик, носик, лей воду! Ротик, ротик, лей воду!— И залил весь жар в печи.

Вспорхнул, влетел в боярскую горницу и опять кричит:

— Кукареку! Боярин, боярин, отдай наши жерновцы золотые, голубые! Боярин, боярин, отдай наши жерновцы золотые, голубые!

Гости услыхали это и побегли из дому, а хозяин побег догонять их;

кочеток золотой гребенек схватил жерновцы и улетел с ними к старику и старухе.

Чудесный ящик

У одного старика и старухи был один сын уж на возрасте; чему учить сына — отец не знает, и вздумал его отдать одному мастеру в работники всяки вещи делать. Поехал в город, сделал условие с мастером, чтобы сыну учиться у него три года, а домой побывать в три года только один раз. Отвез сына. Вот парень живет год, другой; скоро научился делать дороги вещи, превзошел и самого хозяина. Один раз сделал часы в пятьсот рублей, послал их отцу. «Хоть,— говорит,—продаст да поправит бедность!» Где отцу продавать! Он насмотреться не может на часы, потому что сын их делал. Время приходит; надо ему увидеться с родителями. Хозяин был знат-кой, и говорит:

— Ступай, вот тебе срок три часа и три минуты; если в срок не воротишься — смерть тебе!

Он и думает: «Когда же я доеду столько верст до отца?» Мастер на это говорит:

— Возьми вон ту карету; как только сядешь — защурься.

Наш парень так и сделал; только защурился, взглянул—уж и дома у отца; вылез, приходит в избу — никого нет. А отец и мать его увидели, что к дому карета подъехала; испугались да и спрятались в голбец; насилу он их вызвал из голбца. Начали здороваться; мать плакать—долго не видались. Сын привез им гостинцев. Докуда здоровались да говорили, время мешкалось — три часа уж прошло, осталось три минуты, то, друго, вот только одна минута! Нечистый шепчет парню:

— Ступай скорее: хозяин ужо тебя!..

Парень был заботливый, простился и поехал; скоро очутился у дому, вошел в избу, а хозяина за него, что просрочил, нечиста сила мучит. Парень отваживаться-отваживаться с хозяином, отвадился, пал ему в ноги:

— Прости, просрочил, вперед таков не буду! Хозяин побранил только и подлинно простил. Парень наш опять живет; всех лучше стал делать всяки вещи. Хозяин и думает, что если парень отойдет, отнимет у него всю работу—лучше мастера стал! —и говорит ему:

— Работник! Ступай в подземное царство, принеси оттуда мне ящичек; он стоит там на царском троне.

Поделали спуски длинные, ремень к ремню сшили и к каждому шву привязали по колокольчику. Хозяин начал его спускать в какой-то овраг, велел: если достанет ящик, трясти заранее за ремень; как колокольчики зазвонят, хозяин услышит. Парень спустился под землю, видит дом, входит в него; человек с двадцать мужиков стали все на ноги, поклонились и все в голос:

— Здравствуй, Иван-царевич!

Парень изумился: какая честь! Входит в другу комнату—полна женщин; те также стали, поклонились, говорят:

— Здравствуй, Иван-царевич!

Эти люди все были наспусканы мастером. Пошел парень в третью комнату, видит — трон, на троне ящик; взял этот ящик, пошел и людей всех за собой повел.

Пришли к ремню, потрясли, привязали человека— хозяин потянул; а сам он с ящиком хотел привязаться на самом последе. Хозяин половину их вытаскал; вдруг к нему прибежал работник, зовет скорей домой — сделалось како-то несчастье. Хозяин пошел, велел всех таскать из-под земли, а крестьянского сына таскать не велел. Ну, людей всех перетаскали по ремню, а этого парня и оставили. Он ходил, ходил по подземному царству, что-то ящичек и тряхнул — вдруг выскочило двенадцать молодцов, говорят:

— Что, Иван-царевич, прикажете?

— Да вот вытащите меня наверх!

Молодцы тотчас его подхватили, вынесли. Он не пошел к своему хозяину, а пошел прямо к отцу. Между тем хозяин хватился ящичка, прибежал к оврагу, трясти-трясти за ремень — нету его работника! Думает мастер: «Видно, ушел куда-то! Надо посылать за ним человека».

А крестьянский сын пожил у отца, выбрал богатое какое-то место, метнул ящик с руки на руку—вдруг явилось двадцать четыре молодца:

— Что, Иван-царевич, прикажете?

— Ступайте, на этом месте устройте царство, чтобы оно лучше всех царств было.

В кою пору царство явилось! Парень наш переехал туда, женился и стал жить на славу. В его царстве был какой-то детинка—так, нездрашный, а мать его все ходила к Ивану-царевичу, собирала милостыню. Сын и велит ей:

— Матушка! Укради у нашего царя ящичек.

Ивана-царевича дома не было; жена его старухе подала милостыню, да и вышла. Старуха схватила птичек, положила в мешок и ступай к сыну. Тот переметнул ящик—выскочили те же молодцы. Он велит им бросить Ивана-царевича в глубокую яму, куда валили только пропавшего скота, а жену его и родителей разместил—кого в лакеи, кого куда; сам царем стал.

Вот крестьянский сын и сидит в яме день, другой и третий. Как вырваться? Видит какую-то большую птицу — таскает скота; в одно время свалили в яму палую скотину, он взял да к ней и привязался; птица налетела, схватила скотину и вынесла, села на сосну, и Иван-царевич тут болтается — отвязаться нельзя. Неоткуда взялся стрелец, прицелился, стрелил: птица спорхнула и полетела, корову из лап упустила; корова пала, и Иван-царевич за ней пал, отвязался, идет дорогой и думает: как воротить свое царство? Хватил карман—тут ключ от ящика; метнул — вдруг выскочило два молодца:

— Что, Иван-царевич, прикажете?

— Вот, братцы, я в несчастии!

— Знаем мы это; счастлив еще, что мы двое за ключом остались!

— Нельзя ли, братцы, принести мне ящик? Иван-царевич не успел выговорить, двое молодцов ящик принесли! Тут он ожил, старуху-нищу и сына ее приказал казнить, сам стал по-старому царем.

Волшебное кольцо

В некотором царстве, в некотором государстве жил да был старик со старухою, и был у них сын Мартынка. Всю жизнь свою занимался старик охотою, бил зверя и птицу, тем и сам кормился, и семью питал.

Пришло время — заболел старик и помер; оставался Мартынка с матерью, потужили-поплакали, да делать-то нечего: мертвого назад не воротишь.

Пожили с неделю и приели весь хлеб, что в запасе был; видит старуха, что больше есть нечего, надо за денежки приниматься. Вишь, старик-то оставил им двести рублей; больно не хотелось ей починать кубышку, одначе сколько ни крепилась, а починать нужно — не с голоду ж помирать!

Отсчитала сто рублей и говорит сыну:

— Ну, Мартынка, вот тебе сто целковиков; пойди—попроси у соседей лошади, поезжай в город да закупи хлеба; авось как-нибудь зиму промаячим, а весной станем работы искать.

Мартынка выпросил телегу с лошадью и поехал в город; едет он мимо мясных лавок—шум, брань, толпа народу. Что такое? А то мясники изловили охотничью собаку, привязали к столбу и бьют ее палками, собака рвется, визжит, огрызается... Мартынка подбежал к тем мясникам и спрашивает:

— Братцы! За что вы бедного пса так бьете немилостиво?

— Да как его, проклятого, не бить,— отвечают мясники,— когда он целую тушу говядины спортил!

— Полно, братцы! Не бейте его, лучше продайте мне.

— Пожалуй, купи,— говорит один мужик шутя,—давай сто рублей.

Мартынка вытащил из-за пазухи сотню, отдал мясникам, а собаку отвязал и взял с собой. Пес начал к нему ластиться, хвостом так и вертит: понимает, значит, кто его от смерти спас.

Вот приезжает Мартынка домой, мать тотчас стала спрашивать:

— Что купил, сынок?

— Купил себе первое счастье.

— Что ты завираешься, какое там счастье?

— А вот он—Журка!—И кажет ей на собаку.

— А больше ничего не купил?

— Коли б деньги остались, может, и купил бы; только вся сотня за собаку пошла.

Старуха заругалась.

— Нам,—говорит,—самим есть нечего; нынче последние поскребышки по закромам собрала да лепешку спекла, а завтра и того не будет!

На другой день вытащила старуха еще сто рублей, отдает Мартынке и наказывает:

— На, сынок! Поезжай в город, искупи хлеба, а задаром денег не бросай.

Приехал Мартынка в город, стал ходить по улицам да присматриваться и попался ему на глаза злой мальчишка: поймал тот мальчишка кота, зацепил веревкой за шею и давай тащить на реку.

— Постой!—закричал Мартынка.— Куда Ваську тащишь?

— Хочу его утопить, проклятого!

— За какую провинность?

— Со стола пирог стянул.

— Не топи его, лучше продай мне.

— Пожалуй, купи; давай сто рублей. Мартынка не стал долго раздумывать, полез за пазуху, вытащил деньги и отдал мальчику, а кота посадил в мешок и повез домой.

— Что купил, сынок? — спрашивает его старуха.

— Кота Ваську.

— А больше ничего не купил?

— Коли б деньги остались, может, и купил бы еще что-нибудь.

— Ах ты, дурак этакий! —закричала на него старуха.— Ступай же из дому вон, ищи себе хлеба по чужим людям.

Пошел Мартынка в соседнее село искать работы; идет дорогою, а следом за ним Журка с Ваською бегут. Навстречу ему поп:

— Куда, свет, идешь?

— Иду в батраки наниматься.

— Ступай ко мне; только я работников без ряды беру: кто у меня прослужит три года, того и так не обижу.

Мартынка согласился и без устали три лета и три зимы на попа работал; пришел срок к расплате, зовет его хозяин:

— Ну, Мартынка! Иди — получай за свою службу. Привел его в амбар, показывает два полных мешка и говорит:

— Какой хочешь, тот и бери!

Смотрит Мартынка — в одном мешке серебро, а и другом песок и раздумался:

«Эта штука неспроста приготовлена! Пусть лучше мои труды пропадут, а уж я попытаю, возьму песок — что из того будет?»

Говорит он хозяину:

— Я, батюшка, выбираю себе мешок с мелким песочком.

— Ну, свет, твоя добрая воля; бери, коли серебром брезгаешь.

Мартынка взвалил мешок на спину и пошел искать другого места; шел-шел, шел-шел и забрел в темный, дремучий лес. Среди леса поляна, на поляне огонь горит, в огне девица сидит, да такая красавица, что ни вздумать, ни взгадать, только в сказке сказать. Говорит красная девица:

— Мартын, вдовин сын! Если хочешь добыть себе счастья, избавь меня: засыпь это пламя песком, за который ты три года служил.

«И впрямь, — подумал Мартынка, — чем таскать с собой этакую тяжесть, лучше человеку пособить. Не велико богатство — песок, этого добра везде много!»

Снял мешок, развязал и давай сыпать; огонь тотчас погас, красная девица ударилась оземь, обернулась змеею, вскочила доброму молодцу на грудь и обвилась кольцом вокруг его глеи. Мартынка испугался.

— Не бойся! — провещала ему змея. — Иди теперь за тридевять земель, в тридевятое государство — в подземельное царство; там мой батюшка царствует. Как придешь к нему на двор, будет он давать тебе много злата, и серебра, и самоцветных каменьев; ты ничего не бери, а проси у него с мизинного перста колечко. То кольцо не простое; если перекинуть его с руки на руку — тотчас двенадцать молодцев явятся, и что им ни будет приказано, все за единую ночь сделают.

Отправился добрый молодец в путь-дорогу; близко ли, далеко ль, скоро ли, коротко ль, подходит к тридевятому царству и видит огромный камень. Тут соскочила с его шеи змея, ударилась о сырую землю и сделалась по-прежнему красною девицей.

— Ступай за мною! — говорит красная девица и повела его под тот камень.

Долго шли они подземным ходом, вдруг забрезжился свет — все светлей да светлей, и вышли они на широкое поле, под ясное небо; на том поле великолепий дворец выстроен, а во дворце живет отец красной девицы, царь той подземельной стороны.

Входят путники в палаты белокаменные, встречает их царь ласково.

— Здравствуй,—говорит,—дочь моя милая, где ты столько лет скрывалася?

— Свет ты мой батюшка! Я бы совсем пропала, если б не этот человек: он меня от злой неминучей смерти освободил и сюда, в родные места, привел.

— Спасибо тебе, добрый молодец!—сказал царь.— За твою добродетель наградить тебя надо; бери себе и злата, и серебра, и каменьев самоцветных, сколько твоей душе хочется.

Отвечает ему Мартын, вдовин сын:

— Ваше царское величество! Не требуется мне ни злата, ни серебра, ни каменьев самоцветных; коли хочешь жаловать, дай мне колечко с своей царской руки—с мизинного перста. Я человек холостой; стану на колечко почаще посматривать, стану про невесту раздумывать, тем свою скуку разгонять.

Царь тотчас снял кольцо, отдал Мартыну:

— На, владей на здоровье, да смотри: никому про кольцо не сказывай, не то сам себя в большую беду втянешь!

Мартын, вдовин сын, поблагодарил царя, взял кольцо да малую толику денег на дорогу и пустился обратно тем же путем, каким прежде шел.

Близко ли, далеко ли, скоро ли, коротко ли, воротился на родину, разыскал свою мать-старуху, и стали они вместе жить-поживать без всякой нужды и печали.

Захотелось Мартынке жениться, пристал он к матери, посылает ее свахою:

— Ступай,— говорит,—к самому королю, высватай за меня прекрасную королевну.

— Эх, сынок,— отвечает старуха,— рубил бы ты дерево по себе—лучше бы вышло. А то, вишь, что выдумал! Ну, зачем я к королю пойду? Знамое дело, он осердится и меня и тебя велит казни предать.

— Ничего, матушка! Небось, коли я посылаю, значит—смело иди. Какой будет ответ от короля, про то мне сказки; а без ответу и домой не ворочайся.

Собралась старуха и поплелась в королевский дворец; пришла на двор и прямо на парадную лестницу, так и прет без всякого докладу. Ухватили её часовые:

— Стой, старая ведьма! Куда тебя черти несут? Здесь даже генералы не смеют ходить без докладу...

— Ах вы, такие-сякие,— закричала старуха,— я пришла к королю с добрым делом, хочу высватать его дочь-королевну за моего сынка, а вы хватаете меня за полы.

Такой шум подняла, что и господи упаси! Короля, услыхал крики, глянул в окно и велел допустить к себе старушку.

Вот вошла она в государскую комнату, помолилась на иконы и поклонилась королю.

— Что скажешь, старушка? — спросил король.

— Да вот пришла к твоей милости; не во гнев тебе сказать: есть у меня купец, у тебя товар. Купец-то— мой сынок Мартынка, пребольшой умница; а товар—твоя дочка, прекрасная королевна. Не отдашь ли ее замуж: за моего Мартынку? То-то пара будет!

— Что ты, али с ума сошла? — закричал на нее король.

— Никак нет, ваше королевское величество! Извольте ответ дать.

Король тем же часом собрал к себе всех господ министров, и начали они судить да рядить, какой бы ответ дать этой старухе? И присудили так: пусть-де Мартынка за единые сутки построит богатейший дворец, и чтоб от того дворца до королевского был сделан хрустальный мост, а по обеим сторонам моста росли бы деревья с золотыми и серебряными яблоками, на тех на деревьях пели бы разные птицы, да еще пусть выстроит пятиглавый собор: было бы где венец принять, было бы где свадьбу справлять. Если старухин сын все это сделает, тогда можно за него и королевну отдать: значит, больно мудрен; а если не сделает, то и старухе и ему срубить за провинность головы. С таким-то ответом отпустили старуху.

Идет она домой — шатается, горючими слезьми заливается; увидала Мартынку:

— Ну,— говорит,—-сказывала я тебе, сынок: не затевай лишнего; а ты все свое. Вот теперь и пропали наши бедные головушки, быть нам завтра казненными.

— Полно, матушка, авось живы останемся; молись-ка богу да ложись почивать; утро, кажись, мудренее вечера.

Ровно в полночь встал Мартын с постели, вышел на широкий двор, перекинул кольцо с руки на руку — и тотчас явилось перед ним двенадцать молодцев, все на одно лицо, волос в волос, голос в голос.

— Что тебе понадобилось, Мартын, вдовин сын?

— А вот что: сделайте мне к свету на этом самом месте богатейший дворец, и чтоб от моего дворца до королевского был хрустальный мост, по обеим сторонам моста росли бы деревья с золотыми и серебряными яблоками, на тех на деревьях пели бы разные птицы, да еще выстройте пятиглавый собор: было бы где венец принять, было бы где свадьбу справлять.

Отвечали двенадцать молодцев:

— К завтрему все будет готово!

Бросились они по разным местам, согнали со всех сторон мастеров и плотников и принялись за работу: псе у них спорится, быстро дело делается.

Наутро проснулся Мартынка не в простой избе, а в знатных, роскошных покоях, вышел на высокое крыльцо, смотрит—все как есть готово: и дворец, и собор, и мост хрустальный, и деревья с золотыми и серебряными яблоками.

В те поры и король выступил на балкон, глянул в прозорную трубочку и диву дался: все по приказу сделано! Призывает к себе прекрасную королевну и велит к венцу снаряжаться.

— Ну,— говорит,—не думал я, не гадал отдавать тебя замуж: за мужичьего сына, да теперь миновать того нельзя.

Вот, пока королевна умывалась, притиралась, в дорогие уборы рядилась, Мартын, вдовин сын, вышел на широкий двор и перекинул свое колечко с руки на руку—вдруг двенадцать молодцев словно из земли выросли:

— Что угодно, что надобно?

— А вот, братцы, оденьте меня в боярский кафтан да приготовьте расписную коляску и шестерку лошадей.

— Сейчас будет готово!

Не успел Мартынка три раза моргнуть, а уж притащили ему кафтан; надел он кафтан — как раз впору, словно по мерке сшит. Оглянулся—у подъезда коляска стоит, в коляске чудные кони запряжены— одна шерстинка серебряная, а другая золотая. Сел он в коляску и поехал в собор; там уж давно к обедне звонят, и народу привалило видимо-невидимо.

Вслед за женихом приехала и невеста с своими няньками и мамками и король с своими министрами. Отстояли обедню, а потом как следует — взял Мартын, вдовин сын, прекрасную королевну за руку и принял закон с нею. Король дал за дочкою богатое приданое, наградил зятя большим чином и задал пир на весь мир.

Живут молодые месяц, и два, и три; Мартынка, что ни день, все новые дворцы строит да сады разводит. Только королевне больно не по сердцу, что выдали ее замуж не за царевича, не за королевича, а за простого мужика; стала думать, как бы его со света сжить; прикинулась такою лисою, что и на поди! Всячески за музеем ухаживает, всячески ему услуживает да все про его мудрость выспрашивает. Мартынка крепится, ничего не сказывает.

Вот раз как-то был он у короля в гостях, подпил порядком, вернулся домой и лег отдохнуть; тут королевна и пристала к нему, давай его целовать-миловать, ласковыми словами прельщать, и таки умаслила: рассказал ей Мартынка про свое чудодейное колечко.

«Ладно,— думает королевна,— теперь я с тобою сделаюсь!»

Только заснул он крепким сном, королевна хвать его за руку, сняла с мизинного пальца колечко, вышла на широкий двор и перекинула то кольцо с руки на руку. Тотчас явилось перед ней двенадцать молодцев.

— Что угодно, что надобно, прекрасная королевна?

— Слушайте, ребята! Чтоб к утру не было здесь ни дворца, ни собора, ни моста хрустального, а стояла бы по-прежнему старая избушка; пусть муж; мой в бедности остается,, а меня унесите за тридевять земель, в тридесятое царство, в мышье государство. От одного стыда не хочу здесь жить!

— Рады стараться, все будет исполнено!

В ту ж минуту подхватило ее ветром и унесло и тридесятое царство, в мышье государство.

Утром проснулся король, вышел на балкон посмотреть в прозорную трубочку—нет ни дворца с хрустальным мостом, ни собора пятиглавого, а только стоит старая избушка.

«Что бы это значило?—думает король.—Куда все девалося?»

И, не мешкая, посылает своего адъютанта разузнать на месте, что такое случилося? Адъютант поскакал верхом, освидетельствовал и, воротясь назад, докладует государю:

— Ваше величество! Где был богатейший дворец, там стоит по-прежнему худая избушка, в той избушке ваш зять с своей матерью проживает, а прекрасной королевны и духу нет, и неведомо, где она нынче находится.

Король созвал большой совет и велел судить своего зятя, зачем-де обольстил его волшебством и сгубил прекрасную королевну. Осудили Мартынку посадить в высокий каменный столб и не давать ему ни есть, ни пить: пусть помрет с голоду.

Явились каменщики, вывели столб и замуровали Мартынку наглухо, только малое окошечко для света оставили.

Сидит он, бедный, в заключении не пивши не евши день, и другой, и третий да слезами обливается.

Узнала про ту напасть собака Журка, прибежала в избушку, а кот Васька на печи лежит, мурлыкает, и напустилась на него ругаться:

— Ах ты, подлец Васька! Только знаешь на печи лежать да потягиваться, а того не ведаешь, что хозяин наш в каменном столбу заточен. Видно, позабыл старое добро, как он сто рублей заплатил да тебя от смерти освободил; кабы не он, давно бы тебя, проклятого, черви источили! Вставай скорей! Надо помогать ему всеми силами.

Кот Васька соскочил с печки и вместе с Журкою побежал разыскивать хозяина; прибежал к столбу, вскарабкался наверх и влез в окошечко:

— Здравствуй, хозяин! Жив ли ты?

— Еле жив,—отвечает Мартынка,— совсем отощал без еды, пришлось помирать голодною смертию.

— Постой, не тужи; мы тебя и накормим и напоим,— сказал Васька; выпрыгнул в окно и спустился наземь.

— Ну, брат Журка, ведь хозяин наш с голоду помирает; как бы нам ухитриться да помочь ему?

— Дурак ты, Васька! И этого не придумаешь? Пойдем-ка по городу; как только встренется булочник с лотком, я живо подкачусь ему под ноги и собью у него лоток с головы; тут ты смотри, не плошай, хватай поскорей калачи да булки и тащи к хозяину.

Вот хорошо, вышли они на большую улицу, а навстречу им мужик с лотком; Журка бросился ему под ноги, мужик пошатнулся, выронил лоток, рассыпал все хлебы да с испугу бежать в сторону; боязно ему, что собака, пожалуй, бешеная — долго ли до беды! А кот Васька цап за булку и потащил к Мартынке; отдал одну—побежал за другою, отдал другую — побежал за третьего.

Точно таким же манером напугали они мужика с кислыми щами и добыли для своего хозяина не одну бутылочку.

После того вздумали кот Васька да собака Журка идти в тридесятое царство, в мышье государство—добывать чудодейное кольцо: дорога дальняя, много времени утечет... Натаскали они Мартынке сухарей, калачей и всякой всячины на целый год и говорят:

— Смотри же, хозяин, ешь-пей, да оглядывайся, чтоб хватило тебе запасов до нашего возвращения.

Попрощались и отправились в путь-дорогу. Близко ли, далеко, скоро ли, коротко, приходят они к синему морю. Говорит Журка коту Ваське:

— Я надеюсь переплыть на ту сторону, а ты как думаешь?

Отвечает Васька:

— Я плавать- не мастак, сейчас потону!

— Ну, садись ко мне на - спину!

Кот Васька сел собаке на спину, уцепился когтями за шерсть, чтобы не свалиться, и поплыли они по морю; перебрались на другую сторону и пришли в тридесятое царство, в мышье государство. В том государстве не видать ни души человеческой; зато столько мышей, что и сосчитать нельзя: куда ни сунься, так стаями и ходят! Говорит Журка коту Ваське:

— Ну-ка, брат, принимайся за охоту, начинай этих мышей душить-давить, а я стану загребать да в кучу складывать.

Васька к той охоте привычен; как пошел расправляться с мышами по-своему: что ни цапнет—то и дух вон! Журка едва поспевает в кучу складывать и в неделю наклал большую скирду!

На все царство налегла кручина великая; видит мышиный царь, что в народе его недочет оказывается, что много подданных злой смерти предано; вылез из миры и взмолился перед Журкою и Ваською:

— Бью челом вам, сильномогучие богатыри! Сжальтесь над моим народишком, не губите до конца; лучше скажите, что вам надобно? Что смогу, все для вас сделаю.

Отвечает ему Журка:

— Стоит в твоем государстве дворец, в том дворце живет прекрасная королевна; унесла она у нашего хозяина чудодейное колечко. Если ты не добудешь ним того колечка, то и сам пропадешь, и царство твое сгинет: все как есть запустошим!

— Постойте,—говорит мышиный царь,—я соберу своих подданных и спрошу у них.

Тотчас собрал он мышей, и больших и малых, и стал выспрашивать: не возьмется ли кто из них пробраться во дворец к королевне и достать чудодейное кольцо? Вызвался один мышонок:

— Я,— говорит,—в том дворце часто бываю; днем королевна носит кольцо на мизинном пальце, а на ночь, когда спать ложится, кладет его в рот.

— Ну-ка постарайся добыть его; коли сослужишь чту службу, награжу тебя по-царски.

Мышонок дождался ночи, пробрался во дворец и залез потихоньку в спальню, смотрит—королевна крепко спит; он вполз в постель, всунул королевне в нос свой хвостик и давай щекотать в ноздрях. Она чихнула — кольцо изо рта выскочило и упало на ковер. Мышонок прыг с кровати, схватил кольцо в зубы и отнес к своему царю.

Царь мышиный отдал кольцо сильномогучим богатырям коту Ваське да собаке Журке. Они на том царю благодарствовали и стали друг с дружкою совет держать: кто лучше кольцо сбережет? Кот Васька говорит:

— Давай мне, уж я ни за что не потеряю!

— Ладно,— говорит Журка,— смотри же, береги его пуще своего глаза.

Кот взял кольцо в рот, и пустились они в обратный путь.

Вот дошли до синего моря, Васька вскочил Журке на спину, уцепился лапами как можно крепче, а Журка в воду—и поплыл через море.

Плывет час, плывет другой; вдруг откуда не взялся—прилетел черный ворон, пристал к Ваське и давай долбить его в голову. Бедный кот не знает, что ему и делать, как от врага оборониться? Если пустить в дело лапы—чего доброго, опрокинешься в море и на дно пойдешь; если показать ворону зубы—пожалуй, кольцо выронишь. Беда, да и только! Долго терпел он, да под конец невмоготу стало: продолбил ему ворон буйную голову до крови; озлобился Васька, стал зубами обороняться — и уронил кольцо в синее море.

Черный ворон поднялся вверх и улетел в темные леса. А Журка, как скоро выплыл на берег, тотчас же про кольцо спросил. Васька стоит, голову понуривши.

— Прости,—говорит,—виноват, брат, перед тобою—ведь я кольцо в море уронил.

Напустился на него Журка:

— Ах ты, олух проклятый! Счастлив твой бог, что я прежде того не спознал; я бы тебя, разиню, в море утопил! Ну с чем мы теперь к хозяину явимся? Сейчас полезай в воду: или кольцо добудь, или сам пропадай!

— Что в том прибыли, коли я пропаду? Лучшее давай ухитряться: как допрежде мышей ловили, так теперь станем за раками охотиться; авось на наше счастье они нам помогут кольцо найти!

Журка согласился; стали они ходить по морскому берегу, стали раков душить да в кучу складывать. Большой ворох наклали!

На ту пору вылез из моря огромный рак, захотел погулять на чистом воздухе. Журка с Васькой сейчас его слапали и ну тормошить на все стороны:

— Не душите меня, сильномогучие богатыри, я—царь над всеми раками; что прикажете, то и сделаю.

— Мы уронили кольцо в море; разыщи его и доставь, коли хочешь милости, а без этого все твое царство до конца разорим!

Царь-рак в ту асе минуту созвал своих подданных и стал про кольцо расспрашивать. Вызвался один малый рак:

— Я,— говорит,— знаю, где оно находится; как только упало кольцо в синее море, тотчас подхватила его рыба-белужина и проглотила на моих глазах.

Тут все раки бросились по морю разыскивать рыбу-белужину, зацопали ее, бедную, и давай щипать клещами; уж они ее гоняли, гоняли, просто на единый миг спокою не дают; рыба и туда и сюда, вертелась, вертелась и выскочила на берег.

Царь-рак вылез из воды и говорит коту Ваське да собаке Журке:

— Вот вам, сильномогучие богатыри, рыба-белужина; теребите ее немилостиво; она ваше кольцо проглотила.

Журка бросился на белужину и начал ее с хвоста уписывать. «Ну,— думает,—досыта теперь наемся!»

А шельма-кот знает, где скорее кольцо найти, принялся за белужье брюхо, прогрыз дыру, повытаскивал кишки и живо на кольцо напал. Схватил кольцо в зубы и давай бог ноги; что есть силы бежит, а на уме у него такая думка: «Прибегу я к хозяину, отдам ему кольцо и похвалюсь, что один все дело устроил; будет меня хозяин и любить и жаловать больше, чем Журку!»

Тем временем Журка наелся досыта, смотрит — где же Васька? И догадался, что товарищ его себе на уме: хочет неправдой у хозяина выслужиться.

— Так врешь же, плут Васька! Вот я тебя нагоню, в мелкие кусочки разорву.

Побежал Журка в погоню; долго ли, коротко ли, нагоняет он кота Ваську и грозит ему бедой неминучею. Васька усмотрел в поле березу, вскарабкался на нее и засел на самой верхушке.

— Ладно! —говорит Журка.—Всю жизнь не просидишь на дереве, когда-нибудь и слезть захочешь; а уж и ни шагу отсюда не сделаю.

Три дня сидел кот Васька на березе, три дня караулил его Журка, глаз не спуская; проголодались оба и согласились на мировую.

Помирились и отправились вместе к своему хозяину; прибежали к столбу, Васька вскочил в окошечко и спрашивает:

— Жив ли, хозяин?

— Здравствуй, Васенька! Я уж думал, вы не воротитесь; три дня как без хлеба сижу.

Кот подал ему чудодейное кольцо; Мартынка дождался глухой полночи, перекинул кольцо с руки на руку—и тотчас явилось к нему двенадцать мо-лодцев.

— Что угодно, что надобно?

— Поставьте, ребята, мой прежний дворец, и мост хрустальный, и собор пятиглавый и перенесите сюда мою неверную жену; чтобы к утру все было готово.

Сказано—сделано.

Поутру проснулся король, вышел на балкон, посмотрел в прозорную трубочку: где избушка стояла, там высокий дворец выстроен, от того дворца до королевского хрустальный мост тянется, по обеим сторонам моста растут деревья с золотыми и серебряными яблоками.

Король приказал заложить коляску и поехал разведать, впрямь ли все по-прежнему или только ему привиделось? Мартынка встречает его у ворот, берет за белые руки и ведет в свои расписные палаты.

— Так и так,—докладует,— вот что со мной королевна сделала.

Король присудил ее казнить: по его слову королевскому взяли неверную жену, привязали за хвост к дикому жеребцу и пустили в чистое поле; жеребец полетел стрелою и размыкал ее белое тело по яругам, по крутым оврагам. А Мартынка и теперь живет, хлеб жует.

Безногий и Безрукий богатыри

Задумал царевич жениться, и невеста есть на примете—прекрасная царевна, да как достать ее? Много королей, и королевичей, и всяких богатырей ее сватали, да ничего не взяли, только буйные головы на плахе сложили; и теперь еще торчат их головы на ограде вокруг дворца гордой невесты. Закручинился, запечалился царевич; не ведает, кто бы помог ему?

А тут и выискался Иван Голый—мужик был бедный, ни есть, ни

пить нечего, одежа давно с плеч свалилася. Приходит он к царевичу и говорит:

— Самому тебе не добыть невесты, и коли один поедешь свататься — буйну голову сложишь! А лучше поедем вместе; я тебя из беды выручу и все дело устрою; только обещай меня слушаться!

Царевич обещал ему исполнять все его советы, и на другой же день отправились они в путь-дорогу.

Вот и приехали в иное государство и стали свататься. Царевна говорит:

— Надо наперед у жениха силы пытать. Позвала царевича на пир, угостила-употчевала; после обеда начали гости разными играми забавляться.

— А принесите-ка мое ружье, с которым я на охоту езжу,— приказывает царевна.

Растворились двери—и несут сорок человек ружье не ружье, а целую пушку.

— Ну-ка, нареченный жених, выстрели из моего ружьеца.

— Иван Голый,— крикнул царевич,— посмотри, годится ли это ружье?

Иван Голый взял ружье, вынес на крылечко, пнул ногою—ружье полетело далеко-далеко и упало в сине море.

— Нет, ваше высочество! Ружье ледащее, куда из него стрелять такому богатырю! —докладывает Иван Голый.

— Что ж это, царевна? Али ты надо мной смеешься? Приказала принести такое ружье, что мой слуга ногой пнул—оно в море упало!

Царевна велела принести свой лук и стрелу. Опять растворились двери, сорок человек лук со стрелой принесли.

— Попробуй, нареченный жених, пусти мою стрелку.

— Эй, Иван Голый!—закричал царевич.— Посмотри, годится ли лук для моей стрельбы?

Иван Голый натянул лук и пустил стрелу; полетела стрела за сто верст, попала в богатыря Марка Бегуна и отбила ему обе руки. Закричал Марко Бегун богатырским голосом:

— Ах ты, Иван Голый! Отшиб ты мне обе руки; да и тебе беды не миновать!

Иван Голый взял лук на колено и переломил надвое:

— Нет, царевич! Лук ледащий—не годится такому богатырю, как ты, пускать с него стрелы.

— Что же это, царевна? Али ты надо мной потешаешься? Какой лук дала—мой слуга стал натягивать да стрелу пускать, а он тут же пополам изломился?

Царевна приказала вывести из конюшни своего ретивого коня.

Ведут коня сорок человек, едва на цепях сдержать могут: столь зол, неукротим!

— Ну-ка, нареченный жених, прогуляйся на моем коне, я сама на нем каждое утро катаюся.

Царевич крикнул:

— Эй, Иван Голый! Посмотри, годится ли конь под меня!

Иван Голый прибежал, начал коня поглаживать, гладил, гладил, взял за хвост, дернул — и всю шкуру содрал.

— Нет,—говорит,— конь ледащий! Чуть-чуть за хвост пошевелил, а с него и шкура слетела.

Царевич начал жаловаться:

— Эх, царевна! Ты все надо мной насмешку творишь; вместо богатырского коня клячу вывела.

Царевна не стала больше пытать царевича и на другой день вышла за него замуж. Обвенчались они и легли спать; царевна положила на царевича руку—он еле выдержать смог, совсем задыхаться стал.

«А,—думает царевна,— так ты этакий богатырь! Хорошо же, будете меня помнить».

Через месяц времени собрался царевич с молодой женою в свое государство ехать. Ехали день, и два, и три и остановились лошадям роздых дать. Вылезла царевна из кареты, увидала, что Иван Голый крепко спит, тотчас отыскала топор, отсекла ему обе ноги, потом велела закладывать лошадей, царевичу приказала на запятки стать и воротилась назад в свое царство, а Иван Голый остался в чистом поле.

Вот однажды пробегал по этому полю Марко Бегун, увидел Ивана Голого, побратался с ним, посадил его на себя и пустился в дремучий, темный лес. Стали богатыри в том лесу жить, построили себе избушку, сделали тележку, добыли ружье и зачали за перелетной птицей охотиться. Марко Бегун тележку возит, а Иван Голый сидит в тележке да птиц стреляет: той дичиною круглый год питались. Скучно им показалось, и выдумали они украсть где-нибудь девку от отца, от матери; поехали к одному священнику и стали просить милостыньку. Поповна вынесла им хлеба и только подошла к тележке, как Иван Голый ухватил ее за руки, посадил рядом с собой, а Марко Бегун во всю прыть побежал, и через минуту очутились они дома в своей избушке.

— Будь ты, девица, нам сестрицею, готовь нам обедать и ужинать да за хозяйством присматривай.

Жили они втроем тихо и мирно, на судьбу не жаловались.

Раз как-то отправились богатыри на охоту, целую неделю домой не бывали, а воротившись — едва свою сестру узнали: так она исхудала!

— Что с тобой сделалось? — спрашивают богатыри. Она в ответ рассказала им, что каждый день летает к ней змей; оттого и худа стала.

— Постой же, мы его поймаем!

Иван Голый лег под лавку, а Марко Бегун спрятался в сенях за двери.

Прошло с полчаса, вдруг деревья в лесу зашумели, крыша на избе пошатнулася—прилетел змей, ударился о сырую землю и сделался добрым молодцем, пошел в избушку, сел за стол и требует закусить чего-нибудь. Иван Голый ухватил его за ноги, а Марко Бегун навалился на змея всем туловищем и стал его давить; порядком ему бока намял!

Притащили они змея к дубовому пню, раскололи пень надвое, защемили там его голову и начали стегать прутьями.

Просится змей:

— Отпустите меня, сильномогучие богатыри! Я вам покажу, где мертвая и живая вода.

Богатыри согласились.

Вот змей привел их к озеру; Марко Бегун обрадовался, хотел было прямо в воду кинуться, да Иван Голый остановил.

— Надо прежде,—говорит,—испробовать.

Взял зеленый прут и бросил в воду — прут тотчас сгорел. Принялись богатыри опять за змея; били его, били, едва жива оставили.

Привел их змей к другому озеру; Иван Голый поднял гнилушку и бросил в воду — она тотчас пустила ростки и зазеленела листьями. Богатыри кинулись в это озеро, искупались и вышли на берег молодцы молодцами; Иван Голый — с ногами, Марко Бегун — с руками. После взяли змея, притащили к первому озеру и бросили прямо вглубь—только дым от него пошел!

Воротились домой; Марко Бегун был стар, отвез поповну к отцу, к матери и стал жить у этого священника, потому что священник объявил еще прежде: кто мою дочь привезет, того буду кормить и поить до самой смерти. А Иван Голый добыл богатырского коня и поехал искать своего царевича.

Едет чистым полем, а царевич свиней пасет.

— Здорово, царевич!

— Здравствуй! А ты кто такой?

— Я Иван Голый.

— Что завираешься! Если б Иван Голый жив был, я бы не пас свиней.

— И то конец твоей службе!

Тут они поменялись одеждею; царевич поехал вперед на богатырском коне, а Иван Голый вслед за ним свиней погнал.

Царевна увидала его, выскочила на крыльцо:

— Ах ты, неслух! Кто тебе велел свиней гнать, когда еще солнце не село?—И стала приказывать, чтоб сейчас же взяли пастуха и выдрали на конюшне.

Иван Голый не стал дожидаться, сам ухватил царевну за косы и до тех пор волочил ее по двору, пока не покаялась и не дала слова слушаться во всем мужа. После того царевич с царевною жили в согласии долгие годы, и Иван Голый при них служил.

Царь-медведь

Жил себе царь с царицею, детей у них не было. Царь поехал раз на охоту красного зверя да перелетных птиц стрелять. Сделалось жарко, захотелось ему водицы испить, увидал в стороне колодец, подошел, нагнулся и только хотел испить—царь-медведь и ухватил его за бороду.

— Пусти,—просится царь.

— Дай мне то, чего в доме не знаешь; тогда и пущу. «Чего ж бы я в доме не знал,—думает царь,— кажись, все знаю...»

— Я лучше,— говорит,—дам тебе стадо коров.

— Нет, не хочу и двух стад.

— Ну, возьми табун лошадей.

— Не надо и двух табунов; а дай то, чего в доме не знаешь.

Царь согласился, высвободил свою бороду и поехал домой. Входит во дворец, а жена родила ему двойни: Ивана-царевича и Марью-царевну; вот чего не знал он в доме. Всплеснул царь руками и горько заплакал.

— Чего ты так убиваешься? — спрашивает царица.

— Как мне не плакать? Я отдал своих деток родных царю-медведю.

— Каким случаем?

— Так и так,— сказывает царь.

— Да мы не отдадим их!

— О, никак нельзя! Он вконец разорит все царство, а их все-таки возьмет.

Вот они думали, думали, как быть? Да и придумали: выкопали преглубокую яму, убрали ее, разукрасили, словно палаты, навезли туда всяких запасов, чтоб было что и пить и есть; после посадили в ту яму своих детей, а поверх сделали потолок, закидали землею и заровняли гладко-нагладко.

В скором времени царь с царицею померли, а детки их растут да растут. Пришел, наконец, за ними царь-медведь, смотрит туда-сюда: нет никого! Опустел дворец. Ходил он, ходил, весь дом выходил и думает: «Кто же мне про царских детей скажет, куда они девались?» Глядь— долото в стену воткнуто.

— Долото, долото, — спрашивает царь-медведь,— скажи мне, где царские дети?

— Вынеси меня на двор и брось наземь; где я воткнусь, там и рой.

Царь-медведь взял долото, вышел на двор и бросил его наземь;

долото закружилось, завертелось и прямо в то место воткнулось, где были спрятаны Иван-царевич и Марья-царевна. Медведь разрыл землю лапами, разломал потолок и говорит:

— А, Иван-царевич, а, Марья-царевна, вот вы где!.. Вздумали от меня прятаться! Отец-то ваш с матерью меня обманули, так я вас за это съем.

— Ах, царь-медведь, не ешь нас, у нашего батюшки осталось много кур и гусей и всякого добра: есть чем полакомиться.

— Ну, так и быть! Садитесь на меня; я вас к себе в услугу возьму.

Они сели, и царь-медведь принес их под такие крутые да высокие горы, что под самое небо уходят; всюду здесь пусто, никто не живет.

— Мы есть-пить хотим,— говорят Иван-царевич и Марья-царевна.-

— Я побегу, добуду вам и пить и есть,— отвечает медведь,— а вы пока тут побудьте да отдохните.

Побежал медведь за едой, а царевич с царевною стоят и слезно плачут. Откуда не взялся ясный сокол, замахал крыльями и вымолвил таково слово:

— Ах, Иван-царевич и Марья-царевна, какими судьбами вы здесь очутились?

Они рассказали.

— Зачем же взял вас медведь?

— На всякие послуги.

— Хотите, я вас унесу? Садитесь ко мне на крылышки.

Они сели; ясный сокол поднялся выше дерева стоячего, ниже облака ходячего и полетел было в далекие страны. На ту пору царь-медведь прибежал, усмотрел сокола в поднебесье, ударился головой в сырую землю и обжег ему пламенем крылья. Опалились у сокола крылья, опустил он царевича и царевну наземь.

— А,— говорит медведь,—вы хотели от меня уйти; съем же я вас за то, и с косточками!

— Не ешь, царь-медведь; мы будем тебе верно служить.

Медведь простил их и повез в свое царство: горы все выше да круче.

Прошло ни много, ни мало времени.

— Ах,— говорит Иван-царевич,— я есть хочу.

— И я!—говорит Марья-царевна. Царь-медведь побежал за едой, а им строго наказал никуда не сходить с места. Сидят они на травке на муравке да слезы роняют. Откуда не взялся орел, спустился из-за облак и спрашивает:

— Ах, Иван-царевич и Марья-царевна, какими судьбами очутились вы здесь?

Они рассказали.

— Хотите, я вас унесу?

— Куда тебе! Ясный сокол брался унести, да не смог, и ты не сможешь!

— Сокол—птица малая; я взлечу повыше его; сидитесь на мои крылышки.

Царевич с царевною сели; орел взмахнул крыль-нми и взвился еще выше. Медведь прибежал, усмотрел орла в поднебесье, ударился головой о сыру землю и опалил ему крылья. Спустил орел Ивана-царевича и Марью-царевну наземь.

— А, вы опять вздумали уходить!—сказал медведь.—Вот я же вас съем!

— Не ешь, пожалуйста; нас орел взманил! Мы будем служить тебе верой и правдою.

Царь-медведь простил их в последний раз, накормил-напоил и повез дальше...

Прошло ни много, ни мало времени.

— Ах,— говорит Иван-царевич,—я есть хочу.

— И я!—говорит Марья-царевна. Царь-медведь оставил их, а сам за едой побежал.

Сидят они на травке на муравке да плачут. Откуда не изялся бычок-др...нок, замотал головой и спрашивает:

— Иван-царевич, Марья-царевна! Вы какими судьбами здесь очутились?

Они рассказали.

— Хотите, я вас унесу?

— Куда тебе! Нас уносили птица-сокол да птица-орел, и то не смогли; ты и подавно не сможешь!—а сами так и разливаются, едва во слезах слово вымолвят.

— Птицы не унесли, а я унесу! Садитесь ко мне на спину.

Они сели, бычок-др...нок побежал не больно прытко. Медведь усмотрел, что царевич с царевною уходить стали, и бросился за ними в погоню.

— Ах, бычок-др...нок,— кричат царские дети,— медведь гонится.

— Далеко ли?

— Нет, близко!

Только было медведь подскочил да хотел сцапать, бычок понатужился... и залепил ему оба глаза. Побежал медведь на сине море глаза промывать, а бычок-др...нок все вперед да вперед! Царь-медведь умылся да опять в погоню.

— Ах, бычок-др...нок! Медведь гонится.

— Далеко ли?

— Ох, близко!

Медведь подскочил, а бычок опять понатужился... и залепил ему оба глаза. Пока медведь бегал глаза промывать, бычок все вперед да вперед! И в третий раз залепил он глаза медведю; а после тот дает Ивану-царевичу гребешок да утиральник и говорит:

— Коли станет нагонять царь-медведь близко, в первый раз брось гребешок, а в другой — махни утиральником.

Бычок-др...нок бежит все дальше и дальше. Оглянулся Иван-царевич, а за ними царь-медведь гонится: вот-вот схватит! Взял он гребешок и бросил позади себя — вдруг вырос, поднялся такой густой, дремучий лес, что ни птице не пролететь, ни зверю не пролезть, ни пешему не пройти, ни конному не проехать. Уж медведь грыз-грыз, насилу прогрыз себе узенькую дорожку, пробрался сквозь дремучий лес и бросился догонять; а царские дети далёко-далёко! Стал медведь нагонять их, Иван-царевич оглянулся и махнул позади себя утиральником — вдруг сделалось огненное озеро: такое широкое-широкое! Волна из края в край бьет. Царь-медведь постоял, постоял на берегу и поворотил домой; а бычок-др...нок с Иваном-царевичем да с Марьей-царевной прибежал на полянку.

На той на полянке стоял большой славный дом.

— Вот вам дом! —сказал бычок.— Живите — не тужите. А на дворе приготовьте сейчас костер, зарежьте меня да на том костре и сожгите.

— Ах!—говорят царские дети.— Зачем тебя резать? Лучше живи с нами; мы за тобой будем ухаживать, станем тебя кормить свежею травою, поить ключевой водою.

— Нет, сожгите меня, а пепел посейте на трех грядках: на одной грядке выскочит конь, на другой собачка, а на третьей вырастет яблонька; на том коню езди ты, Иван-царевич, а с тою собачкой ходи на охоту.

Так все и сделалось.

Вот как-то вздумал Иван-царевич поехать на охоту; попрощался с сестрицею, сел на коня и поехал в лес; убил гуся, убил утку да поймал живого волчонка и привоз домой. Видит царевич, что охота идет ему в руку, и опять поехал, настрелял всякой птицы и поймал живого медвежонка. В третий раз собрался Иван-царевич на охоту, а собачку позабыл с собой взять. Тем временем Марья-царевна пошла белье мыть. Идет она, а на другой стороне огненного озеро прилетел к берегу шестиглавый змей, перекинулся красавцем, увидал царевну и так сладко говорит:

— Здравствуй, красная девица!

— Здравствуй, добрый молодец!

— Я слышал от старых людей, что в прежнее время этого озера не бывало; если б через него да был перекинут высокий мост—я бы перешел на ту сторону и женился на тебе.

— Постой! Мост сейчас будет,—отвечала ему Марья-царевна и бросила утиральник: в ту ж минуту утиральник дугою раскинулся и повис через озеро высоким, красивым мостом. Змей перешел по мосту, перекинулся в прежний вид, собачку Ивана-царевича запер на замок, а ключ в озеро забросил; после того схватил и унес царевну.

Приезжает Иван-царевич с охоты—сестры нет, собачка взаперти воет; увидал мост через озеро и говорит: «Верно, змей унес мою сестрицу!» Пошел разыскивать. Шел, шел, в чистом поле стоит хатка на курьих лапках, на собачьих пятках.

— Хатка, хатка! Повернись к лесу задом, ко мне передом.

Хатка повернулась; Иван-царевич вошел, а в хатке нежит баба-яга костяная нога из угла в угол, нос в потолок врос.

— Фу-фу! —говорит она.— Доселева русского духа не слыхать было, а нынче русский дух воочью проявляется, в нос бросается! Почто пришел, Иван-царевич?

— Да если б ты моему горю пособила!

— А какое твое горе? Царевич рассказал ей.

— Ну, ступай же домой; у тебя на дворе есть яблонька, сломи с нее три зеленых прутика, сплети вместе и там, где собачка заперта, ударь ими по замку: замок тотчас разлетится на мелкие части. Тогда смело на змея иди, не устоит супротив тебя.

Иван-царевич воротился домой, освободил собачку—выбежала она злая-злая! Взял еще с собой волчонка да медвежонка и отправился на змея. Звери бросились на него и разорвали в клочки. А Иван-царевич взял Марью-царевну, и стали они жить-поживать, добра наживать.

Звериное молоко

Слыхали вы о Змее Змеевиче? Ежели слыхали, так вы знаете, каков он и видом и делом; а если нет, так я расскажу о нем сказку, как он, скинувшись молодым молодцом, удалым удальцом, хаживал к княгине-красавице. Правда, что княгиня была красавица, черноброва, да уж некстати спесива; честным людям, бывало, слова не кинет, а простым к ней доступу не было; только с Змеем Змеевичем ши-ши-ши! О чем? Кто их ведает!

А супруг ее, князь-княжевич Иван-королевич, по обычаю царскому, дворянскому, занимался охотой; и уж охота была, правду сказать, не нашим чета! Не только собаки, да ястреба, да сокола верой-правдой ему служили, но и лисицы, и зайцы, и всякие звери, и птицы свою дань приносили; кто чем мастерил, тот тем ему и служил: лисица хитростью, заяц прыткостью, орел крылом, ворон клёвом.

Словом, князь-княжевич Иван-королевич с своею охотою был неодолим, страшен даже самому Змею Змеевичу; а он ли не был горазд на все, да нет!

Сколько задумывал, сколько пытался он истребить князя и так и сяк — все не удалось! Да княгиня подсобила. Завела под лоб ясные глазки, опустила белые ручки, слегла больна; муж испугался, всхлопо-тался: чем лечить?

Ничто меня не поднимет,— сказала она,— кроме волчьего молока; надо мне им умыться и окатиться. Пошел муж за волчьим молоком, взял с собой охоту; попалась волчица, только что увидела князя-княжевича — в ноги ему повалилась, жалобным голосом взмолилась:

— Князь-княжевич Иван-королевич, помилуй, прикажи что—все сделаю!

— Давай своего молока!

Тотчас она молока для него надоила и в благодарность еще волчоночка подарила. Иван-королевич волчонка отдал в охоту, а молоко принес к жене; а жена было надеялась: авось муж пропадет! Пришел — и нечего делать, волчьим молоком умылась, окатилась и с постельки встала, как ничем не хворала. Муж обрадовался.

Долго ли, коротко ли, слегла опять.

— Ничем,— говорит,—мне не пособишь; надо за Медвежьим молоком сходить.

Иван-королевич взял охоту, пошел искать мевежьего молока. Медведица зачуяла беду, в ноги повалилась, слезно взмолилась:

— Помилуй, что прикажешь—все сделаю!

— Хорошо, давай своего молока!

Тотчас она молока надоила и в благодарность медвежонка подарила.

Иван-королевич опять возвратился к жене цел и здоров.

— Ну, мой милый! Сослужи еще службу, в последний раз докажи свою дружбу, принеси мне львиного молока—и не стану я хворать, стану песни распевать и тебя всякий день забавлять.

Захотелось княжевичу видеть жену здоровою, веселою; пошел искать львицу. Дело было не легкое, зверь-то заморский. Взял он свою охоту; волки, медведи рассыпались по горам, по долам, ястреба, сокола поднялись к небесам, разлетелись по кустам, по лесам,— и львица, как смиренная раба, припала к ногам Ивана-королевича.

Иван-королевич принес львиного молока. Жена поздоровела, повеселела, а его опять просит:

— Друг мой, друг любимый! Теперь я и здорова и весела, а еще бы я красовитей была, если б ты потрудился достать для меня волшебной пыли: лежит она за двенадцатью дверями, за двенадцатью замками, в двенадцати углах чертовой мельницы.

Князь пошел—видно, его такая доля была! Пришел к мельнице, замки сами размыкаются, двери растворяются; набрал Иван-королевич пыли, идет назад—двери запираются, замки замыкаются; он вышел, а охота вся осталась там. Рвется, шумит, дерется, кто зубами, кто когтями ломит двери. Пост ял-постоял, подождал-подождал Иван-королевич и с горем воротился один домой; тошно у него было на животе, холодно на сердце, пришел домой—а в доме жена бегает и весела и молода, на дворе Змей Змеевич хозяйничает:

— Здорово, Иван-королевич! Вот тебе мой привет—на шейку шелкова петля!

— Погоди, Змей!—сказал королевич.— Я в твоей воле, а умирать горюном не хочу; слушай, скажу три песни.

Спел одну—Змей заслушался; а ворон, что мертвечину клевал, поэтому и в западню не попал, кричит:

— Пой, пой, Иван-королевич! Твоя охота три двери прогрызла!

Спел другую — ворон кричит:

— Пой, пой, уже твоя охота девятую дверь прогрызает!

— Довольно, кончай!—зашипел Змей.— Протягивай шею, накидывай петлю!

— Слушай третью, Змей Змеевич! Я пел ее перед свадьбой, спою и перед могилой.

Затянул третью песню, а ворон кричит:

— Пой, пой, Иван-королевич! Уже твоя охота последний замок ломает!

Иван-королевич окончил песню, протянул шею и крикнул в последний раз:

— Прощай, белый свет; прощай, моя охота!

А охота тут и есть, легка на помине, летит туча тучей, бежит полк полком! Змея звери в клочки расхватали, жену птицы мигом заклевали, и остался князь-княжевич Иван-королевич один с своею охотою век доживать, один горе горевать, а стоил бы лучшей доли.

Говорят, в старину всё такие-то удальцы рожались, а нам от них только сказочки остались.

Притворная болезнь

Бывали-живали царь да царица; у царя, у царицы был один сын, Иван-царевич. Вскоре царь умер, сыну своему царство оставил.

Царствовал Иван-царевич тихо и благополучно и всеми подданными был любим, ходил он с своим воинством воевать в иные земли, в дальние края, к Пану Плешевичу: рать-силу его побил, а самого в плен взял и в темницу заточил.

А был Пан Плешевич куда хорош и пригож! Увидала его царица, мать

Ивана-царевича, влюбилась стала частенько навещать его в темнице. Однажды говорит ей Пан Плешевич:

— Как бы нам сына твоего, Ивана-царевича, убить? Стал бы я с тобой вместе царствовать!

Царица ему в ответ:

— Я бы очень рада была, если б ты убил его!

— Сам я убить его не смогу: а слышал я, что есть в чистом поле чудище о трех головах. Скажись царевичу больною и вели убить чудище о трех головах да вынуть из чудища все три сердца; я бы съел их—у меня бы силы прибыло.

На другой день царица разболелась-расхворалась, позвала к себе царевича и говорит ему таково слово:

— Чадо мое милое, Иван-царевич! Съезди в поле чистое; убей чудище о трех головах, вынь из него три сердца и привези ко мне: скушаю—авось поправлюсь!

Иван-царевич послушался, сел на коня и поехал.

В чистом поле привязал он своего доброго коня к старому дубу, сам сел под дерево и ждет...

Вдруг прилетело чудище великое, село на старый дуб—дуб зашумел и погнулся.

— Ха-ха-ха! Будет чем полакомиться: конь—на обед, молодец—на ужин!

— Эх ты, поганое чудище! Не уловивши бела лебедя, да кушаешь! — сказал Иван-царевич, натянул свой тугой лук и выпустил калену стрелу; разом сшиб чудищу все три головы, вынул три сердца, привез домой и отдал матери.

Царица приказала их сжарить; после взяла и понесла в темницу к Пану Плешевичу.

Съел он, царица и спрашивает:

— Что — будет ли у тебя силы с моего сына?

— Нет, еще не будет! А слышал я, что есть в чистом поле чудище о шести головах; пусть царевич с ним поборется. Одно что-нибудь: или чудище его пожрет, или он привезет еще шесть сердец.

Царица побежала к Ивану-царевичу:

— Чадо мое милое! Мне немного полегчило; а слышала я, что есть в чистом поле другое чудище, о шести головах; убей его и привези шесть сердец.

Иван-царевич сел на коня и поехал в чистое поле, привязал коня к старому дубу, а сам сел под дерево.

Прилетело чудище о шести головах — весь дуб пошатнулся:

— Ха-ха-ха! Конь — на обед, молодец — на ужин!

— Нет, чудище поганое! Не уловивши бела лебедя, да кушаешь!

Натянул царевич свой тугой лук, пустил калену стрелу и сбил чудищу три головы.

Бросилось на него чудище поганое, и бились они долгое время; Иван-царевич осилил, срубил и до-стальные три головы, вынул из чудища шесть сердец, привез и отдал матери.

Она того часу приказала их сжарить; после взяла и понесла в темницу к Пану Плешевичу.

Пан Плешевич от радости на ноги вскочил, царице челом бил; съел шесть сердец—царица и спрашивает:

— Что—станет ли у тебя силы с моего сына?

— Нет, не станет! А слышал я, что есть в чистом поле чудище о девяти головах; коли съем его сердца—тогда нешто будет у меня силы с ним поправиться!

Царица побежала к Ивану-царевичу:

— Чадо мое милое! Мне получше стало; а слышала я, что есть в чистом поле чудище о девяти головах; убей его и привези девять сердец.

— Ах матушка родная! Ведь я устал, пожалуй, мне не состоять супротив того чудища о девяти головах!

— Дитя мое! Прошу тебя—съезди, привези. Иван-царевич сел на коня и поехал; в чистом поле привязал коня к старому дубу, сам сел под дерево и заспал.

Вдруг прилетело чудище великое, село на старый дуб—дуб до земли пошатнулся:

— Ха-ха-ха! Конь—на обед, молодец—на ужин! Царевич проснулся:

— Нет, чудище поганое! Не уловивши бела лебедя, да кушаешь!

Натянул свой тугой лук, пустил калену стрелу и сразу сшиб шесть голов, а с достальными долго-долго бился; срубил и те, вынул сердца, сел на коня и поскакал домой.

Мать встречает его:

— Что, Иван-царевич, привез ли девять сердец?

— Привез, матушка! Хоть с великим трудом, а достал.

— Ну, дитя мое, теперь отдохни!

Взяла от сына сердца, приказала сжарить и отнесла в темницу к Пану Плешевичу.

Пан Плешевич съел, царица и спрашивает:

— Что — станет ли теперь силы с моего сына?

— Станет-то станет, да все опасно; а слышал я, что когда богатырь в баню сходит, то много у него силы убудет; пошли-ка наперед сына в баню.

Царица побежала к Ивану-царевичу:

— Чадо мое милое! Надо тебе в баню сходить, с белого тела кровь омыть.

Иван-царевич пошел в баню; только что омылся— а Пан Плешевич тут как тут, размахнулся острым мечом и срубил ему голову.

Повестил о том царицу—она от радости запрыгала, велела Ивана-царевича зарыть в могилу, а сама стала с Паном Плешевичем в любви поживать да всем царством заправлять.

Осталось у Ивана-царевича двое малых сыновей; они бегали, играли, у бабушки-задворенки оконницу изломали.

— Ах вы, собачьи сыны!—обругала их бабушка-задворенка.— Зачем оконницу изломали?

Прибежали они к своей мамке, стали ее спрашивать: почему-де так неласково обзывают нас? Отвечает мать:

— Нет, дитятки! Вы не собачьи сыны; был у вас батюшка, сильный и славный богатырь Иван-царевич, да убил его Пан Плешевич, и схоронили его во сырой земле.

— Матушка! Дай нам мешочек сухариков, мы пойдем оживим нашего батюшку.

— Нет, дитятки, не оживить его вам.

— Благослови, матушка, мы пойдем.

— Ну, ступайте; бог с вами!

Того часу дети Ивана-царевича срядились и пошли в дорогу.

Долго ли, коротко ли шли они—скоро сказка сказывается, не скоро дело делается; попался навстречу им седой старичок:

— Куда вы, царевичи, путь держите?

— Идем к батюшке на могилу; хотим его оживить.

— Ох, царевичи, вам самим его не оживить. Хотите, я помогу?

— Помоги, дедушка!

— Нате, вот вам корешок; отройте Ивана-царевича, этим корешком его вытрите да три раза перевернитесь через него.

Они взяли корешок, нашли могилу Ивана-царевича, разрыли, вынули его, тем корешком вытерли и три раза перевернулись через него — Иван-царевич встал:

— Здравствуйте, дети мои малые! Как я долго спал.

Воротился домой, а у Пана Плешевича пир идет. Как увидал он Ивана-царевича — так со страху и задрожал.

Иван-царевич предал его лютой смерти; попы его схоронили, панихиду отпели и отправились поминки творить; и я тут был - поминал, кутью большой ложкой хлебал, по бороде текло — в рот не попало!

Чудесная рубашка

В некотором царстве жил богатый купец; помер купец и оставил трех сыновей на возрасте. Старшие два каждый день ходили охотничать.

В одно время выпросили они у матери и младшего брата, Ивана, на охоту, завели его в дремучий лес и оставили там—с тем, чтобы все отцовское имение разделить меж; собой на две части, а его лишить наследства.

Иван, купеческий сын, долгое время бродил по лесу, питаясь ягодами да кореньями, наконец выбрал-ся на прекрасную равнину и на той равнине увидал дом.

Вошел в комнаты, ходил, ходил—нет никого, везде пусто; только в одной комнате стол накрыт на три прибора, на тарелках лежат три хлеба, перед каждым прибором по бутылке с вином поставлено. Иван, купеческий сын, откусил от каждого хлеба по малому кусочку, съел и потом из всех трех бутылок отпил понемножку и спрятался за дверь.

Вдруг прилетает орел, ударился о землю и сделался молодцем; за ним прилетает сокол, за соколом воробей —ударились о землю и оборотились тоже добрыми молодцами. Сели за стол кушать.

— А ведь хлеб да вино у нас початы!—говорит орел.

— И то правда,—отвечает сокол,—видно, кто-нибудь к нам в гости пожаловал.

Стали гостя искать-вызывать. Говорит орел:

— Покажись-ка нам! Коли ты старый старичок— будешь нам родной батюшка, коли добрый молодец—будешь родной братец, коли ты старушка — будешь мать родная, а коли красная девица—назовем тебя родной сестрицею.

Иван, купеческий сын, вышел из-за двери; они его ласково приняли и назвали своим братцем.

На другой день стал орел просить Ивана, купеческого сына:

— Сослужи нам службу—останься здесь и ровно через год в этот самый день собери на стол.

— Хорошо,— отвечает купеческий сын,— будет исполнено.

Отдал ему орел ключи, позволил везде ходить, на нее смотреть, только одного ключа, что на стене висел, брать не велел.

После того обратились добрые молодцы птицами— орлом, соколом и воробьем—и улетели.

Иван, купеческий сын, ходил однажды по двору и усмотрел в земле дверь за крепким замком; захотелось туда заглянуть, стал ключи пробовать — ни один по приходится; побежал в комнаты, снял со стены запретный ключ, отпер замок и отворил дверь.

В подземелье богатырский конь стоит—во всем убранстве, по обеим сторонам седла две сумки привешены; в одной—золото, в другой—самоцветные камни.

Начал он коня гладить; богатырский конь ударил его копытом в грудь и вышиб из подземелья на целую сажень. От того Иван, купеческий сын, спал беспробудно до того самого дня, в который должны прилететь его названые братья.

Как только проснулся, запер он дверь, ключ на старое место повесил и накрыл стол на три прибора.

Вот прилетели орел, сокол и воробей, ударились о землю и сделались добрыми молодцами, поздоровались и сели обедать.

На другой день начал просить Ивана, купеческого сына, сокол: сослужи-де службу еще один год! Иван, купеческий сын, согласился.

Братья улетели, а он опять пошел по двору, увидал в земле другую дверь, отпер ее тем же ключом.

В подземелье богатырский конь стоит—во всем убранстве, по обеим сторонам седла сумки прицеплены: в одной—золото, в другой—самоцветные камни.

Начал он коня гладить; богатырский конь ударил его копытом в грудь и вышиб из подземелья на целую сажень. От того Иван, купеческий сын, спал беспробудно столько же времени, как и прежде.

Проснулся в тот самый день, когда братья должны прилететь, запер дверь, ключ на стену повесил и приготовил стол.

Прилетают орел, сокол и воробей; ударились о землю, поздоровались и сели обедать.

На другой день поутру начал воробей просить Ивана, купеческого сына: сослужи-де службу еще один год! Он согласился.

Братья обратились птицами и улетели. Иван, купеческий сын, прожил целый год один-одинехонек, и когда наступил урочный день — накрыл стол и дожидает братьев.

Братья прилетели, ударились о землю и сделались добрыми молодцами; вошли, поздоровались и пообедали.

После обеда говорит старший брат, орел:

— Спасибо тебе, купеческий сын, за твою службу; вот тебе богатырский конь—дарю со всею сбруею, и с золотом, и с камнями самоцветными.

Середний брат, сокол, подарил ему другого богатырского коня, а меньший брат, воробей,—рубашку.

— Возьми,—говорит,—эту рубашку пуля не берет; коли наденешь ее—никто тебя не осилит!

Иван, купеческий сын, надел ту рубашку, сел на богатырского коня и поехал сватать за себя Елену Прекрасную; а об ней было по всему свету объявлено: кто победит Змея Горыныча, за того ей замуж идти.

Иван, купеческий сын, напал на Змея Горыныча, победил его и уж собирался защемить ему голову в дубовый пень, да Змей Горыныч начал слезно молить-просить:

— Не бей меня до смерти, возьми к себе в услужение; буду тебе верный слуга!

Иван, купеческий сын, сжалился, взял его с собою, привез к Елене Прекрасной и немного погодя женился па ней, а Змея Горыныча сделал поваром.

Раз уехал купеческий сын на охоту, а Змей Горыныч обольстил Елену Прекрасную и приказал ей разведать, отчего Иван, купеческий сын, так мудр и силен.

Змей Горыныч сварил крепкого зелья, а Елена Прекрасная напоила тем зельем своего мужа и стала выспрашивать:

— Скажи, Иван, купеческий сын, где твоя мудрость?

— На кухне, в венике.

Елена Прекрасная взяла этот веник, изукрасила разными цветами и положила на видное место. Иван, купеческий сын, воротясь с охоты, увидал веник и спрашивает:

— Зачем этот веник изукрасила?

— А затем,—говорит Елена Прекрасная,— что в нем твоя мудрость и сила скрываются.

— Ах, как же ты глупа! Разве может моя сила и мудрость быть в венике?

Елена Прекрасная опять напоила его крепким зельем и спрашивает:

— Скажи, милый, где твоя мудрость?

— У быка в рогах.

Она приказала вызолотить быку рога. На другой день Иван, купеческий сын, воротясь с охоты, увидал быка и спрашивает:

— Что это значит? Зачем рога вызолочены?

— А затем,— отвечает Елена Прекрасная,— что тут твоя сила и мудрость скрываются.

— Ах, как же ты глупа! Разве может моя сила и мудрость быть в рогах?

Елена Прекрасная напоила мужа крепким зельем и безотвязно стала его выспрашивать:

— Скажи, милый, где твоя мудрость, где твоя сила? Иван, купеческий сын, выдал ей тайну:

— Моя сила и мудрость вот в этой рубашке. После того опьянел и уснул.

Елена Прекрасная сняла с него рубашку, изрубила его в мелкие куски и приказала выбросить в чистое поле, а сама стала жить с Змеем Горынычем.

Трое суток лежало тело Ивана, купеческого сына, по чисту полю разбросано; уж вороны слетелись клевать его.

На ту пору пролетали мимо орел, сокол и воробей, увидали мертвого брата и решились помочь ему. Тотчас бросился сокол вниз, убил с налету вороненка и сказал старому ворону:

— Принеси скорее мертвой и живой воды.

Ворон полетел и принес мертвой и живой воды.

Орел, сокол и воробей сложили тело Ивана, купеческого сына, спрыснули сперва мертвою водою, а потом живою.

Иван, купеческий сын, встал, поблагодарил их; они дали ему золотой перстень.

Только что Иван, купеческий сын, надел перстень на руку, как тотчас оборотился конем и побежал на двор Елены Прекрасной.

Змей Горыныч узнал его, приказал поймать этого коня, поставить в конюшню и на другой день поутру отрубить ему голову.

При Елене Прекрасной была служанка; жаль ей стало такого славного коня, пошла в конюшню, сама горько плачет и приговаривает:

— Ах, бедный конь, тебя завтра казнить будут. Провещал ей конь человеческим голосом:

— Приходи завтра, красная девица, на место казни, и как брызгнет кровь моя наземь—заступи ее своей ножкою; после собери эту кровь вместе с землею и разбросай кругом дворца.

Поутру повели коня казнить; отрубили ему голову, кровь брызгнула — красная девица заступила ее своей ножкою, а после собрала вместе с землею и разбросала кругом дворца; в тот же день выросли кругом дворца славные садовые деревья.

Змей Горыныч отдал приказ вырубить эти деревья и сжечь все до единого.

Служанка заплакала и пошла в сад в последний раз погулять-полюбоваться. Провещало ей одно дерево человеческим голосом:

— Послушай, красная девица! Как станут сад рубить, ты возьми одну щепочку и брось в озеро.

Она так и сделала, бросила щепочку в озеро—щепочка оборотилась золотым селезнем и поплыла по воде.

Пришел на то озеро Змей Горыныч — вздумал поохотничать, увидал золотого селезня. «Дай,—думает,— живьем поймаю!»

Снял с себя чудесную рубашку, что Ивану, купеческому сыну, воробей подарил, и бросился в озеро. А селезень все дальше, дальше, завел Змея Горыныча вглубь, вспорхнул — и на берег, оборотился добрым молодцем, надел рубашку и убил Змея.

После того пришел Иван, купеческий сын, во дворец, Елену Прекрасную расстрелял, а на ее служанке женился и стал с нею жить-поживать, добра наживать.

Поди туда-не знаю куда, принеси то-не знаю что

В некотором государстве жил-был король, холост-неженат, и была у него целая рота стрельцов; на охоту стрельцы ходили, перелетных птиц стреляли, государев стол дичью снабжали.

В той роте служил стрелец-молодец, по имени Федот; метко в цель попадал, почитай — николи промаху не давал, и за то любил его король пуще всех его товарищей.

Случилось ему в одно время пойти на охоту раным-ранехонько, на самой зоре; зашел он в темный, густой лес и видит: сидит на дереве горлица. Федот навел ружье, прицелился, выпалил—и перешиб птице крылышко; свалилась птица с дерева на сырую землю.

Поднял ее стрелок, хочет оторвать голову да положить в сумку. И возговорит ему горлица:

— Ах, стрелец-молодец, не срывай моей буйной головушки, не своди меня с белого света; лучше возьми меня живую, принеси в свой дом, посади на окошечко и смотри: как только найдет на меня дремота, в ту самую пору ударь меня правой рукою наотмашь—и добудешь себе великое счастье!

Крепко удивился стрелок. «Что такое?—думает.— С виду совсем птица, а говорит человеческим голосом! Прежде со мной такого случая никогда не бывало...»

Принес птицу домой, посадил на окошечко, а сам стоит-дожидается. Прошло немного времени, горлица положила свою головку под крылышко и задремала; стрелок поднял правую руку, ударил ее наотмашь легохонько—пала горлица наземь и сделалась душой-девицей, да такою прекрасною, что ни вздумать, ни взгадать, только в сказке сказать! Другой подобной красавицы во всем свете не бывало!

Говорит она добру молодцу, королевскому стрельцу:

— Умел ты меня достать, умей и жить со мною; ты мне будешь нареченный муж:, а я тебе богоданная жена!

На том они и поладили; женился Федот и живет себе — с молодой женой потешается, а службы не забывает; каждое утро ни свет ни заря возьмет свое рузкье, пойдет в лес, настреляет разной дичи и отнесет на королевскую кухню.

Видит жена, что от той охоты весь он измаялся, и говорит ему:

— Послушай, друг, мне тебя жалко: каждый божий день ты беспокоишься, бродишь по лесам да по болотам, завсегда мокрехонек домой ворочаешься, а пользы нам нет никакой. Это что за ремесло! Вот я так знаю такое, что без барышей не останешься. Добудь-ка рублей сотню-другую, все дело поправим.

Бросился Федот по товарищам: у кого рубль, у кого два занял и собрал как раз двести рублей. Принес к ясене.

— Ну,— говорит она,—купи теперь на все эти деньги разного шелку.

Стрелец купил на двести рублей разного шелку.

Она взяла и сказывает:

— Не тужи, молись богу да ложись спать; утро вечера мудренее!

Муж заснул, а жена вышла на крылечко, развернула свою волшебную книгу—и тотчас явились перед ней два неведомых молодца: что угодно—приказывай!

— Возьмите вот этот шелк и за единый час сделайте мне ковер, да такой чудный, какого в целом свете не видывано; а на ковре бы все королевство было вышито, и с городами, и с деревнями, и с реками, и с озерами.

Принялись они за работу и не только в час, а в десять минут изготовили ковер—всем на диво; отдали его стрельцовой жене и вмиг исчезли, словно их и не было! Наутро отдает она ковер мужу.

— На,— говорит,—понеси на гостиный двор и продай купцам, да смотри: своей цены не запрашивай, а что дадут, то и бери.

Федот взял ковер, развернул, повесил на руку и пошел по гостиным рядам. Увидал один купец, подбежал и спрашивает:

— Послушай, почтенный! Продаешь, что ли?

— Продаю.

— А что стоит?

— Ты торговый человек, ты и цену уставляй.

Вот купец думал, думал, не может оценить ковра—да и только! Подскочил другой купец, за ним третий, четвертый... и собралась их толпа великая, смотрят на ковер, дивуются, а оценить не могут.

В то время проезжал мимо гостиных рядов дворцовый комендант, усмотрел толпу, и захотелось ему разузнать: про что толкует купечество? Вылез из коляски, подошел и говорит:

— Здравствуйте, купцы-торговцы, заморские гости! О чем речь у вас?

— Так и так, ковра оценить не можем. Комендант посмотрел на ковер и сам дался диву.

— Послушай, стрелец,— говорит он,— скажи мне по правде по истинной, откуда добыл ты такой славный ковер?

— Моя жена вышила.

— Сколько ж тебе дать за него?

— Я и сам цены не ведаю; жена наказала не торговаться, а сколько дадут—то и наше!

— Ну, вот тебе десять тысяч!

Стрелец взял деньги и отдал ковер, а комендант этот завсегда при

225

короле находился—и пил и ел за его столом. Вот он поехал к королю обедать и ковер повез:

— Не угодно ль вашему величеству посмотреть, какую славную вещь купил я сегодня?

Король взглянул—все свое царство словно на ладони увидел; так и ахнул!

— Вот это ковер! В жизнь мою такой хитрости не видывал. Ну, комендант, что хочешь, а ковра тебе не отдам.

Сейчас вынул король двадцать пять тысяч и отдал ему из рук в руки, а ковер во дворце повесил.

«Ничего,—думает комендант,—я себе другой, еще лучше закажу».

Сейчас поскакал к стрельцу, разыскал его избушку, входит в светлицу, и как только увидал Стрельцову жену—в ту ж минуту и себя и свое дело позабыл, сам не ведает, зачем приехал; перед ним такая красавица, что век бы очей не отвел, все бы смотрел да смотрел! Глядит он на чужую жену, а в голове дума за думой: «Где это видано, где это слыхано, чтобы простой солдат да таким сокровищем владал? Я хоть и при самом короле служу и генеральский чин на мне положен, а такой красоты нигде не видывал!»

Насилу комендант опомнился, нехотя домой убрался. С той поры, с того времени совсем не свой сделался: и во сне и наяву только и думает, что о прекрасной стрельчихе; и ест—не заест, и пьет—не запьет, все она представляется!

Заприметил король и стал его выспрашивать:

— Что с тобой подеялось? Аль кручина какая?

— Ах, ваше величество! Видел я у стрельца жену, такой красоты во всем свете нет; все об ней думаю; и не заесть и не запить, никаким снадобьем не заворожить!

Пришла королю охота самому полюбоваться, приказал заложить коляску и поехал в стрелецкую слободу. Входит в светлицу, видит— красота невообразимая! Кто ни взглянет—старик ли, молодой ли, цепкий без ума влюбится. Защемила его зазноба сердечная.

«Чего,—думает про себя,— хожу я холост-неженат? Вот бы мне жениться на этой красавице; зачем ей быть стрельчихою? Ей на роду написано быть королевою».

Воротился король во дворец и говорит коменданту:

— Слушай! Сумел ты показать мне Стрельцову жену — красоту невообразимую; теперь сумей извести ее мужа. Я сам на ней хочу жениться... А не изведешь, пеняй на себя; хоть ты и верный мой слуга, а быть тебе на виселице!

Пошел комендант, пуще прежнего запечалился; как стрельца порешить — не придумает.

Идет он пустырями, закоулками, а навстречу ему баба-яга:

— Стой, королевский слуга! Я все твои думки ведаю; хочешь, пособлю твоему горю неминучему?

— Пособи, бабушка! Что хочешь, заплачу.

— Сказан тебе королевский указ, чтобы извел ты Федота-стрельца. Это дело бы неважное: сам-то он прост, да жена у него больно хитра! Ну, да мы загадаем такую загадку, что не скоро справится. Воротись к королю и скажи: за тридевять земель, в тридесятом царстве есть остров; на том острове ходит олень — золотые рога. Пусть король наберет полсотню матросов — самых негодных, горьких пьяниц, и велит изготовить к походу старый, гнилой корабль, что тридцать лет в отставке числится: на том корабле пусть пошлет Федота-стрельца добывать оленя — золотые рога. Чтоб добраться до острова, надо плыть ни много, ни мало — три года, да назад с острова — три года, итого шесть лет. Вот корабль выступит в море, месяц прослужит, а там и потонет: и стрелец и матросы — все на дно пойдут!

Комендант выслушал эти речи, поблагодарил бабу-ягу за науку, наградил ее золотом и бегом к королю.

— Ваше величество! — говорит. — Так и так — можно наверно стрельца извести.

Король согласился и тотчас отдал приказ по флоту: изготовить к походу старый, гнилой корабль, нагру-зить его провизией на шесть лет и посадить на него пятьдесят матросов — самых распутных и горьких пьяниц. Побежали гонцы по всем кабакам, по трактирам, набрали таких матросов, что поглядеть любо-дорого: у кого глаза подбиты, у кого нос сворочон набок.

Как скоро доложили королю, что корабль готов, он в ту же минуту потребовал к себе стрельца:

— Ну, Федот, ты у меня молодец, первый в команде стрелец; сослужи-ка мне службу, поезжай за тридевять земель, в тридесятое царство — там есть остров, на том острове ходит олень — золотые рога; поймай его живого и привези сюда.

Стрелец задумался; не знает, что и отвечать ему.

— Думай — не думай, — сказал король, — а коли не сделаешь дела, то мой меч — твоя голова с плеч!

Федот повернулся налево кругом и пошел из дворца; вечером приходит домой крепко печальный, не хочет и слова вымолвить

Спрашивает его жена:

— О чем, милый, закручинился? Аль невзгода какая?

Он рассказал ей все сполна.

— Так ты об этом печалишься? Есть о чем! Это служишка, не служба. Молись-ка богу да ложись спать; утро вечера мудренее: все будет сделано.

Стрелец лег и заснул, а жена его развернула волшебную книгу—и вдруг явились перед ней два неведомых молодца:

— Что угодно, что надобно?

— Ступайте вы за тридевять земель, в тридесятое царство — на остров, поймайте оленя — золотые рога и доставьте сюда.

— Слушаем! К свету все будет исполнено. Вихрем понеслись они на тот остров, схватили оленя — золотые рога, принесли его прямо к стрельцу на двор; за час до рассвета все дело покончили и скрылись, словно их и не было.

Стрельчиха-красавица разбудила своего мужа пораньше и говорит ему:

— Поди посмотри — олень—золотые рога на твоем дворе гуляет. Бери его на корабль с собою, пять суток вперед плыви, на шестые назад поворачивай.

Стрелец посадил оленя в глухую, закрытую клетку и отвез на корабль.

— Тут что?—спрашивают матросы.

— Разные припасы и снадобья; путь долгий, мало ли что понадобится!

Настало время кораблю отчаливать от пристани, много народу пришло пловцов провожать, пришел и сам король, попрощался с Федотом и поставил его над всеми матросами за старшего.

Пятые сутки плывет корабль по морю, берегов давно не видать. Федот-стрелец приказал выкатить на палубу бочку вина в сорок ведер и говорит матросам:

— Пейте, братцы! Не жалейте; душа—мера!

А они тому и рады, бросились к бочке и давай вино тянуть, да так натянулись, что тут же возле бочки попадали и заснули крепким сном. Стрелец взялся за руль, поворотил корабль к берегу и поплыл назад; а чтоб матросы про то не сведали—знай с утра до вечера вином их накачивает: только они с перепоя глаза продерут, как уж новая бочка готова—не угодно ль опохмелиться.

Как раз на одиннадцатые сутки привалил корабль к пристани, выкинул флаг и стал палить из пушек. Король услыхал пальбу и сейчас на пристань — что там такое? Увидал стрельца, разгневался и накинулся на него со всей жёсточью:

— Как ты смел до сроку назад воротиться?

— А куда ж мне деваться, ваше величество? Пожалуй, иной дурак десять лет в морях проплавает да путного ничего не сделает, а мы вместо шести лет всего-навсего десять суток проездили, да свое дело справили: не угодно ль взглянуть на оленя — золотые рога?

Тотчас сняли с корабля клетку, выпустили златорогого оленя; король видит, что стрелец прав, ничего с него не возьмешь! Позволил ему домой идти, а матросам, которые с ним ездили, дал свободу на целые шесть лет; никто не смей их и на службу спрашивать, по тому самому, что они уж эти года заслужили.

На другой день призвал король коменданта, напустился на него с угрозами.

— Что ты,— говорит,— али шутки со мной шутишь! Видно, тебе голова твоя не дорога! Как знаешь, а найди случай, чтоб можно было Федота-стрельца злой смерти предать.

— Ваше королевское величество! Позвольте подумать; авось можно поправиться.

Пошел комендант пустырями да закоулками, навстречу ему баба-яга:

— Стой, королевский слуга! Я твои думки ведаю; хочешь, пособлю твоему горю?

— Пособи, бабушка! Ведь стрелец вернулся и привез оленя — золотые рога.

— Ох, уж слышала! Сам-то он простой человек, извести его нетрудно бы — все равно что щепоть табаку понюхать! Да жена у него больно хитра. Ну да мы загадаем ей иную загадку, с которой не так скоро справится. Ступай к королю и скажи: пусть пошлет он стрельца туда — не знаю куда, принести то — не знаю что. Уж этой задачи он во веки веков не выполнит: или совсем без вести пропадет, или с пустыми руками назад придет.

Комендант наградил бабу-ягу золотом и побежал к королю; король выслушал и велел стрельца позвать.-

— Ну, Федот! Ты у меня молодец, первый в команде стрелец. Сослужил ты мне одну службу: достал оленя — золотые рога; сослужи и другую: поди туда — не знаю куда, принеси то — не знаю что! Да помни: коли не принесешь, то мой меч — твоя голова с плеч!

Стрелец повернулся налево кругом и пошел из дворца; приходит домой печальный, задумчивый. Спрашивает его жена:

— Что, милый, кручинишься? Аль еще невзгода какая?

— Эх,— говорит,— одну беду с шеи свалил, а другая навалилася; посылает меня король туда — не знаю куда, велит принести то — не знаю что. Через твою красу все напасти несу!

— Да, это служба немалая! Чтоб туда добраться, надо девять лет идти да назад девять — итого восьмнадцать лет; а будет ли толк с того — бог ведает!

— Что же делать, как же быть?

— Молись богу да ложись спать; утро вечера мудренее. Завтра все узнаешь.

Стрелец лег спать, а жена его дождалась ночи, развернула волшебную книгу — и тотчас явились перед ней два молодца:

— Что угодно, что надобно?

— Не ведаете ли: как ухитриться да пойти туда— не знаю куда, принести то — не знаю что?

— Нет, не ведаем!

Она закрыла книгу—и молодцы с глаз исчезли. Поутру будит стрельчиха своего мужа:

— Ступай к королю, проси золотой казны на дорогу — ведь тебе восьмнадцать лет странствовать, а получишь деньги, заходи со мной проститься.

Стрелец побывал у короля, получил из казначейства целую кису золота и приходит с женой прощаться. Она подает ему ширинку и мячик:

— Когда выйдешь из города, брось этот мячик перед собою; куда он покатится—туда и ты ступай. Да вот тебе мое рукоделье: где бы ты ни был, а как станешь умываться — завсегда утирай лицо этою ширинкою.

Попрощался стрелец с своей женой и товарищами, поклонился на все четыре стороны и пошел за заставу. Бросил мячик перед собою; мячик катится да катится, а он за ним следом идет.

Прошло с месяц времени, призывает король коменданта и говорит ему:

— Стрелец отправился на восьмнадцать лет по белу свету таскаться, и по всему видно, что не быть ему живому. Ведь восьмнадцать лет не две недели; мало ли что в дороге случится! Денег у него много; пожалуй, разбойники нападут, ограбят да злой смерти предадут. Кажись, можно теперь за его жену приняться. Возьми-ка ты мою коляску, поезжай в стрелецкую слободку и привези ее во дворец!

Комендант поехал в стрелецкую слободку, приехал к стрельчихе-красавице, вошел в избу и говорит:

— Здравствуй, умница, король приказал тебя во дворец представить.

Приезжает она во дворец; король встречает ее с радостию, ведет в палаты раззолоченные и говорит таково слово:

— Хочешь ли быть королевою? Я тебя замуж возьму.

— Где же это видано, где же это слыхано: от живого мужа жену отбивать! Каков ни на есть, хоть простой стрелец, а мне он—законный муж:.

— Не пойдешь охотою, возьму силою! Красавица усмехнулась, ударилась об пол, обернулась горлицей и улетела в окно.

Много царств и земель прошел стрелец, а мячик все катится. Где река встретится, там мячик мостом перебросится; где стрельцу отдохнуть захочется, там мячик пуховой постелью раскинется.

Долго ли, коротко ли,—скоро сказка сказывается, не скоро дело делается,—приходит стрелец к большому, великолепному дворцу; мячик докатился до ворот и пропал.

Вот стрелец подумал-подумал: «Дай пойду прямо!» Вошел по лестнице в покои; встречают его три девицы неописанной красоты:

— Откуда и зачем, добрый человек, пожаловал?

— Ах, красные девицы, не дали мне с дальнего походу отдохнуть, да начали спрашивать. Вы бы прежде меня накормили-напоили, отдохнуть положили, да тогда бы и вестей спрашивали.

Они тотчас собрали на стол, посадили его, накормили-напоили и спать уложили.

Стрелец выспался, встает с мягкой постели; красные девицы несут к нему умывальницу и шитое полотенце. Он умылся ключевой водой, а полотенца не принимает.

— У меня,—говорит,—своя ширинка; есть чем лицо утереть.

Вынул ширинку и стал утираться. Спрашивают его красные девицы:

— Добрый человек! Скажи: откуда достал ты эту ширинку?

— Мне ее жена дала.

— Стало быть, ты женат на нашей родной сестрице!

Кликнули мать-старушку; та как глянула на ширинку, в ту ж минуту признала:

— Это моей дочки рукоделье!

Начала у гостя расспрашивать-разведывать; он рассказал ей, как женился на ее дочери и как царь послал его туда—не знаю куда, принести то—не знаю что.

— Ах, зятюшка! Ведь про это диво даже я не слыхивала! Постой-ка, авось мои слуги ведают.

Вышла старуха на крыльцо, крикнула громким голосом, и вдруг—откуда только взялись!—набежали всякие звери, налетели всякие птицы.

— Гой есте, звери лесные и птицы воздушные! Вы, звери, везде рыскаете; вы, птицы, всюду летаете: не слыхали ль, как дойти туда—не знаю куда, принести то—не знаю что?

Все звери и птицы в один голос отвечали:

— Нет, мы про то не слыхивали!

Распустила их старуха по своим местам—по трущобам, по лесам, по рощам; воротилась в горницу, достала свою волшебную книгу, развернула ее—и тотчас явились к ней два великана:

— Что угодно, что надобно?

— А вот что, слуги мои верные! Понесите меня вместе с зятем на окиян-море широкое и станьте как раз на средине—на самой пучине.

Тотчас подхватили они стрельца со старухою, понесли их, словно вихри буйные, на окиян-море широкое и стали на средине—на самой пучине: сами как столбы стоят, а стрельца со старухою на руках держат. Крикнула старуха громким голосом—и приплыли к ней все гады и рыбы морские: так и кишат! Из-за них синя моря не видно!

— Гой есте, гады и рыбы морские! Вы везде плаваете, у всех островов бываете; не слыхали ль, как дойти туда—не знаю куда, принести то—не знаю что?

Все гады и рыбы в один голос отвечали:

— Нет! Мы про то не слыхивали!

Вдруг протеснилась вперед старая колченогая лягушка, которая уж лет тридцать как в отставке жила, и говорит:

— Ква-ква! Я знаю, где этакое диво найти.

— Ну, милая, тебя-то мне и надобно!—сказала старуха, взяла лягушку и велела великанам себя и зятя домой отнесть.

Мигом очутились они во дворце. Стала старуха лягушку допытывать:

— Как и какою дорогою моему зятю идти? Отвечает лягушка:

— Это место на краю света—далеко-далеко! Я бы сама его проводила, да уж больно стара, еле ноги волочу; мне туда в пятьдесят лет не допрыгать.

Старуха принесла большую банку, налила свежим молоком, посадила в нее лягушку и дает зятю:

— Неси,—говорит,—эту банку в руках, а лягушка пусть тебе дорогу показывает.

Стрелец взял банку с лягушкою, попрощался со старухой и ее дочками и отправился в путь. Он идет, а лягушка ему дорогу показывает.

Близко ли, далеко ли, долго ли, коротко ли—приходит к огненной реке; за тою рекой высокая гора стоит, в той горе дверь видна.

— Ква-ква! —говорит лягушка.—Выпусти меня из банки; надо нам через реку переправиться.

Стрелец вынул ее из банки и пустил наземь.

— Ну, добрый молодец, садись на меня, да не жалей; небось не задавишь!

Стрелец сел на лягушку и прижал ее к земле; начала лягушка дуться, дулась, дулась и сделалась такая большая, словно стог сенной. "У стрельца только и на уме, как бы не свалиться:

— Коли свалюсь, до смерти ушибусь! Лягушка надулась да как прыгнет—перепрыгнула через огненную реку и сделалась опять маленькою.

— Теперь, добрый молодец, ступай в эту дверь, а я тебя здесь подожду; войдешь ты в пещеру и хорошенько спрячься. Спустя некое время придут туда два старца; слушай, что они будут говорить и делать, а после, как они уйдут, и сам то ж говори и делай!

Стрелец подошел к горе, отворил дверь—в пещере так темно, хоть глаз выколи! Полез на карачках и стал руками щупать; нащупал пустой шкап, сел в него и закрылся. Вот немного погодя приходят туда два старца и говорят:

— Эй, Шмат-разум! Покорми-ка нас.

В ту ж минуту—откуда что взялось!—зажглись люстры, загремели тарелки и блюда, и явились на столе разные вина и кушанья. Старики напились, наелись и приказывают:

— Эй, Шмат-разум! Убери все.

Вдруг ничего не стало—ни стола, ни вин, ни кушаньев, люстры все погасли.

Слышит стрелец, что два старца ушли, вылез из шкапа и крикнул:

— Эй, Шмат-разум!

— Что угодно?

— Покорми меня!

Опять явились и люстры зажженные, и стол накрытый, и всякие напитки и кушанья. Стрелец сел за стол и говорит:

— Эй, Шмат-разум! Садись, брат, со мною; станем есть-пить вместе, а то одному мне скучно.

Отвечает невидимый голос:

— Ах, добрый человек! Откудова тебя бог принес? Скоро тридцать лет, как я двум старцам верой-правдой служу, а за все это время они ни разу меня с собой не сажали.

Смотрит стрелец и удивляется: никого не видать, а кушанья с тарелок словно кто метелочкой подметает, а бутылки с вином сами подымаются, сами в рюмки наливаются, глядь—уж и пусты!

Вот стрелец наелся-напился и говорит:

— Послушай, Шмат-разум! Хочешь мне служить? У меня житье хорошее.

— Отчего не хотеть! Мне давно надоело здесь, а ты, вижу,—человек добрый.

— Ну, прибирай все, да пойдем со мною! Вышел стрелец из пещеры, оглянулся назад—нет никого...

— Шмат-разум! Ты здесь?

— Здесь! Не бойся, я от тебя не отстану.

— Ладно!—сказал стрелец и сел на лягушку. Лягушка надулась и перепрыгнула через огненную реку; он посадил ее в банку и отправился в обратный путь.

Пришел к теще и заставил своего нового слугу хорошенько угостить старуху и ее дочек. Шмат-разум так их употчевал, что старуха с радости чуть плясать не пошла, а лягушке за ее верную службу назначила по три банки молока в день давать. Стрелец распрощался с тещею и пустился домой.

Шел, шел и сильно уморился; прибились его ноги скорые, опустились руки белые.

— Эх,—говорит,—Шмат-разум! Если б ты ведал, как я устал; просто ноги отымаются.

— Что ж ты мне давно не скажешь! Я б тебя живо на место доставил.

Тотчас подхватило стрельца буйным вихрем и понесло по воздуху так шибко, что с головы шапка свалилась.

— Эй, Шмат-разум! Постой на минутку, моя шапка свалилась.

— Поздно, сударь, хватился! Твоя шапка теперь за пять тысяч верст назади.

Города и деревни, реки и леса так и мелькают перед глазами...

Вот летит стрелец над глубоким морем, и гласит ему Шмат-разум:

— Хочешь—я на этом море золотую беседку сделаю? Можно будет отдохнуть, да и счастье добыть.

— А ну, сделай!—сказал стрелец и стал опущаться на море.

Где за минуту только волны подымалися—там появился островок, на островку золотая беседка. Говорит стрельцу Шмат-разум:

— Садись в беседку, отдыхай, на море поглядывай; будут плыть мимо три купеческих корабля и пристанут к острову; ты зазови купцов, угости-употчевай и променяй меня на три диковинки, что купцы с собой везут. В свое время я к тебе назад вернусь!

Смотрит стрелец—с западной стороны три корабля плывут; увидали корабельщики остров и золотую беседку:

— Что за чудо!—говорят.—Сколько раз мы тут плавали, кроме воды, ничего не было, а тут—на поди!—золотая беседка явилась. Пристанемте, братцы, к берегу, поглядим-полюбуемся.

Тотчас остановили корабельный ход и бросили якори; три купца-хозяина сели на легкую лодочку и поехали на остров.

— Здравствуй, добрый человек!

— Здравствуйте, купцы чужеземные! Милости просим ко мне, погуляйте, повеселитесь, роздых возьмите: нарочно для заезжих гостей и беседка выстроена!

Купцы вошли в беседку, сели на скамеечку.

— Эй, Шмат-разум!—закричал стрелец.—Дай-ка нам попить-поесть.

Явился стол, на столе вина и кушанья, чего душа захочет—все мигом исполнено! Купцы только ахают.

— Давай,—говорят,—меняться! Ты нам своего слугу отдай, а у нас возьми за то любую диковинку.

— А какие у вас диковинки?

— Посмотри—увидишь!

Один купец вынул из кармана маленький ящичек, только открыл его—тотчас по всему острову славный сад раскинулся и с цветами и с дорожками, а закрыл ящичек—и сад пропал.

Другой купец вынул из-под полы топор и начал тяпать: тяп да ляп— вышел корабль! Тяп да ляп—еще корабль! Сто разов тяпнул—сто кораблей сделал, с парусами, с пушками и с матросами; корабли плывут, в пушки палят, от купца приказов спрашивают... Натешился он, спрятал свой топор—и корабли с глаз исчезли, словно их и не было!

Третий купец достал рог, затрубил в один конец—тотчас войско явилося: пехота и конница, с ружьями, с пушками, с знаменами; ото всех полков посылают к купцу рапорты, а он отдает им приказы: войска идут, музыка гремит, знамена развеваются... Натешился купец, взял трубу, затрубил с другого конца—и нет ничего, куда вся сила девалась!

— Хороши ваши диковинки, да мне не пригодны!—сказал стрелец.—Войска да корабли—дело царское, а я простой солдат. Коли хотите со мной поменяться, так отдайте мне за одного слугу-невидимку все три диковинки.

— Не много ли будет?

— Ну как знаете; а я иначе меняться не стану! Купцы подумали про себя: «На что нам этот сад, эти полки и военные корабли? Лучше поменяться; по крайней мере, без всякой заботы будем и сыты и пьяны». Отдали стрельцу свои диковинки и говорят:

— Эй, Шмат-разум! Мы тебя берем с собою; будешь ли нам служить верой-правдою?

— Отчего не служить? Мне все равно—у кого ни жить.

Воротились купцы на свои корабли и давай всех корабельщиков поить-угощать:

— Ну-ка, Шмат-разум, поворачивайся! Перепились все допьяна и заснули крепким сном.

А стрелец сидит в золотой беседке, призадумался и говорит:

— Эх, жалко! Где-то теперь мой верный слуга Шмат-разум?

— Я здесь, господин! Стрелец обрадовался:

— Не пора ли нам домой?

Только сказал, как вдруг подхватило его буйным вихрем и понесло по воздуху.

Купцы проснулись, и захотелось им выпить с похмелья:

— Эй, Шмат-разум, дай-ка нам опохмелиться! Никто не отзывается, никто не прислуживает.

Сколько ни кричали, сколько ни приказывали — нет ни на грош толку.

— Ну, господа! Надул нас этот маклак. Теперь черт его найдет! И остров пропал, и золотая беседка сгинула.

Погоревали-погоревали купцы, подняли паруса и отправились, куда им было надобно.

Быстро прилетел стрелец в свое государство, опустился возле синего моря на пустом месте.

— Эй, Шмат-разум! Нельзя ли здесь дворец выстроить?

— Отчего нельзя! Сейчас готов будет.

Вмиг дворец поспел, да такой славный, что и сказать нельзя: вдвое лучше королевского. Стрелец открыл ящичек, и кругом дворца сад явился с редкими деревьями и цветами.

Вот сидит стрелец у открытого окна да на свой сад любуется — вдруг влетела в окно горлица, ударилась оземь и оборотилась его молодой женою. Обнялись они, поздоровались, стали друг друга расспрашивать, друг другу рассказывать. Говорит стрельцу жена:

— С той самой поры, как ты из дому ушел, я все время по лесам да по рощам сирой горлинкой летала.

На другой день поутру вышел король на балкон, глянул на сине море и видит — на самом берегу стоит новый дворец, а кругом дворца зеленый сад.

— Какой это невежа вздумал без спросу на моей земле строиться?

Побежали гонцы, разведали и докладывают, что дворец тот стрельцом поставлен, и живет во дворце он сам, и жена при нем. Король пуще разгневался, приказал собрать войско и идти на взморье, сад дотла разорить, дворец на мелкие части разбить, а самого стрельца и его жену лютой смерти предать.

Усмотрел стрелец, что идет на него сильное войско королевское, схватил поскорей топор, тяп да ляп — вышел корабль! Сто разов тяпнул — сто кораблей сделал. Потом вынул рог, затрубил раз — повалила пехота, затрубил в другой — повалила конница.

Бегут к нему начальники из полков, с кораблей и ждут приказу. Стрелец приказал начинать сражение; тотчас заиграла музыка, ударили в барабаны, полки двинулись; пехота ломит королевских солдат, конница догоняет, в плен забирает, а с кораблей по столичному городу так и жарят пушками.

Король видит, что его армия бежит, бросился было сам войско останавливать — да куда! Не прошло и полчаса, как его самого убили.

Когда кончилось сражение, собрался народ и начал стрельца просить, чтобы взял в свои руки все государство. Он на то согласился и сделался королем, а жена его королевою.

Мудрая жена

В некотором царстве, в некотором государстве жил в деревушке старик со старухою; у него было три сына: два—умных, а третий—дурак. Пришло время старику помирать, стал он деньги делить: старшему дал сто рублей и среднему—сто рублей, а дураку и давать не хочет: все равно даром пропадут!

— Что ты, батька,—говорит дурак.—Дети все равны, что умные, что дурак; давай и мне долю.

Старик дал и ему сто рублей. Умер отец, похоронили его. Вот умные братья собрались на базар ехать быков покупать; и дурак поднялся. Умные купили быков, а он кошку да собаку привел. Через несколько дней старшие братья запрягли своих быков, хотят в дорогу ехать; смотря на них, и меньшой собирается.

— Что ты, дурак! Куда собираешься? Али людей смешить?

— Про то я знаю! Умным—дорога, и дуракам—путь не заказан.

Взял дурак собаку да кошку, взвалил мешок на плеча и пошел из дому. Шел, шел, на пути большая река, а заплатить за перевоз нет ни гроша; вот дурак долго не думал, набрал хворосту, сделал на берегу шалаш и остался в нем жить. Начала его собака по сторонам промышлять, краюшки хлеба таскать, и себя не забывает и хозяина с кошкой кормит. Плыл по той реке корабль с разными товарами. Дурак увидал и кричит:

— Эй, господин корабельщик! Ты в торг едешь, возьми мой товар из половины.

И бросил на корабль свою кошку.

— Куда нам этого зверя?—смеются корабельные работники.—Давайте, ребята, его в воду спустим.

— Эх вы какие,—говорит хозяин,—не трожьте, пускай эта кошка у нас мышей да крыс ловит.

— Что ж, это дело!

Долго ли, коротко ли—приплыл корабль в иную землю, где кошек никто и не видывал, а крыс да мышей столько было, как травы в поле. Корабельщик разложил свои товары, стал продавать; нашелся и купец на них, закупил все сполна и позвал корабельщика.

— Надо магарыч пить; пойдем,—говорит,—я тебя угощу!

Привел гостя в свой дом, напоил допьяна и приказал своим приказчикам стащить его в сарай: «Пусть-де его крысы съедят, все его богатство мы задаром возьмем!» Стащили корабельщика в темный сарай и бросили наземь; а с ним всюду кошка ходила, так привыкла к нему—ни на шаг не отстает. Забралась она в этот сарай и давай крыс душить, душила, душила, этакую кучу накидала! Наутро приходит хозяин, смотрит—корабельщик ни в чем невредим, а кошка последних крыс добивает.

— Продай,—говорит,—мне твоего зверя.

— Купи!

Торговаться-торговаться—и купил ее купец за шесть бочонков золота.

Воротился корабельщик в свое государство, увидал дурака и отдает ему три бочонка золота. «Экая пропасть золота! Куда мне с ним?»—подумал дурак и пошел по городам да по селам оделять нищую братию; раздал два бочонка, а на третий купил ладану, сложил в чистом поле и зажег: воскурилось благоухание и пошло к богу на небеса. Вдруг является ангел:

— Господь приказал спросить, чего ты

— Не знаю,—отвечает дурак.

— Ну, ступай в эту сторону; там три мужика землю пашут, спроси у них—они тебе скажут.

Дурак взял дубинку и пошел к пахарям. Приходит к первому:

— Здравствуй, старик!

— Здравствуй, добрый человек!

— Научи меня, чего б пожелать мне от господа.

— А я почем знаю, что тебе надобно! Дурак недолго думал, хватил старика дубинкою прямо по голове и убил до смерти.

Приходит к другому, опять спрашивает:

— Скажи, старик, чего бы лучше пожелать мне от господа?

— А мне почем знать!

Дурак ударил его дубинкою—и дохнуть не дал. Приходит к третьему пахарю, спрашивает у него:

— Скажи ты, старче! Старик отвечает:

— Коли тебе богатство дать, ты, пожалуй, и бога забудешь; пожелай лучше жену мудрую.

Воротился дурак к ангелу.

— Ну, что тебе сказано?

— Сказано: не пожелай богатства, пожелай жену мудрую.

— Хорошо — говорит ангел.—Ступай к такой-то реке, сядь на мосту и смотри в воду; мимо тебя всякая рыба пройдет—и большая и малая; промеж той рыбы будет плотичка с золотым кольцом—ты ее подхвати и брось через себя о сырую землю.

Дурак так и сделал; пришел к реке, сел на мосту, смотрит в воду пристально—плывет мимо рыба всякая, и большая и малая, а вот и плотичка—на ней золотое кольцо вздето; он тотчас подхватил ее и бросил через себя о сырую землю—обратилась рыбка красной девицей:

— Здравствуй, милый друг!

Взялись они за руки и пошли; шли, шли, стало солнце садиться—остановились ночевать в чистом поле. Дурак заснул крепким сном, а красная девица крикнула зычным голосом—тотчас явилось двенадцать работников.

— Постройте мне богатый дворец под золотою крышею.

Вмиг дворец поспел, и с зеркалами и с картинами. Спать легли в чистом поле, а проснулись в чудесных палатах. Увидал тот дворец под золотою крышею сам государь, удивился, позвал к себе дурака и говорит:

— Еще вчера было тут место гладкое, а нынче дворец стоит! Видно, ты колдун какой!

— Нет, ваше величество! Все сделалось по божьему повелению.

— Ну, коли ты сумел за одну ночь дворец поставить, ты построй к завтрему от своего дворца до моих палат мост—одна мостина серебряная, а другая золотая; а не выстроишь, то мой меч—твоя голова с плеч!

Пошел дурак, заплакал. Встречает его жена у дверей:

— О чем плачешь?

— Как не плакать мне! Приказал мне государь мост состроить—одна мостина золотая, другая серебряная; а не будет готов к завтрему, хочет голову рубить.

— Ничего, душа моя! Ложись-ка спать; утро вечера мудренее.

Дурак лег и заснул; наутро встает—уж все сделано: мост такой, что в год не насмотришься! Король позвал дурака к себе:

— Хороша твоя работа! Теперь сделай мне за единую ночь, чтоб по обе стороны моста росли яблони, на тех яблонях висели бы спелые яблочки, пели бы птицы райские да мяукали котики морские; а не будет готово, то мой меч—твоя голова с плеч!

Пошел дурак, заплакал; у дверей жена встречает:

— О чем, душа, плачешь?

— Как не плакать мне! Государь велел, чтоб к завтрему по обе стороны моста яблони росли, на тех яблонях спелые яблочки висели, птицы райские пели и котики морские мяукали; а не будет сделано— хочет рубить голову.

— Ничего, ложись-ка спать; утро вечера мудренее. Наутро встает дурак—уж все сделано: яблоки зреют, птицы распевают, котики мяукают. Нарвал он яблоков, понес на блюде к государю. Король съел одно-другое яблочко и говорит:

— Можно похвалить! Этакой сласти я еще никогда не пробовал! Ну, братец, коли ты так хитер, то сходи на тот свет к моему отцу-покойнику и спроси, где его деньги запрятаны? А не сумеешь сходить туда, помни одно: мой меч—твоя голова с плеч!

Опять идет дурак да плачет.

— О чем, душа, слезы льешь?—спрашивает его жена.

— Как мне не плакать! Посылает меня государь на тот свет— спросить у его отца-покойника, где деньги спрятаны.

— Это еще не беда! Ступай к королю да выпроси себе в провожатые тех думных людей, что ему злые советы дают.

Король дал ему двух бояр в провожатые; а жена достала клубочек.

— На,—говорит,—куда клубочек покатится—туда смело иди.

Вот клубочек катился, катился—и прямо в море: море расступилося, дорога открылася; дурак ступил раз-другой и очутился с своими провожатыми на том свете. Смотрит, а на покойном королевском отце черти до пекла дрова везут да гоняют его железными прутьями.

— Стой!—закричал дурак.

Черти подняли рогатые головы и спрашивают:

— А тебе что надобно?

— Да мне нужно слова два перекинуть вот с этим покойником, на котором вы дрова возите.

— Ишь что выдумал! Есть когда толковать! Этак, пожалуй, у нас в пекле огонь погаснет.

— Небось поспеете! Возьмите на смену этих двух бояр, еще скорей довезут.

Живой рукой отпрягли черти старого короля, а заместо его двух бояр заложили и повезли дрова в пекло. Говорит дурак государеву отцу:

— Твой сын, а нагл государь, прислал меня к твоей милости спросить, где прежняя казна спрятана?

— Казна лежит в глубоких подвалах за каменными стенами; да сила не в том, а скажи-ка ты моему сыну: коли он будет королевством управлять так же не по правде, как я управлял, то и с ним то же будет! Сам видишь, как меня черти замучили, до костей спину и

Пока простегали. Возьми это кольцо и отдай сыну для большего уверения...

Только старый король покончил эти слова, как черти уж назад едут:

— Но-но! Эх, какая пара славная! Дай нам еще разок на ней прокатиться.

А бояре кричат дураку:

— Смилуйся, не давай нас; возьми, пока живы! Черти отпрягли их, и бояре воротились с дураком на белый свет.

Приходят к королю; он глянул и ужаснулся: у тех бояр лица осунулись, глаза выкатились, из спины, из боков железные прутья торчат.

— Что с вами подеялось?—спрашивает король.

— Были мы на том свете; увидал я, что на вашем покойном отце черти дрова везут, остановил их и дал этих двух бояр на смену; пока я с вашим отцом говорил, а черти на них дрова возили.

— Что ж с тобою отец наказал?

— Да велел сказать: коли ваше величество будете управлять королевством так же не по правде, как он управлял, то и с вами то же будет. Вот и кольцо прислал для большего уверения.

— Не то говоришь! Где казна-то лежит?

— А казна в глубоких подвалах, за каменными стенами спрятана.

Тотчас призвали целую роту солдат, стали каменные стены ломать; разломали, а за теми стенами стоят бочки с серебром да с золотом—сумма несчетная!

— Спасибо тебе, братец, за службу!—говорит король дураку.— Только уж не погневайся: коли ты сумел на тот свет сходить, так сумей достать мне гусли-самогуды; а не достанешь, то мой меч—твоя голова с плеч!

Дурак пошел и заплакал.

— О чем, душа, плачешь?—спрашивает у него жена.

— Как мне не плакать! Сколько ни служить, а все голову сложить! Посылает меня государь за гуслями-самогудами.

— Ничего, мой брат их делает.

Дала ему клубочек, полотенце своей работы, наказала взять с собою двух прежних бояр, королевских советников, и говорит:

— Теперь ты пойдешь надолго-надолго: как бы король чего злого не сделал, на мою красоту не польстился! Пойди-ка ты в сад да вырежь три прутика.

Дурак вырезал в саду три прутика.

— Ну, теперь ударь этими прутиками и дворец и меня самоё по три раза и ступай с богом!

Дурак ударил—жена обратилась в камень, а дворец в каменную гору. Взял у короля двух прежних бояр и пошел в путь-дорогу; куда клубочек катится, туда и он идет.

Долго ли, коротко ли, близко ли, далеко ли—при-катился клубочек в дремучий лес, прямо к избушке. Входит дурак в избушку, а там старуха сидит.

— Здравствуй, бабушка!

— Здравствуй, добрый человек! Куда бог несет?

— Иду, бабушка, поискать такого мастера, чтобы сделал мне гусли-самогуды: сами бы гусли играли, и под ихнюю музыку все бы волей-неволей плясали.

— Ах, да ведь этакие гусли мой сынок делает! Подожди немножко—он ужо домой придет.

Немного погодя приходит старухин сын.

— Господин мастер!—просит его дурак.—Сделай мне гусли-самогуды.

— У меня готовые есть; пожалуй, подарю тебе, только с тем уговором: как стану я гусли настраивать—чтоб никто не спал! А коли кто уснет да по моему оклику не встанет, с того голова долой!

— Хорошо, господин мастер!

Взялся мастер за работу, начал настраивать гусли-самогуды; вот один боярин заслушался и крепко уснул.

— Ты спишь!—окликает мастер.

Тот не встает, не отвечает, и покатилась голова его по полу. Минуты две-три—и другой боярин заснул; отлетела и его голова с плеч долой. Еще минута—и дурак задремал.

— Ты спишь?—окликает мастер.

— Нет, не сплю! С дороги глаза слипаются. Нет ли воды? Промыть надобно.

Старуха подала воды. Дурак умылся, достал шитое полотенце и стал утираться. Старуха глянула на то полотенце, признала работу своей дочери и говорит:

— Ах, зять любезный! Не чаяла с тобой видеться; здорова ли моя дочка?

Тут пошло у них обниманье-целованье: три дня гуляли, пили-ели, прохлаждалися, а там наступило время и прощаться. На прощанье мастер подарил своему зятю гусли-самогуды; дурак взял их под мышку и пустился домой.

Шел, шел, вышел из дремучего леса на большую дорогу и заставил играть гусли-самогуды: век бы слушал—не наслушался!.. Попадается ему навстречу разбойник.

— Отдай,— говорит,— мне гусли-самогуды, а я тебе дубинку дам.

— А на что твоя дубинка?

— Да ведь она не простая; только скажи ей: эй, дубинка, бей-колоти—хоть целую армию, и ту на месте положит.

Дурак поменялся, взял дубинку и велел ей убить разбойника. Дубинка полетела на разбойника, раз-другой ударила и убила его до смерти. Дурак взял гусли-самогуды и дубинку и пошел дальше.

Приходит в свое государство. «Что,—думает,—мне к королю идти— еще успею! Лучше я наперед с женой повидаюсь». Ударил тремя прутиками в каменную гору—раз, другой, третий, и явился чудный дворец; ударил в камень—и жена перед ним. Обнялись, поздоровались, два-три слова перемолвили; после того взял дурак гусли, не забыл и дубинку и пошел к королю. Тот увидал. «Эх,—думает,—ничем его не уходишь, все исполняет!» Как закричит, как напустится на дурака:

— Ах ты, такой-сякой! Вместо того чтобы ко мне явиться, ты наперед вздумал с женой обниматься!

— Виноват, ваше величество!

— Мне из твоей вины не шубу шить! Уж теперь ни за что не прощу... Подайте-ка мой булатный меч!

Дурак видит, что дело к расплате идет, и крикнул:

— Эй, дубинка, бей-колоти!

Дубинка бросилась, раз-другой ударила и убила злого короля до смерти. А дурак сделался королем и царствовал долго и милостиво.

Морской царь и Василиса Премудрая

За тридевять земель, в тридесятом государстве жил-был царь с царицею; детей у них не было. Поехал царь по чужим землям, по дальним сторонам: долгое время домой не бывал; на ту пору родила ему царица сына, Ивана-царевича, а царь про то и не ведает.

Стал он держать путь в свое государство, стал подъезжать к своей земле, а день-то был жаркий-жаркий, солнце так и пекло! И напала на него жажда пеликая; что ни дать, только бы воды испить! Осмотрелся кругом и видит невдалеке большое озеро; подъехал к озеру, слез с коня, прилег на брюхо и давай глотать студеную воду. Пьет и не чует беды; а царь морской ухватил его за бороду.

— Пусти! —просит царь.

— Не пущу, не смей пить без моего ведома!

— Какой хочешь возьми откуп—только отпусти!

— Давай то, чего дома не знаешь.

Царь подумал-подумал—чего он дома не знает? Кажись, все знает, все ему ведомо,—и согласился. Попробовал—бороду никто не держит; встал с земли, сел на коня и поехал восвояси.

Вот приезжает домой, царица встречает его с царевичем, такая радостная; а он как узнал про свое милое детище, так и залился горькими слезами. Рассказал царице, как и что с ним было, поплакали вместе, да ведь делать-то нечего, слезами дела не поправишь.

Стали они жить по-старому; а царевич растет себе да растет, словно тесто на опаре—не по дням, а по часам, и вырос большой.

— Сколько ни держать при себе,—думает царь,— а отдавать надобно: дело неминучее!

Взял Ивана-царевича за руку, привел прямо к озеру.

— Поищи здесь,—говорит,—мой перстень; я ненароком вчера обронил.

Оставил одного царевича, а сам повернул домой. Стал царевич искать перстень, идет по берегу, и попадается ему навстречу старушка.

— Куда идешь, Иван-царевич?

— Отвяжись, не докучай, старая ведьма! И без тебя досадно.

— Ну, оставайся с богом! И пошла старушка в сторону. А Иван-царевич пораздумался: «За что обругал я старуху? Дай ворочу ее; старые люди хитры и догадливы! Авось что и доброе скажет».

И стал ворочать старушку:

— Воротись, бабушка, да прости мое слово глупое! Ведь я с досады вымолвил: заставил меня отец перстня искать, хожу-высматриваю, а перстня нет как нет!

— Не за перстнем ты здесь; отдал тебя отец морскому царю: выйдет морской царь и возьмет тебя с собою в подводное царство.

Горько заплакал царевич.

— Не тужи, Иван-царевич! Будет и на твоей улице праздник; только слушайся меня, старухи. Спрячься вон за тот куст смородины и притаись тихохонько. Прилетят сюда двенадцать голубиц — всё красных девиц, а вслед за ними и тринадцатая; станут в озере купаться; а ты тем временем унеси у последней сорочку и до тех пор не отдавай, пока не подарит она тебе своего колечка. Если не сумеешь этого сделать, ты погиб навеки: у морского царя кругом всего дворца стоит частокол высокий, на целые на десять верст, и на каждой спице по голове воткнуто; только одна порожняя, не угоди на нее попасть!

Иван-царевич поблагодарил старушку, спрятался за смородиновый куст и ждет поры-времени.

Вдруг прилетают двенадцать голубиц; ударились о сыру землю и обернулись красными девицами, все до единой красоты несказанныя: ни вздумать, ни взгадать, ни пером написать! Поскидали платья и пустились в озеро: играют, плещутся, смеются, песни поют. Вслед за ними прилетела и тринадцатая голубица; ударилась о сыру землю, обернулась красной девицей, сбросила с белого тела сорочку и пошла купаться; и была она всех пригожее, всех красивее!

Долго Иван-царевич не мог отвести очей своих, долго на нее заглядывался да припомнил, что говорила ему старуха, подкрался тихонько и унес сорочку.

Вышла из воды красная девица, хватилась — нет сорочки, унес кто-то; бросились все искать, искали, искали — не видать нигде.

— Не ищите, милые сестрицы! Полетайте домой, я сама виновата — недосмотрела, сама и отвечать буду.

Сестрицы — красные девицы ударились о сыру землю, сделались голубками, взмахнули крыльями и полетели прочь. Осталась одна девица, осмотрелась кругом и промолвила:

— Кто бы ни был таков, у кого моя сорочка, выходи сюда; коли старый человек—будешь мне родной батюшка, коли средних лет — будешь братец любимый, коли ровня мне — будешь милый друг!

Только сказала последнее слово, показался Иван-царевич. Подала она ему золотое колечко и говорит:

— Ах, Иван-царевич! Что давно не приходил? Морской царь на тебя гневается. Вот дорога, что ведет в подводное царство; ступай по ней смело! Там и меня найдешь; ведь я дочь морского царя, Василиса Премудрая.

Обернулась Василиса Премудрая голубкою и улетела от царевича. А Иван-царевич отправился в подводное царство; видит: и там свет такой же, как у нас; и там поля, и луга, и рощи зеленые, и солнышко греет.

Приходит он к морскому царю. Закричал на него морской царь:

— Что так долго не бывал? За вину твою вот тебе служба: есть у меня пустошь на тридцать верст и в длину и в поперек—одни рвы, буераки да каменьё острое! Чтоб к завтрему было там как ладонь гладко, и была бы рожь посеяна, и выросла б к раннему утру так высока, чтобы в ней галка могла схорониться. Если того не сделаешь — голова твоя с плеч долой!

Идет Иван-царевич от морского царя, сам слезами обливается. Увидала его в окно из своего терема высокого Василиса Премудрая и спрашивает:

— Здравствуй, Иван-царевич! Что слезами обливаешься?

— Как же мне не плакать? — отвечает царевич.—Заставил меня царь морской за одну ночь сровнять рвы, буераки и каменьё острое и засеять рожью, чтоб к утру она выросла и могла в ней галка спрятаться.

— Это не беда, беда впереди будет. Ложись с богом спать; утро вечера мудренее, все будет готово!

Лег спать Иван-царевич, а Василиса Премудрая вышла на крылечко и крикнула громким голосом:

— Гей вы, слуги мои верные! Ровняйте-ка рвы глубокие, сносите каменьё острое, засевайте рожью колосистою, чтоб к утру поспело.

Проснулся на заре Иван-царевич, глянул—все готово; нет ни рвов, ни буераков, стоит поле как ладонь гладкое, и красуется на нем рожь — столь высока, что галка схоронится. Пошел к морскому царю с докладом.

— Спасибо тебе,— говорит морской царь,—что сумел службу сослужить. Вот тебе другая работа: есть у меня триста скирдов, в каждом скирду по триста копен—все пшеница белоярая; обмолоти мне к завтрему всю пшеницу чисто-начисто, до единого зернышка, а скирдов не ломай и снопов не разбивай. Если не сделаешь—голова твоя с плеч долой!

— Слушаю, ваше величество!—сказал Иван-царевич.

Опять идет по двору да слезами обливается.

— О чем горько плачешь? — спрашивает его Василиса Премудрая.

— Как же мне не плакать? Приказал мне царь морской за одну ночь все скирды обмолотить, зерна не обронить, а скирдов не ломать и снопов не разбивать.

— Это не беда, беда впереди будет! Ложись спать с богом; утро вечера мудренее.

Царевич лег спать, а Василиса Премудрая вышла на крылечко и закричала громким голосом:

— Гей вы, муравьи ползучие! Сколько вас на белом свете ни есть— все ползите сюда и повыберите зерно из батюшкиных скирдов чисто-начисто.

Поутру зовет морской царь Ивана-царевича:

— Сослужил ли службу?

— Сослужил, ваше величество!

— Пойдем, посмотрим.

Пришли на гумно—все скирды стоят нетронуты, пришли в житницы—все закрома полнехоньки зерном.

— Спасибо тебе, брат!—сказал морской царь.— Сделай мне еще церковь из чистого воску, чтоб к рассвету была готова: это будет твоя последняя служба.

Опять идет Иван-царевич по двору и слезами умывается.

— О чем горько плачешь? — спрашивает его из высокого терема Василиса Премудрая.

— Как мне не плакать, доброму молодцу? Приказал морской царь за одну ночь сделать церковь из чистого воску.

— Ну, это еще не беда, беда впереди будет. Ложись-ка спать; утро вечера мудренее.

Царевич улегся спать, а Василиса Премудрая вышла на крылечко и закричала громким голосом:

— Гей вы, пчелы работящие! Сколько вас на белом свете ни есть — все летите сюда и слепите из чистого носку церковь божию, чтоб к утру была готова.

Поутру встал Иван-царевич, глянул — стоит церковь из чистого воску, и пошел к морскому царю с докладом.

— Спасибо тебе, Иван-царевич! Каких слуг у меня не было, никто не сумел так угодить, как ты. Будь же ча то моим наследником, всего царства сберегателем; выбирай себе любую из тринадцати дочерей моих в жены.

Иван-царевич выбрал Василису Премудрую; тотчас их обвенчали и на радостях пировали целых три дня.

Ни много, ни мало прошло времени, стосковался Иван-царевич по своим родителям, захотелось ему на святую Русь.

— Что так грустен, Иван-царевич?

— Ах, Василиса Премудрая, сгрустнулось по отцу, по матери, захотелось на святую Русь.

— Вот это беда пришла! Если уйдем мы, будет за нами погоня великая; царь морской разгневается и предаст нас смерти. Надо ухитряться!

Плюнула Василиса Премудрая в трех углах, заперла двери в своем тереме и побежала с Иваном-царевичем на святую Русь.

На другой день ранехонько приходят посланные от морского царя— молодых подымать, во дворец к царю звать. Стучатся в двери:

— Проснитеся, пробудитеся! Вас батюшка зовет.

— Еще рано, мы не выспалися; приходите после!— отвечает одна слюнка.

Вот посланные ушли, обождали час-другой и опять стучатся:

— Не пора-время спать, пора-время вставать!

— Погодите немного; встанем, оденемся! —отвечает вторая слюнка.

В третий раз приходят посланные: царь-де морской гневается, зачем так долго они прохлаждаются.

— Сейчас будем!—отвечает третья слюнка.

Подождали-подождали посланные и давай опять стучаться—нет отклика, нет отзыва! Выломали двери, а в тереме пусто.

Доложили царю, что молодые убежали; озлобился он и послал за ними погоню великую.

А Василиса Премудрая с Иваном-царевичем уже далеко-далеко! Скачут на борзых конях без остановки, без роздыху.

— Ну-ка, Иван-царевич, припади к сырой земле да послушай, нет ли погони от морского царя?

Иван-царевич соскочил с коня, припал ухом к сырой земле и говорит:

— Слышу я людскую молвь и конский топ!

— Это за нами гонят! —сказала Василиса Премудрая и тотчас обратила коней зеленым лугом, Ивана-царевича старым пастухом, а сама сделалась смирною овечкою.

Наезжает погоня:

— Эй, старичок! Не видал ли ты—не проскакал ли здесь добрый молодец с красной девицей?

— Нет, люди добрые, не видал,—отвечает Иван-царевич,— сорок лет как пасу на этом месте—ни одна птица мимо не пролетывала, ни один зверь мимо не прорыскивал!

Воротилась погоня назад:

— Ваше царское величество! Никого в пути не наехали, видели только: пастух овечку пасет.

— Что ж не хватали? Ведь это они были! —закричал морской царь и послал новую погоню.

А Иван-царевич с Василисою Премудрою давным-давно скачут на борзых конях.

— Ну, Иван-царевич, припади к сырой земле да послушай, нет ли погони от морского царя?

Иван-царевич слез с коня, припал ухом к сырой земле и говорит:

— Слышу я людскую молвь и конский топ.

— Это за нами гонят! —сказала Василиса Премудрая; сама сделалась церковью, Ивана-царевича обратила стареньким попом, а лошадей деревьями.

Наезжает погоня:

— Эй, батюшка! Не видал ли ты, не проходил ли здесь пастух с овечкою?

— Нет, люди добрые, не видал; сорок лет тружусь в этой церкве—ни одна птица мимо не пролетьгвала, ни один зверь мимо не прорыскивал!

Повернула погоня назад:

— Ваше царское величество! Нигде не нашли пастуха с овечкою; только в пути и видели, что церковь да попа-старика.

— Что ж вы церковь не разломали, попа не захватили? Ведь это они самые были!—закричал морской царь и сам поскакал вдогонь за Иваном-царевичем и Василисою Премудрою. А они далеко уехали.

Опять говорит Василиса Премудрая:

— Иван-царевич! Припади к сырой земле—не слыхать ли погони?

Слез царевич с коня, припал ухом к сырой земле и говорит:

— Слышу я людскую молвь и конский топ пуще прежнего.

— Это сам царь скачет.

Оборотила Василиса Премудрая коней озером, Ивана-царевича селезнем, а сама сделалась уткою.

Прискакал царь морской к озеру, тотчас догадался, кто таковы утка и селезень; ударился о сыру землю и обернулся орлом. Хочет орел убить их до смерти, да не тут-то было: что ни разлетится сверху... вот-вот ударит селезня, а селезень в воду нырнет; вот-вот ударит утку, а утка в воду нырнет! Бился, бился, так ничего и не смог сделать.

Поскакал царь морской в свое подводное царство, а Василиса Премудрая с Иваном-царевичем выждали доброе время и поехали на святую Русь.

Долго ли, коротко ли, приехали они в тридесятое царство.

— Подожди меня в этом лесочке,— говорит царевич Василисе Премудрой,—я пойду, доложусь наперед отцу, матери.

— Ты меня забудешь, Иван-царевич!

— Нет, не забуду.

— Нет, Иван-царевич, не говори, позабудешь! Вспомни обо мне хоть тогда, как станут два голубка в окна биться!

Пришел Иван-царевич во дворец; увидали его родители, бросились ему на шею и стали целовать-миловать его; на радостях позабыл Иван-царевич про Василису Премудрую.

Живет день и другой с отцом, с матерью, а на третий задумал свататься на какой-то королевне.

Василиса Премудрая пошла в город и нанялась к просвирне в работницы. Стали просвиры готовить; она взяла два кусочка теста, слепила пару голубков и посадила в печь.

— Разгадай, хозяюшка, что будет из этих голубков?

— А что будет? Съедим их — вот и все!

— Нет, не угадала!

Открыла Василиса Премудрая печь, отворила окно — и в ту ж минуту голуби встрепенулися, полетели прямо во дворец и начали биться в окна; сколько прислуга царская ни старалась, ничем не могла отогнать их прочь.

Тут только Иван-царевич вспомнил про Василису Премудрую, послал гонцов во все концы расспрашивать да разыскивать и нашел ее у просвирни; взял за руки белые, целовал в уста сахарные, привел к отцу, к матери, и стали все вместе жить, да поживать, да добра наживать.

Неосторожное слово

Один молодой промышленник остался зимовать на Груманте. Каждый вечер ложился он в своей гальёте и играл в гусли, и как только заиграет — слышно было, что кто-то невидимкой перед ним пляшет, только платье шумит. Захотелось ему увидать, кто такой пляшет. Однако что ни делал, как ни ухитрялся — все даром!

Рассказал про это диво своему товарищу.

— Эх, приятель!—сказал ему товарищ.—Да ты возьми сальну свечку, зажги и накрой ее черепком, а сам ляг на койку и заиграй в гусли; коли опять невидимка плясать станет — ты в ту же минуту открой свечку; ну, тогда и увидишь, кто пляшет!

Парень поблагодарил товарища за совет, вечером пошел на гальёту и как сказано — так и сделал: взял свечку, зажег и покрыл черепком, а сам заиграл в гусли. Прислушался — опять кто-то пляшет под его музыку, только платье шумит! Открыл огонь — а перед ним девица красоты неописанной.

— Ну, добрый молодец,— сказала она,—догадался ты меня подсмотреть, буду ж я тебя любить по правде.

С той самой поры зачала она приходить к нему каждый вечер, и жили они в любви целых три года. Под конец третьего года говорит парню девица:

— Ну, милый друг, недолго осталось нам с тобою в любви жить; приходит время совсем расставаться...

— Отчего так?

— Да, вишь, отдают меня замуж в Питер, под калиновый мост, за черта.

— Как за черта! Тебе что за дело до нечистой силы, али ты сама такая ж чертовка?

— Нет, я родилась в большом, славном городе; отец у меня был богатый купец; а попала я к нечистым оттого, что отец меня проклял. Как была я малых лет, подавала ему в один жаркий день стакан меду, да нечаянно и уронила стакан на пол; отец осерчал, прикрикнул на меня: «Эка дурища безрукая! Хоть бы черт тебя взял!» Только вымолвил он это слово, в ту ж минуту очутилась я в морской глубине, в каменном доме, у чертей под началом.

Попрощалась красная девица с парнем и дает ему ширинку узорчатую.

— Возьми,—говорит,— сама вышивала; когда станешь ты по мне скучать, найдет на тебя грусть-тоска великая, ты только взгляни на эту ширинку—тебе веселей будет!

Остался добрый молодец один, и как только придет ему на мысли прежняя любовь,—тяжко ему сделается, хоть руки на себя наложи! — возьмет он ширинку, взглянет—и тоска пройдет.

Протекло с год времени; сказал он про ту ширинку своему товарищу, а тот и украл ее.

С этой самой поры начал парень тосковать да с горя запоем пить, и до того дошел, что совсем пропился.

— Пойду,—говорит,—в Питер на калиновый мост и брошусь в воду; заодно пропадать!

Пришел на калиновый мост и бросился в воду.

В ту ж минуту очутился он в подводном царстве: кругом — зеленые поля, сады и рощи. Идет дальше— стоит большой каменный дом; в окно смотрит купеческая дочь, увидала его и кричит:

— Эй, милый! Приворачивай сюда; я здесь живу. Выбежала к нему навстречу:

— Здравствуй, голубчик! Давно тебя не видала; уж и видеть-то не чаяла!

Начала его целовать-миловать, всякими закусками и напитками угощать; а после спрятала его в особую горницу и говорит:

— Скоро мой муж придет и громким голосом закричит: «Русак! Зачем пришел?» Ты раз промолчи и в другой промолчи, а как в третий раз вскричит, ты ему отвечай: «А что в зыбке у тебя, то мое!» Он станет тебе за ребенка давать сто рублев—ты молчи, станет давать двести — все молчи, а как закричит с сердца: «Что, русак, молчишь? Возьми триста рублев»,—тут ты и скажи: «Кабы жару кулек—я бы взял!»

Только успели разговор покончить, как пришел нечистый и громко закричал:

— Русак! Зачем пришел?

Парень молчит; нечистый в другой раз еще громче закричал — тот все молчит; а на третий спрос говорит:

— Что в зыбке у тебя, то мое! Хочу с собой унести.

— Не уноси, брат; возьми сто рублев. Русак молчит.

— Возьми двести!

Опять молчит. Нечистый осерчал:

— Что ж ты молчишь? Хочешь триста рублев?

— Нет, не хочу, кабы жару кулек — я бы взял, и то с таким уговором, чтоб ты меня с тем кульком на Русь вынес.

Черт тотчас притащил кулек жару, посадил парня к себе на плечо и говорит ему:

— Закрой глаза!

Парень закрыл глаза, и нечистый вихрем вынес его на святую Русь: очутился добрый молодец опять на калиновом мосту, а подле него кулек с золотом. Вот так-то разбогател он, женился на хорошей девице и зажил себе счастливо; а кабы польстился он на деньги—черт, наверно, обманул бы его: вместо денег насыпал бы конского помету и всякой дряни.

Купленная жена

Жл-был Иван купеческий сын, промотал по смерти отца свое имение и нанялся к родному дяде в приказчики. Дядя нагрузил свои корабли товарами и поехал вместе с племянником за море—в чужестранных землях торг вести. Приплыли они к знатному столичному городу, привалили к пристани, выгрузились и начали одни товары сбывать, а другие покупать да денежки наживать. Говорит дядя племяннику:

— Вот тебе в награду сто рублей денег; ступай купи себе товару, какой полюбится. Долго прохлаждаться здесь не будем; как покончим дело, так и домой повернем.

Иван взял сто рублей и пошел на рынок, ходит около лавок в раздумье, приглядывается: какой бы товар купить? Вдруг откуда ни взялся—подходит к нему старик:

— Чего, добрый человек, ищешь?

— Хочу купить на сто рублей товару.

— Давай деньги, я тебя наделю таким товаром, что ты сроду этакого не видывал.

Купеческий сын отдал ему сто рублей; старик взял деньги и говорит:

— Ступай за мною!

Приводит его на самый край города—в прекрасный сад; в том саду за золотою решеткой сидит душа-девица—такая красавица, что ни вздумать, ни взгадать, разве в сказке сказать.

— Вот мой товар—красная девица; бери ее за руку и веди домой!

— Что ты, старина, этот товар мне не надобен; я и так на красных девушек все отцовское добро промотал, да теперь закаялся.

— Ну, брат, коли тебе товар мой неугоден, так ступай с пустыми руками; нет тебе ни товару, ни денег!

Иван купеческий сын залился горькими слезами. «Что я за несчастный такой! —думает про себя.— Сто рублей задаром потерял». Вернулся к дяде.

— Что ж, купил товару?

— Нет, дядюшка! На сто рублей не укупишь.

— Ну вот тебе еще сотня.

На другой день пошел Иван на рынок, попадается ему навстречу тот же самый старик.

— Здравствуй, добрый человек!

— Здравствуй, добрый старичок! —отвечает Иван; смотрит старику прямо в глаза, а признать его не может. Что вчера было, то и теперь случилось; пропала у Ивана и другая сотня. На третий день получил он от дяди еще сотню и опять повстречал старика; старик взял с него деньги, привел к золотой решетке.

— Вот,— говорит,—мой товар—красная девица; бери ее за руку и веди домой.

Купеческий сын подумал-подумал: «Знать судьба моя такова!» —взял девицу и повел с собою. Спрашивает ее дорогою:

— Скажись, красная девица, ты какого рода, какого племени?

— Я королевская дочь, а зовут меня Настасья Прекрасная; назад тому десять лет выпросилась я у батюшки, у матушки и пошла погулять на реку; увидала на воде лодочку хорошо приукрашенную, захотела на ней покататься, и только села в лодочку—как она поплыла, да так шибко, что в пять минут совсем берега пропали; принесло меня волной к зеленому саду, посадил меня старик за золотую решетку, и жила я там, пока ты меня выкупил.

— Как же я теперь покажусь дяде? — спрашивает Иван купеческий сын.— Триста рублей истратил, а товару не купил.

— Ничего, это дело поправное!—отвечала Настасья Прекрасная.— Наймем прежде всего квартиру.

Наняли квартиру, она уложила его спать, а сама за работу села и вышила чудный ковер; поутру будит купеческого сына.

— На,— говорит,—ковер! Неси на рынок; коли кто станет покупать, ты денег не бери, а проси, чтоб напоил тебя допьяна.

Иван купеческий сын так и сделал, напился допьяна, вышел из кабака и упал в грязную лужу; собралось много всякого народу, смотрят на него да смеются:

— Хорош молодец! Хоть сейчас под венец веди!

— Хорош—нехорош, а велю—Настасья Прекрасная меня в маковку поцелует.

— Не больно хвастайся!—говорит богатый купец.— Она на тебя и взглянуть не захочет—вишь ты какой захлюстанный!

Начали спорить; купец говорит:

— Давай об заклад биться—хочешь на десять тысяч?

— Есть из чего хлопотать! Коли биться, так на все имение.

— Ну, пожалуй, на все имение! Только порешили это дело, глядь — идет Настасья Прекрасная, подняла купеческого сына за руку, поцеловала в самую маковку, обтерла-обчистила и повела домой.

Выиграл Иван у того купца и лавки с товарами и подвалы с самоцветными каменьями; первый богач сделался. Говорит ему Настасья Прекрасная:

— Беги—созывай кирпичников да заказывай работу; пусть скорехонько кирпичи готовят, внутрь каждого кирпича самоцветные камни заделывают.

Сказано — сделано. На много возов уложил Иван купеческий сын те кирпичики, покрыл рогожами и повез к своему дяде на корабль.

— Здравствуй, племянник! Где был-пропадал? Какого добра накупил?

— Да вот кирпичу привез.

— Эх ты голова! Этого товару и в нашем царстве довольно. Какой с него барыш будет?

— Бог милостив! Авось что-нибудь перепадет и мне на бедность.

— Ну, вали на корабль! Иван тотчас свалил весь свой товар, съездил за Настасьей Прекрасною и ее на корабль доставил. Дядя увидал красну девицу и говорит племяннику:

— А я думал—ты совсем остепенился! Ан выходит, ты все такой же! Старины не покидаешь...

Вот якори подняты, паруса поставлены, и поплыли корабли в открытое море. Долго ли, коротко ли—приехали дядя с племянником в свое государство: надо им к царю идти и подарки нести. Дядя берет кусок парчи да кусок бархату, а племянник два кирпичика.

— Ты куда? — спрашивает дядя.

— К царю пойду.

— А что понесешь?

— Вот два кирпичика.

— Эх, брат, лучше не ходи—и себя не срами и меня в ответ не вводи. Не ровен час—царь прогневается; беда будет!

— Нет, дядя! Какой есть товар, тот и понесу. Дядя уговаривал его, уговаривал, видит, что никак не уломает.

— Ну,—говорит,—коли что случится — на себя пеняй, а я в твоей вине не ответчик.

Являются они к самому царю; дядя бил челом парчою да бархатом, а Иван купеческий сын подал на золотом блюде два кирпичика:

— Извольте разломить, ваше величество!

Царь разломил кирпичи; оттуда так и посыпались дорогие самоцветные камни — всю комнату осветили.

— Спасибо тебе за подарочек; этаких каменьев я отродясь не видывал. Выбирай себе первое место в городе и торгуй безданно-беспошлинно.

Иван купеческий сын выбрал лучшее место в городе, поставил дом и лавки и завел большой торг; а как все по хозяйству устроил, вздумал жениться на Настасье Прекрасной, а вздумавши, послал к ее отцу просить родительского благословения. Король думает: «Как-таки отдать королевну за простого торгаша? И смех и срам будет!» И начал он манить купеческого сына разными проволочками, а сам нарядил целый полк и приказал выкрасть Настасью Прекрасную.

Раз отлучился куда-то по своим делам Иван купеческий сын, больше месяца дома не бывал, а как воротился, невесту его уже выкрали и к отцу увезли. Заплакал он и пошел куда глаза глядят; шел, шел, много горя принял и холоду и голоду испытал; начал молитву творить: «Хоть бы господь послал мне попутчика—все б веселей было!» Смотрит—старичок идет.

— Здравствуй, добрый молодец! Куда путь держишь?

— Эх, дедушка! Было в руках счастье, да не дал бог владать! Иду искать Настасью Прекрасную.

— Поздно собрался! Ее уж просватали за одного царевича.

— Мне хоть бы раз посмотреть на нее!

— Ну, пойдем вместе, и мне туда ж дорога лежит.

Вот и пошли вдвоем; шли, шли, порядком проголодались. Вынул старик из-за пазухи просвирку, переломил пополам; себе взял одну половину, а другую дает своему товарищу. Купеческий сын отказывается.

— Тебе самому,— говорит,—мало!

— Бери! Бог даст — и этого не съедим, а сыты будем.

Так и вышло: просвиры не съели, а уж оба сыты. Долго ли, коротко ли—приводит старик Ивана купеческого сына в королевский сад и говорит:

— Стань под эту яблоньку и смотри—выйдет Настасья Прекрасная гулять по саду и как раз мимо тебя пройдет; только как станут падать яблоки, ты их не моги собирать да кушать, а не то заснешь непробудным сном.

Купеческий сын стал под яблоню; начали с дерева яблоки валиться, да такие славные, наливные, пахучие; он не вытерпел, поднял одно, яблочко и скушал; скушал и заснул непробудным сном. Вышла Настасья Прекрасная по саду погулять, увидала своего суженого и бросилась будить его; будила, будила, никак не могла разбудить, написала записочку: «Прощай, милый друг! Завтра моя свадьба»,—и положила ему в правую руку. Наутро проснулся Иван купеческий сын, прочитал записку и залился слезами. Приходит старик:

— Я ж тебе говорил: не бери, не ешь яблоков; а ты не послушался! Ступай поскорее—не найдешь ли где дощечки.

Купеческий сын побежал по улице, нашел дощечку и принес старику. Тот взял ее, навязал струны, остановился у кабака и давай разные песни наигрывать. Что тут народу собралось—видимо-невидимо! Тотчас доложили королю: возле кабака такой-де музыкант появился, что лучше королевских играет! Король приказал позвать его во дворец:

— Пусть на свадьбе поиграет да гостей повеселит. Побежали гонцы, зовут старика на свадьбу; он отвечает:

— Сейчас приду!

Снял с себя одежу, нарядил в нее купеческого сына, дал ему самодельную скрипочку и говорит:

— Ступай ты заместо меня.

— Как мне идти, когда я играть не умею?

— Ничего; ты только смычком води да руками перебирай, а скрипка сама играть станет.

Вот Иван купеческий сын пришел во дворец, стал промеж музыкантов, начал играть — его скрипка всю музыку покрывает, на диво гостям целые речи выговаривает. Раз заиграл — скрипка говорит: «Спи, спи, да не проспи!» В другой заиграл—скрипка говорит: «Гуляй, гуляй, да не прогуляй!» А в третий раз заиграл — скрипка стала выводить: «Спите крепко непробудным сном!» В ту же минуту где кто стоял, где кто сидел— так все и заснули. Иван купеческий сын взял Настасью Прекрасную за белые руки, повел в церковь и обвенчался с нею. Король проснулся, видит—дело сделано, ничем не воротишь! И велел свадьбу справлять, пир пировать, гостей угощать.

Царь-девица

В некотором царстве, в некотором государстве был купец; жена у него померла, остался один сын Иван. К этому сыну приставил он дядьку, а сам через некоторое время женился на другой жене, и как Иван, купеческий сын, был уже на возрасте и больно хорош собою, то мачеха и влюбилась в него.

Однажды Иван, купеческий сын, отправился на плотике по морю охотничать с дядькою; вдруг увидели они, что плывут к ним тридцать кораблей. На тех кораблях была царь-девица с тридцатью другими девицами, своими назваными сестрицами. Когда плотик сплылся с кораблями, тотчас все тридцать кораблей стали на якорях. Ивана, купеческого сына, вместе с дядькою позвали на самый лучший корабль; там их встретила царь-девица с тридцатью девицами, назваными сестрицами, и сказала Ивану, купеческому сыну, что она его крепко полюбила и приехала с ним повидаться.

Тут они и обручились.

Царь-девица наказала Ивану, купеческому сыну, чтобы завтра в то же самое время приезжал он на это место, распростилась с ним и отплыла в сторону. А Иван, купеческий сын, воротился домой, поужинал и лег спать. Мачеха завела его дядьку в свою комнату, напоила пьяным и стала спрашивать: не было ли у них чего на охоте? Дядька ей все рассказал. Она, выслушав, дала ему булавку и сказала:

— Завтра, как станут подплывать к вам корабли, воткни эту булавку в одежу Ивана, купеческого сына.

Дядька обещался исполнить приказ.

Поутру встал Иван, купеческий сын, и отправился на охоту. Как скоро увидал дядька плывущие вдали корабли, тотчас взял и воткнул в его одежу булавочку.

— Ах, как я спать хочу!—сказал купеческий сын.— Послушай, дядька, я покуда лягу да сосну, а как подплывут корабли, в то время, пожалуйста, разбуди меня.

— Хорошо! Отчего не разбудить?

Вот приплыли корабли и остановились на якорях; царь-девица послала за Иваном, купеческим сыном, чтоб скорее к ней пожаловал; но он крепко-крепко спал. Начали его будить, тревожить, толкать, но что ни делали—не могли разбудить; так и оставили.

Царь-девица наказала дядьке, чтобы Иван, купеческий сын, завтра опять сюда же приезжал, и велела подымать якоря и паруса ставить. Только отплыли корабли, дядька выдернул булавочку, и Иван, купеческий сын, проснулся, вскочил и стал кричать, чтоб царь-девица назад воротилась. Нет, уж она далеко, не слышит.

Приехал он домой печальный, кручинный. Мачеха привела дядьку в свою комнату, напоила допьяна, повыспросила все, что было, и приказала завтра опять воткнуть булавочку.

На другой день Иван, купеческий сьш, поехал на охоту, опять проспал все время и не видал царь-девицы; наказала она побывать ему еще один раз.

На третий день собрался он с дядькою на охоту; стали подъезжать к старому месту; увидали—корабли вдали плывут, дядька тотчас воткнул булавочку, и Иван, купеческий сын, заснул крепким сном. Корабли приплыли, остановились на якорях; царь-девица послала за своим нареченным женихом, чтобы к ней на корабль пожаловал. Начали его будить всячески, но что ни делали—не могли разбудить.

Царь-девица уведала хитрости мачехины, измену дядькину и написала к Ивану, купеческому сыну, чтобы он дядьке голову отрубил, и если любит свою невесту, то искал бы ее за тридевять земель, в тридесятом царстве.

Только распустили корабли паруса и поплыли в широкое море, дядька выдернул из одежи Ивана, купеческого сына, булавочку, и он проснулся, начал громко кричать да звать царь-девицу; но она была далеко и ничего не слыхала.

Дядька подал ему письмо от царь-девицы; Иван, купеческий сын, прочитал его, выхватил свою саблю острую и срубил злому дядьке голову, а сам пристал поскорее к берегу, пошел домой, распрощался с отцом и отправился в путь-дорогу искать тридесятое царство.

Шел он куда глаза глядят, долго ли, коротко ли, — скоро сказка сказывается, да не скоро дело делается,— приходит к избушке; стоит в чистом поле избушка, на куричьих голяшках повертывается. Взошел в избушку, а там баба-яга костяная нога.

— Фу-фу!—говорит.—Русского духу слыхом было не слыхать, видом не видать, а ныне сам пришел. Волей али неволей, добрый молодец?

— Сколько волею, а вдвое неволею! Не знаешь ли, баба-яга, тридесятого царства?

— Нет, не ведаю! — сказала ягая и велела ему идти к своей средней сестре: та не знает ли?

Иван, купеческий сын, поблагодарил ее и отправился дальше; шел, шел, близко ли, далеко ли, долго ли, коротко ли, приходит к такой же избушке, взошел—и тут баба-яга.

— Фу-фу!—говорит.— Русского духу слыхом было не слыхать, видом не видать, а ныне сам пришел. Волей али неволей, добрый молодец?

— Сколько волею, а вдвое неволею! Не знаешь ли, где тридесятое царство?

— Нет, не знаю!—отвечала ягая и велела ему зайти к своей младшей сестре: та, может, и знает.— Коли она на тебя рассердится да захочет съесть тебя, ты возьми у ней три трубы и попроси поиграть на них: в первую трубу негромко играй, в другую погромче, а в третью еще громче.

Иван, купеческий сын, поблагодарил ягую и отправился дальше.

Шел, шел, долго ли, коротко ли, близко ли, далеко ли, наконец увидал избушку — стоит в чистом поле, на куричьих голяшках повертывается; взошел — и тут баба-яга.

— Фу-фу! Русского духу слыхом было не слыхать, видом не видать, а нынче сам пришел! — сказала ягая и побежала зубы точить, чтобы съесть незваного гостя.

Иван, купеческий сын, выпросил у ней три трубы, в первую негромко играл, в другую погромче, а в третью еще громче. Вдруг налетели со всех сторон всякие птицы; прилетела и жар-птица.

— Садись скорей на меня, — сказала жар-птица, — и полетим, куда тебе надобно; а то баба-яга съест тебя!

Только успел сесть на нее, прибежала баба-яга, схватила жар-птицу за хвост и выдернула немало перьев.

Жар-птица полетела с Иваном, купеческим сыном; долгое время неслась она по поднебесью и прилетела, наконец, к широкому морю.

— Ну, Иван, купеческий сын, тридесятое царство за этим морем лежит; перенесть тебя на ту сторону я не в силах; добирайся туда, как сам знаешь!

Иван, купеческий сын, слез с жар-птицы, поблагодарил и пошел по берегу.

Шел, шел, — стоит избушка, взошел в нее; повстречала его старая старуха, напоила-накормила и стала спрашивать: куда идет, зачем странствует? Он рассказал ей, что идет в тридесятое царство, ищет царь-девицу, свою суженую.

— Ах!—сказала старушка.—Уж она тебя не любит больше; если ты попадешься ей на глаза — царь-девица разорвет тебя: любовь ее далеко запрятана!

— Как же достать ее?

— Подожди немножко! У царь-девицы живет дочь моя и сегодня обещалась побывать ко мне; разве через нее как-нибудь узнаем.

Тут старуха обернула Ивана, купеческого сына, булавкою и воткнула в стену.

К вечеру прилетела ее дочь. Мать стала ее спрашивать: не знает ли она, где любовь царь-девицы запрятана?

— Не знаю,—отозвалась дочь и обещала допытаться про то у самой царь-девицы.

На другой день она опять прилетела и сказала матери:

— На той стороне океана-моря стоит дуб, на дубу сундук, в сундуке заяц, в зайце утка, в утке яйцо, а в яйце любовь царь-девицы!

Иван, купеческий сын, взял хлеба и отправился на сказанное место; нашел дуб, снял с него сундук, из него вынул зайца, из зайца утку, из утки яйцо и воротился с яичком к старухе.

Настали скоро именины старухины; позвала она к себе в гости царь-девицу с тридцатью иными девицами, ее назваными сестрицами; энто яичко испекла, а Ивана, купеческого сына, срядила по-праздничному и спрятала.

Вдруг в полдень прилетают царь-девица и тридцать иных девиц, сели за стол, стали обедать; после обеда положила старушка всем по простому яичку, а царь-девице то самое, что Иван, купеческий сын, добыл. Она съела его и в ту ж минуту крепко-крепко полюбила Ивана, купеческого сына.

Старуха сейчас его вывела; сколько тут было радостей, сколько веселья! Уехала царь-девица вместе с женихом — купеческим сыном в свое царство; обвенчались и стали жить, да быть, да добро копить.

Перышко Финиста ясна сокола

Жил-был старик, у него было три дочери: большая и средняя—

щеголихи, а меньшая только о хозяйстве радела. Сбирается отец в город и спрашивает у своих дочерей: которой что купить? Большая просит:

— Купи мне на платье! И средняя то ж говорит.

— А тебе что, дочь моя любимая? — спрашивает у меньшой.

— Купи мне, батюшка, перышко Финиста ясна сокола.

Отец простился с ними и уехал в город; большим дочерям купил на платье, а перышка Финиста ясна сокола нигде не нашел.

Воротился домой, старшую и среднюю дочерей обновами обрадовал.

— А тебе,— говорит меньшой,— не нашел перышка Финиста ясна сокола.

— Так и быть,— сказала она,—может, в другой раз посчастливится найти.

Большие сестры кроят, да обновы себе шьют, да над нею посмеиваются; а она знай отмалчивается. Опять собирается отец в город и спрашивает:

— Ну, дочки, что вам купить?

Большая и средняя просят по платку купить, а меньшая говорит:

— Купи мне, батюшка, перышко Финиста ясна сокола.

Отец поехал в город, купил два платка, а перышка и в глаза не видал. Воротился назад и говорит:

— Ах, дочка, ведь я опять не нашел перышка Финиста ясна сокола!

— Ничего, батюшка; может, в иное время посчастливится.

Вот и в третий раз собирается отец в город и спрашивает:

— Сказывайте, дочки, что вам купить? Большие говорят:

— Купи нам серьги.

А меньшая опять свое:

— Купи мне перышко Финиста ясна сокола. Отец искупил золотые серьги, бросился искать перышко — никто такого не ведает; опечалился и поехал из городу. Только за заставу, а навстречу ему старичок несет коробочку.

— Что несешь, старина?

— Перышко Финиста ясна сокола.

— Что за него просишь?

— Давай тысячу.

Отец заплатил деньги и поскакал домой с коробочкой.

Встречают его дочери.

— Ну, дочь моя любимая,— говорит он меньшой,— наконец и тебе купил подарок; на, возьми!

Меньшая дочь чуть не прыгнула от радости, взяла коробочку, стала ее целовать-миловать, крепко к сердцу прижимать.

После ужина разошлись все спать по своим светелкам; пришла и она в свою горницу, открыла коробочку— перышко Финиста ясна сокола тотчас вылетело, ударилось об пол, и явился перед девицей прекрасный царевич. Повели они меж собой речи сладкие, хорошие. Услыхали сестры и спрашивают:

— С кем это, сестрица, ты разговариваешь?

— Сама с собой,— отвечает красна девица.

— А ну, отопрись!

Царевич ударился об пол — и сделался перышком; она взяла, положила перышко в коробочку и отворила дверь. Сестры и туда смотрят и сюда заглядывают— нет никого!

Только они ушли, красная девица открыла окно, достала перышко и говорит:

— Полетай, мое перышко, во чисто поле; погуляй до поры до времени!

Перышко обратилось ясным соколом и улетело в чистое поле.

На другую ночь прилетает Финист ясный сокол к своей девице; пошли у них разговоры веселые. Сестры услыхали и сейчас к отцу побежали:

— Батюшка! У нашей сестры кто-то по ночам бывает; и теперь сидит да с нею разговаривает.

Отец встал и пошел к меньшой дочери, входит в ее горницу, а царевич уж давно обратился перышком и лежит в коробочке.

— Ах вы, негодные!—накинулся отец на своих больших дочерей.— Что вы на нее понапрасну взводите? Лучше бы за собой присматривали!

На другой день сестры поднялись на хитрости: вечером, когда на дворе совсем стемнело, подставили лестницу, набрали острых ножей да иголок и натыкали на окне красной девицы.

Ночью прилетел Финист ясный сокол, бился, бился—не мог попасть в горницу, только крылышки себе обрезал.

— Прощай, красна девица!—сказал он.—Если вздумаешь искать меня, то ищи за тридевять земель, в тридесятом царстве. Прежде три пары башмаков железных истопчешь, три посоха чугунных изломаешь, три просвиры каменных изгложешь, чем найдешь меня, добра молодца!

А девица спит себе: хоть и слышит сквозь сон эти речи неприветливые, а встать-пробудиться не может.

Утром просыпается, смотрит—на окне ножи да иглы натыканы, а с них кровь так и капает. Всплеснула руками:

— Ах, боже мой! Знать, сестрицы сгубили моего друга милого!

В тот же час собралась и ушла из дому. Побежала в кузницу, сковала себе три пары башмаков железных да три посоха чугунных, запаслась тремя каменными просвирами и пустилась в дорогу искать Финиста ясна сокола.

Шла, шла, пару башмаков истоптала, чугунный посох изломала и каменную просвиру изглодала; приходит к избушке и стучится:

— Хозяин с хозяюшкой! Укройте от темныя ночи. Отвечает старушка:

— Милости просим, красная девица! Куда идешь, голубушка?

— Ах, бабушка! Ищу Финиста ясна сокола.

— Ну, красна девица, далеко ж тебе искать будет! Наутро говорит старуха:

— Ступай теперь к моей средней сестре, она тебя добру научит; а вот тебе мой подарок: серебряное донце, золотое веретенце; станешь кудель прясть—золотая нитка потянется.

Потом взяла клубочек, покатила по дороге и наказала вслед за ним идти, куда клубочек покатится, туда и путь держи! Девица поблагодарила старуху и пошла за клубочком.

Долго ли, коротко ли, другая пара башмаков изношена, другой посох изломан, еще каменная просвира изглодана; наконец прикатился клубочек к избушке. Она постучалась:

— Добрые хозяева! Укройте от темной ночи красну девицу.

— Милости просим!—отвечает старушка.— Куда идешь, красная девица?

— Ищу, бабушка, Финиста ясна сокола.

— Далеко ж тебе искать будет!

Поутру дает ей старушка серебряное блюдо и золотое яичко и посылает к своей старшей сестре: она-де знает, где найти Финиста ясна сокола!

Простилась красна девица со старухою и пошла в путь-дорогу; шла, шла, третья пара башмаков истоптана, третий посох изломан, и последняя просвира изглодана — прикатился клубочек к избушке. Стучится и говорит странница:

— Добрые хозяева! Укройте от темной ночи красну девицу.

Опять вышла старушка:

— Поди, голубушка! Милости просим! Откудова идешь и куда путь держишь?

— Ищу, бабушка, Финиста ясна сокола.

— Ох, трудно, трудно отыскать его! Он живет теперь в этаком-то городе, на просвирниной дочери там женился.

Наутро говорит старуха красной девице:

— Вот тебе подарок: золотое пялечко да иголочка; ты только пялечко держи, а иголочка сама вышивать будет. Ну, теперь ступай с богом и наймись к просвирне в работницы.

Сказано — сделано. Пришла красная девица на просвирнин двор и нанялась в работницы; дело у ней так и кипит под руками: и печку топит, и воду носит, и обед готовит. Просвирня смотрит да радуется.

— Слава богу!—говорит своей дочке.— Нажили себе работницу и услужливую и добрую: без наряду все делает!

А красная девица, покончив с хозяйскими работами, взяла серебряное донце, золотое веретенце и села прясть: прядет — из кудели нитка тянется, нитка не простая, а чистого золота. Увидала это просвирнина дочь:

— Ах, красная девица! Не продашь ли мне свою забаву?

— Пожалуй, продам!

— А какая цена?

— Позволь с твоим мужем ночь перебыть. Просвирнина дочь согласилась.

«Не беда!—думает.— Ведь мужа можно сонным зельем опоить, а чрез это веретенце мы с матушкой озолотимся!»

А Финиста ясна сокола дома не было: целый день гулял по поднебесью, только к вечеру воротился.

Сели ужинать; красная девица подает на стол кушанья да все на него смотрит, а он, добрый молодец, и не узнает ее. Просвирнина дочь подмешала Финисту ясну соколу сонного зелья в питье, уложила его спать и говорит работнице:

— Ступай к нему в горницу да мух отгоняй! Вот красная девица отгоняет мух, а сама слезно плачет:

— Проснись-пробудись, Финист ясный сокол! Я, красна девица, к тебе пришла; три чугунных посоха изломала, три пары башмаков железных истоптала, три просвиры каменных изглодала да все тебя, милого, искала!

А Финист спит, ничего не чует; так и ночь прошла.

На другой день работница взяла серебряное блюдечко и катает по нем золотым яичком: много золотых яиц накатала! Увидала просвирнина дочь.

— Продай,— говорит,—мне свою забаву!

— Пожалуй, купи.

— А как цена?

— Позволь с твоим мужем еще единую ночь перебыть.

— Хорошо, я согласна!

А Финист ясный сокол опять целый день гулял по поднебесью, домой прилетел только к вечеру.

Сели ужинать, красная девица подает кушанья да все на него смотрит, а он словно никогда и не знавал ее. Опять просвирнина дочь опоила его сонным зельем, уложила спать и послала работницу мух отгонять.

И на этот раз, как ни плакала, как ни будила его красная девица, он проспал до утра и ничего не слышал.

На третий день сидит красная девица, держит в руках золотое пялечко, а иголочка сама выгнивает—да такие узоры чудные! Загляделась просвирнина дочка.

— Продай, красная девица, продай,— говорит,—мне свою забаву!

— Пожалуй, купи!

— А как цена?

— Позволь с твоим мужем третью ночь перебыть.

— Хорошо, я согласна!

Вечером прилетел Финист ясный сокол; жена опоила его сонным зельем, уложила спать и посылает работницу мух отгонять.

Вот красная девица мух отгоняет, а сама слезно причитывает:

— Проснись-пробудись, Финист ясный сокол! Я, красна девица, к тебе пришла; три чугунных посоха изломала, три пары железных башмаков истоптала, три каменных просвиры изглодала — все тебя, милого, искала!

А Финист ясный сокол крепко спит, ничего не чует.

Долго она плакала, долго будила его; вдруг упала ему на щеку слеза красной девицы, и он в ту ж минуту проснулся:

— Ах, говорит,— что-то меня обожгло!

— Финист ясный сокол!—отвечает ему девица.— Я к тебе пришла; три чугунных посоха изломала, три пары железных башмаков истоптала, три каменных просвиры изглодала—все тебя искала! Вот уж третью ночь над тобою стою, а ты спишь—не пробуждаешься, на мои слова не отзываешься!

Тут только узнал Финист ясный сокол и так обрадовался, что сказать нельзя.

Сговорились и ушли от просвирни.

Поутру хватилась просвирнина дочь своего мужа: ни его нет, ни работницы! Стала жаловаться матери; просвирня приказала лошадей заложить и погналась в погоню.

Ездила, ездила, и к трем старухам заезжала, а Финиста ясна сокола не догнала: его и следов давно не видать!

Очутился Финист ясный сокол со своею суженой возле ее дома родительского; ударился о сыру землю и сделался перышком: красная девица взяла его, спрятала за пазушку и пришла к отцу.

— Ах, дочь моя любимая! Я думал, что тебя и на свете нет; где была так долго?

— Богу ходила молиться.

А случилось это как раз около святой недели. Вот отец с старшими дочерьми собираются к заутрене.

— Что ж, дочка милая,— спрашивает он меньшую,— собирайся да поедем; нынче день такой радостный.

— Батюшка, мне надеть на себя нечего.

— Надень наши уборы,— говорят старшие сестры.

— Ах, сестрицы, мне ваши платья не по кости! Я лучше дома останусь.

Отец с двумя дочерьми уехал к заутрене; в те поры красная девица вынула свое перышко. Оно ударилось об пол и сделалось прекрасным царевичем.

Царевич свистнул в окошко — сейчас явились и платья, и уборы, и карета золотая. Нарядились, сели в карету и поехали.

Входят они в церковь, становятся впереди всех; народ дивится: какой такой царевич с царевною пожаловал?

На исходе заутрени вышли они раньше всех и уехали домой; карета пропала, платьев и уборов как не бывало, а царевич обратился перышком. Воротился и отец с дочерьми.

— Ах, сестрица! Вот ты с нами не ездила, а в церкви был прекрасный царевич с ненаглядной царевною.

— Ничего, сестрицы! Вы мне рассказали—все равно что сама была.

На другой день опять то же; а на третий, как стал царевич с красной девицей в карету садиться, отец вышел из церкви и своими глазами видел, что карета к его дому подъехала и пропала.

Воротился отец и стал меньшую дочку допрашивать; она и говорит:

— Нечего делать, надо признаться!

Вынула перышко; перышко ударилось об пол и обернулось царевичем.

Тут их и обвенчали, и свадьба была богатая! На той свадьбе и я был, вино пил, по усам текло, во рту не было. Надели на меня колпак да и ну толкать; надели на меня кузов:

— Ты, детинушка, не гузай, убирайся-ка поскорей со двора.

Елена Премудрая

В стародревние годы в некоем царстве, не в нашем государстве, случилось одному солдату у каменной башни на часах стоять; башня была на замок заперта и печатью запечатана, а дело-то было ночью.

Ровно в двенадцать часов слышится солдату, что кто-то гласит из этой башни.

— Эй, служивый! Солдат спрашивает:

— Кто меня кличет?

— Это я—нечистый дух,— отзывается голос из-за железной решетки,—тридцать лет как сижу здесь не пивши, не евши.

— Что ж тебе надо?

— Выпусти меня на волю; как будешь в нужде, я тебе сам пригожусь; только помяни меня—и я в ту ж минуту явлюсь к тебе на выручку.

Солдат тотчас сорвал печать, разломал замок и отворил двери—нечистый вылетел из башни, взвился кверху и сгинул быстрей молнии.

«Ну,—думает солдат,—наделал я дела; вся моя служба ни за грош пропала. Теперь засадят меня под арест, отдадут под военный суд и, чего доброго,—заставят сквозь строй прогуляться; уж лучше убегу, пока время есть».

Бросил ружье и ранец на землю и пошел куда глаза глядят.

Шел он день, и другой, и третий; разобрал его голод, а есть и пить нечего; сел на дороге, заплакал горькими слезами и раздумался:

— Ну, не глуп ли я? Служил у царя десять лет, завсегда был сыт и доволен, каждый день по три фунта хлеба получал; так вот нет же! Убежал на волю, чтобы помереть голодною смертию. Эх, дух нечистый, всему ты виною.

Вдруг откуда ни взялся—стал перед ним нечистый и спрашивает:

— Здравствуй, служивый! О чем горюешь?

— Как мне не горевать, коли третий день с голоду пропадаю.

— Не тужи, это дело поправное! — сказал нечистый, туда-сюда бросился, притащил всяких вин и припасов, накормил-напоил солдата и зовет его с собою:

— В моем доме будет тебе житье привольное; пей, ешь и гуляй, сколько душа хочет, только присматривай за моими дочерьми—больше мне ничего не надобно.

Солдат согласился; нечистый подхватил его под руки, поднял высоко-высоко на воздух и принес за тридевять земель, в тридесятое государство—в белокаменные палаты.

У нечистого было три дочери—собой красавицы. Приказал он им слушаться того солдата и кормить и поить его вдоволь, а сам полетел творить пакости; известно—нечистый дух! На месте никогда не сидит, а все по свету рыщет да людей смущает, на грех наводит.

Остался солдат с красными девицами, и такое ему житье вышло, что и помирать не надо. Одно его кручинит: каждую ночь уходят красные девицы из дому, а куда уходят—неведомо. Стал было их про то расспрашивать, так не сказывают, запираются.

«Ладно же,—думает солдат,— буду целую ночь караулить, а уж усмотрю, куда вы таскаетесь».

Вечером лег солдат на постель, притворился, будто крепко спит, а сам ждет не дождется—что-то будет?

Вот как пришла пора-время, подкрался он потихоньку к девичьей спальне, стал у дверей, нагнулся и смотрит в замочную скважинку. Красные девицы принесли волшебный ковер, разостлали по полу, ударились о тот ковер и сделались голубками; встрепенулись и улетели в окошко.

«Что за диво!—думает солдат.— Дай-ка я попробую».

Вскочил в спальню, ударился о ковер и обернулся малиновкой, вылетел в окно да за ними вдогонку.

Голубки опустились на зеленый луг, а малиновка села под смородинов куст, укрылась за листьями и высматривает оттуда.

На то место налетело голубиц видимо-невидимо, весь луг прикрыли; посредине стоял золотой трон. Немного погодя осияло и небо и землю— летит по воздуху золотая колесница, в упряжи шесть огненных змеев; на колеснице сидит королевна Елена Премудрая—такой красы неописанной, что ни вздумать, ни взгадать, ни в сказке сказать!

Сошла она с колесницы, села на золотой трон; начала подзывать к себе голубок по очереди и учить их разным мудростям. Покончила ученье, вскочила на колесницу и была такова!

Тут все до единой голубки снялись с зеленого лугу и полетели каждая в свою сторону, птичка-малиновка вспорхнула вслед за тремя сестрами и вместе с ними очутилась в спальне.

Голубки ударились о ковер — сделались красными девицами, а малиновка ударилась — обернулась солдатом.

— Ты откуда? — спрашивают его девицы.

— А я с вами на зеленом лугу был, видел прекрасную королевну на золотом троне и слышал, как учила вас королевна разным хитростям.

— Ну, счастье твое, что уцелел! Ведь эта королевна — Елена Премудрая, наша могучая повелительница. Если б при ней да была ее волшебная книга, она тотчас бы тебя узнала — и тогда не миновать бы тебе злой смерти. Берегись, служивый! Не летай больше на зеленый луг, не дивись на Елену Премудрую; не то сложишь буйну голову.

Солдат не унывает, те речи мимо ушей пропускает; дождался другой ночи, ударился о ковер и сделался птичкой-малиновкой. Прилетела малиновка на зеленый луг, спряталась под смородинов куст, смотрит на Елену Премудрую, любуется ее красотой ненаглядною и думает: «Если б такую жену добыть—ничего б в свете пожелать не осталося! Полечу-ка я следом за нею да узнаю, где она проживает».

Вот сошла Елена Премудрая с золотого трона, села на свою колесницу и понеслась по воздуху к своему чудесному дворцу; следом за ней и малиновка полетела.

Приехала королевна во дворец; выбежали к ней навстречу няньки и мамки, подхватили ее под руки и увели в расписные палаты. А птичка-малиновка порхнула в сад, выбрала прекрасное дерево, что как раз стояло под окном королевниной спальни, уселась на веточке и начала петь так хорошо да жалобно, что королевна целую ночь и глаз не смыкала—все слушала.

Только взошло красное солнышко, закричала Елена Премудрая громким голосом:

— Няньки и мамки, бегите скорее в сад; изловите мне птичку-малиновку!

Няньки и мамки бросились в сад, стали ловить певчую пташку; да куды им, старухам! Малиновка с кустика на кустик перепархивает, далеко не летит и в руки не дается.

Не стерпела королевна, выбежала в зеленый сад, хочет сама ловить птичку-малиновку; подходит к кустику—птичка с ветки не трогается, сидит опустя крылышки—словно ее дожидается.

Обрадовалась королевна, взяла птичку в руки, принесла во дворец, посадила в золотую клетку и повесила в своей спальне.

День прошел, солнце закатилось, Елена Премудрая слетала на зеленый луг, воротилась, начала снимать уборы, разделась и легла в постель. Малиновка смотрит на ее тело белое, на ее красу ненаглядную и вся как есть дрожит. Как только уснула королевна, птичка-малиновка обернулась мухою, вылетела из золотой клетки, ударилась об пол и сделалась добрым молодцем.

Подошел добрый молодец к королевниной кроватке, смотрел, смотрел на красавицу, не выдержал и чмок ее в уста сахарные. Видит—королевна просыпается, обернулся поскорей мухою, влетел в клетку и стал птичкой-малиновкой.

Елена Премудрая раскрыла глаза; глянула кругом—нет никого. «Видно,—думает,—мне во сне это пригрезилось!» Повернулась на другой бок и опять заснула.

А солдату крепко не терпится; попробовал в другой и в третий раз—чутко спит королевна, после всякого поцелуя пробуждается.

За третьим разом встала она с постели и говорит:

— Тут что-нибудь да недаром: дай-ка посмотрю в волшебную книгу.

Посмотрела в свою волшебную книгу и тотчас узнала, что сидит в золотой клетке не простая птичка-малиновка, а молодой солдат.

— Ах, ты невежа!—закричала Елена Премудрая.—Выходи-ка из клетки. За твою неправду ты мне жизнью ответишь.

Нечего делать—вылетела птичка-малиновка из золотой клетки, ударилась об пол и обернулась добрым молодцем. Пал солдат на колени перед королевною и зачал просить прощения.

— Нет тебе, негодяю, прощения,— отвечала Елена Премудрая и крикнула палача и плаху рубить солдату голову.

Откуда ни взялся — стал перед ней великан с топором и с плахою, повалил солдата наземь, прижал его буйную голову к плахе и поднял топор. Вот махнет королевна платком, и покатится молодецкая голова!..

— Смилуйся, прекрасная королевна,—просит солдат со слезами,—позволь напоследях песню спеть.

— Пой, да скорей!

Солдат затянул песню такую грустную, такую жалобную, что Елена

Премудрая сама расплакалась; жалко ей стало доброго молодца, говорит она солдату:

— Даю тебе сроку десять часов; если ты сумеешь в это время так хитро спрятаться, что я тебя не найду, то выйду за тебя замуж; а не сумеешь этого дела сделать—велю рубить тебе голову.

Вышел солдат из дворца, забрел в дремучий лес, сел под кустик, задумался-закручинился:

— Ах, дух нечистый! Все из-за тебя пропадаю. В ту ж минуту явился к нему нечистый.

— Что тебе, служивый, надобно?

— Эх,— говорит,— смерть моя приходит! Куда я от Елены Премудрой спрячуся?

Нечистый дух ударился о сырую землю и обернулся сизокрылым орлом:

— Садись, служивый, ко мне на спину; я тебя занесу в поднебесье.

Солдат сел на орла: орел взвился кверху и залетел за облака-тучи черные.

Прошло пять часов, Елена Премудрая взяла волшебную книгу, посмотрела—и все словно на ладони увидела; возгласила она громким голосом:

— Полно, орел, летать по поднебесью; опускайся на низ — от меня ведь не укроешься.

Орел опустился наземь.

Солдат пуще прежнего закручинился:

— Что теперь делать? Куда спрятаться?

— Постой,— говорит нечистый,— я тебе помогу.

Подскочил к солдату, ударил его по щеке и оборотил булавкою, а сам сделался мышкою, схватил булавку в зубы, прокрался во дворец, нашел волшебную книгу и воткнул в нее булавку.

Прошли последние пять часов. Елена Премудрая развернула свою волшебную книгу, смотрела, смотрела— книга ничего не показывает; крепко рассердилась королевна и швырнула ее в печь.

Булавка выпала из книги, ударилась об пол и обернулась добрым молодцем.

Елена Премудрая взяла его за руку.

— Я,— говорит,— хитра, а ты и меня хитрей!

Не стали они долго раздумывать, перевенчались и зажили себе припеваючи.

Царевна, разрешающая загадки

Жил-был старик; у него было три сына, третий-от Иван-дурак. Какой-то был тогда царь — это давно уж было; у него была дочь. Она и говорит отцу:

— Позволь мне, батюшка, отгадывать загадки; если у кого отгадаю загадки, тому чтобы голову ссекли, а не отгадаю, за того пойду замуж.

Тотчас сделали клич; многие являлись, всех казнили: царевна отгадывала загадки. Иван-дурак говорит отцу:

— Благословляй, батюшка! Я пойду к царю загадывать загадки!

— Куда ты, дурак! И лучше-то тебя, да казнят!

— Благословишь — пойду, и не благословишь — пойду!

Отец благословил. Иван-дурак поехал, видит: на дороге хлеб, в хлебе лошадь; он выгнал ее кнутиком, чтоб не отаптьгоала, и говорит:

— Вот загадка есть!

Едет дальше, видит змею, взял ее заколол копьем и думает:

— Вот другая загадка!

Приезжает к царю; его приняли и велят загадывать загадки. Он говорит:

— Ехал я к вам, вижу на дороге добро, в добре-то добро же, я взял добро-то да добром из добра и выгнал; добро от добра и из добра убежало.

Царевна хватила книжку, смотрит: нету этой загадки; не знает разгадать -и говорит отцу:

— Батюшка! У меня сегодня головушка болит, мысли помешались; я завтра разгадаю. Отложили до завтра.

Ивану-дураку отвели комнату. Он вечером сидит, покуривает трубочку; а царевна выбрала верную горнишну, посылает ее к Ивану-дураку:

— Поди,— говорит,— спроси у него, что это за загадка; сули ему злата и серебра, чего угодно.

Горнишна приходит, стучится; Иван-дурак отпер двери, она вошла и спрашивает загадку, сулит горы золота и серебра. Иван-дурак и говорит:

— На что мне деньги! У меня своих много. Пусть царевна простоит всю ночь не спавши в моей горнице, дак скажу загадку.

Царевна услышала это, согласилась, стояла всю ночь—не спала.

Иван-дурак утром сказал загадку, что выгнал из хлеба лошадь. И царевна разгадала.

Иван-дурак стал другую загадывать:

— Ехал я к вам, на дороге вижу зло, взял его да злом и ударил, зло от зла и умерло.

Царевна опять хватила книжку, не может разгадать загадку и отпросилась до утра.

Вечером посылает горнишну узнать у Ивана-дурака загадку:

— Сули,— говорит,— ему денег!

— На что мне деньги! У меня своих много,— отвечает Иван-дурак,— пусть царевна простоит ночь не спавши, тогда скажу загадку.

Царевна согласилась, не спала ночь и загадку разгадала.

Третью загадку Иван-дурак так не стал загадывать, а велел собрать всех сенаторов и загадал, как царевна не умела отгадывать те загадки и посылала к нему горнишну подкупать на деньги.

Царевна не могла догадаться и этой загадки; опять к нему спрашивать — сулила серебра и золота сколько угодно и хотела отправить домой на прогоне. Не тут-то было!

Опять простояла ночь не спавши; он как сказал ей, о чем загадка,—ей разгадывать-то нельзя; о ней, значит, узнают, как и те загадки она выпытывала у Ивана-дурака.

И ответила царевна:

— Не знаю.

Вот веселым пирком, да и за свадебку: Иван-дурак женился на ней; стали жить да быть, и теперь живут.

Вещий сон

Жил-был купец, у него было два сына: Дмитрий да Иван. Раз, благословляя их на ночь, сказал им отец:

— Ну, дети, кому что во сне привидится—поутру мне поведайте; а кто утаит свой сон, того казнить велю.

Вот наутро приходит старший сын и сказывает отцу:

— Снилось мне, батюшка, будто брат Иван высоко летал по поднебесью на двенадцати орлах; да еще будто пропала у тебя любимая овца.

— А тебе, Ваня, что привиделось?

— Не скажу!—отвечал Иван.

Сколько отец ни принуждал его, он уперся и на все увещания одно твердил: «не скажу!» да «не скажу!». Купец рассердился, позвал своих приказчиков и велел взять непослушного сына, раздеть донага и привязать к столбу на большой дороге.

Приказчики схватили Ивана и, как сказано, привязали его нагишом к столбу крепко-накрепко. Плохо пришлось доброму молодцу: солнце печет его, комары кусают, голод и жажда измучили.

Случилось ехать по той дороге молодому царевичу; увидал он

купеческого сына, сжалился и велел освободить его, нарядил в свою одежу, привез к себе во дворец и начал расспрашивать:

— Кто тебя к столбу привязал?

— Родной отец прогневался.

— Чем же ты провинился?

— Не хотел рассказать ему, что мне во сне привиделось.

— Ах, как же глуп твой отец, за такую безделицу да так жестоко наказывать... А что тебе снилось?

— Не скажу, царевич!

— Как не скажешь? Я тебя от смерти избавил, а ты мне грубить хочешь? Говори сейчас, не то худо будет.

— Отцу не сказал и тебе не скажу!

Царевич приказал посадить его в темницу; тотчас прибежали солдаты и отвели его, раба божьего, в каменный мешок.

Прошел год, вздумал царевич жениться, собрался и поехал в чужедальнее государство свататься на Елене Прекрасной. У того царевича была родная сестра, и вскоре после его отъезда случилось ей гулять возле самой темницы.

Увидал ее в окошечко Иван, купеческий сын, и закричал громким голосом:

— Смилуйся, царевна, выпусти меня на волю; может, и я пригожуся! Ведь я знаю, что царевич поехал на Елене Прекрасной свататься; только без меня ему не жениться, а разве головой поплатиться. Чай, сама слышала, какая хитрая Елена Прекрасная и сколько женихов на тот свет спровадила.

— А ты берешься помочь царевичу?

— Помог бы, да крылья у сокола связаны. Царевна тот.час же отдала приказ выпустить его из темницы.

Иван, купеческий сын, набрал себе товарищей, и было всех их и с Иваном двенадцать человек, а похожи друг на дружку, словно братья родные,—рост в рост, голос в голос, волос в волос. Нарядились они в одинаковые кафтаны, по одной мерке шитые, сели на добрых коней и поехали в путь-дорогу.

Ехали день, и два, и три; на четвертый подъезжают к дремучему лесу, и послышался им страшный крик.

— Стойте, братцы!—говорит Иван.— Подождите немножко, я на тот шум пойду.

Соскочил с коня и побежал в лес; смотрит—на поляне три старика ругаются.

— Здравствуйте, старые! Из-за чего у вас спор?

— Эх, младой юноша! Получили мы от отца в наследство три диковинки: шапку-невидимку, ковер-самолет и сапоги-скороходы; да вот уже семьдесят лет как спорим, а поделиться никак не можем.

— Хотите, я вас разделю?

— Сделай милость!

Иван, купеческий сын, натянул свой тугой лук, наложил три стрелочки и пустил в разные стороны; одному старику велит направо бежать, другому—налево, а третьего посылает прямо:

— Кто из вас первый принесет стрелу, тому шапка-невидимка достанется; кто второй явится, тот ковер-самолет получит; а последний пусть возьмет сапоги-скороходы.

Старики побежали за стрелками; а Иван, купеческий сын, забрал все диковинки и вернулся к своим товарищам.

— Братцы,—говорит,—пускайте своих добрых коней на волю да садитесь ко мне на ковер-самолет.

Живо уселись все на ковер-самолет и полетели в царство Елены Прекрасной.

Прилетели к ее стольному городу, опустились у заставы и пошли разыскивать царевича. Приходят на его двор.

— Что вам надобно? — спросил царевич.

— Возьми нас, добрых молодцев, к себе на службу; будем тебе радеть и добра желать от чистого сердца.

Царевич принял их на свою службу и распределил кого в повара, кого в конюхи, кого куда.

В тот же день нарядился царевич по-праздничному и поехал представляться Елене Прекрасной. Она его встретила ласково, угостила всякими ествами и дорогими напитками и потом стала спрашивать:

— А скажи, царевич, по правде, зачем к нам пожаловал?

— Да хочу, Елена Прекрасная, за тебя посвататься; пойдешь ли за меня замуж?

— Пожалуй, я согласна; только выполни наперед три задачи. Если выполнишь — буду твоя, а нет — готовь свою голову под острый топор.

— Задавай задачу!

— Будет у меня завтра; а что — не скажу; ухитрись-ка, царевич, да принеси к моему незнаемому свое под пару.

Воротился царевич на свою квартиру в большой кручине и печали. Спрашивает его Иван, купеческий сын:

— Что, царевич, не весел? Али чем досадила Елена Прекрасная? Поделись своим горем со мною; тебе легче будет.

— Так и так,— отвечает царевич,— задала мне Елена Прекрасная такую задачу, что ни один мудрец в свете не разгадает.

— Ну, это еще небольшая беда! Молись-ка богу да ложись спать; утро вечера мудренее, завтра дело рассудим.

Царевич лег спать, а Иван, купеческий сын, надел шапку-невидимку да сапоги-скороходы и марш во дворец к Елене Прекрасной; вошел прямо в почивальню и слушает. Тем временем Елена Прекрасная отдавала такой приказ своей любимой служанке:

— Возьми эту дорогую материю и отнеси к башмачнику; пусть сделает башмачок на мою ногу, да как можно скорее.

Служанка побежала куда приказано, а следом за ней и Иван пошел.

Мастер тотчас же за работу принялся, живо сделал башмачок и поставил на окошко; Иван, купеческий сын, взял тот башмачок и спрятал потихоньку в карман.

Засуетился бедный башмачник — из-под носу пропала работа; уж он искал, искал, все уголки обшарил— все понапрасну! «Вот чудо!— думает.— Никак, нечистый со мной пошутил?» Нечего делать, взялся опять за иглу, сработал другой башмачок и понес к Елене Прекрасной.

— Экий ты мешкотный! — сказала Елена Прекрасная.— Сколько времени за одним башмаком провозился!

Села она за рабочий столик, начала вышивать башмак золотом, крупным жемчугом унизывать, самоцветными камнями усаживать.

А Иван тут же очутился, вынул свой башмачок и сам то же делает: какой она возьмет камушек, такой и он выбирает; где она приткнет жемчужину, там и он насаживает.

Кончила работу Елена Прекрасная, улыбнулась и говорит:

— С чем-то царевич завтра покажется? «Подожди,—думает Иван,— еще неведомо, кто кого перехитрит!

Воротился домой и лег спать; на заре на утренней встал он, оделся и пошел будить царевича; разбудил и дает ему башмачок:

— Поезжай,— говорит,— к Елене Прекрасной и ка-жи башмачок— это ее первая задача!

Царевич умылся, принарядился и поскакал к невесте; а у ней гостей собрано полны комнаты—все бояре да вельможи, люди думные. Как приехал царевич, тотчас заиграла музыка, гости с мест повскакивали, солдаты на караул сделали.

Елена Прекрасная вынесла башмачок, крупным жемчугом унизанный, самоцветными камнями усаженный; а сама глядит на царевича, усмехается. Говорит ей царевич:

— Хорош башмак, да без пары ни на что не пригоден! Видно, подарить тебе другой такой же!

С этим словом вынул он из кармана другой башмачок и положил его на стол. Тут все гости в ладоши захлопали, в один голос закричали:

— Ай да царевич! Достоин жениться на нашей государыне, на Елене Прекрасной.

— А вот увидим!—отвечала Елена Прекрасная.— Пусть исполнит другую задачу.

Вечером поздно воротился царевич домой еще пасмурней прежнего.

— Полно, царевич, печалиться! —сказал ему Иван, купеческий сын.—Молись-ка богу да ложись спать; утро вечера мудренее.

Уложил его в постель, а сам надел сапоги-скороходы да шапку-невидимку и побежал во дворец к Елене Прекрасной. Она в то самое время отдавала приказ своей любимой служанке:

— Сходи поскорей на птичий двор да принеси мне уточку.

Служанка побежала на птичий двор, и Иван за нею; служанка ухватила уточку, а Иван селезня, и тем же путем назад пришли.

Елена Прекрасная села за рабочий столик, взяла утку, убрала ей крылья лентами, хохолок бриллиантами; Иван, купеческий сын, смотрит да то же творит над селезнем.

На другой день у Елены Прекрасной опять гости, опять музыка; выпустила она свою уточку и спрашивает царевича:

— Угадал ли мою задачу?

— Угадал, Елена Прекрасная! Вот к твоей уточке пара,—и пускает тотчас селезня...

Тут все бояре в один голос крикнули:

— Ай да молодец царевич! Достоин взять за себя Елену Прекрасную.

— Постойте, пусть исполнит наперед третью задачу.

Вечером воротился царевич домой такой пасмурный, что и говорить не хочет.

— Не тужи, царевич, ложись лучше спать; утро вечера мудренее,—сказал Иван, купеческий сын.

Сам поскорей надел шапку-невидимку да сапоги-скороходы и побежал к Елене Прекрасной. А она собралась на синее море ехать, села в коляску и во всю прыть понеслася; только Иван, купеческий сын, ни на шаг не отстает.

Приехала Елена Прекрасная к морю и стала вызывать своего дедушку. Волны заколыхалися, и поднялся из воды старый дед — борода у него золотая, на голове волосы серебряные. Вышел он на берег:

— Здравствуй, внучка! Давненько я с тобою не виделся; поищи-ка у меня в головушке.—Лег к ней на колени и задремал сладким сном; Елена Прекрасная ищет у деда в голове, а Иван, купеческий сын, у ней за плечами стоит.

Видит она, что старик заснул, и вырвала у него три серебряных волоса; а Иван, купеческий сын, не три волоса, целый пучок выхватил. Дед проснулся и закричал:

— Что ты, с ума сошла? Ведь больно!

— Прости, дедушка! Давно тебя не чесала, все волоса перепутались.

Дед успокоился и немного погодя опять захрапел. Елена Прекрасная вырвала у него три золотых волоса, а Иван, купеческий сын, схватил его за бороду и чуть не всю оторвал.

Страшно вскрикнул дед, вскочил на ноги и бросился в море.

«Теперь царевич попался! — думает Елена Прекрасная.—Таких волос ему не добыть».

На следующий день собрались к ней гости; приехал и царевич. Елена Прекрасная показывает ему три волоса серебряные да три золотые и спрашивает:

— Видал ли ты где этакое диво?

— Нашла чем хвастаться! Хочешь, я тебе целый пучок подарю.

Вынул и подал ей клок золотых волос да клок серебряных.

Рассердилась Елена Прекрасная, побежала в свою почивальню и стала смотреть в волшебную книгу: сам ли царевич угадывает или кто ему помогает! И видит по книге, что не он хитер, а хитер его слуга — Иван, купеческий сын.

Воротилась к гостям и пристала к царевичу:

— Пришли-де ко мне своего любимого слугу.

— У меня их двенадцать.

— Пришли того, что Иваном зовут.

— Да их всех зовут Иванами.

— Хорошо,— говорит,— пусть все приедут!—А в уме держит: «Я и без тебя найду виноватого!»

Отдал царевич приказание—и вскоре явились во дворец двенадцать добрых молодцев, его верных слуг; все на одно лицо, рост в рост, голос в голос, волос в волос.

— Кто из вас большой? — спросила Елена Прекрасная.

Они разом все закричали:

— Я большой! Я большой!

«Ну,—думает она,— тут спроста ничего не узнаешь!»— и велела подать одиннадцать простых чарок, а двенадцатую золотую, из которой завсегда сама пила; налила те чарки дорогим вином и стала добрых молодцев потчевать.

Никто из них не берет простой чарки, все к золотой потянулись и давай ее вырывать друг у друга; только шуму наделали да вино расплескали!

Видит Елена Прекрасная, что штука ее не удалася; велела этих молодцев накормить-напоить и спать во дворце положить.

Вот ночью, как уснули все крепким сном, она пришла к ним с своею волшебною книгою, глянула в ту книгу и тотчас узнала виновного; взяла ножницы и остригла у него висок.

«По этому знаку я его завтра узнаю и велю казнить.

Поутру проснулся Иван, купеческий сын, взялся рукой за голову—а висок-то острижен; вскочил он с постели и давай будить товарищей:

— Полно спать, беда близко! Берите-ка ножницы да стригите виски.

Через час времени позвала их к себе Елена Прекрасная и стала отыскивать виноватого; что за чудо? На кого ни взглянет—у всех виски острижены. С досады ухватила она свою волшебную книгу и забросила в печь.

После того нельзя было ей отговариваться, надо было выходить замуж за царевича. Свадьба была веселая; три дня народ без просыпу пьянствовал, три дня кабаки и харчевни стояли отворены—кто хошь приходи, пей и ешь на казенный счет!

Как покончились пиры, царевич собрался с молодою женою ехать в свое государство; а двенадцать добрых молодцев вперед отпустил.

Вышли они за город, разостлали ковер-самолет, сели и поднялись выше облака ходячего; летели, летели и опустились как раз у того дремучего лесу, где своих добрых коней покинули.

Только успели сойти с ковра, глядь—бежит к ним старик со стрелкою. Иван, купеческий сын, отдал ему шапку-невидимку. Вслед за тем прибежал другой старик и получил ковер-самолет; а там и третий—этому достались сапоги-скороходы. Говорит Иван своим товарищам: — Седлайте, братцы, лошадей, пора в путь отправляться.

Они тотчас изловили лошадей, оседлали их и
поехали в свое отечество.

Приехали и прямо к царице явились; та им сильно обрадовалась, расспросила о своем родном братце, как он женился и скоро ль домой будет?

— Чем же вас,— спрашивает,—за такую службу наградить?
Отвечает Иван, купеческий сын:

— Посади меня в темницу, на старое место. Как его царевна ни уговаривала, он таки настоял на своем; взяли его солдаты и отвели в темницу.

Через месяц приехал царевич с молодою супругою; встреча была торжественная: музыка играла, в пушки палили, в колокола звонили, народу собралось столько, что хоть по головам ступай!

Пришли бояре и всякие чины представляться царевичу; он осмотрелся кругом и стал спрашивать:

— Где же Иван, мой верный слуга?

— Он,—говорят,—в темнице сидит.

— Как в темнице? Кто смел посадить? Докладует ему царевна:

— Ты же сам, братец, на него опалился и велел держать в крепком заточении. Помнишь, ты его про какой-то сон расспрашивал, а он сказать не хотел.

— Неужли ж это он?

— Он самый: я его на время к тебе отпускала. Царевич приказал привести Ивана, купеческого сына, бросился к нему на шею и просил не попомнить старого зла.

— А знаешь, царевич,—говорит ему Иван,—все, что с тобою

случилося, мне было наперед ведомо; все это я во сне видел; оттого тебе и про сон не сказывал.

Царевич наградил его генеральским чином, наделил богатыми именьями и оставил во дворце жить. Иван, купеческий сын, выписал к себе отца и старшего брата, и стали они все вместе жить-поживать, добра наживать.

Золотая гора

Промотался-прогулялся купеческий сын, до того пришло, что есть нечего; взял он лопату, вышел на торговую площадь и стал поджидать — не наймет ли кто в работники. Вот едет семисотный купец в раззолоченной карете; увидали его поденщики и все, сколько ни было, врозь рассыпались, по углам попрятались. Оставался на площади всего-навсего один купеческий сын.

— Хочешь работы, молодец? Наймись ко мне,— говорит семисотный купец.

— Изволь; я за тем на площадь пришел.

— А что возьмешь?

— Положи на день по сотне рублев, с меня и будет!

— Что так дорого?

— А дорого, так поди — ищи дешевого; вишь, сколько народу здесь было, а ты приехал — все разбежались.

— Ну, ладно! Приходи завтра на пристань.

На другой день поутру пришел купеческий сын на пристань; семисотный купец давно его дожидается. Сели они на корабль и поехали в море.

Ехали, ехали — посреди моря остров виднеется, на том острове стоят горы высокие, а у самого берега что-то словно огнем горит.

— Никак пожар виден!—говорит купеческий сын.

— Нет, это мой золотой дворец.

Привалили к острову, вышли на берег; навстречу семисотному купцу прибежала жена вместе с дочкою, а дочь — такая красавица, что ни вздумать, ни взгадать, ни в сказке сказать. Тотчас они поздоровались, пошли во дворец и нового работника с собой взяли; сели за стол, стали пить-есть, веселиться.

— Куда день ни шел!—говорит хозяин.— Сегодня попируем, а завтра и за работу примемся.

А купеческий сын был собою молодец, статный, рослый, кровь с молоком; полюбился он красной девице. Вышла она в другую комнату, вызвала его тайком и дала ему кремень да кресало:

— Возьми, будешь в нужде — пригодится!

На другой день семисотный купец отправился с своим работником к высокой золотой горе: лезть на нее — не взлезть, ползти — не всползти!

— Ну-ка,— говорит,— выпьем наперед.

И поднес ему сонного зелья. Работник выпил и заснул. Купец достал нож, убил лядащую клячу, выпотрошил, положил парня в лошадиное брюхо, сунул туда лопату и зашил, а сам в кустах притаился. Вдруг прилетают вороны черные, носы железные, ухватили падаль, унесли на гору и ну клевать; съели лошадь и стали было добираться до купеческого сына. Тут он проснулся, от черных воронов отмахнулся, глянул туда-сюда и спрашивает:

— Где я?

Отвечает семисотный купец:

— На золотой горе; бери-ка лопату да копай золото.

Вот он копал, копал, все на низ бросал; а купец на возы складывал. К вечеру девять возов поспело.

— Будет!—говорит семисотный купец.— Спасибо за работу, прощай!

— А я-то?

— А ты как знаешь! Вас там на горе девяносто девять сгинуло; с тобой ровно сто будет!—сказал купец и уехал.

«Что тут делать?—думает купеческий сын.— Сойти с горы никак нельзя; приходится помереть голодною смертью!» Стоит на горе, а над ним так и вьются вороны черные, носы железные: видно, добычу почуяли! Стал он припоминать, как все это сделалось, и пришло ему на ум, как вызывала его красная девица, подавала кремень да кресало, а сама приговаривала: «Возьми, будешь в нужде — пригодится!»—«А ведь это она недаром сказала! Дай попробую». Вынул купеческий сын кремень и кресало, ударил раз—и тотчас выскочило два молодца:

— Что угодно? Чего надобно?

— Снесите меня с горы к морскому берегу. Только успел вымолвить, они его подхватили и бережно с горы снесли.

Идет купеческий сын по берегу, глядь — мимо острова корабль плывет.

— Эй, добрые люди корабельщики! Возьмите меня с собой.

— Нет, брат! Некогда останавливаться, мы за эту остановку сто верст сделаем.

Миновали корабельщики остров — стали дуть им ветры встречные, поднялась буря страшная.

— Ах! Видно, он не простой человек; лучше воротимся да возьмем его на корабль.

Повернули к острову, пристали к берегу, взяли купеческого сына и отвезли его в родной город.

Много ли, мало ли прошло времени — взял купеческий сын лопату, вышел на торговую площадь и ждет наемщика. Опять едет в раззолоченной карете семисотный купец; увидали его поденщики, все врозь рассыпались, по углам попрятались. Оставался один купеческий сын.

— Наймись ко мне,— говорит ему семисотный купец.

— Изволь! Положи на день по двести рублев и давай работу.

— Экой дорогой!

— А дорогой, так поди — поймай дешевого; вишь, сколько народу здесь было, а ты показался — сейчас разбежались.

— Ну, ладно! Приходи завтра на пристань; Наутро сошлись они у пристани, сели на корабль и поехали к острову. Там один день прогуляли, а другой настал — к золотой горе отправились. Приезжают туда, семисотный купец подносит работнику чарку:

— Ну-ка выпей наперед!

— Постой, хозяин! Ты всему голова, тебе первому и пить; дай я тебя своим попотчую.

А уж купеческий сын загодя сонным зельем запасся; налил полный стакан и подает семисотному купцу. Тот выпил и заснул крепким сном. Купеческий сын зарезал самую дрянную клячу, выпотрошил, положил своего хозяина в лошадиное брюхо, сунул лопату и зашил, а сам в кустах спрятался.

Вдруг прилетели вороны черные, носы железные, подхватили падаль, унесли на гору и принялись клевать. Пробудился семисотный купец, глянул туда-сюда.

— Где я?—спрашивает.

— На горе; бери-ка лопату да копай золото; коли много накопаешь, научу — как с горы спуститься.

Семисотный купец взялся за лопату, копал, копал, двенадцать возов накопал.

— Ну, теперь довольно!—говорит купеческий сын.— Спасибо за труд, прощай!

— А я-то?

— А ты как знаешь! ,Вас там на горе девяносто девять сгинуло; с тобой ровно сотня будет!

Забрал купеческий сын все двенадцать возов, приехал в золотой дворец, женился на красной девице, дочке купца семисотного; овладел всем его богатством и со всей семьей переехал жить в столицу. А семисотный купец так на горе и остался; заклевали его вороны черные, носы железные.

Чудесная дудка

Жил старик со старухой. У них детей было двое: сынок Иванушка и дочка Аннушка. Старик начал своих детей посылать в лес за ягодками, наказывает им:

— Детки! Который из вас нарвет больше ягодок, тому поясок куплю шелковый.

Они возрадовались и немедля пошли. Иванушка был меньшее детище, нарвал больше Аннушкиного; Аннушка из досады, что отец не ей купит поясок, озлившись, убила своего брата и схоронила его в том лесу. Пришла домой и сказала отцу, что брат мой Иванушка неизвестно куда ушел.

Спустя несколько времени после того над могилой Иванушкиной выросла тростинка. Мимопроезжие купцы ее срезали, сделали дудку, и как начали играть в нее — изумились; из дудки выходил такой голос: «Подуди-ка, подуди-ка, дядюшка! Не ты меня убил, не ты меня сгубил; убила меня сестра моя — за красные ягодки, за шелковый поясок». Поехали те купцы в село и случилось им ночевать у Иванушкина отца; объявили ему про чудесную дудку и просили старика поиграть. Старик начал дудеть, а дудочка начала ему говорить: «Подуди-ка, подуди-ка, батюшка! Не ты меня убил, не ты меня сгубил; убила меня сестра моя Аннушка — за красные ягодки, за шелковый поясок».

После того дали сестре поиграть; дудка стала говорить: «Подуди-ка, подуди-ка, сестрица моя Аннушка! Ты меня убила, в лесу сгубила — за красные ягодки, за шелковый поясок». Отец, осердясь на дочку Аннушку, которая тут асе призналась, поставил ее на воротах и расстрелял из поганого ружья. На дворе у них была лужа, а в ней щука, а в щуке-то огонец; этой сказочке конец.

Птичий язык

В одном городе жил купец с купчихою, и дал им господь сына не по годам смышленого, по имени Василия.

Раз как-то обедали они втроем; а над столом висел в клетке соловей и так жалобно пел, что купец не вытерпел и проговорил:

— Если б сыскался такой человек, который отгадал бы мне вправду, что соловей распевает и какую судьбу предвещает, кажись — при жизни бы отдал ему половину имения, да и по смерти отказал много добра.

А мальчик — ему было лет шесть тогда—посмотрел отцу с матерью в глаза озойливо и сказал:

— Я знаю, что соловей поет, да сказать боюсь.

— Говори без утайки!—пристали к нему отец с матерью.

И Вася со слезами вымолвил:

— Соловей предвещает, что придет пора-время, будете вы мне служить: отец станет воду подавать, а мать полотенце — лицо, руки утирать.

Слова эти больно огорчили купца с купчихою, и решились они сбыть свое детище; построили небольшую лодочку, в темную ночь положили в нее сонного мальчика и пустили в открытое море.

На ту пору вылетел из клетки соловей-вещун, прилетел в лодку и сел мальчику на плечо.

Вот плывет лодка по морю, а навстречу ей корабль на всех парусах летит. Увидал корабельщик мальчика, жалко ему стало, взял его к себе, расспросил про все и обещал держать и любить его, как родного сына.

На другой день говорит мальчик новому отцу:

— Соловей-де напевает, что подымется буря, поломает мачты, прорвет паруса; надо поворотить в становище.

Но корабельщик не послушался.

И впрямь поднялась буря, поломала мачты, оборвала паруса.

Делать нечего, прошлого не воротишь; поставили новые мачты, поправили паруса и поплыли дальше. А Вася опять говорит:

— Соловеи-де напевает, что навстречу идут двенадцать кораблей, всё разбойничьих, во полон нас возьмут!

На тот раз корабельщик послушался, приворотил к острову и видел, как те двенадцать кораблей, всё разбойничьих, пробежали мимо. Выждал корабельщик сколько надобно и поплыл дальше.

Ни мало, ни много прошло времени, пристал корабль к городу Хвалынску; а у здешнего короля уже несколько годов перед дворцовыми окнами летают и кричат ворон с воронихою и вороненком, ни днем, ни ночью никому угомону не дают.

Что ни делали, никакими хитростями не могут их от окошек отжить; даже дробь не берет! И приказано было от короля прибить на всех перекрестках и пристанях такову грамоту: ежели кто сможет отжить от дворцовых окошек ворона с воронихою, тому король отдаст в награду полцарства своего и меньшую королевну в жены; а кто возьмется за такое дело, а дела не сделает, тому отрублена будет голова.

Много было охотников породниться с королем, да все головы свои под топор положили.

Узнал про то Вася, стал проситься у корабельщика:

— Позволь пойти к королю,— отогнать ворона с воронихою.

Сколько ни уговаривал его корабельщик, никак не мог удержать.

— Ну, ступай,— говорит,— да если что недоброе случится — на себя пеняй!

Пришел Вася во дворец, сказал королю и велел открыть то самое окно, возле которого воронье летало. Послушал птичьего крику и говорит королю:

— Ваше величество, сами видите, что летают здесь трое: ворон, жена его ворониха и сын их вороненок; ворон с воронихою спорят, кому принадлежит сын — отцу или матери, и просят рассудить их, Ваше величество! Скажите, кому принадлежит сын?

Король говорит:

— Отцу!

Только изрек король это слово, ворон с вороненком полетели вправо, а ворониха — влево.

После того король взял мальчика к себе, и жил он при нем в большой милости и чести; вырос и стал молодец молодцом, женился на королевне и взял в приданое полцарства.

Вздумалось ему как-то поездить по разным местам, по чужим землям, людей посмотреть и себя показать; собрался и поехал странствовать.

В одном городе остановился он ночевать; переночевал, встал поутру и велит, чтоб подали ему умываться.

Хозяин принес ему воду, а хозяйка подала полотенце; разговорился с ними королевич и узнал, что то были отец его и мать, заплакал от радости и упал к их ногам родительским; а после взял с собою в город Хвалынск, и стали они все вместе жить-поживать да добра наживать.

Охотник и его жена

Жил-был охотник, и было у него две собаки. Раз как-то бродил он с ними по лугам, по лесам, разыскивал дичи, долго бродил — ничего не видал, а как стало дело к вечеру, набрел на такое диво: горит пень, а в огне змея сидит. И говорит ему змея:

— Изыми, мужичок, меня из огня, из полымя, я тебя счастливым сделаю: будешь знать все, что на свете есть, и как зверь говорит, и что птица поет!

— Рад тебе помочь, да как? — спрашивает змею охотник.

— Вложи только в огонь конец палки, я по ней и вылезу.

Охотник так и сделал. Выползла змея:

— Спасибо, мужичок! Будешь разуметь теперь, что всякая тварь говорит; только никому про то не сказывай, а если скажешь — смертью помрешь!

Опять охотник пошел искать дичь, ходил, ходил, и пристигла его ночь темная.

«Домой далеко,— подумал он,— останусь-ка здесь ночевать».

Развел костер и улегся возле вместе с собаками и слышит, что собаки завели промеж себя разговор и называют друг друга братом.

— Ну, брат,— говорит одна,— ночуй ты с хозяином, а я домой побегу, стану двор караулить. Не ровен час: воры пожалуют!

— Ступай, брат, с богом!—отвечает другая. Поутру рано воротилась из дому собака и говорит той, что в лесу ночевала:

— Здравствуй, брат!

— Здорово!

— Хорошо ли ночь у вас прошла?

— Ничего, слава богу! А тебе, брат, как дома послалось?

— Ох, плохо! Прибежала я домой, а хозяйка говорит: «Вот черт принес без хозяина!»—и бросила мне горелую корку хлеба. Я понюхал, понюхал, а есть не стал; тут она схватила кочергу и давай меня потчевать, все ребра пересчитала! А ночью, брат, приходили на двор воры, хотели к амбарам да клетям подобраться, так я такой лай поднял, так зло на них накинулся, что куда уж было думать о чужом добре, только б самим уйти подобру-поздорову! Так всю ночь и провозился!

Слышит охотник, что собака собаке сказывает, и держит у себя на уме: «Погоди, жена! Приду домой—уж я те задам жару!»

Вот пришел в избу:

— Здорово, хозяйка!

— Здорово, хозяин!

— Приходила вчера домой собака?

— Приходила.

— Что ж, ты ее накормила?

— Накормила, родимый! Дала ей целую крынку молока и хлеба покрошила.

— Врешь, старая ведьма! Ты дала ей горелую корку да кочергой прибила.

Жена повинилась и пристала к мужу, сказки да и скажи, как ты про все узнал.

— Не могу — отвечает муж,— не велено сказывать.

— Скажи, миленький!

— Право слово, не могу!

— Скажи, голубчик!

— Если скажу, так смертью помру.

— Ничего, только скажи, дружок!

Что станешь с бабой делать? Хоть умри, да признайся!

— Ну, давай белую рубаху,— говорит муж. Надел белую рубаху, лег в переднем углу под образа, совсем умирать приготовился, и собирается рассказать хозяйке всю правду истинную. На ту пору вбежали в избу куры, а за ними петух и стал гвоздить то ту, то другую, а сам приговаривает:

— Вот я с вами разделаюсь! Ведь я не такой дурак, как наш хозяин, что с одной женой не справится! У меня вас тридцать и больше того, а захочу — до всех доберусь!

Как услыхал эти речи охотник, не захотел быть в дураках, вскочил с лавки и давай учить жену плеткою. Присмирела она: полно приставать да спрашивать!

Хитрая наука

Жили себе дед да баба, был у них сын. Старик-то был бедный; хотелось ему отдать сына в науку, чтоб смолоду был родителям своим на утеху, под старость на перемену, а по смерти на помин души, да что станешь делать, коли достатку нет! Водил он его, водил по городам — авось возьмет кто в ученье; нет, никто не взялся учить без денег. Воротился старик домой, поплакал-поплакал с бабою, потужил-погоревал о своей бедности и опять повел сына в город. Только пришли они в город, попадается им навстречу человек и спрашивает деда:

— Что, старичок, пригорюнился?

— Как мне не пригорюниться! —сказал дед.— Вот водил, водил сына, никто не берет без денег в науку, а денег нетути!

— Ну так отдай его мне,— говорит встречный,—я его в три года выучу всем хитростям. А через три года, в этот самый день, в этот самый час, приходи за сыном; да смотри: коли не просрочишь — придешь вовремя да узнаешь своего сына — возьмешь его назад; а коли нет, так оставаться ему у меня.

Дед так обрадовался и не спросил: кто такой встречный, где живет и чему учить станет малого? Отдал ему сына и пошел домой. Пришел домой в радости, рассказал обо всем бабе; а встречный-то был колдун.

Вот прошли три года, а старик совсем позабыл, в какой день отдал сына в науку, и не знает, как ему быть. А сын за день до срока прилетел к нему малою птичкою, хлопнулся о завалинку и вошел в избу добрым молодцем, поклонился отцу и говорит: завтра-де сравняется как раз три года, надо за ним приходить; и рассказал, куда за ним приходить и как его узнавать. — У хозяина моего не я один в науке; есть,— говорит,— еще одиннадцать работников, навсегда при нем остались — оттого, что родители не смогли их признать; и только ты меня не признаешь, так и я останусь при нем двенадцатым. Завтра, как придешь ты за мною, хозяин всех нас двенадцать выпустит белыми голубями — перо в перо, хвост в хвост и голова в голову ровны. Вот ты и смотри: все высоко станут летать, а я нет-нет да возьму повыше всех. Хозяин спросит: узнал ли своего сына? Ты и покажь на того голубя, что повыше всех.

После выведет он к тебе двенадцать жеребцов — все одной масти, гривы на одну сторону и собой ровны; как станешь проходить мимо тех жеребцов, хорошенько примечай: я нет-нет да правой ногою и топну. Хозяин опять спросит: узнал своего сына? Ты смело показывай на меня.

После того выведет к тебе двенадцать добрых молодцев — рост в рост, волос в волос, голос в голос, все на одно лицо и одежей ровны. Как станешь проходить мимо тех молодцев, примечай-ка: на правую щеку ко мне нет-нет да и сядет малая мушка. Хозяин опять-таки спросит: узнал ли своего сына? Ты и покажь на меня.

Рассказал все это, распростился с отцом и пошел из дому, хлопнулся о завалинку, сделался птичкою и улетел к хозяину.

Поутру дед встал, собрался и пошел за сыном. Приходит к колдуну.

— Ну, старик,— говорит колдун,— выучил твоего сына всем хитростям. Только, если не признаешь его, оставаться ему при мне на веки вечные.

После того выпустил он двенадцать белых голубей—перо в перо, хвост в хвост, голова в голову ровны, и говорит:

— Узнавай, старик, своего сына!

Как узнавать-то, ишь все ровны! Смотрел, смотрел,

да как поднялся один голубь повыше всех, указал на того голубя:

— Кажись, это мой!

— Узнал, узнал, дедушка!—сказывает колдун. В другой раз выпустил он двенадцать жеребцов— все, как один, и гривы на одну сторону.

Стал дед ходить вокруг жеребцов да приглядываться, а хозяин спрашивает:

— Ну что, дедушка! Узнал своего сына?

— Нет еще, погоди маленько.

Да как увидал, что один жеребец топнул правою ногою, сейчас показал на него:

— Кажись, это мой!

— Узнал, узнал, дедушка!

В третий раз вышли двенадцать добрых молод-цев—рост в рост, волос в волос, голос в голос, все на одно лицо, словно одна мать родила.

Дед раз прошел мимо молодцев — ничего не заприметил, в другой прошел — тож ничего, а как проходил в третий раз — увидал у одного молодца на правой щеке муху и говорит:

— Кажись, это мой!

— Узнал, узнал, дедушка!

Вот делать нечего, отдал колдун старику сына, и пошли они себе домой.

Шли, шли и видят: едет по дороге какой-то барин.

— Батюшка,—говорит сын,— я сейчас сделаюсь собачкою; барин станет покупать меня, ты меня-то продай, а ошейника не продавай; не то я к тебе назад не ворочусь!

Сказал так-то да в ту ж минуту ударился оземь и оборотился собачкою.

Барин увидал, что старик ведет собачку, зачал ее торговать: не так ему собачка показалась, как ошейник хорош. Барин дает за нее сто рублей, а дед просит триста; торговались, торговались, и купил барин собачку за двести рублей.

Только стал было дед снимать ошейник,— куда!— барин и слышать про то не хочет, упирается.

— Я ошейника не продавал,— говорит дед,— я продал одну собачку.

А барин:

— Нет, врешь! Кто купил собачку, тот купил и ошейник.

Дед подумал-подумал (ведь и впрямь без ошейника нельзя купить собаку!) и отдал ее с ошейником.

Барин взял и посадил собачку к себе, а дед забрал деньги и пошел домой.

Вот барин едет себе да едет, вдруг — откуда ни возьмись — бежит навстречу заяц.

— Что,—думает барин,— али выпустить собачку за зайцем да посмотреть ее прыти?

Только выпустил, смотрит: заяц бежит в одну сторону, собака в другую — и убежала в лес.

Ждал, ждал ее барин, не дождался и поехал ни при чем.

А собачка оборотилась добрым молодцем.

Дед идет дорогою, идет широкою и думает: как домой глаза-то показать, как старухе сказать, куда сына девал? А сын уж нагнал его.

— Эх, батюшка!—говорит.— Зачем с ошейником продавал? Ну, не повстречай мы зайца, я б не воротился, так бы и пропал ни за что!

Воротились они домой и живут себе помаленьку. Много ли, мало ли прошло времени, в одно воскресенье говорит сын отцу:

— Батюшка, я обернусь птичкою, понеси меня на базар и продай; только клетки не продавай, не то домой не ворочусь.

Ударился оземь, сделался птичкою, старик посадил ее в клетку и понес продавать.

Обступили старика люди, наперебой начали торговать птичку: так она всем показалась!

Пришел и колдун, тотчас признал деда и догадался, что у него за птица в клетке сидит. Тот дает дорого, другой дает дорого, а он дороже всех; продал ему старик птичку, а клетки не отдает; колдун туда-сюда, бился с ним, бился, ничего не берет!

Взял одну птичку, завернул в платок и понес домой.

— Ну, дочка,— говорит дома,— я купил нашего шельмеца!

— Где же он?

Колдун распахнул платок, а птички давно нет; улетела, сердешная!

Настал опять воскресный день. Говорит сын отцу:

— Батюшка! Я обернусь нынче лошадью; смотри же, лошадь продавай, а уздечки не моги продавать; не то домой не ворочусь.

Хлопнулся о сырую землю и сделался лошадью; повел ее дед на базар продавать.

Обступили старика торговые люди, всё барышники: тот дает дорого, другой дает дорого, а колдун дороже всех.

Дед продал ему сына, а уздечки не отдает.

— Да как же я поведу лошадь-то? — спрашивает колдун.— Дай хоть до двора довести, а там, пожалуй, бери свою узду: мне она не в корысть!

Тут все барышники на деда накинулись: так-де не водится! Продал лощадь — продал и узду. Что с ними поделаешь? Отдал дед уздечку.

Колдун привел коня на свой двор, поставил в конюшню, накрепко привязал к кольцу и высоко притянул ему голову: стоит конь на одних задних ногах, передние до земи не хватают.

— Ну, дочка,— сказывает опять колдун,— вот когда купил, так купил нашего шельмеца.

— Где же он?

— На конюшне стоит.

Дочь побежала смотреть; жалко ей стало добра молодца, захотела подлинней отпустить повод, стала распутывать да развязывать, а конь тем временем вырвался и пошел версты отсчитывать.

Бросилась дочь к отцу.

— Батюшка,— говорит,— прости! Грех меня попутал, конь убежал!

Колдун хлопнулся о сырую землю, сделался серым волком и пустился в погоню: вот близко, вот нагонит!

Конь прибежал к реке, ударился оземь, оборотился ершом и бултых в воду, а волк за ним щукою.

Ерш бежал, бежал водою, добрался к плотам, где красные девицы белье моют, перекинулся золотым кольцом и подкатился купеческой дочери под ноги.

Купеческая дочь подхватила колечко и спрятала. А колдун сделался по-прежнему человеком.

— Отдай,— пристает к ней,— мое золотое кольцо.

— Бери!—говорит девица и бросила кольцо наземь.

Как ударилось оно, в ту ж минуту рассыпалось мелкими зернами.

Колдун обернулся петухом и бросился клевать; пока клевал — одно зерно обернулось ястребом, и плохо пришлось петуху: задрал его ястреб!

Тем сказке конец, а мне водочки корец.

Диво

Жил-был рыбак. Раз поехал он на озеро, закинул сеть и вытащил щуку; вылез на берег, развел огонек и начал эту щуку поджаривать: один бок поджарил, поворотил на другой. Вот и совсем готово — только бы съесть, а щука как прыгнет с огня, да прямо в озеро.

— Вот диво,— говорит рыбак,— жареная рыба опять в воду ушла...

— Нет, мужичок,— отзывается ему щука человечьим голосом,— это что за диво! Вот в этакой-то деревне живет охотник, так с ним точно было диво; сходи к нему, он сам тебе скажет.

Рыбак пошел в деревню, разыскал охотника, поклонился ему:

— Здравствуй, добрый человек!

— Здравствуй, земляк! Зачем пришел?

— Да вот так и этак, расскажи: какое с тобой диво было?

— Слушай, земляк! Было у меня три сына, и ходил я с ними на охоту. Раз мы целый день охотились и убили три утки; ввечеру припили в лес, развели огонь, ощипали уток и стали варить их к ужину; сварили и уселись было за трапезу. Вдруг старик идет: «Хлеб-соль, молодцы!» — «Милости просим, старичок!»

Старик подсел, всех уток съел да на закуску старшего сына моего проглотил. Остался я с двумя сыновьями.

На другой день встали мы поутру и пошли на охоту; целый день исходили, трех уток убили, а ввечеру развели в лесу огонек и готовим ужин. Опять старик идет: «Хлеб-соль, молодцы!» — «Милости просим, старичок!»

Он сел, всех уток съел да середним сыном закусил. Остался я с одним сыном.

Вернулись домой, переспали ночь, а утром опять на охоту. Убили мы трех уток, развели огонек, живо сварили их и только было ужинать собрались, как тот же самый старик идет: «Хлеб-соль, молодцы!» — «Милости просим, старичок!»

Он сел, всех уток съел да меньшим сыном закусил.

Остался я один как перст; переночевал ночь в лесу, на другой день стал охотиться и столько настрелял птицы, что едва домой дотащил. Прихожу в избу, а сыновья мои лежат на полатях — все трое живы и здоровы!

Рыбак выслушал и говорит:

— Вот это диво, так диво!

— Нет, земляк,— отвечает охотник,— это что за диво! Вот в таком-то селе у такого-то мужика так подлинно диво сотворилося; пойди к нему, сам узнаешь.

Рыбак пошел в село, разыскал этого мужика, поклонился ему:

— Здравствуй, дяденька!

— Здравствуй, земляк! Зачем пришел?

— Так и так, расскажи, какое с тобой диво приключилося?

— Слушай!—говорит.— С молодых лет моих жил я с женою, и что же? Завела она полюбовника. Мне-то самому и невдомек это, да люди сказали. Вот один раз собрался я в лес за дровами, запряг лошадь, выехал за околицу; постоял с полчаса времени, вернулся потихоньку и спрятался на дворе.

Как стемнело, слышу я, что моя хозяйка с своим другом в избе гуляет; побежал в избу и только было хотел проучить жену маленько, а она ухватила палку, ударила меня по спине и сказала: «Доселева был ты мужик, а теперь стань черным кобелем!»

В ту ж минуту обернулся я собакою; взяла она ухват и давай меня возить по бокам: била, била и выгнала вон.

Выбежал я на улицу, сел на завалинку и думаю: авось жена опомнится да сделает меня по-старому человеком. Куда тебе! Сколько ни терся я около избы, не мог дождаться от злой бабы милости. Бывало — откроет окно да горячим кипятком так и обдаст всего, да все норовит, как бы в глаза попасть! А кормить совсем не кормит, хоть с голоду околевай!

Нечего делать, побежал я в чистое поле; вижу— мужик стадо быков пасет. Пристал я к этому стаду, начал за быками ходить: который от стада отобьется — я сейчас пригоню; а волкам от меня просто житья не стало — ни одного не подпущу.

Увидал мужик мое старание, начал меня кормить и поить, и так он на меня положился, что не стал и за стадом ходить: заберется, бывало, в деревню и гуляет себе сколько хочется. Говорит ему как-то барин: «Послушай, пастух! Ты все гуляешь, а скот один в поле ходит; этак не годится! Пожалуй, вор придет, быков уведет».—«Нет, барин! Я на своего пса крепко надеюсь; никого не подпустит».— «Рассказывай! Хочешь, я сейчас любого быка уведу?» — «Нет, не уведешь!»

Поспорили они, ударились об заклад о трех стах рублях и отдали деньги за руки.

Барин пошел в поле и только за быка—как я кинулся, всю одежу на нем в клочки изорвал, так-таки и не допустил его.

Мой хозяин получил заклад и с той поры возлюбил меня пуще прежнего: иной раз сам не доест, а меня непременно накормит.

Прожил я у него целое лето и захотел домой побывать:

«Посмотрю,— думаю себе,—не смилуется ли жена, не сделает ли опять человеком?»

Прибежал к избе, начал в дверь царапаться; выходит жена с палкрю, ударила меня по спине и говорит: «Ну, бегал ты черным кобелем, а теперь полети дятлом».

Обернулся я дятлом и полетел по лесам, по рощам.

Пристигла холодная зима; есть крепко хочется, а корму нету и достать негде. Забрался я в один сад, вижу—стоит на дереве птичья принада.

«Дай полечу в эту принаду; пусть меня ребятишки поймают, авось ксрмить станут, да в избе и теплей зимовать будет!»

Вскочил в западню, дверцы захлопнуло: взяли меня ребятишки, принесли к отцу:

— Посмотри, тятя, какого мы дятла поймали!

А ихний отец сам был знахарь; тотчас узнал, что я человек, не птица; вынул меня из клетки, посадил на ладонь, дунул на меня—и обернулся я по-прежнему мужиком.

Дает он мне зеленый прутик и сказывает: «Дождись, брат, вечера и ступай домой, да как войдешь в избу — ударь свою жену этим прутиком и скажи: «Была ты, жена, бабою, а теперь будь козою!»

Взял я зеленый прутик, прихожу домой вечером, потихохоньку подкрался к своей хозяйке, ударил ее прутиком и говорю: «Была ты, жена, бабою, а теперь будь козою!»

В ту ж минуту сделалась она козою; скрутил я ее за рога веревкою, привязал в сарае и стал кормить ржаною соломою.

Так целый год и держал ее на соломе; а потом пошел к знахарю: «Научи, земляк, как обернуть мою козу бабою!».

Он дал мне другой прутик: «На, брат! Ударь ее этим прутиком и скажи: «Была ты козою, а теперь стань бабою!»

Я воротился домой, ударил мою козу прутиком: «Была ты, говорю, козою, а теперь стань бабою!» Обернулась коза бабою; тут хозяйка моя бросилась мне в ноги, стала плакать, просить прощения, закля-лась-забожилась жить со мною по-божьему. С тех пор живем мы с ней благополучно в любви и согласии.

— Спасибо,— сказал рыбак,— это подлинно диво дивное!

Диво дивное, чудо чудное

Жил-был богатый купец с купчихою; торговал дорогими и знатными товарами и каждый год ездил с ними по чужим государствам.

В некое время снарядил он корабль; стал собираться в дорогу и спрашивает жену:

— Сказки, радость моя, что тебе из иных земель в гостинец привезти? Отвечает купчиха:

— Я у тебя всем довольна; всего у меня много! А коли угодить да потешить хочешь, купи мне диво дивное, чудо чудное.

— Хорошо; коли найду — куплю.

Поплыл купец за тридевять земель, в тридесятое царство, пристал к великому, богатому городу, распродал все свои товары, а новые закупил, корабль нагрузил; идет по городу и думает: «Где бы найти диво дивное, чудо чудное?»

Попался ему навстречу незнакомый старичок, спрашивает его:

— Что так призадумался-раскручинился, добрый молодец?

— Как мне не кручиниться!—отвечает купец.— Ищу я купить своей ясене диво дивное, чудо чудное, да не ведаю где.

— Эх ты, давно бы мне сказал! Пойдем со мной; у меня есть диво дивное, чудо чудное — так и быть, продам.

Пошли вместе; старичок привел купца в свой дом и говорит:

— Видишь ли—вон на дворе у меня гусь ходит?

— Вижу!

— Так смотри же, что с ним будет... Эй, гусь, подь сюды!

Гусь пришел в горницу. Старичок взял сковороду и опять приказывает:

— Эй, гусь, ложись на сковороду!

Гусь лег на сковороду; старичок поставил ее в печь, изжарил гуся, вынул и поставил на стол.

— Ну, купец, добрый молодец! Садись закусим; только костей под стол не кидай, все в одну кучу собирай.

Вот они за стол сели да вдвоем целого гуся и съели. Старичок взял огложанные кости, завернул в скатерть, бросил на пол и молвил:

— Гусь! Встань, встрепенись и поди на двор. Гусь встал, встрепенулся и пошел на двор, словно и в печи не бывал!

— Подлинно, хозяин, у тебя диво дивное, чудо чудное!—сказал купец, стал торговать у него гуся и сторговал за дорогие деньги. Взял с собой гуся на корабль и поплыл в свою землю.

Приехал домой, поздоровался с женой, отдает ей гуся и сказывает, что с той птицею хоть всякий день некупленное жаркое ешь! Зажарь ее — она опять оживет!

На другой день купец пошел в лавки, а к купчихе полюбовник прибежал. Такому гостю, другу сердечному, она куды как рада! Вздумала угостить его жареным гусем, высунулась в окно и закричала:

— Гусь, подь сюды! Гусь пришел в горницу.

— Гусь, ложись на сковороду!

Гусь не слушает, нейдет на сковороду; купчиха осердилась и ударила его сковородником—и в ту ж минуту одним концом сковородник прильнул к гусю, а другим к купцовой жене, и так плотно прильнул, что никак оторваться нельзя!

— Ах, миленький дружок,— закричала купчиха,— оторви меня от сковородника, видно, этот проклятый гусь заворожен!

Полюбовник обхватил купчиху обеими руками, хотел было от сковородника оторвать, да и сам прильнул...

Гусь выбежал на двор, на улицу и потащил их к лавкам.

Увидали приказчики, бросились разнимать; только кто до них ни дотронется — так и прилипнет!

Сбежался народ на то диво смотреть, вышел и купец из лавки, видит—дело-то неладно: что за друзья у жены проявились?

— Признавайся,— говорит,— во всем; не то навек так — сольнувшись — останешься!

Нечего делать, повинилась купчиха; купец взял тогда — рознял их, полюбовнику шею накостылял, а жену домой отвел да изрядно поучил, приговаривая:

— Вот тебе диво дивное! Вот тебе чудо чудное!

Счастливое дитя

Жил-был именитый купец с купчихою — всякого добра много, а детей нету. Стали они богу молиться, чтобы дал им детище — в молодых летах на утеху, в старости на подмогу, а по смерти на помин души; стали они нищую братию кормить, милостыней оделять; а сверх того надумались на пользу всего люда православного построить длинный мост через топи-болота непроходимые. Много купец казны издержал, а мост построил, и как работы окончились, посылает он своего приказчика Федора:

— Поди-ка, сядь под мост да послушай, что будут люди про меня сказывать: будут ли благословлять или корить станут.

Федор пошел, сел под мост и слушает. Идут по мосту три святых старца и говорят промеж себя:

— Чем наградить того, кто этот мост построил? Пусть у него народится счастливый сын: что ни скажет — то и сбудется, чего ни пожелает — то и даст господь!

Выслушал приказчик и вернулся домой.

— Ну что, Федор, не слыхал ли чего? — спрашивает купец.

— Нет, ничего не слыхал.

В скором времени отяжелела купчиха и родила мальчика; окрестили его и положили в люльку. Приказчик позавидовал чужому счастью: в глухую полночь, как все в доме крепко заснули, поймал голубя, зарезал его и замарал кровью постель, руки и уста родильницы; а ребенка украл и отдал на сторону выкормить.

Наутро хватились отец с матерью, где их ребенок? Нет нигде, а приказчик начал доказывать: «Мать-де сама его съела: вишь, и руки и уста в крови!» Купец взял свою жену и посадил в темницу. Прошло несколько лет, сынок их подрос, стал бегать и говорить. Федор бросил купца, поселился на взморье и мальчика с собой взял; что только ему на ум взбредет, он приказывает этому мальчику: «Пожелай-де то-то и то-то»,— и тотчас все готово. Говорит он однажды:

— А ну, малый, проси у бога, чтоб здесь новое царство стало, чтоб от самого этого места до дворца государева хрустальный мост повис через море и чтоб царевна за меня замуж вышла.

Мальчик попросил у бога—и тотчас повис через все море хрустальный мост и явился богатый, знатный город с белокаменными палатами, церквами и царскими теремами.

На другой день, проснувшись, смотрит царь из окошечка, увидал хрустальный мост и спрашивает:

— Кто этакое чудо построил? Докладывают ему, что Федор.

— Коли он так хитер,— сказал царь,— то отдам за него свою царевну замуж!

Скоро дело сладилось, обвенчали Федора с царевною, и стал он в новом городе царствовать да мальчиком помыкать: держит его у себя за работника, бьет и ругается всячески, иной раз и куска хлеба пожалеет дать.

Вот как-то лежит Федор с женой на постели да промеж себя разговаривают; а мальчик в темный угол забился и горько-горько плачет. Спрашивает царевна своего мужа:

— Скажи, пожалуйста, откуда у тебя это богатство взялося? Ведь прежде ты был простым приказчиком.

— И богатство мое и сила — все от этого мальчика, что я у купца унес.

— Как так?

— Жил я у такого-то купца в приказчиках, и было ему обещано, что народится у него сын, да не простой, а такой счастливый — что ни скажет, то и сбудется, чего ни пожелает, то и даст господь. Вот как ребенок народился, я его и скрал, а чтоб про то не проведали, наговорил на купчиху, будто сама свое детище съела.

Мальчик подслушал эти речи, вышел из угла и сказал:

— По моему прошенью, по божьему изволенью будь ты, негодяй, собакою!

293

В ту ж минуту Федор обернулся собакою; мальчик надел ему на шею железную цепь и повел к своему отцу. Приходит и говорит ему:

— Добрый человек! Дай мне горячих угольев.

— На что тебе?

— Да вот надо пса покормить.

— Что ты? Бог с тобой! —отвечает купец.— Где это видано, чтоб собаки горячим угольем питались?

— А где видано, чтоб мать могла съесть свое родное детище? Узнавай, батюшка, я твой сын, а вот этот пес — твой старый приказчик Федор, что меня унес да на мать наклепал.

Купец расспросил про все подробно, освободил жену из темницы, и потом все они вместе переехали жить в новое царство, которое еще прежде по желанию купеческого сына явилось на взморье; царевна к своему отцу уехала, а Федор до самой смерти так и остался поганым псом.

Клад

В некоем царстве жил-был старик со старухою в великой бедности. Ни много, ни мало прошло времени—померла старуха. На дворе зима стояла лютая, морозная.

Пошел старик по суседям да по знакомым, просит, чтоб пособили ему вырыть для старухи могилу; только и суседи и знакомые, знаючи его великую бедность, все начисто отказали. Пошел старик к попу, а у них на селе был поп куды жадный, несовестливый.

— Потрудись,— говорит,— батюшка, старуху похоронить.

— А есть ли у тебя деньги, чем за похороны заплатить? Давай, свет, вперед!

— Перед тобой нечего греха таить: нет у меня в доме ни единой копейки! Обожди маленько, заработаю— с лихвой заплачу, право слово — заплачу!

Поп не захотел и речей стариковых слушать:

— Коли нет денег, не смей и ходить сюда! «Что делать,—думает старик,— пойду на кладбище, вырою кое-как могилу и похороню сам старуху». Вот он захватил топор да лопату и пошел на кладбище; пришел и зачал могилу готовить: срубил сверху мерзлую землю топором, а там и за лопату взялся, копал, копал и выкопал котелок, глянул — а он полнехонько червонцами насыпан, как жар блестят! Крепко старик возрадовался:

— Слава тебе господи! Будет на что и похоронить и помянуть старуху.

Не стал больше могилу рыть, взял котелок с золотом и понес домой.

Ну, с деньгами знамое дело — все пошло как по маслу! Тотчас нашлись добрые люди: и могилу вырыли, и гроб смастерили; старик послал невестку купить вина, и кушаньев, и закусок разных—всего, как должно быть на поминках, а сам взял червонец в руку и потащился опять к попу.

Только в двери, а поп на него:

— Сказано тебе толком, старый хрен, чтоб без денег не приходил, а ты опять лезешь!

— Не серчай, батюшка! —просит его старик.— Вот тебе золотой — похорони мою старуху, век не забуду твоей милости!

Поп взял деньги и не знает, как старика принять-то, где посадить, какими речами умилить:

— Ну, старичок, будь в надеже, все будет сделано. Старик поклонился и пошел домой, а поп с попадьею стал про него разговаривать:

— Вишь, старый черт! Говорят: беден, беден! А он золотой отвалил. Много на своем веку схоронил я именитых покойников, а столько ни от кого не получал...

Собрался поп со всем причетом и похоронил старуху как следует.

После похорон просит его старик к себе помянуть покойницу. Вот пришли в избу, сели за стол, и откуда что явилось — и вино-то, и кушанья, и закуски разные, всего вдоволь! Гость сидит, за троих обжирается, на чужое добро зазирается.

Отобедали гости и стали по своим домам расходиться, вот и поп поднялся. Пошел старик его провожать, и только вышли на двор — поп видит, что со стороны никого больше нету, и начал старика допрашивать:

— Послушай, свет! Покайся мне, не оставляй на душе ни единого греха — все равно как перед богом, так и передо мною: отчего так скоро сумел ты поправиться? Был ты мужик скудный, а теперь на поди, откуда что взялось! Покайся-ка, свет! Чью загубил ты душу, кого обобрал?

— Что ты, батюшка! Истинною правдою признаюсь тебе: я не крал, не грабил, не убивал никого; клад сам в руки дался!

И рассказал, как все дело было.

Как услышал эти речи поп, ажио затрясся от жадности; воротился домой, ничего не делает — и день и ночь думает: «Такой ледащий мужичишка, и получил этакую силу денег. Как бы теперь ухитриться да отжилить у него котелок с золотом?»

— Слушай, матка! Ведь у нас козел есть?

— Есть.

— Ну, ладно! Дождемся ночи и обработаем дело, как надо.

Вечером поздно притащил поп в избу козла, зарезал и содрал с него шкуру — со всем, и с рогами и с бородой; тотчас натянул козлиную шкуру на себя и говорит попадье:

— Бери, матка, иглу с ниткою; закрепи кругом шкуру, чтоб не свалилась.

Попадья взяла толстую иглу да суровую нитку и обшила его козлиною шкурою.

Вот в самую глухую полночь пошел поп прямо к стариковой избе, подошел под окно и ну стучать да царапаться. Старик услыхал шум, вскочил и спрашивает:

— Кто там?

— Черт!..

— Наше место свято!—завопил мужик и начал крест творить да молитвы читать.

— Слушай, старик!—говорит поп.— От меня хоть молись, хоть крестись, не избавишься; отдай-ка лучше мой котелок с деньгами; не то я с тобой разделаюсь! Ишь, я над твоим горем сжалился, клад тебе показал—думал: немного возьмешь на похороны, а ты все целиком и заграбил!

Глянул старик в окно — торчат козлиные рога с бородою: как есть нечистый! «Ну его совсем и с деньгами-то!—думает старик.— Наперед того без денег жил, и опосля без них проживу!»

Достал котелок с золотом, вынес на улицу, бросил наземь, а сам в избу поскорее. Поп подхватил котел с деньгами и припустил домой. Воротился.

— Ну,— говорит,—деньги в наших руках! На, матка, спрячь подальше да бери острый нож, режь нитки да снимай с меня козлиную шкуру, пока никто не видал.

Попадья взяла нож, стала было по шву нитки резать — как польется кровь, как заорет он:

— Матка! Больно, не режь! Матка! Больно, не режь!

Начнет она пороть в ином месте-то же самое! Кругом к телу приросла козлиная шкура.

Уж чего они ни делали, чего ни пробовали, и деньги старику назад отнесли — нет, ничего не помогло; так и осталась на попе козлиная шкура. Знамо, господь покарал за великую жадность!

Сестрица Аленушка, братец Иванушка

Жили-были себе царь и царица; у них были сын и дочь, сына звали Иванушкой, а дочь Аленушкой. Вот царь с царицею померли; остались дети одни и пошли странствовать по белу свету.

Шли, шли, шли... идут и видят пруд, а около пруда пасется стадо коров.

— Я хочу пить,— говорит Иванушка.

— Не пей, братец, а то будешь теленочком,— говорит Аленушка.

Он послушался, и пошли они дальше; шли, шли и видят реку, а около ходит табун лошадей.

— Ах, сестрица, если б ты знала, как мне пить хочется.

— Не пей, братец, а то сделаешься жеребеночком. Иванушка послушался, и пошли они дальше; шли, шли и видят озеро, а около него гуляет стадо овец.

— Ах, сестрица, мне страшно пить хочется.

— Не пей, братец, а то будешь баранчиком. Иванушка послушался, и пошли они дальше; шли, шли и видят ручей, а возле стерегут свиней.

— Ах, сестрица, я напьюся; мне ужасно пить хочется.

— Не пей, братец, а то будешь поросеночком. Иванушка опять послушался, и пошли они дальше; шли, шли и видят: пасется у воды стадо коз.

— Ах, сестрица, я напьюся.

— Не пей, братец, а то будешь козленочком.

Он не вытерпел и не послушался сестры, напился и стал козленочком, прыгает перед Аленушкой и кричит:

— Ме-ке-ке! Ме-ке-ке!

Аленушка обвязала его шелковым поясом и повела с собою, а сама-то плачет, горько, плачет...

Козленочек бегал, бегал и забежал раз в сад к одному царю. Люди увидали и тотчас доказывают царю:

— У нас, ваше царское величество, в саду козленочек, и держит его на поясе девица, да такая из себя красавица.

Царь приказал спросить, кто она такая. Вот люди и спрашивают ее: откуда она и чьего роду-племени?

— Так и так,— говорит Аленушка,— был царь и царица, да померли; остались мы, дети: я — царевна, да вот братец мой, царевич; он не утерпел, напился водицы и стал козленочком.

Люди доложили все это царю. Царь позвал Аленушку, расспросил обо всем; она ему приглянулась, и царь захотел на ней жениться.

Скоро сделали свадьбу и стали жить себе, и козленочек с ними— гуляет себе по саду, и пьет и ест вместе с царем и царицею.

Вот поехал царь на охоту. Тем временем пришла колдунья и навела на царицу порчу: сделалась Аленушка больная, да такая худая да бледная. На царском дворе все приуныло; цветы в саду стали вянуть, деревья сохнуть, трава блекнуть. Царь воротился и спрашивает царицу:

— Али ты чем нездорова?

— Да, хвораю,— говорит царица.

На другой день царь опять поехал на охоту. Аленушка лежит больная; приходит к ней колдунья и говорит:

— Хочешь, я тебя вылечу? Выходи к такому-то морю столько-то зорь и пей там воду.

Царица послушалась и в сумерках пошла к морю, а колдунья уж дожидается, схватила ее, навязала ей на шею камень и бросила в море. Аленушка пошла на дно; козленочек прибежал и горько-горько заплакал. А колдунья оборотилась царицею и пошла во дворец.

Царь приехал и обрадовался, что царица опять стала здорова. Собрали на стол и сели обедать.

— А где же козленочек? — спрашивает царь.

— Не надо его,— говорит колдунья,— я не велела пускать; от него так и несет козлятиной!

На другой день, только царь уехал на охоту, колдунья козленочка била-била, колотила-колотила и грозит ему:

— Вот воротится царь, я попрошу тебя зарезать. Приехал царь; колдунья так и пристает к нему:

— Прикажи да прикажи зарезать козленочка; он мне надоел, опротивел совсем!

Царю жалко было козленочка, да делать нечего— она так пристает, так упрашивает, что царь наконец согласился и позволил его зарезать.

Видит козленочек: уж начали точить на него но-жи булатные, заплакал он, побежал к царю и просится:

— Царь! Пусти меня на море сходить, водицы испить, кишочки всполоскать.

Царь пустил его. Вот козленочек прибежал к морю, стал на берегу и жалобно закричал:

Аленушка, сестрица моя!
Выплынь, выплынь на бережок.
Огни горят горючие,
Котлы кипят кипучие,
Ножи точат булатные,
Хотят меня зарезати!

Она ему отвечает:

Иванушка-братец!
Тяжел камень ко дну тянет,
Люта змея сердце высосала!

Козленочек заплакал и воротился назад. Посеред дня опять просится он у царя:

— Царь! Пусти меня на море сходить, водицы испить, кишочки всполоскать.

Царь пустил его. Вот козленочек прибежал к морю и жалобно закричал:

Аленушка, сестрица моя!
Выплынь, выплынь на бережок.
Огни горят горючие,
Котлы кипят кипучие,
Ножи точат булатные,
Хотят меня зарезати!

Она ему отвечает:

Иванушка-братец!
Тяжел камень ко дну тянет,
Люта змея сердце высосала!

Козленочек заплакал и воротился домой. Царь и думает: что бы это значило, козленочек все бегает на море? Вот попросился козленочек в третий раз:

— Царь! Пусти меня на море сходить, водицы испить, кишочки всполоскать.

Царь отпустил его и сам пошел за ним следом; приходит к морю и слышит — козленочек вызывает сестрицу:

Аленушка, сестрица моя!
Выплынь, выплынь на бережок.
Огни горят горючие,
Котлы кипят кипучие,
Ножи точат булатные,
Хотят меня зарезати!

Она ему отвечает:

Иванушка-братец!
Тяжел камень ко дну тянет,
Люта змея сердце высосала!

Козленочек опять зачал вызывать сестрицу. Аленушка всплыла кверху и показалась над водой. Царь ухватил ее, сорвал с шеи камень и вытащил Аленушку на берег, да и спрашивает: как это сталося? Она ему все рассказала. Царь обрадовался, козленочек тоже— так и прыгает, в саду все зазеленело и зацвело.

А колдунью приказал царь казнить: разложили на дворе костер дров и сожгли ее. После, того царь с царицей и с козленочком стали жить да поживать да добра наживать и по-прежнему вместе и пили и ели.

Белая уточка

Один князь женился на прекрасной княжне и не успел еще на нее наглядеться, не успел с нею наговориться, не успел ее наслушаться, а уж надо было им расставаться, надо было ему ехать в дальний путь, покидать жену на чужих руках. Что делать! Говорят, век обнявшись не просидеть.

Много плакала княгиня, много князь ее уговаривал, заповедовал не покидать высока терема, не ходить на беседу, с дурными людьми не ватажиться, худых речей не слушаться. Княгиня обещала все исполнить.

Князь уехал; она заперлась в своем покое и не выходит.

Долго ли, коротко ли, пришла к ней женщинка, казалось—такая простая, сердечная!

— Что,— говорит,—ты скучаешь? Хоть бы на божий свет поглядела, хоть бы по саду прошлась, тоску размыкала, голову простудила.

Долго княгиня отговаривалась, не хотела, наконец подумала: «По саду походить не беда»,— и пошла.

В саду разливалась ключевая хрустальная вода.

— Что,— говорит женщинка,—день такой жаркий, солнце палит, а водица студеная — так и плещет, не искупаться ли нам здесь?

— Нет, нет, не хочу!—А там подумала: «Ведь искупаться не беда!»

Скинула сарафанчик и прыгнула в воду. Только окунулась, женщинка ударила ее по спине:

— Плыви ты,— говорит,— белою уточкой! И поплыла княгиня белою уточкой.

Ведьма тотчас нарядилась в ее платье, убралась, намалевалась и села ожидать князя.

Только щенок вякнул, колокольчик звякнул, она уж бежит навстречу, бросилась к князю, целует, милует. Он обрадовался, сам руки протянул и не распознал ее.

А белая уточка нанесла яичек, вывела деточек, двух хороших, а третьего заморышка, и деточки ее вышли — ребяточки.

Она их вырастила, стали они по реченьке ходить, злату рыбку ловить, лоскутики сбирать, кафтаники сшивать, да выскакивать на бережок, да поглядывать на лужок.

— Ох, не ходите туда, дети!—говорила мать. Дети не слушали; нынче поиграют на травке, завтра побегают по муравке, дальше, дальше, и забрались на княжий двор.

Ведьма чутьем их узнала, зубами заскрипела. Вот она позвала деточек, накормила-напоила и спать уложила, а там велела разложить огня, навесить котлы, наточить ножи.

Легли два братца и заснули,— а заморышка, чтоб не застудить, приказала им мать в пазушке носить— заморышек-то и не спит, все слышит, все видит.

Ночью пришла ведьма под дверь и спрашивает:

— Спите вы, детки, иль нет? Заморышек отвечает:

— Мы спим — не спим, думу думаем, что хотят нас всех порезати; огни кладут калиновые, котлы высят кипучие, ножи точат булатные!

— Не спят!

Ведьма ушла, походила-походила, опять под дверь:

— Спите, детки, или нет? Заморышек опять говорит то же:

— Мы спим—не спим, думу думаем, что хотят нас всех порезати; огни кладут калиновые, котлы высят кипучие, ножи точат булатные!

— Что же это все один голос? — подумала ведьма, отворила потихоньку дверь, видит: оба брата спят крепким сном, тотчас обвела их мертвой рукой — и они померли.

Поутру белая уточка зовет деток; детки нейдут. Зачуяло ее сердце, встрепенулась она и полетела на княжий двор.

На княжьем дворе, белы, как платочки, холодны, как пласточки, лежали братцы рядышком.

Кинулась она к ним, бросилась, крылышки распустила, деточек обхватила и материнским голосом завопила:

Кря, кря, мои деточки!
Кря, кря, голубяточки!
Я нуждой вас выхаживала,
Я слезой вас выпаивала,
Темную ночь недосыпала,
Сладок кус недоедала!

— Жена, слышишь небывалое? Утка приговаривает.

— Это тебе чудится! Велите утку со двора прогнать!

Ее прогонят, она облетит да опять к деткам:

Кря, кря, мои деточки!
Кря, кря, голубяточки!
Погубила вас ведьма старая,
Ведьма старая, змея лютая,

Змея лютая, подколодная;
Отняла у вас отца родного,
Отца родного — моего мужа,
Потопила нас в быстрой реченьке,
Обратила нас в белых уточек,
А сама живет — величается!

«Эге!»—подумал князь и закричал: — Поймайте мне белую уточку! Бросились все, а белая уточка летает и никому не дается; выбежал князь сам, она к нему на руки пала. Взял он ее за крылышко и говорит:

— Стань белая береза у меня позади, а красная девица впереди!

Белая береза вытянулась у него позади, а красная девица стала впереди, и в красной девице князь узнал свою молодую княгиню.

Тотчас поймали сороку, подвязали ей два пузырька, велели в один набрать воды живящей, в другой— говорящей. Сорока слетала, принесла воды. Сбрызнули деток живящею водою — они встрепенулись, сбрызнули говорящею —они заговорили.

И стала у князя целая семья, и стали все жить-поживать, добро наживать, худо забывать.

А ведьму привязали к лошадиному хвосту, размыкали по полю: где оторвалась нога — там стала кочерга, где рука — там грабли, где голова — там куст да колода; налетели птицы—мясо поклевали, поднялися ветры — кости разметали, и не осталось от ней ни следа, ни памяти!

Арысь-поле

У старика была дочь красавица, жил он с нею тихо и мирно, пока не женился на другой бабе, а та баба была злая ведьма. Не возлюбила она падчерицу, пристала к старику:

— Прогони ее из дому, чтоб я ее и в глаза не видала.

Старик взял да и выдал свою дочку замуж за хорошего человека; живет она с мужем да радуется и родила ему мальчика.

А ведьма еще пуще злится, зависть ей покоя не даёт; улучила она время, обратила свою падчерицу зверем Арысь-поле и выгнала в дремучий лес, а в падчерицыно платье нарядила свою родную дочь и подставила ее вместо настоящей жены.

Так все хитро сделала, что ни муж, ни люди — никто обмана не видит. Только старая мамка одна и смекнула, а сказать боится.

С того самого дня, как только ребенок проголодается, мамка понесет его к лесу и запоет:

Арысь-поле! Дитя кричит,
Дитя кричит, пить-есть хочет.

Арысь-поле прибежит, сбросит свою шкурку под колоду, возьмет мальчика, накормит; после наденет опять шкурку и уйдет в лес.

«Куда это мамка с ребенком ходит?»—думает отец. Стал за нею присматривать; увидал, как Арысь-поле прибежала, сбросила с себя шкурку и стала кормить малютку.

Он подкрался из-за кустов, схватил шкурку и спалил ее.

— Ах, что-то дымом пахнет; никак, моя шкурка горит!—говорит Арысь-поле.

— Нет,— отвечает мамка,— это, верно, дровосеки лес подожгли.

Шкурка сгорела, Арысь-поле приняла прежний вид и рассказала все своему мужу.

Тотчас собрались люди, схватили ведьму и сожгли ее вместе с ее дочерью.

Царевна-лягушка

В старые годы, в старопрежни, у одного царя было три сына — все они на возрасте. Царь и говорит:

— Дети! Сделайте себе по самострелу и стреляйте: кака женщина принесет стрелу, та и невеста; ежели никто не принесет, тому, значит, не жениться.

Большой сын стрелил, принесла стрелу княжеска дочь; средний стрелил, стрелу принесла генеральска дочь; а малому Ивану-царевичу принесла стрелу из болота лягуша в зубах. Те братья были веселы и радостны, а Иван-царевич призадумался, заплакал.

— Как я стану жить с лягушей? Век жить — не реку перебрести или не поле перейти!

Поплакал-поплакал, да нечего делать — взял в жены лягушу. Их всех обвенчали по ихнему там обряду; лягушу держали на блюде.

Вот живут они. Царь захотел одиножды посмотреть от невесток дары, котора из них лучше мастерица. Отдал приказ. Иван-царевич опять призадумался, плачет:

— Чего у меня сделат лягуша! Все станут смеяться. Лягуша ползат по полу, только квакат.

Как уснул Иван-царевич, она вышла на улицу, сбросила коясух, сделалась красной девицей и крикнула:

— Няньки-маньки! Сделайте то-то!

Няньки-маньки тотчас принесли рубашку самой лучшей работы. Она взяла ее, свернула и положила возле Ивана-царевича, а сама обернулась опять лягу-шей, будто ни в чем не бывала!

Иван-царевич проснулся, обрадовался, взял рубашку и понес к царю. Царь принял ее, посмотрел:

— Ну, вот это рубашка — во Христов день надевать!

Середний брат принес рубашку; царь сказал:

— Только в баню в ней ходить!

А у большого брата взял рубашку и сказал:

— В черной избе ее носить!

Разошлись царски дети; двое-то и судят между собой:

— Нет, видно, мы напрасно смеялись над женой Ивана-царевича, она не лягуша, а кака-нибудь хитра!

Царь дает опять приказанье, чтоб снохи состряпали хлебы и принесли ему напоказ, котора лучше стряпат? Те невестки сперва смеялись над лягушей; а теперь, как пришло время, они и послали горнишну подсматривать, как она станет стряпать. Лягуша смекнула это, взяла, замесила квашню, скатала, печь сверху выдолбила, да прямо туда квашню и опрокинула. Горнишна увидела, побежала, сказала своим барыням, царским невесткам, и те так же сделали.

А лягуша хитрая только их провела, тотчас тесто из печи выгребла, все очистила, замазала, будто ни в чем не бывала, а сама вышла на крыльцо, вывернулась из кожуха и крикнула:

— Няньки-маньки! Состряпайте сейчас же мне хлебов таких, каки мой батюшка по воскресеньям да по праздникам только ел.

Няньки-маньки тотчас притащили хлеба. Она взяла его, положила возле Ивана-царевича, а сама сделалась лягушей.

Иван-царевич проснулся, взял хлеб и понес к отцу. Отец в то время принимал хлебы от больших брато-вей; их жены как поспускали в печь хлебы так же, как лягуша,— у них и вышло кули-мули.

Царь наперво принял хлеб от большого сына, посмотрел и отослал на кухню; от середнего принял, туда же послал. Дошла очередь до Ивана-царевича; он подал свой хлеб. Отец принял, посмотрел и говорит:

— Вот это хлеб — во Христов день есть! Не такой, как у больших снох, с закалой!

После того вздумалось царю сделать бал, посмотреть своих сношек, котора лучше пляшет? Собрались все гости.и снохи, кроме Ивана-царевича; он задумался — куда я с лягушей поеду? И заплакал навзрыд наш Иван-царевич.

Лягуша и говорит ему:

— Не плачь, Иван-царевич! Ступай на бал. Я через час буду.

Иван-царевич немного обрадовался, как услыхал, что лягуша бает; уехал, а лягуша повила, сбросила с себя кожух, оделась чудо как!

Приезжает на бал; Иван-царевич обрадовался, и все руками схлопали: кака красавица!

Начали закусывать; царевна огложет коску, да и в рукав, вьшьет чего — остатки в другой рукав. Те снохи видят, чего она делат, и они тоже кости кладут к себе в рукава, пьют чего — остатки льют в рукава.

Дошла очередь танцевать; царь посылает больших снох, а они ссылаются на лягугпу. Та тотчас подхватила Ивана-царевича и пошла; уж она плясала-плясала, вертелась-вертелась — всем на диво! Махнула правой рукой — стали леса и воды, махнула левой — стали летать разные птицы. Все изумились. Отплясала — ничего не стало.

Други снохи пошли плясать, так же хотели: котора правой рукой ни махнет, у той кости-та и полетят, да в людей, из левого рукава вода разбрызжет — тоже в людей. Царю не понравилось, закричал:

— Будет, будет! Снохи перестали.

Бал был на отходе. Иван-царевич поехал наперед, нашел там где-то женин кожух, взял его да и сжег.

Та приезжат, хватилась кожуха: нет!—сожжен.

Легла спать с Иваном-царевичем; перед утром и говорит ему:

— Ну, Иван-царевич, немного ты не потерпел; твоя бы я была, а теперь бог знат. Прощай! Ищи меня за тридевять земель, в тридесятом царстве.

И не стало царевны.

Вот год прошел, Иван-царевич тоскует о жене; на другой год собрался, выпросил у отца, у матери благословенье и пошел.

Идет долго уж, вдруг попадается ему избушка — к лесу передом, к нему задом. Он и говорит:

— Избушка, избушка! Стань по-старому, как мать поставила,— к лесу задом, а ко мне передом.

Избушка перевернулась. Вошел в избу; сидит старуха и говорит:

— Фу, фу! Русской коски слыхом было не слыхать и видом не видать, нынче русска коска сама на двор пришла! Куда ты, Иван-царевич, пошел?

— Прежде, старуха, напой-накорми, потом вести расспроси.

Старуха напоила-накормила и спать положила. Иван-царевич говорит ей:

— Баугпка! Вот я пошел доставать Елену Пре-красну.

— Ой, дитятко, как ты долго (не бывал)! Она с первых-то годов часто тебя поминала, а теперь уж не помнит, да и у меня давно не бывала. Ступай вперед к средней сестре, та больше знат.

Иван-царевич поутру отправился, дошел до избушки и говорит:

— Избушка, избушка! Стань по-старому, как мать поставила,— к лесу задом, а ко мне передом.

Избушка перевернулась. Он вошел в нее, видит—сидит старуха и говорит:

— Фу! Фу! Русской коски слыхом было не слыхать и видом не видать, а нынче русска коска сама на двор пришла! Куда, Иван-царевич, пошел?

— Да вот, баушка, доступать Елену Прекрасну.

— Ой, Иван-царевич,— сказала старуха,— как ты долго! Она уж стала забывать тебя, выходит взамуж за другого: скоро свадьба! Живет теперь у большой сестры, ступай туда да смотри ты: как станешь подходить—у нее узнают, Елена обернется веретеш-ком, а платье на ней будет золотом. Моя сестра золото станет вить; как совьет веретешко, и положит в ящик, и ящик запрет, ты найди ключ, отвори ящик, веретешко переломи, кончик брось назад, а корешок перед себя: она и очутится перед тобой.

Пошел Иван-царевич, дошел до этой старухи, зашел в избу; та вьет золото, свила его веретешко и положила в ящик, заперла и ключ куда-то положила. Он взял ключ, отворил ящик, вынул веретешко и переломил по сказанному, как по писанному, кончик бросил за себя, а корешок перед себя. Вдруг и очутилась Елена Прекрасна, начала здороваться:

— Ой, да как ты долго, Иван-царевич? Я чуть за другого не ушла.

А тому жениху надо скоро быть. Елена Прекрасна взяла ковер-самолет у старухи, села на него, и понеслись, как птица полетели.

Жених-от за ними вдруг и приехал, узнал, что они уехали; был тоже хитрый! Он ступай-ка за ними в погоню, гнал, гнал, только сажон десять не догнал: они на ковре влетели в Русь, а ему нельзя как-то в Русь-то, воротился; а те прилетели домой, все обрадовались, стали жить да быть да животы наживать — на славу всем людям.

Царевна-змея

Ехал казак путем-дорогою и заехал в дремучий лес; в том лесу на прогалинке стоит стог сена. Остановился казак отдохнуть немножко, лег около стога и закурил трубку; курил, курил и не видал, как заронил искру в сено.

После отдыха сел на коня и тронулся в путь; не успел и десяти шагов сделать, как вспыхнуло пламя и весь лес осветило. Казак оглянулся, смотрит: стог сена горит, а в огне стоит красная девица и говорит громким голосом:

— Казак, добрый человек! Избавь меня от смерти.

— Как же тебя избавить? Кругом пламя, нет к тебе подступу/

— Сунь в огонь свою пику; я по ней выберусь. Казак сунул пику в огонь, а сам от великого жару назад отвернулся.

Тотчас красная девица оборотилась змеею, влезла на пику, скользнула казаку на шею, обвилась вокруг шеи три раза и взяла свой хвост в зубы. Казак испугался, не придумает, что ему делать и как ему быть.

Провещала змея человеческим голосом:

— Не бойся, добрый молодец! Носи меня на шее семь лет да разыскивай оловянное царство, а приедешь в то царство — останься и проживи там еще семь лет безвыходно. Сослужишь эту службу, счастлив будешь!

Поехал казак разыскивать оловянное царство.

Много ушло времени, много воды утекло, на исходе седьмого года добрался до круглой горы; на той горе стоит оловянный замок, кругом замка высокая белокаменная стена. Поскакал на гору, перед ним стена раздвинулась, и въехал он на широкий двор. В ту ж минуту сорвалась с его шеи змея, ударилась о сырую землю, обернулась душой-девицей и с глаз пропала — словно ее не было.

Казак поставил своего доброго коня на конюшню, вошел во дворец и стал осматривать комнаты. Всюду зеркала, серебро да бархат, а нигде не видать ни одной души человеческой. «Эх,—думает казак,—куда я заехал? Кто меня кормить и поить будет? Видно, пришлось помирать голодною смертию!»

Только подумал, глядь—перед ним стол накрыт, на столе и пить и есть — всего вдоволь; он закусил и выпил, подкрепил свои силы и вздумал пойти на коня посмотреть. Приходит в конюшню — конь стоит в стойле да овес уплетает.

— Ну, это дело хорошее: можно, значит, без нужды прожить.

Долго-долго оставался казак в оловянном замке, и взяла его скука смертная: шутка ли—завсегда один-одинешенек! Не с кем и словечка перекинуть. С горя напился он пьян, и вздумалось ему ехать на вольный свет; только куда ни бросится — везде стены высокие, нет ни входу, ни выходу. За досаду то ему показалось, схватил добрый молодец палку, вошел во дворец и давай зеркала и стекла бить, бархат рвать, стулья ломать, серебро швырять: «Авось-де хозяин выйдет да на волю выпустит!» Нет, никто не является.

Лег казак спать; на другой день проснулся, погулял-походил и вздумал закусить; туда-сюда смотрит— нет ему ничего! «Эх,— думает,— сама себя раба бьет, коль нечисто жнет! Вот набедокурил вчера, а теперь голодай!» Только покаялся, как сейчас и еда и питье — все готово!

Прошло дня три; проснувшись поутру, смотрит казак в окно—у крыльца стоит его добрый конь оседланный. Что бы такое значило? Умылся, оделся, богу помолился, взял свою длинную пику и вышел на широкий двор. Вдруг откуда ни взялась — явилась красная девица:

— Здравствуй, добрый молодец! Семь лет окончилось—избавил ты меня от конечной погибели. Знай же: я королевская дочь; полюбил меня Кощей Бессмертный, унес от отца, от матери, хотел взять за себя замуж, да я над ним насмеялася; вот он озлобился и оборотил меня лютой змеею. Спасибо тебе за долгую службу! Теперь поедем к моему отцу; станет он награждать тебя золотой казной и камнями самоцветными, ты ничего не бери, а проси себе бочонок, что в подвале стоит.

— А что за корысть в нем?

— Покатишь бочонок в правую сторону — тотчас дворец явится, покатишь в левую—дворец пропадет.

— Хорошо,— сказал казак.

Сел на коня, посадил с собой и прекрасную королевну; высокие стены сами перед ним пораздвинулись, и поехал он в путь-дорогу.

Долго ли, коротко ли—приезжает в сказанное королевство. Король увидал свою дочь, возрадовался, начал благодарствовать и дает казаку полны мешки золота и жемчугу.

Отвечает добрый молодец:

— Не надо мне ни злата, ни жемчугу; дай мне на память тот бочонок, что в подвале стоит.

— Много хочешь, брат! Ну, да делать нечего: дочь мне всего дороже! За нее и бочонка не жаль; бери с богом.

Казак взял королевский подарок и отправился по белу свету странствовать.

Ехал, ехал, попадается ему навстречу древний старичок. Просит старик:

— Накорми меня, добрый молодец!

Казак соскочил с лошади, отвязал бочонок, покатил его вправо в ту ж минуту чудный дворец явился.

Взошли они оба в расписные палаты и сели за накрытый стол.

— Эй, слуги мои верные!—закричал казак.— Накормите-напоите моего гостя.

Не успел вымолвить — несут слуги целого быка и три котла пива. Начал старик уписывать да похваливать; съел целого быка и выпил три котла пива, крякнул и говорит:

— Маловато, да делать нечего! Спасибо за хлеб за соль.

Вышли из дворца; казак покатил свой бочонок в левую сторону—и дворца как не бывало.

— Давай поменяемся,— говорит старик казаку,— я тебе меч отдам, а ты мне бочонок.

— А что толку в мече?

— Да ведь это меч-саморуб; только стоит махнуть— хоть какая будь сила несметная, всю побьет! Вон видишь—лес растет; хочешь — пробу сделаю?

Тут старик вынул свой меч, махнул им и говорит:

— Ступай, меч-саморуб, поруби дремучий лес! Меч полетел и ну деревья рубить да в сажени класть; порубил и назад к хозяину воротился.

Казак не стал долго раздумывать, отдал старику бочонок, а себе взял меч-саморуб; махнул мечом и убил старика до смерти.

После привязал бочонок к седлу, сел на коня и вздумал к королю вернуться. А под стольный город того короля подошел сильный неприятель; казак увидал рать-силу несметную, махнул на нее мечом:

— Меч-саморуб! Сослужи-ка службу, поруби войско вражее.

Полетели головы, полилася кровь, и часу не прошло, как все поле трупами покрылося.

Король выехал казаку навстречу, обнял его, поцеловал и тут же решил выдать за него замуж; прекрасную королевну.

Свадьба была богатая; на той свадьбе и я был, мед-вино пил, по усам текло, во рту не было.

Заколдованная королевна

В некоем королевстве служил у короля солдат в конной гвардии, прослужил двадцать пять лет верою и правдою; за его честное поведение приказал король отпустить его в чистую отставку и отдать ему в награду ту самую лошадь, на которой в полку ездил, с седлом и со всею сбруею.

Простился солдат с своими товарищами и поехал на родину; день едет, и другой, и третий... вот и вся неделя прошла; и другая, и третья—не хватает у солдата денег, нечем кормить ни себя, ни лошади, а до дому далеко-далеко! Видит, что дело-то больно плохо, сильно есть хочется; стал по сторонам глазеть и увидел в стороне большой замок. «Ну-ка,— думает,— не заехать ли туда; авось хоть на время в службу возьмут — что-нибудь да заработаю».

Поворотил к замку, взъехал на двор, лошадь на конюшню поставил и задал ей корму, а сам в палаты пошел. В палатах стол накрыт, на столе и вина и ества, чего только душа хочет! Солдат наелся-напился. «Теперь,— думает,—и соснуть можно!» Вдруг входит медведица:

— Не бойся меня, добрый молодец, ты на добро сюда попал: я не лютая медведица, а красная девица— заколдованная королевна. Если ты устоишь да переночуешь здесь три ночи, то колдовство рушится — я сделаюсь по-прежнему королевною и выйду за тебя замуж.

Солдат согласился, медведица ушла, и остался он один. Тут напала на него такая тоска, что на свет бы не смотрел, а чем дальше—тем сильнее; если б не вино, кажись бы, одной ночи не выдержал!

На третьи сутки до того дошло, что решился солдат бросить все и бежать из замка; только как ни бился, как ни старался—не нашел выхода. Нечего делать, поневоле пришлось оставаться.

Переночевал и третью ночь, поутру является к нему королевна красоты неописанной, благодарит его за услугу и велит к венцу снаряжаться. Тотчас они свадьбу сыграли и стали вместе жить, ни о чем не тужить.

Через сколько-то времени вздумал солдат об своей родной стороне, захотел туда побывать; королевна стала его отговаривать:

— Оставайся, друг, не езди; чего тебе здесь не хватает?

Нет, не могла отговорить. Прощается она с мужем, дает ему мешочек—сполна семечком насыпан, и говорит:

— По какой дороге поедешь, по обеим сторонам кидай это семя: где оно упадет, там в ту же минуту деревья повырастут; на деревьях станут дорогие плоды красоваться, разные птицы песни петь, а заморские коты сказки сказывать.

Сел добрый молодец на своего заслуженного коня и поехал в дорогу; где ни едет, по обеим сторонам семя бросает, и следом за ним леса подымаются; так и ползут из сырой земли!

Едет день, другой, третий и увидал: в чистом поле караван стоит, на травке, на муравке купцы сидят, в карты поигрывают, а возле них котел висит; хоть огня и нет под котлом, а варево ключом кипит.

«Экое диво!—подумал солдат.— Огня не видать, а варево в котле так и бьет ключом; дай поближе взгляну». Своротил коня в сторону, подъезжает к купцам:

— Здравствуйте, господа честные!

А того и невдомек, что это не купцы, а всё нечистые.

— Хороша ваша штука: котел без огня кипит! Да у меня лучше есть.

Вынул из мешка одно зернышко и бросил наземь— в ту ж минуту выросло вековое дерево, на том дереве дорогие плоды красуются, разные птицы песни поют, заморские коты сказки сказывают. По той похвальбе узнали его нечистые.

— Ах,— говорят меж собой,—да ведь это тот самый, что королевну избавил; давайте-ка, братцы, опоим его за то зельем, и пусть он полгода спит.

Принялись его угощать и опоили волшебным зельем; солдат упал на траву и заснул крепким, беспробудным сном; а купцы, караван и котел вмиг исчезли.

Вскоре после того вышла королевна в сад погулять; смотрит — на всех деревьях стали верхушки сохнуть. «Не к добру!—думает.— Видно, с мужем что худое приключилося! Три месяца прошло, пора бы ему и назад вернуться, а его нет как нету!»

Собралась королевна и поехала его разыскивать. Едет по той дороге, по какой и солдат путь держал, по обеим сторонам леса растут, и птицы поют, и заморские коты сказки мурлыкают.

Доезжает до того места, что деревьев не стало больше — извивается дорога по чистому полю, и думает: «Куда ж он девался? Не сквозь землю же провалился!» Глядь — стоит в сторонке такое же чудное дерево и лежит под ним ее милый друг.

Подбежала к нему и ну толкать-будить — нет, не просыпается; принялась щипать его, колоть под бока булавками, колола, колола — он и боли не чувствует, точно мертвый лежит — не ворохнется. Рассердилась королевна и с сердцов проклятье промолвила:

— Чтоб тебя, соню негодного, буйным ветром подхватило, в безвестные страны занесло!

Только успела вымолвить, как вдруг засвистали-зашумели ветры, и в один миг подхватило солдата буйным вихрем и унесло из глаз королевны.

Поздно одумалась королевна, что сказала слово нехорошее, заплакала горькими слезами, воротилась домой и стала жить одна-одинехонька.

А бедного солдата занесло вихрем далеко-далеко, за тридевять земель, в тридесятое государство, и бросило на косе промеж; двух морей; упал он на самый узенький клинышек; направо ли сонный оборотится, налево ли повернется—тотчас в море свалится, и поминай как звали!

Полгода проспал добрый молодец, ни пальцем не шевельнул; а как проснулся — сразу вскочил прямо на ноги, смотрит — с обеих сторон волны подымаются, и конца не видать морю широкому; стоит да в раздумье сам себя спрашивает: «Каким чудом я сюда попал? Кто меня затащил?»

Пошел по косе и вышел на остров; на том острове— гора высокая да крутая, верхушкою до облаков хватает, а на горе лежит большой камень.

Подходит к этой горе и видит—три черта дерутся, кровь с них так и льется, клочья так и летят!

— Стойте, окаянные! За что вы деретесь?

— Да, вишь, третьего дня помер у нас отец, и остались после него три чудные вещи: ковер-самолет, сапоги-скороходы да шапка-невидимка, так мы поделить не можем.

— Эх вы, проклятые! Из таких пустяков бой затеяли. Хотите, я вас разделю; все будете довольны, никого не обижу.

— А ну, земляк, раздели, пожалуйста!

— Ладно! Бегите скорей по сосновым лесам, наберите смолы по сту пудов и несите сюда.

Черти бросились по сосновым лесам, набрали смолы триста пудов и принесли к солдату.

— Теперь притащите из пекла самый большой котел.

Черти приволокли большущий котел — бочек сорок войдет!—и поклали в него всю смолу.

Солдат развел огонь и, как только смола растаяла, приказал чертям тащить котел на гору и поливать ее сверху донизу. Черти мигом и это исполнили.

— Ну-ка,— говорит солдат,— пихните теперь вон энтот камень; пусть он с горы катится, а вы трое за ним вдогонку приударьте: кто прежде всех догонит, тот выбирай себе любую из трех диковинок; кто второй догонит, тот из двух остальных бери — какая покажется; а затем последняя диковинка пусть достанется третьему.

Черти пихнули камень, и покатился он с горы шибко-шибко; бросились все трое вдогонку; вот один черт нагнал, ухватился за камень — камень тотчас повернулся, подворотил его под себя и вогнал в смолу. Нагнал другой черт, а потом и третий, и с ними то же саме! Прилипли крепко-накрепко к смоле!

Солдат взял под мышку сапоги-скороходы да шапку-невидимку, сел на ковер-самолет и полетел искать свое царство.

Долго ли, коротко ли — прилетает к избушке, входит— в избушке сидит баба-яга костяная нога, старая, беззубая.

— Здравствуй, бабушка! Скажи, как бы мне отыскать мою прекрасную королевну?

— Не знаю, голубчик! Видом ее не видала, слыхом про нее не слыхала. Ступай ты за столько-то морей, за столько-то земель—там живет моя середняя сестра, она знает больше моего; может, она тебе скажет.

Солдат сел на ковер-самолет и полетел; долго пришлось ему по белу свету странствовать. Захочется ли ему есть-пить, сейчас наденет на себя шапку-невидимку, спустится в какой-нибудь город, зайдет в лавки, наберет — чего только душа пожелает, на ковер— и летит дальше.

Прилетает к другой избушке, входит — там сидит баба-яга костяная нога, старая, беззубая.

— Здравствуй, бабушка! Не знаешь ли, где найти мне прекрасную королевну?

— Нет, голубчик, не знаю; поезжай-ка ты за столько-то морей, за столько-то земель — там живет моя старшая сестра; может, она ведает.

— Эх ты, старая хрычовка! Сколько лет на свете живешь, все зубы повывалились, а доброго ничего не знаешь.

Сел на ковер-самолет и полетел к старшей сестре.

Долго-долго странствовал, много земель и много морей видел, наконец прилетел на край света, стоит избушка, а дальше никакого ходу нет — одна тьма кромешная, ничего не видать! «Ну,—думает,— коли здесь не добьюсь толку, больше лететь некуда!»

Входит в избушку — там сидит баба-яга костяная нога, седая, беззубая.

— Зравствуй, бабушка! Скажи, где мне искать мою королевну?

— Подожди немножко; вот я созову всех своих ветров и у них спрошу. Ведь они по всему свету дуют, так должны знать, где она теперь проживает.

Вышла старуха на крыльцо, крикнула громким голосом, свистнула молодецким посвистом; вдруг со всех сторон поднялись-повеяли ветры буйные, только изба трясется!

— Тише, тише!—кричит баба-яга.

И как только собрались ветры, начала их спрашивать:

— Ветры мои буйные, по всему свету вы дуете, не видали ль где прекрасную королевну?

— Нет, нигде не видали!—отвечают ветры в один голос.

— Да все ли вы налицо?

— Все, только южного ветра нет.

Немного погодя прилетает южный ветер. Спрашивает его старуха:

— Где ты пропадал до сих пор? Еле дождалась тебя!

— Виноват, бабушка! Я зашел в новое царство, где живет прекрасная королевна; муж у ней без вести пропал, так теперь сватают ее разные цари и царевичи, короли и королевичи.

— А сколь далеко до нового царства?

— Пешему тридцать лет идти, на крыльях десять лет нестись; а я повею — в три часа доставлю.

Солдат начал со слезами молить, чтобы южный ветер взял его и донес в новое царство.

— Пожалуй,— говорит южный ветер,— я тебя донесу, коли дашь мне волю погулять в твоем царстве три дня и три ночи.

— Гуляй хоть три недели!

— Ну, хорошо; вот я отдохну денька два-три, соберусь с силами, да тогда и в путь.

Отдохнул южный ветер, собрался с силами и говорит солдату:

— Ну, брат, собирайся, сейчас отправимся; да смотри — не бойся: цел будешь!

Вдруг зашумел-засвистал сильный вихорь, подхватило солдата на воздух и понесло через горы и моря под самыми облаками, и ровно через три часа был он в новом царстве, где жила его прекрасная королевна.

Говорит ему южный ветер:

— Прощай, добрый молодец! Жалеючи тебя, не хочу гулять в твоем царстве.

— Что так?

— Потому — если я загуляю, ни одного дома в городе, ни одного дерева в садах не останется; все вверх дном поставлю!

— Ну, прощай! Спасибо тебе!—сказал солдат, надел шапку-невидимку и пошел в белокаменные палаты.

Вот пока его не было в царстве, в саду все деревья стояли с сухими верхушками; а как он явился, тотчас ожили и начали цвесть.

Входит он в большую комнату, там и сидят за столом разные цари и царевичи, короли и королевичи, что приехали за прекрасную королевну свататься; сидят да сладкими винами угощаются. Какой жених ни нальет стакан, только к губам поднесет — солдат тотчас хвать кулаком по стакану и сразу вышибет. Все гости тому удивляются, а прекрасная королевна втуж минуту догадалась. «Верно,—думает,— мой друг воротился!»

Посмотрела в окно—в саду на деревьях все верхушки ожили, и стала она своим гостям загадку загадывать:

— Была у меня шкатулочка самодельная с золотым ключом; я тот ключ потеряла и найти не чаяла, а теперь тот ключ сам нашелся. Кто отгадает эту загадку, за того замуж: пойду.

Цари и царевичи, короли и королевичи долго над тою загадкой ломали свои мудрые головы, а разгадать никак не могли. Говорит королевна:

— Покажись, мой милый друг!

Солдат снял с себя шапку-невидимку, взял ее за белые руки и стал целовать в уста сахарные.

— Вот вам и разгадка! — сказала прекрасная королевна.—Самодельная шкатулочка— это я, а золотой ключик—это мой верный муж.

Пришлось женихам оглобли поворачивать, разъехались они по своим дворам, а королевна стала с своим мужем жить-поживать да добра наживать.

Окаменелое царство

В некотором царстве, в некотором государстве жил-был солдат; служил он долго и беспорочно, царскую службу знал хорошо, на смотры, на ученья приходил чист и исправен. Стал последний год дослуживать — как на беду, невзлюбило его начальство, не только большое, да и малое: то и дело под палками отдувайся!

Тяжело солдату, и задумал он бежать; ранец через плечо, ружье на плечо и начал прощаться с товарищами, а те его спрашивать:

— Куда идешь? Аль батальонный требует?

— Не спрашивайте, братцы! Подтяните-ка ранец покрепче да лихом не поминайте!

И пошел он, добрый молодец, куда глаза глядят. Много ли, мало ли шел—пробрался в иное государство, усмотрел часового и спрашивает:

— Нельзя ли где отдых взять?

Часовой сказал ефрейтору, ефрейтор офицеру, офицер генералу, генерал доложил про него самому королю. Король приказал позвать того служивого перед свои светлые очи.

Вот явился солдат, как следует — при форме, сделал ружьем на караул и стал как вкопанный. Говорит ему король:

— Скажи мне по совести, откуда и куда идешь?

— Ваше королевское величество, не велите казнить, велите слово вымолвить.

Признался во всем королю по совести и стал на службу проситься.

— Хорошо,— сказал король,— наймись у меня сад караулить; у меня теперь в саду неблагополучно— кто-то ломает мои любимые деревья, так ты постарайся — сбереги его, а за труд дам тебе плату немалую.

Солдат согласился, стал в саду караул держать.

Год и два служит — все у него исправно; вот и третий год на исходе, пошел однажды сад оглядывать и видит — половина что ни есть лучших деревьев поломаны.

«Боже мой! —думает сам с собою.— Вот какая беда приключилася! Как заметит это король, сейчас велит схватить меня и повесить».

Взял ружье в руки, прислонился к дереву и крепко-крепко призадумался.

Вдруг послышался треск и шум, очнулся добрый молодец, глядь — прилетела в сад огромная, страшная птица и ну валять деревья. Солдат выстрелил в нее из ружья, убить не убил, а только ранил ее в правое крыло; выпало из того крыла три пера, а сама птица наутек пустилась. Солдат за нею; ноги у птицы быстрые, скорехонько добежала она до провалища и скрылась из глаз.

Солдат не убоялся и вслед за нею кинулся в то провалище, упал в глубокую-глубокую пропасть, отшиб себе все печенки и целые сутки лежал без памяти.

После опомнился, встал, осмотрелся,— что же?— и под землей такой же свет.

«Стало быть,—думает,— и здесь есть люди!»

Шел, шел, перед ним большой город, у ворот караульня, при ней часовой; стал его спрашивать— часовой молчит, не движется; взял его за руку — а он совсем каменный!

Взошел солдат в караульню — народу много, и стоят и сидят, только все окаменелые; пустился бродить по улицам — везде то же самое: нет ни

315

единой живой души человеческой, все как есть камень! Вот и дворец расписной, вырезной, марш туда, смотрит— комнаты богатые, на столах закуски и напитки всякие, а кругом тихо и пусто.

Солдат закусил, выпил, сел было отдохнуть, и послышалось ему— словно кто к крыльцу подъехал; он схватил ружье и стал у дверей.

Входит в палату прекрасная царевна с мамками, с няньками; солдат отдал ей честь, а она ему ласково поклонилась.

— Здравствуй, служивый! Расскажи,— говорит,— какими судьбами ты сюда попал?

Солдат начал рассказывать:

— Нанялся-де я царский сад караулить, и повадилась туда большая птица летать да деревья ломать; вот я подстерег ее, выстрелил из ружья и выбил у ней из крыла три пера; бросился за ней в погоню и очутился здесь.

— Эта птица — моя родная сестра; много она творит всякого зла и на мое царство беду наслала — весь народ мой окаменила. Слушай же: вот тебе книжка, становись вот тут и читай ее с вечера до тех пор, пока петухи не запоют. Какие бы страсти тебе ни казалися, ты знай свое — читай книжку да держи ее крепче, чтоб не вырвали; не то жив не будешь! Если простоишь три ночи, то выйду за тебя замуж.

— Ладно!—отвечал солдат.

Только стемнело, взял он книжку и начал читать.

Вдруг застучало, загремело—явилось во дворец целое войско, подступили к солдату его прежние начальники, и бранят его, и грозят за побег смертию; вот уж и ружья заряжают, прицеливаются... Но солдат на то не смотрит, книгу из рук не выпускает, знай себе читает.

Закричали петухи—и все разом сгинуло!

На другую ночь страшней было, а третью и того пуще: прибежали палачи с пилами, топорами, молотами, хотят ему кости дробить, жилы тянуть, на огне его жечь, а сами только и думают, как бы книгу из рук выхватить. Такие страсти были, что едва солдат выдержал.

Запели петухи — и демонское наваждение сгинуло!

В тот самый час все царство ожило, по улицам и в домах народ засуетился, во дворец явилась царевна с генералами, со свитою, и стали все благодарствовать солдату и величать его своим государем.

На другой день женился он на прекрасной царевне и зажил с нею в любви и радости.

Берёза и три сокола

Отслужил солдат свой законный срок, получил отставку и пошел на родину. Идет путем-дорогою, а навстречу ему нечистый.

— Стой, служивый! Куда идешь?

— Домой иду.

— Что тебе дома! Ведь у тебя ни рода, ни племени. Наймись лучше ко мне в работники; я тебе большое жалованье положу.

— А в чем служба?

— Служба самая легкая; мне надобно ехать за синие моря к дочери на свадьбу, а есть у меня три сокола; покарауль их до моего приезду.

Солдат согласился. «Без денег,—думает,—плохое житье; хоть у черта, все что-нибудь да заработаю!»

Нечистый привел его в свои палаты, а сам уехал за синие моря.

Вот солдат ходил, ходил по разным комнатам; сделалось ему скучно, и вздумал он пойтить в сад; вышел, смотрит—стоит береза. И говорит ему береза человеческим голосом:

— Служивый! Сходи вот в такую-то деревню, скажи тамошнему священнику, чтобы дал тебе то самое, что ему нынче во сне привиделось.

Солдат пошел, куда ему сказано; священник тотчас достал книгу:

— Вот тебе—возьми! Солдат взял; приходит назад.

— Спасибо, добрый человек!—говорит береза.—Теперь становись да читай!

Начал он читать эту книгу; одну ночь читал — вышла из березы красная девица, красоты неописанной, по самые груди; другую читал — вышла по пояс; третью ночь читал — совсем вышла. Поцеловала его и говорит:

— Я — царская дочь; похитил меня нечистый и сделал березою. А три сокола — мои родные братья; хотели они меня выручить, да сами попались!

Только вымолвила царевна это слово, тотчас прилетели три сокола, ударились о сырую землю и обратились добрыми молодцами. Тут все они собрались и поехали к отцу, к матери и солдата с собой взяли.

Царь и царица обрадовались, щедро наградили солдата, выдали за него замуж царевну и оставили жить при себе.

По колена ноги в золоте, по локоть руки в серебре

В некотором царстве, в некотором государстве жил-был царь, у него был сын Иван царевич — и красивый, и умный, и славный; об нем песни пели, об нем сказки сказывали; он красным девушкам во сне снился. Пришло ему желанье поглядеть на бел свет; берет он у царя-отца благословенье и позволенье и едет на все четыре стороны, людей посмотреть, себя показать.

Долго ездил, много видел добра, й худа, и всякой всячины; наконец подъехал к палатам высоким, хорошим, каменным. Видит: на крылечке сидят три сестрицы-красавицы и между собой разговаривают.

Старшая говорит:

— Если б на мне женился Иван-царевич, я б ему напряла рубашку тонкую, гладкую, какой во всем свете не спрядут.

Иван-царевич стал прислушиваться.

— А если б меня взял,— сказала средняя,— я б выткала ему кафтан из серебра, из золота, и сиял бы он, как жар-птица.

— А я ни прясть, ни ткать не умею,— говорила меньшая,— а если бы он меня полюбил, я бы родила ему сынов, что ни ясных соколов: во лбу солнце, а на затылке месяц, по бокам звезды.

Иван-царевич все слышал, все запомнил и, возвратись к отцу, просил позволенье жениться. Отказа не было; он взял за себя меньшую сестру и стал с нею жить-поживать душа в душу; а старшие сестры стали сердиться да завидовать меньшой сестре, начали ей зло мерить; подкупили нянюшек, мамушек, и когда у Ивана-царевича родился сын, когда он ждал, что ему поднесут дитя с солнцем во лбу, с месяцем на затылке,с звездами по бокам, вместо того подали ему просто-напросто котенка и заверили, что жена его обманула. Сильно он огорчился, долго сердился, наконец стал ожидать другого сына.

Те же нянюшки, те же мамушки были с царевной, опять украли ее настоящего ребенка с солнцем во лбу и подложили щенка.

Иван-царевич заболел с горя-печали; много он любил царевну, но еще больше хотелось ему поглядеть на хорошее детище. Начал ожидать третьего.

В третий раз ему показали простого ребенка, без звезд и месяца. Иван-царевич не стерпел, отказался от жены, приказал ее судить.

Собралися, съехалися люди старшие — нет числа! С'удят-рядят, придумывают-пригадывают, и придумали: царевне отрубить голову.

— Нет,— сказал главный судья,— слушайте меня или нет, а моя вот речь: выколоть ей глаза, засмолить с ребенком в бочке и пустить на море; виновата — потонет, права — выплывет.

Речь полюбилась, выкололи царевне глаза, засмолили вместе с ребенком в бочку и бросили в море.

А Иван-царевич женился на ее старшей сестре, на той самой, что детей его покрала да спрятала в отцовском саду в зеленой беседке.

Там мальчики росли-подрастали, родимой матушки не видали, не знали; а она, горемычная, плавала по морю по океану с подкидышком, и рос этот подкиды-шек не по дням, а по часам; скоро пришел в смысл, стал разумен и говорит:

— Сударыня-матушка! Когда б, по моему прошенью, по щучью веленью, по божью благословенью, мы пристали к берегу!

Бочка остановилась.

— Сударыня-матушка, когда б, по моему прошенью, по щучью веленью, по божью благословенью, наша бочка лопнула!

Только он молвил, бочка развалилась надвое, и он с матерью вышли на берег:

— Сударыня-матушка! Какое веселое, славное место; жаль, что ты не видишь ни солнца, ни неба, ни травки-муравки. По моему прошенью, по щучью веленью, по божью благословенью, когда б здесь явилась банька!

Ту ж минуту как из земли выросла баня: двери сами растворились, печи затопились, и вода закипела Вошли, взял он веничек и стал теплою водою промывать больные глаза матери.

— По моему прошенью, по щучью веленью, по божью благословенью, когда б моя матушка проглянула.

— Сынок! Я вижу, вижу, глаза открылись!

— По моему прошенью, по щучью веленью, по божью благословенью, когда б, сударыня-матушка, твоего батюшки дворец да к нам перешел и с садом, и твоими детками.

Откуда ни взялся дворец, перед дворцом раскинулся сад, в саду на веточках птички поют, посреди беседка стоит, в беседке три братца живут.

Мальчик-подкидышек побежал к ним. Вошел, видит—накрыт стол, на столе три прибора.

Возвратился он поскорее домой и говорит:

— Дорогая сударыня-матушка! Испеки ты мне три лепешечки на своем молоке.

Мать послушала. Понес он три лепешечки, разложил на три тарелочки, а сам спрятался в уголок и ожидает: кто придет?

Вдруг комната осветилась—вошли три брата с солнцем, с месяцем, с звездами; сели за стол, отведали лепешек и узнали родимой матери молоко.

— Кто нам принес эти лепешечки? Если б он показался и рассказал нам об нашей матушке, мы б его зацеловали, замиловали и в братья к себе приняли.

Мальчик вышел и повел их к матери.

Тут они обнимались, целовались и плакали. Хорошо им стало жить, было чем и добрых людей угостить.

Один раз шли мимо нищие старцы; их зазвали, накормили, напоили и с хлебом-солью отпустили. Случилось: те же старцы проходили мимо дворца Ивана-царевича; он стоял на крыльце и начал их спрашивать:

— Нищие старцы! Где вы были-пробывали, что видели-повидали?

— А мы там были-пробывали, то видели-повидали: где прежде был мох да болото, пень да колода, там теперь дворец—ни в сказке сказать, ни пером написать, там сад—во всем царстве не сыскать, там люди—в белом свете не видать! Там мы были-пробывали, три родных братца нас угощали: во лбу у них солнце, на затылке месяц, по бокам часты звезды, и живет с ними и любуется на них мать-царевна прекрасная.

Выслушал Иван-царевич и задумался... кольнуло «то в грудь, забилося сердце; снял он свой верный меч, взял меткую стрелу, оседлал ретивого коня, не сказав жене «прощай!», полетел во дворец—что ни в сказке сказать, ни пером написать.

Очутился там, глянул на детей, глянул на жену—узнал и не вспомнился от радости—душа просветлела!

В это время я там была, мед-вино пила, все видела, всем было очень весело, горько только одной старшей сестре, которую так же засмолили в бочку, так же бросили в море, но не так ее бог хранил: она тут же канула на дно, и след пропал!

Золотой башмачок

Жил-был старик со старухой. У старика, у старухи было две дочери. Старик однажды поехал на посад и купил там одной сестре рыбку и другой тоже рыбку. Старшая скушала свою рыбку, а младшая пошла на колодец и говорит:

— Матушка рыбка! Скушать ли тебя или нет?

— Не кушай меня,— говорит рыбка,— а пусти в воду; я тебе пригожусь.

Она спустила рыбку в колодец и пошла домой.

Старуха очень не любила своей младшей дочери. Она нарядила сестру ее в самолучшее лопотьё и пошла с ней в церковь к обедне, а младшей оставила две меры ржи и велела ей вышестать до прихода из церкви.

Девушка пошла за водой, сидит у колодца и плачет; рыбка выплыла наверх и спрашивает ее:

— Об чем ты, красная девица, плачешь?

— Как же не плакать мне? — отвечает ей красная девица.—Мати нарядила сестру мою в самолучшее лопотьё, ушла с ней к обедне, а меня оставила дома и велела вычистить две меры ржи до прихода своего из церкви!

Рыбка говорит:

— Не плачь, ступай наряжайся да поезжай в церковь; будет рожь вычищена!

Она нарядилась, приехала к обедне. Мати не могла ее опознать.

Обедня зачала отходить, девушка уезжает домой; мати тоже приходит домой и спрашивает:

— Что ты, дура, вычистила ли рожь?

— Вычистила,— отвечает она.

— Что у обедни была за красавица!—говорит мати.— Поп не поет, не читает—все на ей глядит; а ты, дура, взгляни-ка на себя, в чем в эком ходишь!

— Хоть не была, да знаю!—говорит девица.

— Где тебе знать? — сказала ей мати.

На другой раз мати нарядила старшую дочь свою в самолучшее лопотьё, пошла с ей к обедне, а младшей оставила три меры жита и говорит."

— Покамест я молюсь богу, ты вышестай жито. Вот она и пошла к обедне, а дочь пошла по воду на колодец; сидит у колодца и плачет.

Рыбка выплыла наверх и спрашивает: — О чем, красна девица, плачешь?

— Как же не плакать,— отвечает ей красна девица,—мати нарядила сестру мою в самолучшее лопотьё, пошла с ей к обедне, а меня оставила дома и велела вычистить три меры жита до прихода своего из церкви. Рыбка говорит:

— Не плачь, ступай наряжайся да поезжай за ей в церковь; жито вычистится!

Она нарядилась, приехала в церковь, стала богу молиться. Поп не поет, не читает—все на ей глядит!

Обедня зачала отходить. Был в то время у обедни той стороны царевич; красна девица наша больно ему поглянулась; он захотел узнать: чья этакая? Взял да и бросил ей под башмак смолы. Башмак остался, а она уехала домой.

— Чей башмак,— говорит царевич,— ту замуж; возьму!

Башмак-от был весь вышит золотом. Вот и старуха пришла домой.

— Что там была за красавица!—говорит она.— Поп не поет, не читает —все на ей смотрит; а ты, дура, посмотри-ка на себя: что эка за оборванка!

А в те поры царевич по всем волостям искал девицы, что потеряла башмак; никак он не мог найти, чтоб башмачок был впору.

Он пришел к старухе и говорит:

— Покажи-ка ты свою девку, ладен ли будет башмак ей?

— Дочь моя замарает башмак,— отвечает старуха. Пришла красна девица; царевич примерил ей башмак—башмак ей ладен. Он взял ее замуж; стали они жить да поживать да добра наживать.

Я там был, пиво пил, по губам текло, в рот не попало. Дали мне синь кафтан, ворона летит да кричит:

— Синь кафтан! Синь кафтан!

Я думаю: «Скинь кафтан!»—взял да и скинул. Дали мне колпак, стали в шею толкать. Дали мне красные башмачки, ворона летит да кричит:

— Красные башмачки! Красные башмачки!

Я думаю: «Украл башмачки!»—взял да и бросил.

Несмеяна-царевна

Как подумаешь, куда велик божий свет! Живут в нем люди богатые и бедные, и всем им просторно, и всех их призирает и рассуждает господь. Живут роскошные — и празднуют, живут горемычные— и трудятся; каждому своя доля!

В царских палатах, в княжьих чертогах, в высоком терему красовалась Несмеяна-царевна. Какое ей было житье, какое приволье, какое роскошье!Всего много, все есть, чего душа хочет; а никогда она не улыбалась, никогда не смеялась, словно сердце ее ничему не радовалось.

Горько было царю-отцу глядеть на печальную дочь. Открывает он свои царские палаты для всех, кто пожелает быть его гостем.

— Пускай,— говорит,—пытаются развеселить Несмеяну-царевну; кому удастся, тому она будет женою.

Только это вымолвил, как закипел народ у княжьих ворот! Со всех сторон едут, идут—и царевичи и княжевичи, и бояре и дворяне, полковые и простые; начались пиры, полились меды—царевна все не смеется.

На другом конце в своем уголке жил честной работник; по утрам он двор убирал, вечерами скот пасал, в беспрестанных был трудах. Хозяин его — человек богатый, правдивый, платою не обижал. Только покончился год, он ему мешок денег на стол:

— Бери,— говорит,— сколько хочешь! А сам в двери и вышел вон.

Работник подошел к столу и думает: как бы перед богом не согрешить, за труды лишнего не положил? Выбрал одну только денежку,

322

зажал ее в горсть да вздумал водицы напиться, нагнулся в колодезь — денежка у него выкатилась и потонула на дно.

Остался бедняк ни при чем. Другой бы на его месте заплакал, затужил и с досады б руки сложил, а он нет.

— Все,— говорит,— бог посылает; господь знает, кому что давать: кого деньгами наделяет, у кого последние отнимает. Видно, я худо рачил, мало трудился, теперь стану усердней!

И снова за работу — каждое дело в его руках огнем горит!

Кончился срок, минул еще год, хозяин ему мешок денег на стол:

— Бери,— говорит,— сколько душа хочет! А сам в двери и вышел вон.

Работник опять думает, чтоб бога не прогневить, за труд лишнего не положить; взял денежку, пошел напиться и выпустил невзначай из рук— денежка в колодезь и потонула.

Еще усерднее принялся он за работу: ночь недосыпает, день недоедает. Поглядишь: у кого хлеб сохнет, желтеет, а у его хозяина все бутеет; чья скотина ноги завивает, а его по улице брыкает; чьих коней под гору тащат, а его и в поводу не сдержать. Хозяин разумел, кого благодарить, кому спасибо говорить.

Кончился срок, миновал третий год, он кучу денег на стол:

— Бери, работничек, сколько душа хочет; твой труд, твоя и деньга! А сам вышел вон.

Берет работник опять одну денежку, идет к колодезю воды испить — глядь: последняя деньга цела, и прежние две наверх выплыли. Подобрал он их, догадался, что бог его за труды наградил; обрадовался и думает: «Пора мне бел свет поглядеть, людей распознать!»

Подумал и пошел куда глаза глядят. Идет он полем, бежит мышь:

— Ковалек, дорогой куманек! Дай денежку; я тебе сама пригожусь!

Дал ей денежку.

Идет лесом, ползет жук:

— Ковалек, дорогой куманек! Дай денежку; я тебе сам пригожусь!

Дал и ему денежку. Поплыл рекой, встрелся сом:

— Ковалек, дорогой куманек! Дай денежку; я тебе сам пригожусь!

Он и тому не отказал, последнюю отдал.

Сам пришел в город; там людей, там дверей! Загляделся, завертелся работник на все стороны, куда идти—не знает. А перед ним стоят царские палаты, сребром-золотом убраты, у окна Несмеяна-царевна сидит и прямо на него глядит. Куда деваться? Затуманилось у него в глазах, нашел на него сон, и упал он прямо в грязь.

Откуда ни взялся сом с большим усом, за ним жучок-старичок, мышка-стрижка; все прибежали. Ухаживают, ублажают: мышка платьице снимает, жук сапожки очищает, сом мух отгоняет.

Глядела, глядела на их услуги Несмеяна-царевна и засмеялась.

— Кто, кто развеселил мою дочь? — спрашивает царь.

Тот говорит: «Я»; другой: «Я».

— Нет!—сказала Несмеяна-царевна.—Вон этот человек!—И указала на работника.

Тотчас его во дворец, и стал работник перед царским лицом молодец-молодцом! Царь свое царское слово сдержал; что обещал, то и даровал.

Я говорю: не во сне ли это работнику снилось? Заверяют, что нет, истинная правда была,— так надо верить.

Ночные пляски

Был-жил король вдовый; у него было двенадцать дочерей, одна другой лучше. Каждую ночь уходили эти царевны, а куда — неведомо; только что ни сутки—изнашивали по новой паре башмаков. Не наготовится король на них обуви, и захотелось ему узнать, куда это они по ночам уходят и что делают?

Вот он сделал пир, созвал со всех земель королей и королевичей, дворян и купцов, и простых людей и спрашивает: не сумеет ли кто разгадать ему эту загадку? Кто разгадает—за того отдаст любимую дочь замуж: да полцарства в приданое.

Никто не берется узнать, где бывают по ночам королевны; вызвался один бедный дворянин.

— Ваше королевское величество! Я узнаю.

— Ладно, узнай!

После бедный дворянин одумался и говорит сам себе:

— Что я наделал? Взялся узнать, а сам ничего не ведаю! Если теперь не узнаю, ведь король меня под караул отдаст.

Вышел из дворца за город, идет—раскручинился-пригорюнился; попадается ему навстречу старушка и спрашивает:

— О чем, добрый молодец, призадумался? Он в ответ:

— Как мне, бабушка, не призадуматься? Взялся я у короля проведать, куда его дочери по ночам уходят.

— Да, это дело трудное! Только узнать можно. Вот тебе шапка-невидимка, с нею чего не высмотришь! Да помни: как будешь спать ложиться, королевны подадут тебе сонных капель испить; а ты повернись к стене и вылей в постель, а пить не моги!

Бедный дворянин поблагодарил старуху и воротился во дворец.

Время к ночи подходит; отвели ему комнату рядом с тою, в которой королевны почивали. Прилег он на постель, а сам сторожить собирается.

Тут приносит одна королевна сонных капель в вине и просит выпить за ее здоровье. Не мог отказаться, взял чарку, оборотился к стене и вылил в постель.

В самую полночь пришли королевны посмотреть: спит ли он? Бедный дворянин притворился, будто крепко, беспробудно спит, а сам за всяким шорохом следит.

— Ну, сестрицы! Наша стража заснула; пора нам на гульбище идти.

— Пора! Пора!

Вот нарядились в лучшие свои наряды; старшая сестра подошла к своей кровати, отодвинула ее — и вдруг открылся ход в подземное царство к заклятому царю. Стали они спускаться по лестнице; бедный дворянин встал потихоньку с кровати, надел на себя шапку-невидимку и пошел за ними. Наступил нечаянно младшей королевне на платье; она испугалась, сказала сестрам:

— Ах, сестрицы, будто кто на мое платье наступил; эта примета беду нам пророчит.

— И, полно! Ничего не будет.

Спустились с лестницы в рощу, в той роще золотые цветы растут. Бедный дворянин взял сломил одну веточку—вся роща зашумела.

— Ах, сестрицы,— говорит младшая королевна,— что-то недоброе нам сулит! Слышите, как роща шумит?

— Не бойся; это у заклятого царя музыка гремит! Приходят они во дворец, встречает их царь с придворными; заиграла музыка, и начали танцевать; до тех пор танцевали, пока башмаки изорвали.

Велел царь вино наливать да гостям разносить. Бедный дворянин взял с подноса один бокал, вино выпил, а бокал в карман сунул.

Кончилось гулянье; королевны распростились с кавалерами, обещались и на другую ночь прийти; воротились домой, разделись и легли спать.

Поутру призывает король бедного дворянина:

— Что — укараулил ты моих дочерей?

— Укараулил, ваше величество!

— Куда ж они ходят?

— В подземное царство к заклятому царю, там всю ночь танцуют.

Король позвал дочерей, начал их допрашивать:

— Где вы ночью были? Королевны запираются:

— Нигде не были!

— А у заклятого царя не были? Вот бедный дворянин на вас показывает, уличить вас хочет.

— Где ж ему, батюшка, уличить нас, когда он всю ночь мертвым сном проспал?

Бедный дворянин вынул из кармана золотой цветок и бокал:

— Вот,— говорит,—и улика налицо!

Что тут делать? Сознались королевны отцу; король велел засыпать ход в подземное царство, а бедного дворянина женил на младшей дочери, и стали все они счастливо жить да быть.

Мальчик с пальчик

Жил себе старик со старухою. Раз старуха рубила капусту на пироги, задела нечаян -но по руке и отрубила мизинный палец; отрубила и бросила за печку. Вдруг послышалось старухе, кто-то говорит за печкой человеческим голосом:

— Матушка! Сними меня отсюда. Изумилась она, сотворила честной крест и спрашивает:

— Ты кто таков?

— Я твой сынок, народился из твоего мизинчика.

Сняла его старуха, смотрит—мальчик крохотный-крохотный, еле от земли видно! И назвала его Мальчик с пальчик.

— А где мой батюшка? — спрашивает Мальчик с пальчик.

— Поехал на пашню.

— Я к нему пойду, помогать стану.

— Ступай, дитятко. Пришел он на пашню:

— Бог в помочь, батюшка! Осмотрелся старик кругом.

— Что за чудо!—говорит,— глас человеческий слышу, а никого не вижу. Кто таков говорит со мною?

— Я — твой сынок.

— Да у меня и детей сроду не бывало!

— Я только что народился на белый свет: рубила матушка капусту на пироги, отрубила себе мизинный палец с руки, бросила за печку — вот я и стал Мальчик с пальчик! Пришел тебе помогать — землю пахать. Садись, батюшка, закуси чем бог послал да отдохни маленько!

Обрадовался старик, сел обедать; а Мальчик с пальчик залез лошади в ухо и стал пахать землю; а наперед отцу наказал:

— Коли кто будет торговать меня, продавай смело; небось — не пропаду, назад домой приду.

Вот едет мимо барин, смотрит и дивуется: конь идет, соха орет (пашет), а человека нет!

— Этого,— говорит,— еще видом не видано, слыхом не слыхано, чтобы лошадь сама собой пахала!

— Что ты, разве ослеп!—отозвался ему старик.— То у меня сын пашет.

— Продай его мне!

— Нет, не продам; нам только и радости со старухой, только и утехи, что он!

— Продай, дедушка!—пристает барин.

— Ну, давай тысячу рублев — твой будет!

— Что так дорого?

— Сам видишь: мальчик мал, да удал, на ногу скор,па посылку легок!

Барин заплатил тысячу, взял мальчика, посадил в карман и поехал домой, а Мальчик с пальчик напаскудил ему в карман, прогрыз дыру и ушел.

Шел, шел, и пристигла его темная ночь; спрятался он под былинку, подле самой дороги, лежит себе, спать собирается. Идут мимо три вора.

— Здравствуйте, добрые молодцы!—говорит Мальчик с пальчик.

— Здорово!

— Куда идете?

— К попу.

— Зачем?

— Быков воровать.

— Возьмите и меня с собой!

— Куда ты годишься? Нам надо такого молодца, чтоб раз дал, и дух вон!

— Пригожусь и я: в подворотню пролезу, да вам ворота отопру.

— И то дело! Пойдем с нами.

Вот пришли вчетвером к богатому попу; Мальчик с пальчик пролез в подворотню, отворил ворота и говорит:

— Вы, братцы, здесь на дворе постойте, а я заберусь в сарай да выберу быка получше и выведу к вам.

— Ладно!

Забрался он в сарай и кричит оттуда во всю глотку:

— Какого быка тащить — бурого али черного?

— Не шуми,— говорят ему воры,— тащи какой под руку попадется.

Мальчик с пальчик вывел им быка что ни есть самого лучшего; воры пригнали быка в лес, зарезали, сняли шкуру и стали делить мясо.

— Ну, братцы,— говорит Мальчик с пальчик, и возьму себе требуху: с меня и того будет.

Взял требуху и тут же залез в нее спать, ночь коротать; а воры поделили мясо и пошли по домам.

Набежал голодный волк и проглотил требуху вместе с мальчиком; сидит он в волчьем брюхе живой, и горя ему мало! Плохо пришлось серому! Увидит он стадо, овцы пасутся, пастух спит, и только что подкрадется овцу унести — как Мальчик с пальчик и закричит во все горло:

— Пастух, пастух, овечий дух! Ты спишь, а волк овцу тащит!

Пастух проснется, бросится на волка с дубиною, да притравит его собаками, а собаки ну его рвать — только клочья летят! Еле-еле уйдет сердешный!

Совсем отощал волк, пришлось пропадать с голоду.

— Вылези!—просит волк.

— Довези меня домой к отцу, к матери, так вылезу,— говорит Мальчик с пальчик.

Побежал волк в деревню, вскочил прямо к старику в избу; Мальчик с пальчик тотчас вылез из волчьего брюха задом, схватил волка за хвост и кричит:

— Бейте волка, бейте серого!

Старик схватил дубинку, старуха другую и давай бить волка; тут его и порешили, сняли кожу, да сынку тулуп сделали. И стали они жить-поживать, век доживать.

Лихо одноглазое

Жил один кузнец.

— Что,— говорит,— я горя никакого не видал. Говорят, лихо на свете есть; пойду поищу себе лихо.

Взял и пошел, выпил хорошенько и пошел искать лихо. Навстречу ему портной. — Здравствуй!

— Здравствуй!

— Куда идешь? — Что, брат, все говорят: лихо на свете есть; я никакого лиха не видал, иду искать.

— Пойдем вместе. И я хорошо живу и не видал лиха; пойдем поищем.

Вот они шли, шли, зашли в лес, в густый, темный, нашли маленькую дорожку, пошли по ней — по узенькой дорожке. Шли, шли по этой дорожке, видят: изба стоит большая. Ночь; некуда идти.

— Сём,— говорят,— зайдем в эту избу.

Вошли; никого там нету, пусто, нехорошо. Сели себе и сидят.

Вот и идет высокая женщина, худощавая, кривая, одноокая.

— А! —говорит.— У меня гости. Здравствуйте.

— Здравствуй, бабушка! Мы пришли ночевать к тебе.

— Ну, хорошо; будет что поужинать мне!

Они перепугались. Вот она пошла, беремя дров большое принесла; принесла беремя дров, поклала в печку, затопила. Подошла к ним, взяла одного, портного, и зарезала, посадила в печку и убрала.

Кузнец сидит и думает: что делать, как быть? Она взяла — поужинала. Кузнец смотрит в печку и говорит:

— Бабушка, я кузнец.

— Что умеешь делать-ковать?

— Да я все умею.

— Скуй мне глаз.

— Хорошо,—говорит,—да есть ли у тебя веревка? Надо тебя связать, а то ты не дашься; я бы тебе вковал глаз.

Она пошла, принесла две веревки, одну потоньше, а другую толще. Вот он связал ее одною, которая была потоньше.

— Ну-ка, бабушка, повернися! Она повернулась и разорвала веревку.

— Ну,— говорит,— нет, бабушка! Эта не годится. Взял он толстую веревку да этою веревкою скрутил ее хорошенько.

— Повернись-ка, бабушка! Вот она повернулась—не порвала. Вот он взял шило, разжег его, наставил на глаз-то ей на здоровый, взял топор да обухом как вдарит по шилу. Она как повернется—и разорвала веревку, да и села на пороге.

— А, злодей, теперича не уйдешь от меня!

Он видит, что опять лихо ему, сидит, думает: что делать?

Потом пришли с поля овцы; она загнала овец в свою избу ночевать. Вот кузнец ночевал ночь.

Поутру стала она овец выпускать. Он взял шубу, да вывернул шерстью вверх, да в рукава-то надел и подполз к ней, как овечка. Она все по одной выпускала; как хватит за спинку, так и выкинет ее. И он подполз; она и его хватила за спинку и выкинула.

Выкинула его, он встал и говорит:

— Прощай, лихо! Натерпелся я от тебя лиха; теперь ничего не сделаешь.

Она говорит:

— Постой, еще натерпишься, ты не ушел!

И пошел кузнец опять в лес по узенькой тропинке. Смотрит в дереве топорик с золотой ручкой; захотел себе взять. Вот он взялся за этот топорик, рука и пристала к нему. Что делать? Никак не оторвешь. Оглянулся назад: идет к нему лихо и кричит:

— Вот ты, злодей, и не ушел!

Кузнец вынул ножичек, в кармане у него был, и давай эту руку пилить; отрезал ее и ушел.

Пришел в свою деревню и начал показывать руку, что теперь видел лихо.

— Вот,— говорит,—посмотрите—каково оно: я,— говорит,— без руки, а товарища моего совсем съела.

Тут и сказке конец.

Горе

В одной деревушке жили два мужика, два родные брата: один был бедный, другой богатый

Богач переехал на житье в город, выстроил себе большой дом и записался в купцы; а у бедного иной раз нет ни куска хлеба, а ребятишки — мал мала меньше — плачут да есть просят. С утра до вечера бьется мужик как рыба об лед, а все ничего нет.

Говорит он однова своей жене:

— Дай-ка пойду в город, попрошу у брата: не поможет ли чем?

Пришел к богатому:

— Ах, братец родимый! Помоги сколько-нибудь моему горю; жена и дети без хлеба сидят, по целым дням голодают.

— Проработай у меня эту неделю, тогда и помогу! Что делать? Принялся бедный за работу: и двор чистит, и лошадей холит, и воду возит, и дрова рубит. Через неделю дает ему богатый одну ковригу хлеба:

— Вот тебе за труды!

— И за то спасибо! —сказал бедный, поклонился и хотел было домой идти.

— Постой! Приходи-ка завтра ко мне в гости и жену приводи: ведь завтра мои именины.

— Эх, братец, куда мне? Сам знаешь: к тебе придут купцы в сапогах да в шубах, а я в лаптях хожу да в худеньком сером кафтанишке.

— Ничего, приходи! И тебе будет место.

— Хорошо, братец, приду.

Воротился бедный домой, отдал жене ковригу и говорит:

— Слушай, жена! Назавтрее нас с тобой в гости звали.

— Как — в гости? Кто звал?

— Брат; он завтра именинник.

— Ну что ж, пойдем.

Наутро встали и пошли в город, пришли к богатому, поздравили его и уселись на лавку. За столом уж много именитых гостей сидело; всех их угощает хозяин на славу, а про бедного брата и его жену и думать забыл — ничего им не дает; они сидят да только посматривают, как другие пьют да едят.

Кончился обед; стали гости из-за стола вылазить да хозяина с хозяюшкой благодарить, и бедный тож — поднялся с лавки и кланяется брату в пояс. Гости поехали домой пьяные, веселые, шумят, песни поют.

А бедный идет назад с пустым брюхом.

— Давай-ка,— говорит жене,— и мы запоем песню!

— Эх ты, дурак! Люди поют оттого, что сладко поели да много выпили; а ты с чего петь вздумал?

— Ну, все-таки у брата на именинах был; без песен мне стыдно идти. Как я запою, так всякий подумает, что и меня угостили...

— Ну, пой, коли хочешь, а я не стану! Мужик запел песню, и послышалось ему два голоса; он перестал и спрашивает жену:

— Это ты мне подсобляла петь тоненьким голоском?

— Что с тобой? Я вовсе и не думала.

— Так кто же?

— Не знаю! —сказала баба.—А ну, запой, я послушаю.

Он опять запел; поет-то один, а слышно два голоса; остановился и спрашивает:

— Это ты, Горе, мне петь пособляешь? Горе отозвалось:

— Да, хозяин! Это я пособляю.

— Ну, Горе, пойдем с нами вместе.

— Пойдем, хозяин! Я теперь от тебя не отстану. Пришел мужик домой, а Горе зовет его в кабак. Тот говорит:

— У меня денег нет!

— Ох ты, мужичок! Да на что тебе деньги? Видишь, на тебе полушубок надет, а на что он? Скоро лето будет, все равно носить не станешь! Пойдем в кабак, да полушубок побоку...

Мужик и Горе пошли в кабак и пропили полушубок. На другой день Горе заохало, с похмелья голова болит, и опять зовет хозяина винца испить.

— Денег нет,— говорит мужик.

— Да на что нам деньги? Возьми сани да телегу — с нас и довольно!

Нечего делать, не отбиться мужику от Горя: взял он сани и телегу, потащил в кабак и пропил вместе с Горем.

Наутро Горе еще больше заохало, зовет хозяина опохмелиться; мужик пропил и борону и соху.

Месяца не прошло, как он все спустил; даже избу свою соседу заложил, а деньги в кабак снес.

Горе опять пристает к нему:

— Пойдем да пойдем в кабак!

— Нет, Горе! Воля твоя, а больше тащить нечего.

— Как—нечего? У твоей жены два сарафана: один оставь, а другой пропить надобно.

Мужик взял сарафан, пропил и думает: «Вот когда чист! Ни кола, ни двора, ни на себе, ни на жене!»

Поутру проснулось Горе, видит, что у мужика нечего больше взять, и говорит:

— Хозяин!

— Что, Горе?

— А вот что: ступай к соседу, попроси у него пару волов с телегою.

Пошел мужик к соседу:

— Дай,— просит,— на времечко пару волов с телегою; я на тебя хоть неделю за то проработаю.

— На что тебе?

— В лес за дровами съездить.

— Ну, возьми; только не велик воз накладывай.

— И, что ты, кормилец!

Привел пару волов, сел вместе с Горем на телегу и поехал в чистое поле.

— Хозяин,—спрашивает Горе,— знаешь ли ты на этом поле большой камень?

— Как не знать!

— А когда знаешь, поезжай прямо к нему. Приехали они на то место, остановились и вылезли из телеги.

Горе велит мужику поднимать камень; мужик поднимает, Горе пособляет; вот подняли, а под камнем яма — полна золотом насыпана.

— Ну, что глядишь? — сказывает Горе мужику.—Таскай скорей в телегу.

Мужик принялся за работу и насыпал телегу золотом, все из ямы повыбрал до последнего червонца; видит, что уж больше ничего не осталось, и говорит:

— Посмотри-ка, Горе, никак, там еще деньги остались!

Горе наклонилось:

— Где? Я что-то не вижу!

— Да вон в углу светятся!

— Нет, не вижу.

— Полезай в яму, так и увидишь.

Горе полезло в яму; только что опустилось туда, а мужик и накрыл его камнем.

— Вот этак-то лучше будет! —сказал мужик.— Не то коли взять тебя с собою, так ты, Горе горемычное, хоть не скоро, а все же пропьешь и эти деньги!

Приехал мужик домой, свалил деньги в подвал, волов отвел к соседу и стал думать, как бы себя устроить. Купил лесу, выстроил большие хоромы и зажил вдвое богаче своего брата.

Долго ли, коротко ли—поехал он в город просить своего брата с женой к себе на именины.

— Вот что выдумал!—сказал ему богатый брат.—У самого есть нечего, а ты еще именины справляешь!

— Ну, когда-то было нечего есть, а теперь, слава богу, имею не меньше твоего; приезжай — увидишь.

— Ладно, приеду!

На другой день богатый брат собрался с женою, и поехали на

именины; смотрят, а у бедного-то голыша хоромы новые, высокие, не у всякого купца такие есть! Мужик угостил их, употчевал всякими наедками, напоил всякими медами и винами. Спрашивает богатый у брата:

— Скажи, пожалуй, какими судьбами разбогател ты?

Мужик рассказал ему по чистой совести, как привязалось к нему Горе горемычное, как пропил он с Горем в кабаке все свое добро до последней нитки: только и осталось, что душа в теле; как Горе указало ему клад в чистом поле, как он забрал этот клад да от Горя избавился.

Завистно стало богатому:

«Дай,—думает,—поеду в чистое поле, подниму камень да выпущу Горе—пусть оно дотла разорит брата, чтоб не смел передо мной своим богатством чваниться».

Отпустил свою жену домой, а сам в поле погнал; подъехал к большому камню, своротил его в сторону и наклоняется посмотреть, что там под камнем? Не успел порядком головы нагнуть — а уж Горе выскочило и уселось ему на шею.

— А,— кричит,— ты хотел меня здесь уморить! Нет, теперь я от тебя ни за что не отстану.

— Послушай, Горе! — сказал купец.—Вовсе не я засадил тебя под камень...

— А кто же, как не ты?

— Это мой брат тебя засадил, а я нарочно пришел, чтоб тебя выпустить.

— Нет, врешь! Один раз обманул, в другой не обманешь!

Крепко насело Горе богатому купцу на шею; привез он его домой, и пошло у него все хозяйство вкривь да вкось. Горе уж с утра за свое принимается; каждый день зовет купца опохмелиться; много добра в кабак ушло.

«Этак несходно жить!—думает про себя купец.— Кажись, довольно потешил я Горе; пора б и расстаться с ним, да как?»

Думал, думал и выдумал: пошел на широкий двор, обтесал два дубовых клина, взял новое колесо и накрепко вбил клин с одного конца во втулку. Приходит к Горю:

— Что ты, Горе, все на боку лежишь?

— А что ж мне больше делать?

— Что делать! Пойдем на двор в гулючки играть. А Горе и радо; вышли на двор. Сперва купец спрятался — Горе сейчас его нашло, после того черед Горю прятаться.

— Ну,— говорит,—меня не скоро найдешь! Я хоть в какую щель забьюсь!

— Куда тебе!—отвечает купец.— Ты в это колесо не влезешь, а то—в щель!

— В колесо не влезу? Смотри-ка, еще как спрячусь!

Влезло Горе в колесо; купец взял да и с другого конца забил во втулку дубовый клин, поднял колесо и забросил его вместе с Горем в реку.

Горе потонуло, а купец стал жить по-старому, по-прежнему.

Две доли

Жил да был мужик, прижил двух сыновей и помер. Задумали братья жениться: старший взял бедную, младший—богатую; а живут вместе, не делятся.

Вот начали жены их меж собой ссориться да вздорить; одна говорит:

— Я за старшим братом замужем; мой верх должон быть!

А другая:

— Нет, мой верх! Я богаче тебя!

Братья смотрели, смотрели, видят, что жены не ладят, разделили отцовское добро поровну и разошлись.

У старшего брата что ни год, то дети рожаются, а хозяйство все плоше да хуже идет; до того дошло, что совсем разорился. Пока хлеб да деньги были —на детей глядя, радовался, а как обеднял — и детям не рад! Пошел к меньшому брату:

— Помоги-де в бедности! Тот наотрез отказал:

— Живи, как сам знаешь! У меня свои дети подрастают.

Вот немного погодя опять пришел бедный к богатому.

— Одолжи,—просит,— хоть на один день лошади; пахать не на чем!

— Сходи на поле и возьми на один день; да смотри — не замучь!

Бедный пришел на поле и видит, что какие-то люди на братниных лошадях землю пашут.

— Стой!—закричал.— Сказывайте, что вы за люди?

— А ты что за спрос?

— Да то, что эти лошади моего брата!

— А разве не видишь ты,—отозвался один из пахарей,— что я Счастье твоего брата; он пьет, гуляет, ничего не знает, а мы на него работаем.

— Куда же мое Счастье девалось? .

— А твое Счастье вон там-то под кустом в красной рубашке лежит, ни днем, ни ночью ничего не делает, только спит!

«Ладно,—думает мужик,—доберусь я до тебя».

Пошел, вырезал толстую палку, подкрался к своему Счастью и вытянул его по боку изо всей силы. Счастье проснулось и спрашивает:

— Что ты дерешься?

— Еще не так прибью! Люди добрые землю пашут, а ты без просыпу спишь!

— А ты небось хочешь, чтоб я на тебя пахал? И не думай!

— Что ж? Все будешь под кустом лежать? Ведь этак мне умирать с голоду придется!

— Ну, коли хочешь, чтоб я тебе помочь делал, так ты брось крестьянское дело да займись торговлею. Я к вашей работе совсем непривычен, а купеческие дела всякие знаю.

— Займись торговлею!.. Да было бы на что! Мне есть нечего, а не то что в торг пускаться.

— Ну хоть сними с своей бабы старый сарафан да продай; на те деньги купи новый — и тот продай! А уж я стану тебе помогать: ни на шаг прочь не отойду!

— Хорошо!

Поутру говорит бедняк своей жене:

— Ну, жена, собирайся, пойдем в город.

— Зачем?

— Хочу в мещане приписаться, торговать зачну.

— С ума, что ли, спятил? Детей кормить нечем, а он в город норовит!

— Не твое дело! Укладывай все имение, забирай детишек, и пойдем.

Вот и собрались. Помолились богу, стали наглухо запирать свою избушку и послышали, что кто-то горько плачет в избе. Хозяин спрашивает:

— Кто там плачет?

— Это я — Горе!

— О чем же ты плачешь?

— Да как же мне не плакать? Сам ты уезжаешь, а меня здесь покидаешь.

— Нет, милое! Я тебя с собой возьму, а здесь не покину. Эй, жена! — говорит.— Выкидывай из сундука свою поклажу.

Жена опорожнила сундук.

— Ну-ка, Горе, полезай в сундук!

Горе влезло; он его запер тремя замками; зарыл сундук в землю и говорит:

— Пропадай ты, проклятое! Чтоб век с тобой не знаться!

Приходит бедный с женой и с детьми в город, нанял себе квартиру и начал торговать: взял старый женин сарафан, понес на базар и продал за рубль: на те деньги купил новый сарафан и продал его за два рубля. И вот таким-то счастливым торгом, что за всякую вещь двойную цену получал, разбогател он в самое короткое время и записался в купцы.

Услыхал про то младший брат, приезжает к нему в гости и спрашивает:

— Скажи, пожалуй, как это ты ухитрился—из нищего богачом стал?

— Да просто,— отвечает купец,— я свое Горе в сундук запер да в землю зарыл.

— В каком месте?

— В деревне, на старом дворе.

Младший брат чуть не плачет от зависти; поехал сейчас на деревню, вырыл сундук и выпустил оттуда Горе.

— Ступай,— говорит,—к моему брату, разори его до последней нитки.

— Нет!—отвечает Горе.—Я лучше к тебе пристану, а к нему не пойду; ты—добрый человек, ты меня на свет выпустил! А тот лиходей — в землю упрятал!

Немного прошло времени—разорился завистливый брат и из богатого мужика сделался голым бедняком.

История о славном и храбром богатыре Илье Муромце и о Соловье-разбойнике

В славном было городе Муроме, в селе Карачарове — жил крестьянин Иван Тимофеевич. У него было любимое детище Илья Муромец; сидел он сиднем тридцать лет, и как минуло тридцать лет, то стал он ходить на ногах крепко, и ощутил в себе силу великую, и сделал себе сбрую ратную и копье булатное, и оседлал коня доброго, богатырского. Приходит к отцу и матери и стал у них просить благословения:

«Государи мои, батюшка и матушка! Отпустите меня в славный город Киев богу помолиться, а князю киевскому поклониться».

Отец и мать его дают ему благословение, кладут на него заклятие великое и говорят такие речи:

«Поезжай ты прямо на Киев-град, прямо на Чернигов-град, и на пути своем не делай никакой обиды, не проливай напрасно крови христианской».

Илья Муромец принял у отца и матери благословение, богу помолился, с отцом и с матерью прощается, и поехал в путь свой.

И так далеко заехал в темны леса, что наехал на таборы разбойничьи; и те разбойники увидели Илью Муромца, и разгорелись у них сердца разбойнические на коня богатырского, и стали между себя разговаривать, чтобы лошадь отнять, что такой лошади ни в которых местах не видывали, а ныне едет на таком добром коне незнамо какой человек. И стали на Илью Муромца напущать человек по десяти и по двадцати; и стал Илья

Муромец остановлять коня своего богатырского, и вынимает из колчана калену стрелу, и накладывает на тугой лук. Пустил он калену стрелу понад землею, калена стрела стала рвать на косую сажень. И, видя то, разбойники испужались и собирались во един круг, пали на колени и стали говорить: «Государь ты наш батюшка, удал добрый молодец! Виноваты мы перед тобою, и за такую вину нашу бери казны, сколько надобно, и платья цветного, и табуны лошадей, сколько угодно».

Илья, усмехнувшись, сказал:

«Некуды мне девать!.. А если хотите живы быть, так вперед не отважьтесь!»—и поехал в путь свой к славному граду Киеву.

Подъезжает он ко граду Чернигову, и под тем градом Черниговом стоят войска басурманские, что и сметы нет, и Чернигов-град осадили, и хотят его вырубить и божии церкви на дым пустить, а самого князя и воеводу черниговского живых в полон взять. И той великой силе Илья Муромец ужаснулся; однако положился на волю создателя своего господа бога и вздумал положить главу свою за веру христианскую. И стал Илья Муромец побивать силу басурманскую копием булатным, и всю силу поганую побил, и царевича басурманского в полон взял и ведет во град Чернигов. Встречают его из града Чернигова граждане с честию, идет сам князь и воевода черниговский, принимают доброго молодца с честию, благодарение господу богу воссылают, что господь прислал нечаянно граду очищение и не дал всем напрасно погибнути от такой силы басурманския; взяли его в палаты свои, и сотвориша великий пир, и отпустиша его в путь. Илья Муромец поехал ко граду Киеву прямою дорогою от Чернигова, которую заложил Соловей-разбойник ровно тридцать лет, не пропущал ни конного, ни пешего, а убивал не оружием, но своим свистом разбойничьим. Выехал Илья Муромец в чисто поле и увидел попрыски богатырские, и по них поехал, и приехал на те леса Брянские, на те грязи топучие, на те мосты калиновы и к той реке Смородинке. Соловей-разбойник послышал себе кончину и бессчастие великое и, не допуская Илью Муромца за двадцать верст, засвистал своим свистом разбойническим крепко; но богатырское сердце не устрашилось. И, не допуская еще десяти верст, засвистал он громче того, и с того свисту под Ильею Муромцем конь споткнулся. Приехал Илья Муромец под самое гнездо, которое свито на двенадцати дубах; и Соловей-разбойник, на гнезде сидя, увидел святорусского богатыря, и засвистал во весь свист, и хотел Илью Муромца убить до смерти.

Илья Муромец снимает с себя тугой лук, накладывает калену стрелу и пускает на то гнездо Соловьиное, и попал ему в правый глаз и вышиб вон; Соловей-разбойник свалился с гнезда, что овсяный сноп. Илья Муромец берет Соловья-разбойника; привязал его крепко к стремени булатному и поехал к славному граду Киеву. На пути стоят палаты Соловья-разбойника, и как поравнялся Илья Муромец против палат разбойнических, у которых окна были растворены и в те окна смотрели разбойничьи три дочери,—увидела его меньшая дочь и закричала своим сестрам:

«Вон наш батюшка едет с добычею и везет к нам мужика, привязанного у стремени булатного».

А большая дочь посмотрела и горько заплакала:

«Это не батюшка наш едет; это едет незнамо какой человек и везет нашего батюшку».

И закричали они мужьям своим:

«Мужья наши милые! Поезжайте к мужику навстречу и отбейте у него нашего батюшку, не кладите наш род в таком позоре».

Мужья их, сильные богатыри, поехали против святорусского богатыря; кони у них добрые, копья острые, и хотят они Илью на копьях поднять. И увидел Соловей-разбойник и стал говорить:

«Зятья мои милые! Не позорьтесь вы и не дразните такого сильного богатыря, чтобы всем вам не принять от него смерти; лучше с покорностию попросите его в дом мой выпить чару зелена вина».

По просьбе зятей поворотил Илья в дом, не ведая их злобы. Большая дочь подняла железную на цепях

подворотню, чтоб его пришибить. Но Илья усмотрел ее на воротах, ударил копием и ушиб до смерти.

И как приехал Илья Муромец в Киев-град, въезжает прямо на княженецкий двор и входит в палаты белокаменные, богу молится и князю кланяется. Князь киевский спрашивает:

«Скажи, добрый молодец, как тебя зовут и из которого города ты уроженец?».

Ответ держит Илья Муромец:

«Меня, государь, зовут Ильюшкою, а по отечеству Иванов, уроженец города Мурома, села Карачарова».

Князь спрашивает:

«Которою дорогою ехал ты из Мурома?»

«На Чернигов-град, и под Черниговом побил войска басурманские, что и сметы нет, и очистил Чернигов-град; и оттуда поехал прямою дорогою, и взял сильного богатыря Соловья-разбойника, и привел его с собою у стремени булатного».

Князь, осердясь, сказал:

«Что ты обманываешь!»

Как услышали это богатыри Алеша Попович и Добрыня Никитич, они бросились смотреть и, увидев, князя уверили, что справедливо так. И приказал князь поднести чару зелена вина доброму молодцу. Захотелось князю разбойнического свисту послушать. Илья князя с княгинею обернул в шубу соболью и, поставя их под мышки, призвал Соловья и приказал вполсвиста засвистать соловьем. А Соловей-разбойник засвистал во весь разбойнический свист и оглушил богатырей так, что они упали на пол; и за то убил его Илья Муромец.

Илья Муромец назвался с Добрынею Никитичем, братьями. И оседлали они своих добрых коней, и поехали в чистые поля гулять, и ездили ровно три месяца, не нашли себе супротивника. Только наехали они в чистом поле: идет калечище прохожий; гуня на нем в пятьдесят пуд, шляпа в девять пуд, костыль в десять сажон. Илья Муромец стал на него коня напускать и хочет отведать с ним своей силы богатырския. И увидал калечище прохожий Илью Муромца и говорит:

«Ой ты еси, Илья Муромец! Помнишь ли, мы с тобою в одной школе грамоте учились, а ныне ты на меня, такого калику, напускаешь коня, как на некоего неприятеля; а того ты не ведаешь, что во славном городе Киеве великая невзгодушка учинилась: приехал неверный сильный богатырь Идолище нечестивый, голова у него с пивной котел, а в плечах сажень, промеж; бровьми пядь, промеж ушей калена стрела, а ест он по быку, а пьет он по котлу; и князь киевский вельми о тебе соболезнует, что ты его в этакой печали оставил».

Нарядясь в калечищино платье, едет Илья Муромец прямо на княженецкий двор и закричал богатырским голосом

«Ой еси ты, князь киевский! Сошли мне, калечищу прохожему, милостыню!» И увидел его князь и говорит такову речь:

«Поди ко мне в палаты, калечище! Я тебя накормлю-напою и золотой казны на дорогу дам».

И вошел калечище в палаты и стал у печи — поглядывает. Идолище просит есть. Принесли ему быка целого жареного, а он его и с костьми съел. Идолище просит пить. Принесли котел пива, а несли двадцать человек; и он взял его за уши и выпил весь. Илья Муромец говорит:

«Была у моего батюшки кобыла обжорлива, обожралась и издохла!»

Идолище не утерпел и говорит:

«Ой еси ты, калечище прохожий! Что ты меня замаешь? Мне тебя нечего и в руки взять! Не то что ты — каков был у вас Илья Муромец, я бы и с тем стычку дал».

«Да вот каков он!»—сказал Илья Муромец, и схватил с себя шляпу, и ударил его в голову тихонько— только прошиб стену палат, и взял туловище (Идолищино)—туда ж выкинул. И за то князь Илью Муромца почтил великими похвалами и причел в сильные, могучие богатыри.

Василий-царевич и Елена Прекрасная

В некотором царстве, в некотором государстве жил-был царь Иван, и у того царя был брат Василий-царевич—ни в чем ему счастья не было! Самый царь на него распрогневался и выгнал из своего дому; с той поры и прозвали его несчастным Василием-царевичем; наконец дошел он до такой бедности, что не имел у себя даже новой одежи. Приходит праздник — Христов день; накануне того дня ходит весь народ царя поздравлять, а царь для того праздника дарит кого деньгами, кого чем. Вот в самую-таки страстную субботу шел Василий-царевич куда-то по улице, и попадается ему навстречу бабка голубая шапка и говорит:

«Здравствуй, Василий-царевич! Что ходишь невесел, что головушку повесил?» А он ей в ответ: «Ах, бабка голубая шапка! Как мне быть радостному? Приходит этакий праздник, все имеют хорошую одежу; а я, царский брат, не имею ничего, даже и разговеться нечем».

«Поди же ты,— говорит она царевичу,— к брату Ивану-царю и попроси, чтобы он тебя пожаловал—чем-нибудь да подарил».

Василий-царевич послушался; вошел он в царскую комнату, увидал его брат и спрашивает: «Что скажешь, Василий Несчастный?» «Я пришел до тебя, братец,— сказал Василий-царевич,—для этакого праздника ты всех даришь, а меня еще ничем не пожаловал».

В это время было у царя много всяких генералов, и начал царь над братом смеяться, говорит ему: «Чем я тебя, дурака, подарю, чем пожалую?» И выносит ему царь подарочек—сорок сороков черных соболей, и еще дарит золота на пуговицы, шелку на петельки:

«Вот тебе, брат, и подарочек! Сшей из него тулуп ко христовской заутрене, и чтоб в каждой пуговице было по райской птице, по коту заморскому!»

Поблагодарил его Василий-царевич, заплакал и пошел; не рад и подарку стал. Вот он идет да идет по улице, и попадается ему опять навстречу бабка голубая шапка; спрашивает его:

«Чем, Василий-царевич, подарил тебя братец?» «Ой, бабка голубая шапка! Подарил мне брат сорок сороков черных соболей, чистого золота на пуговицы и зеленого шелку на петельки; велел сшить ко христовской заутрене шубу, и чтобы в каждой пуговице райские птицы пели и коты заморские мяукали».

Говорит бабка голубая шапка:

«Иди за мной, Василий-царевич! Не тужи и не печалься».

Идут они путем-дорожкой, и близко ли, далеко ли, низко ли, высоко ли — приходят ко дворцу Елены Прекрасной; говорит бабка голубая шапка:

«Ты, Василий-царевич, останься за воротами, а я пойду к Елене Прекрасной и буду за тебя сватать».

Входит она к Елене Прекрасной в комнату и сказывает:

«Матушка Елена Прекрасная! Я пришла сватать тебя за Василия-царевича».

Елена Прекрасная спрашивает бабку голубую шапку:

«А где же Василий-царевич?»

Она отвечает:

«Василий-царевич остался за воротами; не спросись, не смеет взойти».

Елена Прекрасная тотчас приказала взойти Василию-царевичу, глянула на него, и он ей весьма понравился; посылала она царевича в другую комнату, давала ему двух слуг и почитала его женихом своим, а бабка голубая шапка говорит:

«Ах, матушка Елена Прекрасная! Ему брат подарил на тулуп сорок сороков черных соболей, чистого золота на пуговицы, зеленого шелку на петельки и приказал ко христовской заутрене шубу сшить, и чтобы в каждой пуговице пели птицы райские, кричали коты заморские».

Елена Прекрасная, выслушав, отвечает бабке, что все будет готово. Бабка голубая шапка распростилась и ушла.

Под вечер Елена Прекрасная выходит на свой крылец и кричит:

«Гой еси, братец Ясен Сокол, лети ко мне скоро-наскоро, время-навремя!»

И вот прилетает Ясен Сокол, ударился о крылец и сделался удал молодец.

«Здравствуй, сестрица!»

«Здравствуй, братец!»

Кое о чем потолковали, посудачили; наконец Елена Прекрасная сказала своему братцу."

«Я выбрала себе жениха, Василия-царевича; сшей ты ему тулуп ко христовской заутрене».

Отдает ему сорок сороков черных соболей, чисто золото на пуговицы и зеленый шелк на петельки и накрепко наказывает, чтобы в каждой пуговице пели птицы райские и мяукали коты заморские и чтобы тулуп непременно был готов вовремя.

«Не беспокойся, сестрица, все будет сделано».

А Василий-царевич того и не ведает, что завтра будет с обновою.

Только заблаговестили заутреню, прилетел Ясен Сокол, ударился о крылец, сделался удал добрый молодец; сестрица выходит встречать брата, а он отдает ей готовый тулуп. Поблагодарила Елена Прекрасная своего братца за такую услугу, отослала эту одежу к Василию-царевичу и приказала надеть. Обрадовался царевич, нарядился и приходит в' комнату

Елены Прекрасной. Она тотчас приказала заложить в повозку лошадей, чтобы ехать к заутрене; перед отъездом отдала ему три яичка:

«Первым яичком похристосовайся с протопопом, второе отдай брату Ивану-царю, а третье тому, кто тебе больше мил; а в церковь войдешь — становись впереди своего братца родного».

Приезжает он к заутрене и становится, как ему велено, поперед брата. Царь не узнал его, сам с собой думает: что это за человек? Приказывает своему генералу подойти поближе и спросить поучтивее: кто он таков? Генерал подходит и спрашивает Василия-царевича:

«Царь приказал узнать: царь ли вы царевич, король ли вы королевич, или сильный, могучий богатырь?»

Он ему отвечает: «Я здешний».

На отходе заутрени Василий-царевич стал наперед христосоваться с протопопом; похристосовавшись, отдает ему яичко; идет потом к брату Ивану-царю и говорит:

«Христос воскресе, братец!» Тот отвечает: «Воистину воскресе!»

И отдает ему Василий-царевич другое яичко; оставалось у него еще одно. Выходит он из церкви, попадается ему Алеша Попович:

«Христос воскресе, Василий-царевич!»

«Воистину воскресе!»

Пристает Алеша Попович:

«Давай яичко!»

«Нет у меня»,— отвечает Василий-царевич, пришел домой, похристосовался с Еленой Прекрасной и отдал ей третье яичко. Она говорит:

«Ну, Василий-царевич, а я не думала, чтоб ты мне оставил яичко; теперь я согласна выйти за тебя замуж; поезжай просить своего братца на свадьбу к нам».

Василий-царевич поехал к брату; тот ему шибко обрадовался. Стал Василий-царевич просить его на свадьбу к себе; а брат спрашивает:

«Где ж ты берешь невесту?»

«Я беру невесту Елену Прекрасную».

Вот сыграли они свадьбу, после той свадьбы сделал Иван-царь пир на весь мир и позвал брата Василия-царевича с женой Еленой Прекрасною. Время приходит на пир идти, зовет Василий-царевич жену свою; она говорит:

«Василий-царевич! Я так хороша, что боюсь, как бы меня не изурочили; поезжай лучше один».

Приезжает к брату Василий-царевич, а тот спрашивает:

«Что же ты один приехал, а не с женою?»

«Она нездорова, братец!»

Вот они много ли, мало ли попировали, и, подгулявши, каждый из гостей начал хвалиться; у этого то хорошо, у другого другое; а Василий-царевич молчит, ничем не хвалится. Подходит к нему брат и спрашивает:

«Ты, братец, что сидишь, ничем не похвалишься?»

«Да чем похвалюсь я?» — говорит Василий-царевич.

«Ну, хоть тем похвались, что жена у тебя хороша».

«Да, правда твоя, братец, жена у меня хорошая».

Вдруг подбегает к Василию-царевичу Алеша Попович и говорит:

«Ну, уж хороша! Я с нею без тебя ночь спал».

Тут все гости сказали:

«Коли ты спал с нею, так поди же с нею выпарься в бане и принеси именное ее кольцо; тогда мы поверим. А не принесешь кольца—поведем тебя на виселицу».

Нечего делать, пошел Алеша Попович, сам запечалился.

Идет он путем-дорожкою, попадается ему навстречу бабка голубая шапка и спрашивает: «Что ты, Алеша, так печален?» «Как мне не печалиться! Похвалился я у царя, что с Еленой Прекрасною ночь переспал; тут все гости сказали: коли ты с нею спал, так поди ж с нею выпарься в бане и принеси именное ее кольцо; а не принесешь — велим тебя повесить».

«Не печалься, пойдем со мною!» — говорит бабка. Приходят они к дому Елены Прекрасной; бабка голубая шапка Алешу Поповича оставляет за воротами, а сама подлезла в подворотню, взошла в сени, глядь — а перстень именной тут на лавке лежит: позабыла его Елена Прекрасная в то самое время, как после отдыха умывалась. Сохватила старая это кольцо, отдала его Алеше Поповичу да велела ему зайти на реку, намочить водой голову, будто в бане был. Он то и сделал. Приходит к царю во двор, показывает всем именное кольцо. Василий-царевич крепко огорчился, тотчас поехал домой и продал Елену Прекрасную купцам за сто рублей.

В городе, куда увезена Елена Прекрасная, помер царь, и поэтому был клич, чтобы все сходились в тот город выбирать царя; а царей у них выбирали так: кто войдет в церковь со свечкой и коли свеча сама затеплится, тому и царем быть. Все перепробовали свое счастье, свеча ни у кого не затеплилась. Елена Прекрасная услыхала про то и думает себе: «Дай и я пойду, попробую своего счастья». Одевается она в мужскую одежу, берет в руки свечу и идет в церковь; только взошла в церковь, у ней тотчас свеча и затеплилась. Все обрадовались и посадили ее на царство. Стала она царствовать и не забыла распрове-дать о своем муже Василье-царевиче, где он и как поживает? Узнала, что он крепко по ней скучает, и послала за ним послов. Вот когда он приехал да рассказал, как и что было, Елена Прекрасная догадалась, кто были виновники ихнего горя, и помирилась с мужем.

Послали они за Алешей Поповичем, и он во всем им сознался, что кольцо отдала ему бабка голубая шапка, а он насказал у царя на Елену Прекрасную нарочно, потому-де, что христосовался он с Васильем-царевичем да просил у него яичко, а царевич ему не дал. Послали и за бабкою голубою шапкою; когда ее привезли, тотчас начали допрашивать: зачем она украла у Елены Прекрасной именное кольцо?

«Затем,—сказала,— что ты, Елена Прекрасная, хотела меня поить-кормить три года, да не исполнила».

Тут повелели Алешу Поповича и бабку голубую шапку расстрелять, а Василью-царевичу Елена Прекрасная поручила царство, и стали они жить-поживать да добра наживать.

Загадки

В некотором царстве, в некотором государстве жил-был старик; у него был сын. Ездили они по селам, по городам да торговали помаленьку.

Раз поехал сын в окольные деревни торг вести. Ехал долго ли, коротко ли, близко ли, далеко ли, приехал к избушке и попросился ночь ночевать.

— Милости просим,—отвечала старуха,—только с тем уговором, чтоб ты загадал мне загадку неразгаданную.

— Хорошо, бабушка!

Вошел в избушку; она его накормила-напоила, в бане выпарила, на постель положила, а сама села возле и велела задавать загадку.

— Погоди, бабушка; дай подумаю!

Пока купец думал, старуха уснула; он тотчас собрался, и вон из избушки. Старуха услыхала шум, пробудилась — а гостя нет, выбежала на двор и подносит ему стакан с пойлом.

— Выпей-ка,— говорит,— посошок на дорожку! Купец не стал на дорогу пить, вылил пойло в кувшин и съехал со двора.

Ехал, ехал, и застигла его в поле темная ночь; остановился ночевать где бог привел — под открытым небом. Стал он думать да гадать, что такое поднесла ему старуха, взял кувшин, налил себе на ладонь, с той ладони помазал плеть, а той плетью ударил коня; только ударил—коня вмиг разорвало!

Поутру налетело на падаль тридцать воронов; наклевались-наелись, да тут же и переколели все. Купец посбирал мертвых воронов и развесил по деревьям.

В то самое время ехал мимо караван с товарами; увидали приказчики птиц на деревьях, взяли их — поснимали, изжарили и съели: только съели— так мертвые и попадали! Купец захватил караван и поехал домой.

Долго ли, коротко ли, близко ли, далеко ли — заехал опять к той же старухе ночь ночевать. Она его накормила-напоила, в бане выпарила, на постель положила и велит задавать загадку.

— Хорошо, бабушка, скажу тебе загадку; только уговор лучше денег: коли отгадаешь — возьми у меня весь караван с товарами, а коли не отгадаешь — заплати мне столько деньгами, сколько стоит караван с товарами.

Старуха согласилась.

— Ну, вот тебе загадка, из стакана в кувшин, из кувшина на ладонь, с ладони на плетку, с плетки на коня, из коня в тридцать воронов, из воронов в тридцать молодцев.

Старуха маялась, маялась, так и не отгадала; делать нечего, пришлось платить денежки.

А купец воротился домой и с деньгами и с товарами и стал себе жить-поживать, добра наживать.

Близ большой дороги засевал мужик полянку. На то время ехал царь, остановился против мужика и сказал:

— Бог в помощь, мужичок!

— Спасибо, добрый человек! (Он не знал, что это царь.)

— Много ли получаешь с этой полянки пользы?— спросил царь.

— Да при хорошем урожае рублей с восемьдесят будет.

— Куда ж эти деньги деваешь?

— Двадцать рублей в подать взношу, двадцать—долгу плачу, двадцать—взаймы даю да двадцать— за окно кидаю.

— Растолкуй же, братец, какой ты долг платишь, кому взаймы даешь и зачем за окно кидаешь?

— Долг плачу—отца содержу, взаймы даю — сына кормлю, за окно кидаю—дочь питаю.

— Правда твоя!—сказал государь.

Дал ему горсть серебра, объявил себя, что он царь, и заповедал: без его лица никому тех речей не сказывать:

— Кто бы ни спрашивал, никому не говори! Приехал царь в свою столицу и созвал бояр да генералов:

— Разгадайте,— говорит,—мне загадку. Видел я по дороге мужика—засевал полянку; спросил у него: сколько он пользы получает и куда деньги девает? Мужичок мне отвечал: при урожае восемьдесят рублей получаю; двадцать в подать взношу, двадцать—долгу плачу, двадцать—взаймы даю да двадцать— за окно кидаю. Кто из вас разгадает эту загадку, того больших наград, больших почестей удостою.

Бояре и генералы думали, думали, не могли разгадать.

Вот один боярин вздумал и отправился к тому мужику, с которым царь разговаривал, насыпал ему целую груду серебряных рубликов и просит:

— Объясни-де, растолкуй царскую загадку! Мужик позарился на деньги, взял да и объявил про все боярину; а боярин воротился к царю и сейчас растолковал его загадку.

Царь видит, что мужик не сдержал заповеди, приказал его перед себя достать.

Мужик явился к царю и с самого перва сознался, что это он рассказал боярину.

— Ну, брат, пеняй на себя, а за такую провинность велю казнить тебя смертию!

— Ваше величество! Я ничем не виновен, потому— боярину рассказал я при вашем царском лице.

Тут вынул мужик из кармана серебряный рублевик с царской персоной и показал государю.

— Правда твоя! — сказал государь.— Это моя персона.

Наградил щедро мужика и отпустил домой.

Горшеня

Один, слышь, царь велел созвать со всего царства всех, сколь ни есть, бар, всех-навсех к себе, и вот этим делом-то заганул им загадку:

— Нуте-ка, кто из вас отганёт? Загану я вам загадку: кто на свете лютей и злоедливей,— говорит,—всех?

Вот они думали-думали, думали-думали, ганали-ганали, и то думали и сё думали — всяко прикидывали, знашь, кабы отгануть. Нет, вишь, никто не отганул. Вот царь их и отпустил; отпустил и наказал:

— Вот тогда-то, смотрите, вы опять этим делом-токо мне придите.

Вот, знашь, меж этим временем-то один из этих бар, очень дошлый, стал везде выспрашивать, кто что ему на это скажет? Уж он и к купцам-то, и к торгашам-то, и к нашему-то брату всяко прилаживался: охота, знашь, узнать как ни есть да огануть царску-то загадку. Вот один горшеня, что, знашь, горшки продает, и выискался.

— Я, слышь, сумею отгануть эту загадку!

— Ну скажи, как?

— Нет, не скажу, а самому царю отгану. Вот он всяко стал к нему прилаживаться:

— Вот то и то тебе, братец, дам! —И денег-то ему сулил, и всяку всячину ему представлял.

Нету, горшеня стоял в одном, да и полно: что самому царю, так отгану, беспременно отгану; опричь—никому! Так с тем и отошел от него барин, что ни в жисть, говорит, не скажу никому, опричь самого царя.

Вот как опять, знашь, сызнова собрались бары-то к царю, и никто опять не отганул загадку-то, тут барин-от тот и сказал:

— Ваше-де царское величество! Я знаю одного горшеню; он,— говорит,— отганёт вам эту загадку.

Вот царь велел позвать горшеню. Вот этим делом-то пришел горшеня к царю и говорит:

— Ваше царское величество! Лютей,— говорит,— и злоедливей всего на свете казна. Она очень всем завидлива: из-за нее пуще всего все, слышь, бранятся, дерутся, убивают до смерти друг дружку: в иную пору режут ножами, а не то как иным делом. Хоть,— говорит,— с голоду околевай, ступай по миру, проси милостыню, да, того гляди,— у нищего-то суму отымут, как мало-мальски побольше кусочков наберешь, коим грехом еще сдобненьких. Да что и говорить, ваше царское величество, из-за нее и вам, слышь, лихости вволю достается.

— Так, братец, так!—сказал царь.— Ты отга-нул,— говорит,— загадку; чем, слышь, мне тебя наградить?

— Ничего не надо, ваше царское величество!

— Хошь ли чего, крестьянин? Я тебе, слышь, дам.

— Не надо,— говорит горшеня,— а коли ваша царска милость будет,— говорит,— сделай запрет продавать горшки вот на столько-то верст отсюдова: никто бы тут, опричь меня, не продавал их.

— Хорошо!—говорит царь и указал сделать запрет продавать там горшки всем, опричь его.

Горшеня вот как справен стал от горшков, что на диво!

А вот как царь, знашь, в прибыль ему сказал, чтоб никто к нему не являлся без горшка, то один из бар, скупой-прескупой, стал торговать у него горшок. Он говорит:

— Горшок стоит пятьдесят рублев.

— Что ты, слышь, в уме ли? — говорит барин.

— В уме,— говорит горшеня.

— Ну, я в ином месте куплю,— говорит барин. После приходит:

— Ну, слышь, дай мне один горшок!

— Возьми, давай сто рублев за него,—говорит горшеня.

— Как сто рублев? С ума, что ли,— говорит,— сошел?

— Сошел али нет, а горшок стоит сто рублев.

— Ах ты, проклятый! Оставайся со своим горшком!—И ушел опять тот барин.

Уж думал он без горшка сходить к царю, да обдумался:

— Нехорошо, слышь, я приду к нему один, без горшка.

Сызнова воротился.

— Ну,— говорит,—давай горшок: вот тебе сто рублев.

Нет, он стоит теперь полторы сотни рублев,-ворит горшеня.

— Ах ты, окаянный! Нет, я не окаянный, а меньше не возьму.

— Ну, продай мне весь завод: что возьмешь за него?

— Ни за какие деньги не продам, а коли хошь — даром отдам тебе: довези меня,— говорит,— на себе верхом к царю.

Барин-то был очень скуп и оченно завидлив, согласился на это и повез горшеню на себе верхом к царю.

У горшени руки-то в глине, а ноги-то в лаптях торчали клином. Царь увидал, засмеялся:

— Ха-ха-ха!.. Ба! Да это ты! (Узнал, слышь, барина-то, да и горшеню-то.) Как так?

— Да вот то и то,—рассказал горшеня обо всем царю.

— Ну, братец, снимай, слышь, все с себя и надевай на барина, а ты (барину-то сказал) скидай все свое Платье и отдай ему: он теперь будет барином на твоем месте в вотчине, а ты будь заместо его горшенею.

Мудрые ответы

Служил солдат в полку целые двадцать пять лет, а царя в лицо не видал. Пришел домой; стали его спрашивать про царя, а он не знает, что и сказать-то. Вот и зачали его корить родичи да знакомцы.

— Вишь,— говорят,— двадцать пять лет прослужил, а царя в глаза не видал!

Обидно это ему показалось; собрался и пошел царя смотреть. Пришел во дворец. Царь спрашивает:

— Зачем, солдат?

— Так и так, ваше царское величество, служил я тебе да богу целые двадцать пять лет, а тебя в лицо не видал; пришел посмотреть!

— Ну, смотри.

Солдат три раза обошел кругом царя, все оглядывал. Царь спрашивает:

— Хорош ли я?

— Хорош,— отвечает солдат.

— Ну теперь, служивый, скажи: высоко ли небо от земли?

— Столь высоко, что там стукнет, а здесь слышно.

— А широка ли земля?

— Вон там солнце всходит, а там заходит — столь широка!

— А глубока ли земля?

— Да был у меня дед, умер тому назад с девяносто лет, зарыли в землю, с тех пор и домой не бывал: верно, глубока!

Потом отослал царь солдата в темницу и сказал ему:

348

— Не плошай, служба! Я пошлю к тебе тридцать гусей; умей по перу выдернуть.

— Ладно!

Призвал царь тридцать богатых купцов и загадал им те же загадки, что и солдату загадывал; они думали, думали, не смогли ответу дать, и велел их царь посадить за то в темницу. Спрашивает их солдат:

— Купцы-молодцы, вас за что посадили?

— Да, вишь, государь нас допрашивал: далеко ли небо от земли, и сколь земля широка, и сколь она глубока; а мы—люди темные, не смогли ответу дать.

— Дайте мне каждый по тысяче рублев-я вам правду скажу.

— Изволь, брат; только научи.

Взял с них солдат по тысяче и научил, как отгадать царские загадки.

Дня через два призвал царь к себе и купцов и солдата; задал купцам те же самые загадки, и как скоро они отгадали — отпустил их по своим местам.

— Ну, служба, сумел по перу сдернуть?

— Сумел, царь-государь, да еще по золотому!

— А далеко ль тебе до дому?

— Отсюда не видно—далеко, стало быть!

— Вот тебе тысяча рублев; ступай с богом! Воротился солдат домой и зажил себе привольно, богато.

Сосватанные дети

Жили-были два богатых купца: один в Москве, другой в Киеве; часто они съезжались по торговым делам, вместе дружбу водили и хлеб-соль делили.

В некое время приехал киевский купец в Москву, свиделся со своим приятелем и говорит ему:

— А мне бог радость дал — жена сына родила!

— А у меня дочь родилась! — отвечает московский купец.

— Ну-ка, давай по рукам ударим! У меня — сын, у тебя—дочь, чего лучше — жених и невеста! Как вырастут, обвенчаем их и породнимся.

— Ладно, только это дело нельзя просто делать. Пожалуй, еще твой сын отступится от невесты; давай мне двадцать тысяч залогу!

— А если твоя дочь да помрет?

— Ну, тогда и деньги назад.

Киевский купец вынул двадцать тысяч и отдал московскому; тот взял, приезжает домой и говорит жене:

— Знаешь ли, что скажу? Ведь я свою дочь просватал!

Купчиха изумилась:

— Что ты! Али с ума сошел? Она еще в люльке лежит!

— Ну и что ж, что в люльке? Я все-таки ее просватал: вот двадцать тысяч залогу взял.

Вот хорошо. Живут купцы всякий в своем городе, а друг друга не навещают — далеко, да и дела так пошли, что надо дома оставаться. А дети их растут да растут: сын хорош, а дочь еще лучше.

Прошло осьмнадцать лет; московский купец видит, что от старого его знакомца нет ни вести, ни слуху, и просватал дочь свою за полковника.

В то самое время призывает киевский купец своего сына и говорит ему:

— Поезжай-ка ты в Москву; там есть озеро, на том озере я поставил пленку; если в эту пленку попалась утка—то утку вези, а ежели нет утки — то пленку назад.

Купеческий сын собрался и поехал в Москву; ехал, ехал, вот уж близко, всего один перегон остался. Надо ему через реку переправляться, а на реке мост: половина замощена, а другая нет.

Тою же самою дорогою случилось ехать и полковнику; подъехал к мосту и не знает, как ему перебраться на ту сторону? Увидал он купеческого сына и спрашивает:

— Ты куда едешь?

— В Москву.

— Зачем?

— Там есть озеро, в том озере—лет осьмнадцать прошло, как поставил мой отец пленку, а теперь послал меня с таким приказом: если попалась в пленку утка—то утку возьми, а если утки нет—то пленку назад!

«Вот задача!—думает полковник.— Разве может простоять пленка осьмнадцать лет? Ну, пожалуй, пленка еще простоит; а как же утка-то проживет столько времени?»

Думал-думал, гадал-гадал, ничего не разгадал.

— Как же,— говорит,—нам через реку переехать?

— Я поеду задом наперед!—сказал купеческий сын.

Погнал лошадей, доехал до половины моста и давай задние доски наперед перемащивать; намостил и перебрался на другую сторону. А вместе с ним и полковник переехал.

Вот приехали они в город.

— Ты где остановишься? — спрашивает купеческого сына полковник.

— А в том доме, где весна с зимой на воротах. Распрощались и повернули всякий в свою сторону. Купеческий сын пристал у одной бедной старухи; а полковник погнал к невесте. Там его стали поить, угощать, о дороге спрашивать. Он и рассказывает:

— Повстречался я с каким-то купеческим сыном; спросил его: зачем в Москву едет? А он в ответ: есть-де в Москве озеро, на том озере—лет осьмнадцать прошло, как мой отец пленку поставил, а теперь послал меня с таким приказом: если попалась в пленку утка — то утку возьми, а ежели утки нет—то пленку назад! Тут пришлось нам через реку переправляться; на той реке мост, половина замощена, а другая нет. Раздумался я, как на другую сторону переехать? А купеческий сын сейчас смекнул, задом наперед переехал и меня перевез.

— Где же он на квартире стал? — спрашивает невеста.

— А в том доме, где весна с зимой на воротах. Вот купеческая дочь побежала в свою комнату, позвала служанку и приказывает:

— Возьми кринку молока, ковригу хлеба да лукошко яиц; из кринки отпей, ковригу почни, из лукошка яйцо скушай. Потом ступай в тот дом, где на воротах трава с сеном привязаны; разыщи там купеческого сына, отдай ему хлеб, молоко и яйца да спроси: в своих ли берегах море или упало? Полон ли месяц или в ущербе? Все ли звезды на небе или скатились?

Пришла служанка к купеческому сыну, отдала гостинцы и спрашивает:

— Что море — в своих ли берегах или упало?

— Упало.

— Что месяц — полон ли в ущербе?

— В ущербе.

— Что звезды—все ли на небе?

— Нет, одна скатилась.

Вот служанка воротилась домой и рассказала эти ответы купеческой дочери.

— Ну, батюшка,— говорит отцу купеческая дочь,—ваш жених мне не годится; у меня есть свой давнишний—с его отцом по рукам ударено, договором скреплено.

Сейчас послали за настоящим женихом, стали свадьбу справлять да пир пировать, а полковнику отказали.

На той свадьбе и я был, мед-вино пил, по усам текло, в рот не попало.

Доброе слово

Жил-был Иван Несчастный: куда ни пойдет работать — другим дают по рублю да по два, а ему все двугривенный.

— Ах,— говорит он,— али я не так уродился, как другие люди? Пойду-ка я к царю да спрошу: отчего мне счастья нет?

Вот приходит к царю.

— Зачем, брат, пришел?

— Так и так, рассудите: отчего мне ни в чем счастья нет?

Царь созвал своих бояр и генералов, стал их спрашивать: они думали-думали, ломали-ломали свои головы, ничего не придумали. А царевна выступила, да и говорит отцу:

— А я так думаю, батюшка: коли его женить, то, может, и ему господь пошлет иную долю.

Царь разгневался, закричал на дочь:

— Когда ты лучше нас рассудила, так ступай за него замуж!

Тотчас взяли Ивана Несчастного, обвенчали с царевною и выгнали обоих вон из города, чтоб об них и помину не было.

Пошли они на взморье. Говорит царевна своему мужу:

— Ну, Иван Несчастный, нам не царевать, не торговать, надо о себе промышлять. Сделай-ка ты на этом месте пустыньку, станем жить с тобой, богу молиться да на людей трудиться.

Иван Несчастный сделал пустыньку и остался в ней жить с молодой женою.

На другой день дает ему царевна копеечку:

— Поди купи шелку!

Из того шелку она важный ковер вышила и послала мужа продавать.

Идет Иван Несчастный с ковром в руках, а навстречу ему старик:

— Что, продаешь ковер?

— Продаю.

— Что просишь?

— Сто рублев.

— Ну, что тебе деньги! Возьмешь—потеряешь; лучше отдай ковер за доброе слово.

— Нет, старичок! Я человек бедный, деньги надобны.

Старик заплатил сто рублей; а Иван Несчастный пошел домой, приходит, хвать—денег нету, дорогою выронил.

Царевна другой ковер сделала; понес Иван Несчастный продавать его и опять повстречал старика.

— Что за ковер просишь?

— Двести рублев.

— Ну, что тебе деньги! Возьмешь — потеряешь; отдай лучше за доброе слово.

Иван Несчастный подумал-подумал:

— Так и быть, сказывай!

— Подними руку, да не опусти, а сердце скрепи!— сказал старик, взял ковер и ушел.

«Что же мне делать теперь с этим добрым словом? Как покажусь к ясене с пустыми руками? — думает Иван Несчастный.— Лучше пойду куда глаза глядят!»

Шел, шел, далеко зашел и услышал, что в той земле двенадцатиглавый змей людей пожирает; сел Иван Несчастный на дороге — отдохнуть вздумал, и говорит сам с собой вслух:

— Эхма! Будь у меня деньги, сумел бы я с этим змеем справиться, а теперь что? Без денег и разума нет.

Шел мимо купец, услыхал эти речи, что без денег и разума нет. «А что,— думает,— ведь и правда! Дай-ка я ему помогу».

— Сколько тебе,— спрашивает,— денег надобно?

— Дай пятьсот рублей.

Купец дал ему взаймы пятьсот рублей, а Иван Несчастный бросился на пристань, нанял работников, начал корабль строить.

Издержал все деньги, а дело еще в начале: как быть? Пошел к купцу:

— Давай,— говорит, еще пятьсот; не то работа остановится, и твои деньги задарма пропадут!

Купец дал ему другие пятьсот рублей; он и те в корабль всадил, а дело еще на половине.

Опять приходит Иван Несчастный к купцу:

— Давай,— говорит,— еще тысячу; не то работа остановится, и твои деньги задарма пропадут!

Купец хоть не рад, а дал ему тысячу. Иван Несчастный выстроил корабль, нагрузил его угольем, забрал с собой кирки, лопатки, меха, рабочих людей и поплыл в открытое море.

Долго ли, коротко ли — приплывает он к тому острову, где было змеиное логовище. Змей только что нажрался и залег в своей норе спать.

Иван Несчастный засыпал его кругом угольем, развел огонь и давай раздувать мехами: пошел великий смрад по всему морю! Змей лопнул... Иван Несчастный взял тогда острый меч, отрубил ему все двенадцать голов и ь каждой змеиной голове нашел по драгоценному камушку.

Вернулся из похода, продал эти камушки за несчетные суммы — так разбогател, что и сказать не можно! Заплатил купцу свой долг и поехал к жене.

Вот приезжает Иван Несчастный в пустыньку и видит: жена его живет с двумя молодцами, а то были его законные сыновья-близнецы (без него родились). Пришла ему в голову худая мысль, схватил он острый меч и поднял на жену руку... Вмиг припомнилось ему доброе слово: подними руку, да не опусти, а сердце скрепи! Иван Несчастный скрепил свое сердце, спросил царевну про тех молодцев, и начался у них пир-веселье.

На том пиру и я был, мед-вино пил, калачами заедал.

Оклеветанная купеческая дочь

В некотором царстве, в некотором государстве жил купец с купчихою; у него было двое детей: сын и дочь; дочь была такая красавица, что ни вздумать, ни взгадать, разве в сказке сказать. Пришло время — заболела купчиха и померла; а вскоре после того захворал и купец, да так сильно, что не чает и выздороветь. Призвал он детей и стал им наказывать:

— Дети мои милые! Скоро я белый свет покину, уж смерть за плечами стоит. Благословляю вас всем моим добром; живите после меня дружно и честно; ты, дочка, почитай своего брата, как отца родного, а ты, сынок, люби сестру, как мать родную.

Вслед за тем купец помер; дети похоронили его и остались одни жить. Все у них идет ладно и любовно, всякое дело сообща делают.

Пожили они этак несколько времени, и вздумалось купеческому сыну:

— Что я все дома живу? Ни я людей, ни меня люди не знают; лучше оставлю сестру — пусть одна хозяйничает, да пойду в военную службу. Коли бог даст счастье да жив буду—лет через десять заслужу себе чин; тогда мне от всех почет!

Призвал он свою сестру и говорит ей:

— Прощай, сестрица! Я иду своею охотою служить богу и великому государю.

Купеческая дочь горько заплакала.

— Бог с тобой, братец! И не думала и не гадала, что ты меня одну покинешь!

Тут они простились, поменялись своими портретами и обещались завсегда друг друга помнить — не забывать.

Купеческий сын определился в солдаты и попал в гвардию; служит он месяц, другой и третий, вот уж и год на исходе, а как был он добрый молодец, собой статный, разумный да грамотный, то начальство скоро его узнало и полюбило.

Не прошло и двух лет, произвели его в прапорщики, а там и пошли чины за чинами. Дослужился купеческий сын до полковника, стал известен всей царской фамилии; царь его жаловал, а царевич просто души в нем не чаял: называл своим другом и зачастую ездил к нему в гости погулять-побеседовать.

В одно время случилось царевичу быть у полковника в спальне; увидал он на стене портрет красной девицы, так и ахнул от изумления.

«Неужели,—думает,— есть где-нибудь на белом свете такая красавица?»

Смотрел, смотрел и влюбился в этот портрет без памяти.

— Послушай,— говорит он полковнику,— чей это портрет?

— Моей родной сестры, ваше высочество!

— Хороша твоя сестра! Хоть сейчас бы на ней женился. Да подожди, улучу счастливую минутку, признаюсь во всем батюшке и стану просить, чтоб позволил мне взять ее за себя в супружество.

С той поры еще в большей чести стал купеческий сын у царевича: на всех смотрах и ученьях кому выговор, кому арест, а ему завсегда благодарность. Вот другие полковники и генералы удивляются:

— Что б это значило? Из простого звания, чуть-чуть не из мужиков, а теперь, почитай, первый любимец у царевича! Как бы раздружить эту дружбу?

Стали разведывать и по времени разузнали всю подноготную.

— Ладно,— говорит один завистливый генерал,— недолго ему быть первым любимцем, скоро будет последним прохвостом! Не я буду, коли его не выгонят со службы с волчьим паспортом!

Надумавшись, пошел генерал к государю в отпуск проситься: надо-де по своим делам съездить; взял отпуск и поехал в тот самый город, где проживала полковничья сестра. Пристал к подгороднему мужику на двор и стал его расспрашивать:

— Послушай, мужичок! Скажи мне правду истинную: как живет такая-то купеческая дочь, принимает ли к себе гостей и с кем знается? Скажешь правду, деньгами награжу.

— Не возьму греха на душу,— отвечал мужик,—не могу ни в чем ее покорить; худых дел за нею не водится. Как жила прежде с братом, так и теперь живет — тихо да скромно; все больше дома сидит, редко куда выезжает—разве в большие праздники в церковь божию. А собой разумница да такая красавица, что, кажись, другой подобной и в свете нет!

Вот генерал выждал время и накануне большого годового праздника, как только зазвонили ко всенощной и купеческая дочь отправилась в церковь, он приказал заложить лошадей, сел в коляску и покатил к ней прямо в дом. Подъехал к крыльцу, выскочил из коляски, взбежал по лестнице и спрашивает:

— Что, сестра дома?

Люди приняли его за купеческого сына; хоть на лицо и не схож;, да они давно его не видали, а тут приехал он вечером, впотьмах, в военной одеже—-как обман признать? Называют его по имени по отчеству и говорят:

— Нет, сестрица ваша ко всенощной ушла.

— Ну, я ее подожду; проведите меня к ней в спальню и подайте свечу.

Вошел в спальню, глянул туда-сюда, видит — на столике лежит перчатка, а рядом с ней именное кольцо купеческой дочери, схватил это кольцо и перчатку, сунул в карман и говорит:

— Ах, как давно не видал я сестрицы! Сердце не терпит, хочется сейчас с ней поздороваться; лучше я сам в церковь поеду.

А сам на уме держит: «Как бы поскорей отсюда убраться, не ровен час — застанет! Беда моя!»

Выбежал генерал на крыльцо, сел в коляску и укатил из города.

Приходит купеческая дочь от всенощной; прислуга ее и спрашивает:

— Что, видели братца?

— Какого братца?

— Да что в полку служит; он в отпуск выпросился, на побывку домой приехал.

— Где же он?

— Был здесь, подождал-подождал да вздумал в церковь ехать; смерть, говорит, хочется поскорей сестрицу повидать!

— Нет, в церкви его не было: разве куда в другое место заехал...

Ждет купеческая дочь своего брата час, другой, третий; всю ночь прождала, а об нем ни слуху, ни вести.

«Что бы это значило?—думает она.— Уж не вор ли какой сюда заходил?»

Стала приглядываться — так и есть: золотое кольцо пропало, да одной перчатки нигде не видно.

Вот генерал воротился из отпуска в столичный город и на другой день вместе с другими начальниками явился к царевичу. Царевич вышел, поздоровался, отдал им приказы и велел по своим местам идти. Все разошлись, один генерал остался.

— Ваше высочество! Позвольте,— говорит,— секрет рассказать.

— Хорошо, сказывай!

— Слух носится, что ваше высочество задумали на поковничьей сестре жениться; так смею доложить:

она того не заслуживает.

— Отчего так?

— Да уж поведенья больно зазорного: всем на шею так и вешается. Был я в том городе, где она живет, и сам прельстился, с нею грех сотворил.

— Да ты врешь!

— Никак нет! Вот не угодно ль взглянуть? Она дала мне на память свое именное колечко да пару перчаток; одну-то перчатку я на дороге потерял, а другая цела...

Царевич тотчас послал за купеческим сыном-полковником и рассказал ему все дело. Купеческий сын отвечал царевичу:

— Я головой отвечаю, что это неправда! Позвольте мне, ваше высочество, домой поехать и разузнать, как и что там делается. Если генерал правду сказал, то не велите щадить ни меня, ни сестры; а если он оклеветал, то прикажите его казнить.

— Быть по сему! Поезжай с богом. Купеческий сын взял отпуск и поехал домой, а генералу нарочно сказали, что царевич его с глаз своих прогнал.

Приезжает купеческий сын на родину; кого не спросит—все его сестрой не нахвалятся. Увидался с сестрою; она ему обрадовалась, кинулась на глею и стала спрашивать:

— Братец, сам ли ты приезжал ко мне вот тогда-то, али какой вор под твоим именем являлся?

Рассказала ему все подробно.

— Еще тогда,—говорит,—пропала у меня перчатка с именным моим кольцом.

— А! Теперь я догадываюсь; это генерал схитрил! Ну, сестрица, завтра я назад поеду, а недели через две и ты вслед за мной поезжай в столицу. В такой-то день и час будет у нас большой развод на площади; ты будь там непременно к этому сроку и явись прямо к царевичу.

Сказано—сделано. В назначенный день собрались войска на площадь, приехал и царевич; только было хотел развод делать, вдруг прикатила на площадь коляска, из коляски вышла девица красоты неописанной и прямо к царевичу; пала на колени, залилась слезами и говорит:

— Я — сестра вашего полковника! Прошу у вас суда с таким-то генералом, за что он меня опорочил?

Царевич позвал генерала:

— Знаешь ты эту девицу? Она на тебя жалуется. Генерал вытаращил глаза.

— Помилуйте,— говорит,—ваше высочество! Я ее знать не знаю, в первый раз в глаза вижу.

— Как же, ты мне сам сказывал, что она тебе перчатки и золотое кольцо подарила? Значит, ты эти вещи украл?

Тут купеческая дочь рассказала царевичу, как пропали у ней из дому кольцо и одна перчатка, а другую перчатку вор не приметил и не захватил:

— Вот она — не угодно ль сличить?

Сличили обе перчатки — как раз пара! Нечего делать, генерал повинился, и за ту провинность осудили его и повесили.

А царевич поехал к отцу, выпросил разрешение и женился на купеческой дочери, и стали они счастливо жить-поживать да добра наживать.

Солдат и царь в лесу

В некотором царстве, в некотором госудастве жил-был мужик; у него было два сына. Пришла солдатчина, и взяли старшего сына в рекруты. Служил он государю верою и правдою, да таково счастливо, что в несколько лет дослужился до генеральского чина.

В это самое время объявили новый набор, и пал жеребей на его меньшего брата; забрили ему лоб, и случилось так, что он попал в тот самый полк, в котором брат его был генералом. Солдат признал было генерала, да куды! Тот от него начисто отказывается:

— Я тебя не знаю, и ты меня не ведай!

Раз как-то стоял солдат на часах у полкового ящика, возле генеральской квартиры; а у того генерала был большой званый обед, и наехало к нему много офицеров и бар. Видит солдат, что кому веселье, а ему — нет ничего, и залился горькими слезами. Стали его спрашивать гости:

— Послушай, служивый, что ты плачешь?

— Как мне не плакать? Мой родной брат гуляет да веселится, про меня не вспомянет!

Гости рассказали про то генералу, а генерал рассердился:

— Что вы ему верите? Сдуру врет!

Приказал сменить его с часов и дать ему триста палок, чтоб не смел в родню причитаться. Обидно показалось это солдату; нарядился в свою походную амуницию и бежал из полку.

Долго ли, коротко ли — забрался он в такой дикий, дремучий лес, что мало кто туда и захаживал, и стал там время коротать, ягодами да кореньями питаться. Вскоре после того собрался царь и выехал на охоту с большою свитою; поскакали они в чистое поле, распустили гончих собак, затрубили в трубы и начали тешиться.

Вдруг откуда ни взялся — выскочил красивый олень, стрелой мимо царя — и бух в реку; переплыл на другую сторону — и прямо в лес. Царь за ним плыл-плыл, скакал-скакал... смотрит — олень из глаз скрылся, охотники далеко назади остались, а кругом густой, темный лес; куда ехать — неведомо, ни одной тропинки не видно.

До самого вечера блуждал он и крепко умаялся. Попадается ему навстречу беглый солдат.

— Здравствуй, добрый человек! Как сюда попал?

— Так и так, поехал поохотиться, да в лесу заблудился; выведи, брат, на дорогу.

— Да ты кто таков? —- Царский слуга.

— Ну, теперь темно; пойдем, лучше где-нибудь в овраге ночуем, а завтра я тебя на дорогу выведу.

Пошли искать — где бы им ночь переспать; шли, шли и увидали избушку.

— Эва! Бог ночлег послал; зайдем сюда,— говорит солдат.

Входят они в избушку; там сидит старуха.

— Здорово, бабушка!

— Здорово, служивый!

— Давай нам пить да есть!

— Сама бы съела, да нечего.

— Врешь ты, старая чертовка!—сказал солдат и стал в печи да по полкам шарить; глядь—у старухи всего вдоволь: и вино припасено, и кушанье всякое изготовлено.

Сели за стол, поужинали всласть и полезли на чердак спать. Говорит солдат царю:

— Береженого и бог бережет! Пусть один из нас отдыхает, а другой на часах стоит.

Кинули жеребей, доставалось первому царю сторожить. Солдат дал ему свой острый тесак, поставил у дверей, заказал не дремать, а коли что случится — тотчас его разбудить; сам лег спать и думает: «Как-то будет мой товарищ на часах стоять? Пожалуй, с непривычки не сможет. Дай на него посмотрю».

Вот царь стоял, стоял, и начало его в сон клонить.

— Что качаешься? — окликает его солдат.— Аль дремлешь?

— Нет,— отвечает царь.

— То-то, смотри! Царь постоял с четверть часа и опять задремал.

— Эй, приятель, никак, ты спишь?

— Нет, и не думаю.

— Коли заснешь, не пеняй на меня!

Царь постоял еще с четверть часа; ноги у него подкосилися, свалился он на пол и заснул. Солдат вскочил, взял тесак и давай его угощать да приговаривать:

— Разве так караул держат? Я десять лет прослужил, мне начальство ни одной ошибки не простило; а тебя, знать, не учили! Раз-другой простил, а уж третья вина завсегда виновата... Ну, теперь ложись спать; я сам на часы стану.

Царь лег спать, а солдат на часах стоит, глаз не смыкает. Вдруг засвистали-захлопали, приехали в ту избушку разбойники; старуха встречает их и говорит:

— К нам-де гости ночевать пришли.

— Ладно, бабушка! Вот мы целую ночь понапрасну проездили, а наше счастье само в избу привалилося. Давай-ка наперед ужинать!

— Да ведь гости наши все приели, все выпили!

— Ишь, смельчаки какие! Да где они?

359

— На чердак спать забрались.

— Ну, я пойду с ними сделаюсь! — сказал один разбойник, взял большой нож и полез на чердак; только просунул было в дверь голову, солдат как шаркнет тесаком — так голова и покатилася; солдат тотчас втащил на чердак туловище, стоит-дожидается: что дальше будет?

Разбойники ждали, ждали, и говорят:

— Что он долго возится?

Послали другого; солдат и того убил. Вот так-то в короткое время перебил он всех разбойников.

На рассвете проснулся царь, увидал трупы и спрашивает:

— Ах, служивый, куда мы попались?

Солдат рассказал ему все, как было. Потом сошли они с чердака. Увидал солдат старуху и закричал на нее:

— Постой, старая чертовка! Я с тобою разделаюсь. Ишь, что выдумала — разбой держать! Подавай сейчас все деньги!

Старуха открыла сундук, полон золота; солдат насыпал золотом ранец, набил все карманы и говорит своему товарищу:

— Бери и ты! Отвечает царь:

— Нет, брат, не надобно; у нашего царя и без того денег много, а коли у него есть — и у нас будут.

— Ну, как знаешь! —сказал солдат и повел его из лесу; вывел на большую дорогу.

— Ступай,— говорит,— по этой дороге; через час в городе будешь.

— Прощай,— говорит царь,— спасибо тебе за услугу. Побывай ко мне, я тебя счастливым человеком сделаю.

— Полно врать! Ведь я в бегах, если в город покажусь — сейчас схватят.

— Не сомневайся, служивый! Меня государь очень любит; коли я за тебя попрошу да про твою храбрость расскажу, он не то что простит, еще тебя пожалует.

— Да где тебя найтить?

— Прямо во дворец приходи.

— Ну, ладно, завтра побываю. Распрощался царь с солдатом и пошел по большой дороге; приходит в свой столичный город и, не мешкая, отдает приказ по всем заставам, абвахтам и караулам, чтоб не зевали: как скоро покажется такой-то солдат, сейчас отдавали бы ему генеральскую честь. На другой день только показался солдат у заставы, сейчас весь караул выбежал и отдал ему генеральскую честь. Дивуется солдат: что б это значило? И спрашивает:

— Кому вы честь отдаете?

— Тебе, служивый!

Он вынул из ранца горсть золота и дал караульным на водку.

Идет по городу: куда ни покажется, везде часовые ему честь отдают — только успевай на водку отсчитывать.

«Экой,— думает,— болтун этот царский слуга! Всем успел разблаговестить, что у меня денег много».

Подходит ко дворцу, а там уже войско собрано, и встречает его государь в том самом платье, в котором на охоте был. Тут только узнал солдат, с кем он в лесу ночь ночевал, и крепко испугался: «Это-де царь, а я с ним, словно с своим братом, тесаком управился!»

Царь взял его за руку, перед всем войском благодарил за свое спасение и наградил генеральским чином, а старшего брата его в солдаты разжаловал: не отказывайся вперед от роду, от племени!

Разбойники

Жил-был поп с попадьею; у них была дочка Аленушка. Вот этого попа позвали на свадьбу; он собрался ехать с женою, а дочь оставляет домоседкою.

— Матушка! Я боюсь оставаться одна,— говорит Аленушка матери.

— А ты собери подружек на посиделки и будешь не одна.

Поп и попадья уехали, а Аленушка собрала подружек; много сошлось их с работою: кто вяжет, кто плетет, а кто и прядет.

Одна девица уронила невзначай веретено; оно покатилось и упало в трещину, прямо в погреб. Вот она полезла за веретеном в погреб, сошла туда, смотрит, а там за кадушкою сидит разбойник и грозит ей пальцем.

— Смотри,— говорит он,— не рассказывай никому, что я здесь, а то не быть тебе живой!

Вот вылезла она из погреба бледная-бледная, рассказала все шепотом одной подружке, та другой, а эта третьей, и все, перепуганные, стали собираться домой.

— Куда вы?—уговаривает их Аленушка.— Постойте, еще рано.

Кто говорит, что ей надо по воду идти; кто говорит, что ей надо отнести к соседу холст,— и все ушли. Осталась одна Аленушка.

Разбойник услыхал, что все приутихло, вышел из погреба и говорит ей:

— Здравствуй, красная девица, пирожная мастерица!

— Здравствуй!—отвечает Аленушка. Разбойник осмотрел все в избе и вышел посмотреть еще на дворе, а Аленушка тем временем поскорей двери заперла и огонь потушила. Разбойник стучится в избу:

— Пусти меня, а то я тебя зарежу!

— Не пущу; коли хочешь, полезай в окно! —А сама приготовила топор.

Только разбойник просунул в окно голову, она тотчас ударила топором и отрубила ему голову, а сама думает: скоро приедут другие разбойники, его товарищи; что мне делать? Взяла отрубленную голову и завязала в мешок; после притащила убитого разбой-ника, разрубила его на куски и поклала их в разные мешки и горшки.

Прошло ни много ни мало, приехали разбойники и спрашивают:

— Справился ли?

Они думали, что товарищ их жив.

— Справился,— говорит Аленушка голосом разбойника,— вот два мешка денег, вот крынка масла, вот ветчина! — И подает приготовленные мешки и горшки в окно. Разбойники забрали все это, да на воз.

— Ну, поедем!—говорят они.

— Поезжайте,— говорит Аленушка,— а я посмотрю, нет ли еще чего. Те и уехали.

Рассвело. Поп с попадьей воротились со свадьбы. Она и рассказала им все, как было:

— Так и так, сама разбойников победила.

А разбойники приехали домой, да как поглядели в мешки и в горшки, так и ахнули:

— Ах она такая-сякая! Хорошо же, мы ее сгубим! Вот нарядились они хорошо-хорошо и приехали к

попу свататься за Аленушку, а в женихи ей выбрали дурачка, нарядили и его. Аленушка сметила их по голосу и говорит отцу:

— Батюшка! Это не сваты, это те же разбойники, что прежде приезжали.

— Что ты врешь? — говорит поп.— Они такие нарядные!

А сам-то рад, что такие хорошие люди приехали свататься за его дочь и приданого не берут. Аленушка плакать—ничего не помогает.

— Мы тебя из дому прогоним, коли не пойдешь теперь замуж!— говорит поп с попадьею.

И просватали ее за разбойника, и сыграли свадьбу. Свадьба была самая богатая.

Повезли разбойники Аленушку к себе, и только въехали в лес—и говорят:

— Что ж, здесь станем ее казнить? А дурачок и говорит.

— Хоть бы она денечек прожила, я бы на нее поглядел.

— Ну, что тебе, дураку, смотреть!

— Пожалуйста, братцы!

Разбойники согласились, поехали и привезли Аленушку к себе, пили-пили, гуляли-гуляли; потом и говорят:

— Что ж, теперь пора ее сказнить!

А дурачок:

— Хоть бы мне одну ноченьку с нею переночевать.

— Ну, дурак, она, пожалуй, еще уйдет!

— Пожалуйста, братцы!

Разбойники согласились на его просьбу и оставили их в особой клети. Вот Аленушка и говорит мужу:

— Пусти меня на двор—я простужусь.

— А ну как наши-то услышат?

— Я потихонечку; пусти хоть в окошко.

— Я бы пустил, а ну как ты уйдешь?

— Да ты привяжи меня; у меня есть славный холст, от матушки достался; обвяжи меня холстом и выпусти, а когда потянешь—я опять влезу в окно.

Дурачок обвязал ее холстом. Вот она это спустилась, поскорей отвязалась, а заместо себя привязала за рога козу и немного погодя говорит:

— Тащи меня!—А сама убежала.

Дурачок потащил, а коза—мекеке-мекеке! Что ни потянет, коза все—мекеке да мекеке!

— Что ты мекёкаешь? — говорит молодой.—Наши услышат, сейчас же тебя изгубят.

Притащил—хвать — а за холст привязана коза. Дурачок испугался и не знает, что делать:

— Ах она, проклятая! Ведь обманула. Поутру входят к нему разбойники.

— Где твоя молодая? — спрашивают его.

— Ушла.

— Ах ты, дурак, дурак. Ведь мы ж тебе говорили, так нет.

Сели верхами и поскакали нагонять Аленушку; едут с собаками, хлопают да свищут—такая страсть!

Аленушка услыхала погоню и влезла в дупло сухого дуба и сидит там ни жива ни мертва, а вокруг этого дуба собаки так и вьются.

— Нет ли там ее?—говорит один разбойник другому.—Ткни-ка, брат, туда ножом.

Тот ткнул ножом в дупло и попал Аленушке в коленку. Только Аленушка была догадлива, схватила платок и обтерла нож:.

Посмотрел разбойник на свой нож и говорит:

— Нет, ничего не видать!

И опять они поскакали в разные стороны, засвистали и захлопали.

Когда все стихло, Аленушка вылезла из дупла и побежала; бежала, бежала—и слышит опять погоню. А по дороге, видит она, едет мужик с корытами и лотками.

— Дяденька, спрячь меня под корыто!—просит она.

— Эка ты какая нарядная! Ты вся вымараешься.

— Пожалуйста, спрячь! За мной разбойники гонятся.

Мужик раскидал корыта, положил ее под самое нижнее и опять сложил. Только что успел кончить, как наехали разбойники.

— Что, мужик, не видал ли такой-то женщины?

— Не видал, родимые!

— Врешь! Сваливай корыта. Вот он стал сбрасывать корыта и посбросал уж все,

кроме последнего.

— Нечего, братцы, здесь искать; поедемте дальше! — сказали разбойники и поскакали с гамом, свистом и хлопаньем.

Когда все стихло, Аленушка и просит:

— Дяденька, пусти меня!

Мужик выпустил ее, и она опять побежала; бежала, бежала — и слышит опять погоню. А по дороге, видит она, едет мужик — везет кожи.

— Дяденька,— молит она,— спрячь меня под кожи! За мной разбойники гонятся!

— Эка, вишь, ты какая нарядная! Под кожами ты вся вымараешься.

— Ничего, только спрячь!

Мужик раскидал кожи, положил ее под самую нижнюю и опять сложил все по-прежнему. Только что успел кончить, как наехали разбойники.

— Что, мужик, не видал ли такой-то женщины?

— Не видал, родимые!

— Врешь! Сваливай кожи.

— Да зачем, родимые, стану я разбрасывать свое добро?

Разбойники бросились сами сбрасывать кожи и посбросали, почитай, все кожи; только две-три оставалось.

— Нечего, братцы, здесь искать; поедемте дальше!— сказали они и поскакали с гамом, свистом и хлопаньем.

Когда не стало слышно ни стуку этого, ни грому, она и просит:

— Дяденька, пусти меня!

Мужик выпустил ее, и она опять побежала; бежала, бежала и пришла домой в полночь, да и легла в стог сена, закопалась туда вся и заснула.

Рассвело. Поп пошел давать коровам сена, и только воткнул вилами в стог — Аленушка и схватилась руками за вилы. Поп оробел, крестится и говорит:

— С нами крестная сила! Господи помилуй! Потом уж спросил:

— Кто там?

Аленушка узнала отца и вылезла из сена.

— Как ты сюда попала?

— Так и так, вы отдали меня разбойникам; они хотели меня убить, да я убежала.— И рассказывает все страсти.

Немножко погодя приезжают к попу разбойники, а он Аленушку спрятал. Поп спрашивает:

— Жива ли, здорова дочка моя?

— Славу богу! Она осталась дома хозяйничать,— говорят разбойники.

И сели они как бы в гостях; а поп тем временем собрал солдат, потом вывел дочь и говорит:

— А это кто?

Тут разбойников похватали, связали — да в тюрьму.

Мудрая девица и семь разбойников

Жил-был крестьянин, у него было два сына: меньшой был в дороге, старшой при доме. Стал отец помирать и оставил сыну при доме все наследство, а другому ничего не дал: думал, что брат брата не изобидит. Как отец-то помер, старшой сын его похоронил и все наследство у себя удержал.

Вот приезжает другой сын и горько плачет, что не застал отца в живых. Старшой ему и говорит:

— Отец мне все одному оставил!

И детей-то у него не было, а у меньшого был сын родной да дочь-приемыш.

Вот старшой получил все наследство, разбогател и стал торговать дорогими товарами; а меньшой был беден, рубил в лесу дрова да возил на рынок. Соседи, жалея его бедность, собрались и дают ему денег, чтобы он хоть мелочью торговал. Бедняк боится, говорит им:

— Нет, добрые люди, не возьму я ваши деньги; неравно проторгуюсь — чем я вам долг заплачу?

И уговорились двое соседей как-нибудь ухитриться да дать ему денег. Вот как поехал бедный за дровами, один из них настиг его окольной дорогой и говорит:

— Поехал я, братец, в дальний путь; на дороге отдал мне должник триста рублей — не знаю, куда их девать! Домой ворочаться не хочется; возьми, пожалуй, мои деньги, похрани у себя, а лучше-ка торгуй на них; я приеду не скоро; после выплатишь мне понемножку.

Бедный взял деньги, привез домой и боится, как бы их не потерять, как бы жена не нашла да не издержала заместо своих. Думал, думал и спрятал в малёнку с золой, а сам ушел со двора.

Приехали без него меновщики — вот что скупают золу да меняют ее на товар. Баба взяла и отдала им эту малёнку с золой.

Вернулся домой муж, идит, что малёнки нет, спрашивает:

— Где зола? Жена отвечает:

— Я ее продала меновщикам.

Вот он испугался, тоскует и горюет, а только все молчит. Видит жена, что он печален; приступила к нему:

— Что за напасть с тобой случилась? Отчего так печален?

Он и признался, что в золе были спрятаны у него чужие деньги; рассердилась баба — и рвет, и мечет, и слезами заливается:

— Зачем ты мне не поверил? Я б получше твоего припрятала!

Опять поехал мужик по дрова, чтобы потом на рынке продать да хлеба купить. Настигает его другой сосед, говорит ему те же самые речи и дает по сохрану пятьсот рублей. Бедняк не берет, отказывается, а тот ему насильно всунул деньги в руку и поскакал по дороге.

Деньги-то были бумажками; думал, думал: куда их положить? Взял да промеж подкладки и спрятал в шапку.

Приехал в лес, шапку повесил на елку и начал рубить дрова. На его беду, прилетел ворон и унес шапку с деньгами. Мужик потужил, погоревал, да, видно, так тому и быть!

Живет себе по-прежнему, торгует дровишками да мелочью, кое-как перебивается. Видят соседи, что времени прошло довольно, а у бедного торг не прибывает; спрашивают его:

— Что ж ты, братец, худо торгуешь? Аль наши деньги затратить боишься? Коли так, лучше отдай наше добро назад.

Бедный заплакал и рассказал, как пропали у него ихние деньги. Соседи не поверили и пошли просить на него в суд.

«Как рассудить это дело?—думает судья.— Мужик—человек смирный, неимущий, взять с него нечего; коли в тюрьму посадить — с голоду помрет!»

Сидит судья, пригорюнясь, под окошком, и взяло его большое раздумье. На то время как нарочно играли на улице мальчишки. И говорит один — такой бойкий:

— Я бурмистр буду: стану вас, ребята, судить, а вы приходите ко мне с просьбами.

Сел на камень, а к нему подходит другой мальчишка, кланяется и просит:

— Я-де вот этому мужичку дал денег взаймы, а он мне не платит; пришел к твоей милости суда на него просить.

— Ты брал взаймы? — спрашивает бурмистр у виноватого.

— Брал.

— Почему ж не платишь?

— Нечем, батюшка!

— Слушай, челобитчик! Ведь он не отпирается, что брал у тебя деньги, а заплатить ему невмоготу, так ты отсрочь ему долг лет на пять — на шесть, авось он поправится и отдаст тебе с лихвою. Согласны?

Мальчишки оба поклонились бурмистру:

— Спасибо, батюшка! Согласны!

Судья все это слышал, обрадовался и говорит:

— Этот мальчик ума мне дал! Скажу и я своим челобитчикам, чтоб отсрочили они бедному.

По его словам согласились богатые соседи обождать года два-три; авось тем временем мужик поправится!

Вот бедный опять поехал в лес за дровами, полвоза нарубил — и сделалось темно. Остался он на ночь в лесу: «Утром-де с полным возом ворочусь домой». И думает: где ему ночевать? Место было глухое, зверей много; подле лошади лечь,—пожалуй, звери съедят. Пошел он дальше в чащу злез на большую ель.

Ночью приехали на это самое место разбойники— семь человек — и говорят:

— Дверцы, дверцы, отворитеся!

Тотчас отворились дверцы в подземелье; разбойники давай носить туда свою добычу, снесли всю и приказывают:

— Дверцы, дверцы, затворитеся!

Дверцы затворились, а разбойники поехали снова на добычу. Мужик все это видел, и когда кругом его стихло,— спустился с дерева:

— А ну-тка я попробую — не отворятся ль и мне эти дверцы?

И только сказал: «Дверцы, дверцы, отворите-ся!»—они в ту ж минуту и отворилися. Вошел он в подземелье; смотрит — лежат кучи золота, серебра и всякой всячины. Возрадовался бедный и на рассвете принялся таскать мешки с деньгами; дрова долой сбросил, нагрузил воз серебром да золотом и поскорей домой.

Встречает его жена:

— Ох ты, муж-муженек! А я уж с горя пропадала; все думала: где ты? Либо деревом задавило, либо зверь съел!

А мужик веселехонек:

— Не кручинься, жена! Бог дал счастья, я клад нашел; пособляй-ка мешки носить.

Кончили работу, и пошел он к богатому брату; рассказал все, как было, и зовет с собой ехать по счастье. Тот согласился.

Приехали вместе в лес, отыскали ель, крикнули:

— Дверцы, дверцы, отворитеся!

Дверцы отворились. Начали они таскать мешки с деньгами; бедный брат наложил воз — и доволен стал, а богатому все мало.

— Ну ты, братец, поезжай,— говорит богатый,— а я за тобой скоро буду.

— Ладно! Не забудь же сказать: «Дверцы, дверцы, затворитеся!»

— Нет, не забуду.

Бедный уехал, а богатый никак не может расстаться: всего вдруг не увезешь, а покинуть жаль! Тут его и ночь застигла.

Приехали разбойники, нашли его в подземелье и отрубили ему голову; поснимали свои мешки с возу, заместо того положили убитого, настегали лошадь и пустили на волю. Лошадь бросилась из лесу и привезла его домой.

Вот атаман разбойничий и бранит того разбойника, что убил богатого брата:

— Зачем ты убил его рано? Надо было наперед расспросить, где он живет? Ведь у нас много добра убыло: видно, он же повытаскал! Где теперь найдем?

Есаул говорит:

— Ну, пускай тот и доискивается, кто его убил! Недолго спустя стал тот убийца разведывать; не отыщется ли где их золото? Приходит как есть к бедному брату в лавочку; то-другое поторговал, заприметил, что хозяин скучен, задумывается, и спрашивает:

— Что так приуныл? А тот и говорит:

— Был у меня старшой брат, да беда стряслась: кто-то убил его, третьего дни лошадь на двор привезла с отрубленной головою, а сегодня похоронили.

Разбойник видит, что на след попал, и давай расспрашивать; притворился, будто очень жалеет. Узнал, что после убитого вдова осталась, и спрашивает:

— Хоть есть ли у сироты свой-то уголок?

— Есть—дом важный!

— А где? Укажи мне.

Мужик пошел, указал ему братнин дом; разбойник взял кусок красной краски и положил на воротах заметку.

— Это для чего? — спрашивает его мужик. А тот отвечает:

— Я-де хочу помочь сироте, а чтоб легче дом найти — нарочно заметку сделал.

— Э, брат! Моя невестка ни в чем не нуждается; слава богу, у нее всего довольно.

— Ну, а ты где живешь?

— А вот и моя избушка.

Разбойник и у него на воротах положил такую ж заметку.

— А это для чего?

— Ты,— говорит,— мне очень понравился; стану к тебе на ночлег заезжать; поверь, брат, для твоей же пользы!

Вернулся разбойник к своей шайке, рассказал все по порядку, и уговорились они ехать ночью — ограбить и убить всех в обоих домах да воротить свое золото.

А бедный пригнел ко двору и сказывает:

— Сейчас спознался со мной молодец, запятнал мои ворота — стану, говорит, к тебе завсегда на постой заезжать. Такой добрый! А как о брате сожалел, как хотел невестке помочь!

Жена и сын слушают, а дочь-приемыш говорит ему:

— Батюшка, не ошибся ли ты? Ладно ли этак будет? Не разбойники ль это убили дядюшку, а теперь хватились своего добра да нас разыскивают? Пожалуй, наедут, разграбят, и от смерти не уйдешь!

Мужик испугался:

— А что дивить? Ведь я его допрежде того никогда не видывал. Вот беда! Что же делать-то станем?

А дочь говорит:

— Поди же ты, батюшка, возьми краски да по всему околотку и запятнай ворота такими же метками.

Мужик пошел и запятнал ворота во всем околотке. Приехали разбойники и не могли ничего разыскать; воротились назад и приколотили разведчика: зачем неладно пятнал? Наконец рассудили: «Видно, мы на хитрого напали!»—и погодя немного приготовили семь бочек; в шесть бочек посадили по разбойнику, а в седьмую масла налили.

Поехал прежний разведчик с этими бочками прямо к бедному брату, приехал под вечер и попросился ночевать. Тот и пустил его, как знакомого.

Дочь вышла на двор, стала осматривать бочки, одну открыла—в ней масло, другую попробовала открыть — нет, не сможет; припала ухом и слушает, а в бочке кто-то шевелится и дышит. «Э,—думает,—да тут недобрая хитрость!»

Пришла в избу и говорит:

— Батюшка! Чем будем гостя потчевать? Сем-ка я пойду затоплю печку в задней избе да изготовлю чего-нибудь поужинать.

— Ну что ж, ступай!

Дочь ушла, затопила печь да между стряпней все воду греет, кипяток носит да в бочки льет; всех разбойников заварила. Отец с гостем поужинали; а дочь сидит в задней избе да караулит: что-то будет? Вот когда хозяева уснули, гость вышел на двор, свистнул — никто не откликается; подходит к бочкам, кличет товарищей—нет ответу; открывает бочки— оттуда пар валит. Догадался разбойник, запряг лошадей и убрался со двора с бочками.

Дочь заперла ворота, пошла будить своих домашних и рассказала все, что сделалось. Отец и говорит:

— Ну, дочка, ты нам жизнь спасла, будь же законной женой моему сыну.

Веселым пирком и свадьбу сыграли.

Молодая одно отцу твердит, чтобы продал свой старый дом да

другой купил: крепко боялась разбойников! Не ровен час — опять пожалуют.

Так и случилось. Чрез некое время тот самый разбойник, что приезжал с бочками, снарядился офицером, приехал к мужику и просится ночевать; его пустили. Никому невдомек, только молодая признала и говорит:

— Батюшка! Ведь это прежний разбойник!

— Нет, дочка, не тот!

Она замолчала; да как стала спать ложиться—принесла вострый топор и положила подле себя; всю ночь глаз не смыкала, все караулила.

Ночью офицер встал, берет свою саблю и хочет ее мужу голову отсечь: она не сробела, махнула топором — и отрубила ему правую руку, махнула еще раз—и голову снесла.

Тут отец уверился, что дочка его подлинно премудрая; послушался, продал дом и купил себе гостиницу. Перешел на новоселье, начал жить, богатеть, расторговываться.

Заезжают к нему соседи—те самые, что давали ему денег да после на него в суде просили.

— Ба! Ты как здесь?

— Это мой дом, недавно купил.

— Важный дом! Видно, у тебя деньга водится. Что ж ты долгу не платишь?

Хозяин кланяется и говорит:

— Слава богу! Мне господь дал, я клад нашел и готов заплатить вам хоть втрое.

— Хорошо, брат! Давай же теперь новоселье праздновать.

— Милости просим!

Вот погуляли, попраздновали; а при доме сад куда хорош!

— Можно сад посмотреть?

— Извольте, честные господа! Я и сам с вами пойду.

Ходили, ходили по саду и нашли в дальнем углу малёнку золы. Хозяин как увидал, так и ахнул:

— Честные господа! Ведь это та самая малёнка, которую моя жена продала.

— А ну-тка, нет ли в золе денег? Вытряхнули, а они тут и есть. Тогда соседи поверили, что мужик им правду сказывал.

— Станем,— говорят,—деревья осматривать; ведь шапку-то ворон унес — верно, в ней гнездо свил.

Ходили, ходили, увидали гнездо, стащили баграми— как есть та самая шапка! Выбросили гнездо и нашли деньги. Заплатил им хозяин долг свой и стал жить богато и счастливо.

Рассказы о мертвецах

Ехал ночью мужик с горшками; ехал, ехал, лошадь у него устала и остановилась как раз против кладбища.

Мужик выпряг лошадь, пустил на траву, а сам прилег на одной могиле; только что-то не спится ему. Лежал, лежал, вдруг начала под ним могила растворяться; он почуял это и вскочил на ноги.

Вот могила растворилась, и оттуда вышел мертвец с гробовою крышкою, в белом саване; вышел и побежал к церкви, положил в дверях крышку, а сам в село.

Мужик был человек смелый; взял гробовую крышку и стал возле своей телеги, дожидается — что будет?

Немного погодя пришел мертвец, хвать — а крышки то нету; стал по следу добираться, добрался до мужика и говорит:

— Отдай мою крышку, не то в клочья разорву!

— А топор-то на что? — отвечает мужик.— Я сам тебя искрошу на мелкие части!

— Отдай, добрый человек!—просит его мертвец.

— Тогда отдам, когда скажешь: где был и что делал?

— А был я в селе; уморил там двух молодых парней.

— Ну, скажи теперь: как их оживить можно? Мертвец поневоле сказывает:

— Отрежь от моего савана левую полу и возьми с собой; как придешь в тот дом, где парни уморены, насыпь в горшочек горячих угольев и положи туда клочок от савана да дверь затвори; от того дыму они сейчас оживут.

Мужик отрезал левую полу от савана и отдал гробовую крышку.

Мертвец подошел к могиле — могила растворилась; стал в нее опускаться — вдруг петухи закричали, и он не успел закрыться как надо: один конец крышки снаружи остался.

Мужик все это видел, все приметил. Стало рассветать; он запряг лошадь и поехал в село.

Слышит в одном доме плач, крики; входит туда—лежат два парня мертвые.

— Не плачьте! Я смогу их оживить.

— Оживи, родимый; половину нашего добра тебе отдадим,— говорят родичи.

Мужик сделал все так, как научил его мертвец, и парни ожили.

Родные обрадовались, а мужика тотчас схватили, скрутили веревками:

— Нет, дока! Мы тебя начальству представим; коли оживить сумел, стало быть, ты и уморил-то!

— Что вы, православные! Бога побойтесь!—завопил мужик и рассказал все, что с ним ночью было.

Вот дали знать по селу, собрался народ и повалил на кладбище, отыскали могилу, из которой мертвец выходил, разрыли и вбили ему прямо в сердце осиновый кол, чтоб больше не вставал да людей не морил; а мужика знатно наградили и с честью домой отпустили.

**

Отпустили одного солдата в побывку на родину; вот он шел-шел, долго ли, коротко ли, и стал к своему селу приближаться.

Недалеко от села жил мельник на мельнице; в былое время солдат водил с ним большое знакомство; отчего не зайти к приятелю? Зашел; мельник встретил его ласково, сейчас винца принес, стали распивать да про свое житье-бытье толковать. Дело было к вечеру, а как погостил солдат у мельника — так и вовсе смерилось. Собирается солдат идти на село; а хозяин говорит:

— Служивый, ночуй у меня; теперь уж поздно, да, пожалуй, и беды не уйдешь!

— Что так?

— Бог наказал! Помер у нас страшный колдун; по ночам встает из могилы, бродит по селу и то творит, что на самых смелых страх нагнал! Как бы он и тебя не потревожил!

— Ничего! Солдат — казенный человек, а казенное ни в воде не тонет, ни в огне не горит; пойду, больно хочется с родными поскорей увидаться.

Отправился; дорога шла мимо кладбища. Видит— на одной могиле огонек светит.

— Что такое? Дай посмотрю.

Подходит, а возле огня колдун сидит да сапоги тачает.

— Здорово, брат!—крикнул ему служивый. Колдун взглянул и спрашивает:

— Ты сюда зачем?

— Да захотелось посмотреть, что ты делаешь. Колдун бросил свою работу и зовет солдата на свадьбу:

— Пойдем, брат, погуляем — в селе нонче свадьба!

— Пойдем!

Пришли на свадьбу, начали их поить, угощать всячески. Колдун пил-пил, гулял-гулял и осердился; прогнал из избы всех гостей и семейных, усыпил повенчанных, вынул два пузырька и шильце, ранил шильцем руки жениха и невесты и набрал их крови. Сделал это и говорит солдату:

— Теперь пойдем отсюда.

Вот и пошли. На дороге солдат спрашивает:

— Скажи, для чего набрал ты в пузырьки крови?

— Для того, чтоб жених с невестою померли; завтра никто их не добудится! Только один я знаю, как их оживить.

— А как?

— Надо разрезать у жениха и невесты пяты и в те раны влить опять кровь — кажному свою: в правом кармане спрятана у меня кровь жениха, а в левом невестина.

Солдат выслушал, слова не проронил; а колдун все хвалится:

— Я,—говорит,— что захочу, то и сделаю!

— Будто с тобой и сладить нельзя?

— Как нельзя? Вот если б кто набрал на костер осиновых дров во сто возов да сжег меня на этом костре, так, может, и сладил бы со мною! Только жечь меня надо умеючи; в то время полезут из моей утробы змеи, черви и разные гады, полетят галки, сороки и вороны; их надо ловить да в костер бросать: если хоть один червяк уйдет, тогда ничто не поможет! В том червяке я ускользну!

Солдат выслушал и запомнил. Говорили, говорили и дошли, наконец, до могилы.

— Ну, брат,— сказал колдун,—теперь я тебя разорву; а то ты все расскажешь.

— Что ты, образумься! Как меня рвать? Я богу и государю служу.

Колдун заскрипел зубами, завыл и бросился на солдата, а тот выхватил саблю и стал наотмашь бить. Дрались, дрались, солдат почти из сил выбился; эх, думает, ни за грош пропал!

Вдруг запели петухи—колдун упал бездыханен. Солдат вынул из его карманов пузырьки с кровью и пошел к своим родичам.

Приходит, поздоровался; родные спрашивают:

— Не видал ли ты, служивый, какой тревоги?

— Нет, не видал.

— То-то! А у нас на селе горе: колдун ходить повадился.

Поговорили и легли спать; наутро проснулся солдат и начал спрашивать:

— Говорят, у вас свадьба где-то справляется? Родные в ответ:

— Была свадьба у одного богатого мужика, только и жених и невеста нынешней ночью померли, а отчего—неизвестно.

— А где живет этот мужик?

Указали ему дом; он, не говоря ни слова, пошел туда; приходит и застает все семейство в слезах.

— О чем горюете?

— Так и так, служивый!

— Я могу оживить ваших молодых, что дадите?

— Да хоть половину именья бери!

Солдат сделал так, как научил его колдун, и оживил молодых; вместо плача начались радость, веселье. Солдата и угостили и наградили. Он налево кругом и марш к старосте; наказал ему собрать крестьян и приготовить сто возов осиновых дров.

Вот привезли дрова на кладбище, свалили в кучу, вытащили колдуна из могилы, положили в костер и зажгли; а кругом народ обступил — все с метлами, лопатами, кочергами. Костер облился пламенем, начал и колдун гореть; утроба его лопнула, и полезли оттуда змеи, черви и разные гады, и полетели оттуда вороны, сороки и галки; мужики бьют их да в огонь бросают, ни одному червяку не дали ускользнуть. Так колдун и сгорел! Солдат тотчас собрал его пепел и развеял по ветру.

С того времени стала на селе тишина; крестьяне отблагодарили солдата всем миром; он побыл на родине, нагулялся досыта и воротился на царскую службу с денежками. Отслужил свой срок, вышел в отставку и стал жить-поживать, добра наживать, худа избывать.

***

Отпросился солдат в отпуск — родину навестить, родителей повидать, и пошел в дорогу. День шел, другой шел, на третий забрел в дремучий лес. Где тут ночевать? Увидал — на опушке две избы стоят, зашел в крайнюю и застал дома одну старуху.

— Здравствуй, бабушка!

— Здравствуй, служивенькой!

— Пусти меня ночь переспать.

— Ступай, только тебе здесь беспокойно будет.

— Что? Али тесно у вас? Это, бабушка, ничего; солдату немного места надо; где-нибудь в уголок прилягу, только, бы не на дворе!

— Не то, служивенькой! На грех пришел ты...

— На какой грех?

— А вот на какой: в соседней избе помер недавно старик — большой колдун; и таперича каждую ночь рыщет он по чужим домам да людей ест.

— Э, бабушка, бог не выдаст, свинья не съест. Солдат разделся, поужинал и полез на полати; лег отдыхать, а возле себя тесак положил. Ровно в двенадцать часов попадали все запоры и растворились все двери; входит в избу покойник в белом саване и Просился на старуху.

— Ты, проклятый, зачем сюда? — закричал на него солдат.

Колдун оставил старуху, вскочил на полати и давай с солдатом возиться. Тот его тесаком рубил, рубил, все пальцы на руках поотбивал, а все не может поправиться. Крепко они сцепились, и оба с полатей на пол грохнулись; колдун под низ, а солдат наверх попал; схватил солдат его за бороду и до тех пор угощал тесаком, пока, петухи не запели. В ту самую минуту колдун омертвел; лежит, не тронется, словно деревянная колода.

Солдат вытащил его на двор и бросил в колодезь— головой вниз, ногами кверху. Глядь: на ногах у колдуна славные новые сапоги, гвоздями убиты, дегтем смазаны! «Эх, жаль, так задаром пропадут,—думает солдат,— дай-ка я сниму их!» Снял с мертвого сапоги и воротился в избу.

— Ах, батюшка служивенькой,— говорит старуха,— зачем ты с него сапоги-то снял?

— Дак неужли ж на нем оставить? Ты смотри: какие сапоги-то! Кому не надо — рубль серебра даст; а я ведь человек походный, мне они очень пригодятся!

На другой день простился солдат с хозяйкою и пошел дальше; только с того самого дня — куда он ни зайдет на ночлег, ровно в двенадцать часов ночи является под окно колдун и требует своих сапог.

— Я,— грозит,— от тебя нигде не отстану; всю дорогу с тобой пройду; на родине не дам отдыху, на службе замучу!

Не выдержал солдат:

— Да что тебе, проклятый, надобно?

— Подай мои сапоги! Солдат бросил в окно сапоги:

— На, отвяжись от меня, нечистая сила! Колдун подхватил свои сапоги, свистнул и с глаз пропал.

***

В одном селе жили-были муж; да жена; жили они весело, согласно, любовно; все соседи им завидовали, а добрые люди, глядючи на них, радовались. Вот хозяйка отяжелела, родила сына, да с-тех родов и померла.

Бедный мужик горевал да плакал, пуще всего о ребенке убивался: как теперь выкормить, возрастить его без родной матери? Нанял какую-то старушку за ним ходить; все лучше. Только что за притча? Днем ребенок не ест, завсегда кричит, ничем его не утешишь; а наступит ночь — словно и нет его, тихо и мирно спит.

— Отчего так?—думает старуха.—Дай-ка я ночь не посплю, авось разведаю.

Вот в самую полночь слышит она: кто-то отворил потихоньку двери и подошел к люльке; ребенок затих, как будто грудь сосет.

На другую ночь и на третью опять то же. Стала она говорить про то мужику; он собрал своих сродственников и стал совет держать. Вот и придумали: не поспать одну ночь да подсмотреть: кто это ходит да ребенка кормит? С вечера улеглись все на полу, в головах у себя поставили зажженную свечу и покрыли ее глиняным горшком.

В полночь отворилась в избу дверь, кто-то подошел к люльке—и ребенок затих. В это время один из сродственников вдруг открыл свечу—

смотрят: покойная мать в том самом платье, в каком ее схоронили, стоит на коленях, наклонясь к люльке, и кормит ребенка мертвой грудью.

Только осветилась изба — она тотчас поднялась, печально взглянула на своего малютку и тихо ушла, не говоря никому ни единого слова. Все, кто ее видел, превратились в камень, а малютку нашли мертвым.

Упырь

В некотором царстве, в некотором государстве был-жил старик со старухою; у них была дочь Маруся. В их деревне был обычай справлять праздник Андрея Первозванного: соберутся девки в одну избу, напекут пампушек и гуляют целую неделю, а то и больше. Вот дождались этого праздника, собрались девки, напекли-наварили, что надо; вечером пришли парубки с сопелкою, принесли вина, и началась пляска, гульба— дым коромыслом! Все девки хорошо пляшут, а Маруся лучше всех. Немного погодя входит в избу такой молодец — что на поди! Кровь с молоком! Одет богато, чисто.

«Здравствуйте,— говорит,— красные девицы!»

«Здравствуй, добрый молодец!»

«Гулянье вам!»

«Милости просим гулять к нам!»

Сейчас вынул он кошель полон золота, послал за вином, за орехами, пряниками—разом все готово; начал угощать и девок и ребят, всех оделил. А пошел плясать — любо-дорого посмотреть! Больше всех полюбилась ему Маруся; так к ней и пристает.

Наступило время по домам расходиться. Говорит этот молодец:

«Маруся! Поди, проводи меня». Она вышла провожать его; он и говорит:

«Маруся, сердце! Хочешь ли, я тебя замуж возьму?»

«Коли бы взял, я бы с радостью пошла. Да ты отколя?»

«А вот из такого-то места, живу у купца за приказчика».

Тут они попрощались и пошли всякий своей дорогою. Воротилась Маруся домой, мать ее спрашивает:

«Хорошо ли погуляла, дочка?»

«Хорошо, матушка! Да еще скажу тебе радость: был там со стороны добрый молодец, собой красавец, и денег много; обещал взять меня замуж».

«Слушай, Маруся: как пойдешь завтра к девкам, возьми с собой клубок ниток; станешь провожать его, в те поры накинь ему петельку на пуговицу и распускай потихоньку клубок, а после по этой нитке и сведаешь, где он живет».

На другой день пошла Маруся на вечерницу и захватила с собой клубок ниток. Опять пришел добрый молодец:

«Здравствуй, Маруся!»

«Здравствуй!»

Начались игры, пляски; он пуще прежнего льнет к Марусе, ни на шаг не отходит. Уж время и домой идти

«Маруся,— говорит гость,— проводи меня».

Она вышла на улицу, стала с ним прощаться и тихонько накинула петельку на пуговицу; пошел он своею дорогою, а она стоит да клубок распускает; весь распустила и побежала узнавать, где живет ее названый жених? Сначала нитка по дороге шла, после потянулась через заборы, через канавы и вывела Марусю прямо к церкви, к главным дверям. Маруся попробовала — двери заперты; пошла кругом церкви, отыскала лестницу, подставила к окну и полезла посмотреть, что там деется? Влезла, глянула — а названый жених стоит у гроба да упокойника ест; в церкви тогда ночевало мертвое тело. Хотела было потихоньку соскочить с лестницы, да с испугу не остереглась и стукнула; бежит домой — себя не помнит, все ей погоня чудится; еле жива прибежала!

Поутру мать спрашивает:

«Что, Маруся, видела того молодца?»

«Видела, матушка!»—а что видела, того не рассказывает.

Вечером сидит Маруся в раздумье: идти или нет на вечерницу?

«Ступай,—говорит мать,— поиграй, пока молода!»

Приходит она на вечерницу, а нечистый уже там. Опять начались игры, смехи, пляска; девки ничего не ведают! Стали по домам расходиться; говорит нечистый:

«Маруся! Поди, проводи меня».

Она нейдет, боится. Тут все девки на нее накинулись:

«Что с тобой? Или застыдилася? Ступай, проводи добра молодца!»

Нечего делать, пошла — что бог даст! Только вышли на улицу, он ее и спрашивает:

«Ты вчера к церкви ходила?»

«Нет!»

«А видела, что я там делал?»

«Нет!»

«Ну, завтра твой отец помрет!» Сказал и исчез.

Вернулась Маруся домой грустна и невесела; поутру проснулась — отец мертвый лежит. Поплакали над ним и в гроб положили; вечером мать к попу поехала, а Маруся осталась: страшно ей одной дома. «Дай,— думает,— пойду к подругам». Приходит, а нечистый там. «Здравствуй, Маруся! Что не весела?»—спрашивают ее девки.

«Какое веселье? Отец помер». «Ах, бедная!»

Все тужат об ней; тужит и он, проклятый, будто не его дело. Стали прощаться, по домам расходиться. «Маруся,— говорит он,— проводи меня». Она не хочет:

«Что ты — маленькая, что ли? Чего боишься? Проводи его!»— пристают девки.

Пошла провожать; вышли на улицу. «Скажи, Маруся, была ты у церкви?» «Нет!»

«А видела, что я делал?» «Нет!»

«Ну, завтра мать твоя помрет!» Сказал и исчез.

Вернулась Маруся домой еще печальнее; переночевала ночь, поутру проснулась — мать лежит мертвая. Целый день она проплакала, вот солнце село, кругом темнеть стало — боится Маруся одна оставаться; пошла к подругам.

«Здравствуй! Что с тобой? На тебе лица не видать !» — говорят девки.

«Уж какое мое веселье! Вчера отец помер, а сегодня мать».

«Бедная, несчастная!»—сожалеют ее все.

Вот пришло время прощаться.

«Маруся! Проводи меня»,— говорит нечистый.

Вышла провожать его.

«Скажи, была ты у церкви?»

«Нет!»

«А видела, что я делал?»

«Нет!»

«Ну, завтра ввечеру сама помрешь!»

Маруся переночевала с подругами, поутру встала и думает: что ей делать? Вспомнила, что у ней есть бабка — старая-старая; уж ослепла от долгих лет. «Пойду-ка я к ней, посоветуюсь».

Отправилась к бабке.

«Здравствуй, бабушка!»

«Здравствуй, внучка! Как бог милует? Что отец с матерью? »

«Померли, бабушка!»—рассказала ей все, что с нею случилося.

Старуха выслушала и говорит:

«Ох, горемычная ты моя! Ступай скорей к попу, попроси его: коли ты помрешь, чтоб вырыли под порогом яму, да несли бы тебя из избы не в двери, а протащили б сквозь то отверстье; да еще попроси, чтоб похоронили тебя на перекрестке — там, где две дороги пересекаются».

Пришла Маруся к попу, слезно заплакала и упросила его сделать все так, как бабушка научила; воротилась домой, купила гроб, легла в него — и тотчас же померла. Вот дали знать священнику; похоронил он сначала отца и мать Маруси, а потом и ее. Вынесли Марусю под порогом, схоронили на раздорожье.

В скором времени случилось одному боярскому сыну проезжать мимо Марусиной могилы; смотрит— а на той могиле растет чудный цветок, какого он никогда не видывал. Говорит барич своему слуге:

«Поди, вырой мне тот цветок с корнем; привезем домой и посадим в горшок: пусть у нас цветет!»

Вот вырыли цветок, привезли домой, посадили в муравленый горшок и поставили на окно. Начал цветок расти, красоваться. Раз как-то не поспалось слуге ночью; смотрит он на окно и видит — чудо совершилось: вдруг цветок зашатался, упал с ветки наземь — и обратился красной девицей; цветок был хорош, а девица лучше! Пошла она по комнатам, достала себе разных напитков и кушаньев, напилась-наелась, ударилась об пол — сделалась по-прежнему цветком, поднялась на окно и села на веточку.

На другой день рассказал слуга баричу, какое чудо ему в ночи привиделось.

«Ах, братец, что ж ты меня не разбудил? Нынешнюю ночь станем вдвоем караулить».

Пришла ночь — они не спят, дожидаются. Ровно в двенадцать часов цветок начал шевелиться, с места на место перелетать, после упал наземь — и явилась красная девица; достала себе напитков и кушаньев и села ужинать. Барич выбежал, схватил ее за белые руки и повел в свою горницу; не может вдоволь на нее насмотреться, на красоту ее наглядеться. Наутро говорит отцу, матери:

«Позвольте мне жениться; я нашел себе невесту».

Родители позволили. Маруся говорит:

«Я пойду за тебя только с тем уговором, чтобы четыре года в церковь не ходить»

«Хорошо!»

Вот обвенчались, живут себе год и два, и прижили сына. Один раз наехали к ним гости; подгуляли, выпили, и стали хвалиться своими женами: у того хороша, у другого еще лучше.

«Ну, как хотите,— говорит хозяин,— а лучше моей жены во всем свете нету!»

«Хороша, да некрещена!»—отвечают гости.

«Как так?»

«Да в церковь не ходит».

Те речи показались мужу обидны; дождался воскресенья и велел жене наряжаться к обедне. «Знать ничего не хочу! Будь сейчас готова!» Собрались они и поехали в церковь; муж: входит — ничего не видит, а она глянула — сидит на окне нечистый.

«А, так ты вот она! Вспомни-ка старое: была ты ночью у церкви».

«Нет!»

379

«А видела, что я там делал?»

«Нет!»

«Ну, завтра у тебя и муж и сын помрут!»

Маруся прямо из церкви бросилась к своей старой бабушке. Та ей дала в одном пузырьке святой воды, а в другом живущей и сказала, как и что делать. На другой день померли у Маруси и муж и сын; а нечистый прилетел и спрашивает:

«Скажи, была у церкви?»

«Была».

«А видела, что я делал?»

«Мертвого жрал!»

Сказала да как плеснет на него святой водою — он так прахом и рассыпался. После взбрызнула живущей водой мужа и сына — они тотчас ожили и с той поры не знали ни горя, ни разлуки, а жили все вместе долго и счастливо.

Рассказы о ведьмах

Поздним вечером приехал один казак в село, остановился у крайней избы и стал проситься:

— Эй, хозяин, пусти переночевать!

— Ступай, коли смерти не боишься.

«Что за речь такая!»—думает казак, поставил коня в сарай, дал ему корму и идет в избу.

Смотрит — и мужики, и бабы, и малые ребятишки— все навзрыд плачут да богу молятся; помолились и стали надевать чистые рубашки.

— Чего вы плачете? — спрашивает казак.

— Да, вишь,— отвечает хозяин,—в нашем селе по ночам смерть ходит, в какую избу ни заглянет — так наутро клади всех жильцов в гроба да вези на погост. Нынешнюю ночь за нами очередь.

— Э, хозяин, не бойся; бог не выдаст, свинья не съест.

Хозяева полегли спать; а казак себе на уме — и глаз не смыкает.

В самую полночь отворилось окно; у окна показалась ведьма — вся в белом, взяла кропило, просунула руку в избу и только хотела кропить — как вдруг казак размахнул своей саблею и отсек ей руку по самое плечо. Ведьма заохала, завизжала, по-собачьи забрехала и убежала прочь. А казак поднял отрубленную руку, спрятал в свою шинель, кровь замыл и лег спать.

Поутру проснулись хозяева, смотрят — все до единого живы-здоровы, и несказанно обрадовались.

— Хотите,— говорит казак,— я вам смерть покажу? Соберите скорей всех сотников и десятников, да пойдемте ее по селу искать.

Тотчас собрались все сотники и десятники и пошли по домам; там нету, здесь нету, наконец добрались до пономарской избы.

— Вся ли семья твоя здесь налицо? — спрашивает. Казак.

— Нет, родимый! Одна дочка больна, на печи Лежит.

Казак глянул на печь, а у девки рука отсечена; тут он объявил все, как было, вынул и показал отрубленную руку.

Мир наградил казака деньгами, а эту ведьму присудил утопить.

***

В некотором королевстве жил-был король; у этого короля была дочь-волшебница. При королевском дворе проживал поп, а у попа был сынок десяти лет и каждый день ходил к одной старушке— грамоте учиться. Раз случилось ему поздно вечером идти с ученья; проходя мимо дворца, глянул он на одно окошечко. У того окошечка сидит королевна, убирается: сняла с себя голову, мылом намылила, чистой водой вымыла, волосы гребнем расчесала, заплела косу и надела потом голову на старое место. Мальчик диву дался: «Вишь, какая хитрая! Прямая колдунья!» Воротился домой и стал всем рассказывать, как он королевну без головы видел.

Вдруг расхворалась-разболелась королевская дочь, призвала отца и стала ему наказывать:

— Если я помру, то заставьте поповского сына три ночи сряду надо мною псалтырь читать.

Померла королевна, положили ее в гроб и вынесли в церковь.

Король призывает попа:

— Есть у тебя сын?

— Есть, ваше величество.

— Пусть,— говорит,— читает над моей дочерью псалтырь три ночи сряду.

Поп воротился домой и велел сыну изготовиться. Утром пошел попович учиться и сидит над книгою такой скучный.

— О чем запечалился? — спрашивает его старушка.

— Как мне не печалиться, коли я совсем пропал?

— Да что с тобой? Говори толком.

— Так и так, бабушка! Надо читать над королев ною, а она ведь колдунья!

— Я прежде тебя это ведала! Только не бойся, вот тебе ножик; когда придешь в церковь, очерти около себя круг, читай псалтырь да назад не оглядывай5ся Что бы там ни было, какие бы страсти ни представлялись— знай свое, читай да читай! А если назад оглянешься — совсем пропадешь!

Вечером пришел мальчик в церковь, очертил ножом около себя круг и принялся за псалтырь. Пробило двенадцать часов, с гроба поднялась крышка, королевна встала, выбежала и закричала:

— А, теперь ты узнаешь, как под моими окнами подсматривать да людям рассказывать!

Стала на поповича бросаться, да никак через круг перейти не может; тут начала она напускать разные страсти; только что ни делала — он все читает да читает, никуда не оглядывается. А как стало светать, бросилась королевна в гроб и со всего размаху повалилась на него — как попало!

На другую ночь то же приключилось; попович ничего не убоялся, до самого света безостановочно читал, а поутру пошел к старухе. Она спрашивает:

— Ну что, видел страсть?

— Видел, бабушка!

— Нынче еще страшнее будет! Вот тебе молоток и четыре гвоздя — забей их по четырем углам гроба, а как станешь псалтырь читать — молоток против себя поставь.

Вечером пришел попович в церковь и сделал все так, как научила старушка. Пробило двенадцать часов, гробовая крышка на пол упала, королевна встала и начала летать по всем сторонам да грозить поповичу; то напускала большие страсти, а теперь еще больше: чудится поповскому сыну, что в церкви пожар сделался, пламя так все стены и охватило; а он стоит себе да читает, назад не оглядывается. Перед рассветом королевна в гроб бросилась, и тотчас пожара как не бывало — все наважденье сгинуло!

Поутру приходит в церковь король, смотрит — гроб открыт, в гробу королевна кверху спиной лежит.

— Что такое? — спрашивает мальчика.

Тот ему рассказал, как и что было. Король приказал забить своей дочери осиновый кол в грудь и зарыть ее в землю, а поповича наградил казною и разными угодьями.

Смерть скупого

Жил-был скупой скряга, старик; имел двух сыновей и множество денег; послышал смерть, заперся один в избе и сел на сундук, начал глотать золотые деньги и есть ассигнации и так покончил свою жизнь.

Пришли сыновья, положили мертвого под святые иконы и позвали дьячка читать псалтырь.

Вдруг в самую полночь является в образе человека нечистый, поднял мертвого старика на плечо и сказал:

— Держи, дьячок, полу! И начал трусить старика:

— Деньги твои, а мешок мой! Понес его и невидим стал.

Скрипач в аду

Был-жил мужик, у него было три сына. Жил богато, собрал два котла денег — один закопал в овине, другой в воротах. Вот помер этот мужик, а про деньги никому не сказал.

Однажды был на деревне праздник; шел скрипач на гулянку и вдруг провалился сквозь землю; провалился и попал в ад, прямо в то место, где богатый мужик мучился.

— Здравствуй, знакомый!—говорит скрипач. Отвечает ему мужик:

— Ты неладно попал сюда! Здесь ад, и я в аду сижу.

— За что же ты, дядя, сюда угодил?

— За деньги! Было у меня денег много, нищим не давал, два котла в землю закопал. Вот сейчас станут меня мучить, палками бить, когтями терзать.

— Как же мне-то быть? Пожалуй, и меня замучают!

— А ты поди, сядь за трубой на печке да три года не ешь — так уцелеешь!

Скрипач спрятался за трубой; пришли ненаши, стали богатого мужика бить да приговаривать:

— Вот тебе, богач! Тьму денег накопил, а спрятать не сумел; туда закопал их, что нам сторожить невмоготу! В воротах бесперечь ездят, лошади нам головы подковами поразбивали, а в овине цепами нас молотят.

Только ушли ненаши, мужик и говорит скрипачу:

— Если выйдешь отсюдова, скажи моим детям, чтобы они взяли деньги: один котел у ворот закопан, а другой — в овине, и чтобы роздали их на нищую братию.

Потом еще набежала целая изба ненаших и спрашивают у богатого мужика:

— Что у тебя русским духом пахнет? Мужик говорит:

— Это вы по Руси ходили, русского духу набрались!

— Как бы не так!

Стали искать, нашли скрипача и закричали:

— Ха-ха-ха, скрипач здесь!

Стащили его с печки и заставили играть на скрипке.

Он три года играл, а ему за три дня показалось; уморился и говорит:

— Что за диво! Бывало, играл я — в один вечер все струны изорву, а теперь третий день играю — и вес целы. Господи благослови!

Только вымолвил — все струны и лопнули.

— Ну, братцы,— говорит скрипач,— сами видите: струны лопнули, не на чем играть!

— Постой,— сказал один нечистый,— у меня есть два бунта Струн, я тебе принесу.

Сбегал и принес; скрипач взял струны, потянул и опять только вымолвил: «Господи благослови!»—оба бунта лопнули.

— Нет, братцы, ваши струны мне не годятся; у меня свои дома есть, дайте — схожу!

Ненаши его не пущают:

— Ты уйдешь!—говорят.

— Если вы не верите, то пошлите со мной кого-нибудь в провожатых.

Ненаши выбрали одного и послали с скрипачом.

Скрипач пришел в деревню; слышит, в крайней избе свадьбу справляют.

— Пойдем на свадьбу!

— Пойдем!

Вошли в избу; тут все скрипача узнали, спрашивают:

— Где это ты, братец, три года пропадал?

— На том свете был!

Посидели, погуляли, ненаш зовет скрипача:

— Пора идти! А тот:

— Погоди еще немножко; дай мне на скрипке поиграть, молодых повеселить.

До тех пор просидели, пока петухи запели; тут ненаш пропал, а скрипач стал говорить сыновьям богатого мужика:

— Ваш батюшка приказал вам взять деньги: один котел у ворот зарыт, а другой—в овине, и велел все эти деньги нищим раздать.

Вот откопали оба котла, стали раздавать деньги по нищей братии: чем больше их раздают, тем больше их прибавляется.

Вывезли эти котлы на перекресток: кто ни едет мимо, всякий берет оттуда, сколько рукой захватит, а деньги все не сбывают. Подали челобитную государю; он и приказал: в некотором городе шла дорога в объезд—верст пятьдесят будет, а если прямо проложить, то всего пять верст, и приказал государь выстроить прямоезжий мост.

Вот и выстроили мост на пять верст, и на то дело оба котла опорожнили.

В те времена некая девица родила сына и покинула его с малолетства; этот младенец три года не ел, не пил, и все с ним божий ангел ходил.

Пришел младенец на мост и говорит:

— Ах, какой славный мост! Дай бог тому царство небесное, на чьи деньги его построили.

Услышал господь эту молитву и велел своим ангелам выпустить богатого мужика из аду кромешного.

Горшечник

Едет дорогою горшечник; навстречу ему прохожий:

— Найми,— говорит,— меня в работники!

— Да умеешь ли ты горшки делать?

— Еще как умею-то!

Вот порядились, ударили по рукам и поехали вместе. Приезжают домой, работник и говорит:

— Ну, хозяин, приготовь сорок возов глины, завтра я за работу примусь!

Хозяин приготовил сорок возов глины; а работник-то был — сам нечистый, и наказывает он горшечнику:

— Я стану по ночам работать, а ты ко мне в сарай не ходи!

— Отчего так?

— Ну да уж так! Придешь — беды наживешь! Наступила темная ночь; как раз в двенадцать часов закричал нечистый громким голосом, и собралось к нему чертенят видимо-невидимо, начали горшки лепить, пошел гром, стук, хохот по всему двору. Хозяин не вытерпел:

— Дай пойду — посмотрю!

Приходит к сараю, заглянул в щелочку — сидят черти на корточках да горшки лепят; только один хромой не работает, по сторонам смотрит, увидал хозяина, схватил ком глины да как пустит — и попал ему прямо в глаз! Окривел хозяин на один глаз и вернулся в избу, а в сарае-то гам да хохот пуще прежнего!

Наутро говорит работник:

— Эй, хозяин! Ступай горшки считать, сколько за одну ночь наработано.

Хозяин сосчитал — сорок тысяч наработано.

— Ну, теперь готовь мне десять сажен дров; в эту ночь стану обжигать горшки.

Ровно в полночь опять закричал нечистый громким голосом; сбежались к нему со всех концов чертенята, перебили все горшки, покидали черепье в печь и давай обжигать. А хозяин закрестил щелочку и смотрит.

«Ну,— думает,— пропала работа!»

На другой день зовет его работник:

— Погляди, хорошо ли сделал?

Хозяин приходит смотреть,— все сорок тысяч горшков стоят целы, один одного лучше! На третью ночь созвал нечистый чертенят, раскрасил горшки разными цветами и все горшки до последнего на один воз уклал.

Дождался хозяин базарного дня и повез горшки в город на продажу; а нечистый приказал своим чертенятам бегать по всем домам, по всем улицам да народ скликать — горшки покупать. Сейчас повалил народ на базар: обступили со всех сторон горшечника и в полчаса весь товар разобрали. Приехал мужик домой и полон мешок денег привез.

— Ну,— говорит ему нечистый,— давай барыши делить.

Поделили пополам. Черт взял свою часть, распрощался с хозяином и пропал.

Через неделю поехал мужик с горшками в город; сколько ни стоял он на базаре, никто не покупает; все обходят его мимо, да еще всячески ругают:

— Знаем мы твои горшки, старый хрен! С виду казисты, а нальешь воды — сейчас и развалятся! Нет, брат, теперь не надуешь.

Перестали брать у него горшки; совсем обеднял мужик, запил с горя и стал по кабакам валяться.

Леший

Одна поповна, не спросясь ни отца, ни матери, пошла в лес гулять и пропала без вести. Прошло три года. В этом самом селе, где жили ее родители, был смелый охотник: каждый божий день ходил с собакой да с ружьем по дремучим лесам. Раз идет он по лесу; вдруг собака его залаяла, и песья шерсть на ней щетиною встала. Смотрит охотник, а перед ним на лесной тропинке лежит колода, на колоде мужик сидит, лапоть ковыряет; подковырнет лапоть, да на месяц и погрозит:

— Свети, свети, ясен месяц!

Дивно стало охотнику; отчего так, думает, собою мужик — еще молодец, а волосом как лунь сед? Только подумал это, а он словно мысль его угадал:

— Оттого,— говорит,— я и сед, что чертов дед!

Тут охотник и смекнул, что перед ним не простой мужик, а леший; нацелился ружьем — бац! —и угодил ему в самое брюхо. Леший застонал, повалился было через колоду, да тотчас же привстал и потащился в чащу. Следом за ним побежала собака, а за собакою охотник пошел.

Шел, шел и добрел до горы; в той горе расщелина, в расщелине избушка стоит. Входит в избушку, смотрит: леший на лавке валяется — совсем издох, а возле него сидит девица да горько плачет:

— Кто теперь меня поить-кормить будет!

— Здравствуй, красная девица,— говорит ей охотник,—скажи, чья ты и откудова?

— Ах, добрый молодец! Я и сама не ведаю, словно я и вольного света не видала и отца с матерью не знавала.

— Ну, собирайся скорей.! Я тебя выведу на святую Русь.

Взял ее с собою и повел из лесу; идет да по деревьям все метки кладет. А эта девица была лешим унесена, прожила у него целые три года, вся-то обносилась, оборвалась — как есть совсем голая! А стыда не ведает.

Пришли в село; охотник стал выспрашивать: не пропадала ли у кого девка? Выискался поп.

— Это,— говорит,— моя дочка! Прибежала попадья:

— Дитятко ты мое милое! Где ты была столько времени? Ни чаяла тебя и видеть больше!

А дочь смотрит, только глазами хлопает — ничего не понимает; да уж после стала помаленьку приходить в себя...

Поп с попадьей выдали ее замуж за того охотника и наградили его всяким добром. Стали было искать избушку, в которой она проживала у лешего; долго плутали по лесу, только не нашли.

Морока

В некотором царстве, в некотором государстве жил-был матрос; служил царю верно ,вел себя честно, потому и начальство его знало. Отпросился он раз с корабля походить по городу, надел свой парусинник и пошел в трактир; сел за стол и потребовал себе вина и закусок: ест, пьет, прохлаждается! Уж рублей на десять забрал, а все не унимается: то того, то другого спрашивает.

— Послушай, служба,— говорит ему половой,— забираешь ты много, а есть ли у тебя чем рассчитаться?

— Эх, братец, о деньгах, что ли, сумневаешься? Да у меня денег куры не клюют.

Тотчас вынул из кармана золотой, бросил на стол и говорит:

— На, получай!

Половой взял золотой, высчитал все, как следует, и приносит сдачу; а матрос ему:

— Что там за сдача, братец! Возьми себе на водку. На другой день опять отпросился матрос, зашел в тот же трактир и прогулял еще золотой; на третий день тоже, и стал он ходить туда, почитай, каждый день и все платит золотыми, а сдачи не берет, дарит половому на водку. Стал замечать за ним сам трактирщик, и пришло ему в сумнение: «Что бы это значило? Матросишка — так себе, а поди как сорит деньгами! Полную шкатулку золота натаскал!.. Жалованье мне ихнее известно, небось — не раскрутишься! Верно, он где ни на есть казну обобрал; надо начальству про то донести; не ровен час — еще в такую беду попадешь, что после и не разделаешься, а пожалуй, и в Сибирь угодишь».

Вот и доложил трактирщик офицеру, а тот довел до самого генерала. Генерал потребовал к себе матроса.

— Признавайся,— говорит,— по совести, отколь золото брал?

— Да этого золота во всякой помойной яме много!

— Что ты врешь?

— Никак нет, ваше превосходительство! Не я вру, а трактирщик; пусть покажет он то золото, что от меня получил.

Сейчас принесли шкатулку, открыли, а она полнехонька костяшек.

— Как же, братец; ты платил золотом, а очутились костяшки? Покажи, как ты сделал это?

— Ах, ваше превосходительство! Ведь нам смерть приходит...

Глядят, а в окна и в двери так вода и хлынула; все выше да выше, уж под горло подступает.

В некотором царстве, в некотором государстве жил-был матрос; служил царю верно, вел себя честно, потому и начальство его знало. Отпросился он раз с корабля походить по городу,

— Господи! Что же теперь делать? Куда деваться?— спрашивает с испугу генерал.

А матрос в ответ:

— Коли не хотите тонуть, ваше превосходительство, так полезайте за мною в трубу.

Вот и полезли, взобрались на крышу, стоят и смотрят во все стороны: целый город затопило! Такое наводнение, что в низких местах совсем домов не видать; а вода прибывает, да прибывает.

— Ну, братец,— говорит генерал,— верно, и нам с тобой не уцелеть!

— Не знаю; что будет — то будет!

«Смерть моя приходит!»—думает генерал, стоит сам не свой да богу молится.

Вдруг откуда не взялся — плывет мимо ялик, зацепился за крышу и остановился на том месте.

— Ваше превосходительство,— говорит матрос,— садитесь скорее в ялик, да поплывем; может, и уцелеем, авось вода сбудет.

Сели оба в ялик, и понесло их ветром по воде; день плывут и другой плывут, а на третий стала вода сбывать, и так скоро — куда только она делась? Кругом сухо стало; вышли они из ялика, спросили у добрых людей, как слывет та сторона и далеко ль занесло их? А занесло-то их за тридевять земель, в тридесятое царство; народ все чужой, незнаемый. Как тут быть, как попасть на свою землю? Денег при себе ни гроша не имеют, подняться не на что. Матрос говорит:

— Надо наняться в работники да зашибить деньжонок; без того и думать нечего — домой не воротишься.

— Хорошо тебе, братец! Ты давно к работе привычен; а мне каково? Сам знаешь, что я генерал, работать не умею.

— Ничего, я такую работу найду, что и уменья не надо.

Побрели в деревню и стали в пастухи наниматься; общество согласилось и порядило их на целое лето: матрос пошел за старшего пастуха, а генерал за подпаска. Так-таки до самой осени и пасли они деревенскую скотину; после того собрали с мужиков деньги и стали делиться.

Матрос разделил деньги поровну: сколько себе, столько и генералу. Вот генерал видит, что матрос равняет его с собою, стал на это обижаться и говорит:

— Что ж ты меня с собою равняешь? Ведь я — генерал, а ты — все-таки простой матрос!

— Как бы не так! Мне бы разделить на трое: две части себе взять, а с вас и одной довольно: ведь я настоящим пастухом был, а вы — подпаском.

Генерал осерчал и принялся всячески ругать матроса; а матрос крепился, крепился, размахнул рукой, как толкнет его в бок:

— Очнитесь, ваше превосходительство! Генерал очнулся, смотрит— все по старому; как был в своей комнате, так и не выходил из ней! Не захотел он больше судить матроса, отпустил его от себя; так трактирщик ни при чем и остался.

Дока на доку

Пришел солдат в деревню и просится ночевать к мужику.

— Я бы тебя пустил, служивый,— говорит мужик,—да у меня свадьба заводится, негде тебе спать будет.

— Ничего, солдату везде место!

— Ну, ступай!

Видит солдат, что у мужика лошадь в сани запряжена, и спрашивает:

— Куда, хозяин, отправляешься?

— Да, вишь, у нас какое заведение: у кого свадьба, тот и поезжай к колдуну да вези подарок! Самый бедный без двадцати рублей не отделается, а коли богат, так и пятидесяти мало; а не отвезешь подарка, всю свадьбу испортит!

— Послушай, хозяин! Не вози, и так сойдет! Крепко уверил мужика, тот послушался и не поехал к колдуну с гостинцами.

Вот начали свадьбу играть, повезли жениха с невестою закон принимать; едут дорогою, а навстречу поезду бык несется, так и ревет, рогами землю копает. Все поезжане испугалися, а солдат усом не мигнет; где ни взялася — выскочила из-под него собака, бросилась на быка и прямо за глотку вцепилась — бык так и грохнулся наземь.

Едут дальше, а навстречу поезду огромный медведь.

— Не бойтесь,— кричит солдат,— я худа не допущу!

Опять где ни взялася — выскочила из-под него собака, кинулась на медведя и давай его душить; медведь заревел и издох.

Миновала та беда, снова едут дальше; а навстречу поезду заяц выскочил и перебежал дорогу чуть-чуть не под ногами передней тройки. Лошади остановились, храпят, а с места не трогаются!

— Не дури, заяц,— крикнул на него солдат,— мы опосля поговорим с тобой!—И тотчас весь поезд легко двинулся.

Приехали к церкви благополучно, обвенчали жениха с невестою и отправились назад, в свою деревню.

Стали ко двору подъезжать, а на воротах черный ворон сидит да громко каркает — лошади опять стали, ни одна с места не тронется.

— Не дури, ворон,—крикнул на него солдат,—мы с тобой опосля потолкуем.

Ворон улетел, лошади в ворота пошли.

Вот посадили молодых за стол; гости и родичи свои места заняли — как следует, по порядку; начали есть, пить, веселиться. А колдун крепко осердился; гостинцев ему не дали, пробовал было страхи напускать — и то дело не выгорело!

— Вот пришел сам в избу, шапку не ломает, образам не молится, честным людям не кланяется; и говорит солдату:

— Я на тебя сердит!

— А за что на меня сердиться? Ни я не занимал у тебя, ни ты мне не должен! Давай-ка лучше пить да гулять.

— Давай!

Взял колдун со стола ендову пива, налил стакан и подносит солдату:

— Выпей, служивый!

Солдат выпил — у него все зубы в стакан выпадали!

— Эх, братец,— говорит солдат,— как мне без зубов-то .быть? Чем будет сухари грызть?

Взял да и бросил зубы в рот — они опять стали по-прежнему.

— Ну, теперь я поднесу! Выпей-ка от меня стакан пива!

Колдун выпил—у него глаза вылезли! Солдат подхватил его глаза и забросил неведомо куда.

Остался колдун на всю жизнь слепым и закаялся страхи напускать, над людьми мудрить; а мужики и бабы стали за служивого бога молить.

Знахарь

Жил бедный да продувной мужичок, по прозванью Жучок; украл у бабы холстину и спрятал в омете соломы, а сам расхвастался, что ворожить мастер. Пришла к нему баба и просит погадать. Мужик спрашивает:

— А что за работу дашь?

— Пуд муки да фунт масла.

— Ладно!

Стал гадать; погадал-погадал и сказал ей, где холст спрятан.

Дня через два, через три пропал у барина жеребец; он же, плут, его и увел да привязал в лесу к дереву. Посылает барин за этим мужиком; стал мужик гадать и говорит:

— Ступайте скорей, жеребец в лесу, к дереву привязан.

Привели жеребца из лесу; дал барин знахарю сто рублей, и пошла об нем слава по всему царству.

Вот, на беду, пропало у царя его венчальное кольцо; искать-искать — нет нигде! Послал царь за знахарем, чтобы как можно скорей во дворец его привезли. Взяли его, посадили в повозку и привезли к царю.

«Вот когда попал-то,—думает мужик,— как мне узнать, где девалось кольцо? Ну как царь опалится да туда зашлет, куда Макар и телят не гонял!»

— Здравствуй, мужичок,— говорит царь,— поворожи-ка мне; отгадаешь—деньгами награжу, а коли нет — то мой меч, твоя голова с плеч!

Тотчас приказал отвести знахарю особую комнату:

— Пускай-де целую ночь ворожит, чтоб к утру ответ был готов.

Знахарь сидит в той комнате да думает: «Какой ответ дам я царю? Лучше дождусь глухой полночи да убегу куда глаза глядят; вот как пропоют третьи петухи, сейчас и задам тягу!»

А кольцо-то царское стащили три дворовых человека: лакей, кучер да повар.

— Что, братцы,— говорят они меж собой,— как этот ворожейка да узнает нас? Ведь тогда нам смерть неминучая... Давайте-ка подслушивать у дверей: коли он ничего — и мы молчок; а коли узнает нас, так уж делать нечего — станем просить его, чтоб царю-то не доказывал.

Пошел лакей подслушивать; вдруг петухи запели, мужик и промолвил:

— Слава тебе господи! Один уже есть, остается двух ждать!

У лакея душа в пятки ушла; прибежал он к своим товарищам:

— Ах, братцы, ведь меня узнал; только я к двери, а он кричит: один уже есть, остается двух ждать!

— Постой, я пойду!—сказал кучер; пошел подслушивать.

Запели вторые петухи, а мужик:

— Слава тебе господи, и два есть, остается одного ждать.

— Эх, братцы, и меня узнал. Повар говорит:

— Ну, если и меня узнает, так пойдем прямо к нему, бросимся в ноги и станем упрашивать.

Пошел подслушивать повар; третьи петухи запели, мужик перекрестился:

— Слава богу, все три есть!—Да поскорей в двери— бежать хочет.

А воры к нему навстречу, пали в ноги и просят и молят:

— Не погуби, не сказывай царю; вот тебе кольцо!

— Ну, так и быть, прощаю вас!

Взял мужик кольцо, поднял половицу и бросил его под пол.

Наутро царь спрашивает:

— Что, мужичок, как твои дела?

— Выворожил: кольцо твое укатилось под эту половицу.

Подняли половицу и достали кольцо; царь щедро наградил знахаря деньгами и велел накормить-напоить его до отвала, а сам пошел в сад гулять.

Идет по дорожке, увидал жука, поднял его и воротился к знахарю:

— Ну, коли ты знахарь, так узнай, что у меня в руке?

Мужик испугался и говорит сам себе:

— Что, попался, Жучок, царю в руки!

— Так, так, твоя правда!—сказал царь, еще больше его наградил и с честью домой отпустил.

Вор

Жил-был старик со старухою; у них был сын, по имени Иван. Кормили они его, пока большой вырос, а потом и говорят:

— Ну, сынок, доселева мы тебя кормили, а нынче корми ты нас до самой смерти.

Отвечал им Иван:

— Когда кормили меня до возраста лет, то кормите и до уса.

Выкормили его до уса и говорят:

— Ну, сынок, мы кормили тебя до уса, теперь ты корми нас до самой смерти.

— Эх, батюшка, и ты, матушка,— отвечает сын,— когда кормили меня до уса, то кормите и до бороды.

Нечего делать, кормили-поили его старики до бороды, а после и говорят:

— Ну, сынок, мы кормили тебя до бороды, нынче ты нас корми до самой смерти.

— А коли кормили до бороды, так кормите и до старости!

Тут старик не выдержал, пошел к барину бить челом на сына.

Призывает господин Ивана:

— Что ж ты, дармоед, отца с матерью не кормишь?

— Да чем кормить-то? Разве воровать прикажете? Работать я не учился, а теперь и учиться поздно.

— А по мне как знаешь,— говорит ему барин,— хоть воровством, да корми отца с матерью, чтоб на тебя жалоб не было!

Тем временем доложили барину, что баня готова, и пошел он париться; а дело-то шло к вечеру. Вымылся барин, воротился назад и стал спрашивать:

— Эй, кто там есть? Подать босовики!

А Иван тут как тут, стащил ему сапоги с ног, подал босовики; сапоги тотчас под мышку и унес домой.

— На, батюшка,— говорит отцу,— снимай свои лапти, обувай господские сапоги.

Наутро хватился барин — нет сапогов; послал за Иваном:

— Ты унес мои сапоги?

— Знать не знаю, ведать не ведаю, а дело мое!

— Ах ты, плут, мошенник! Как же ты смел воровать?

— Да разве ты, барин, не сам сказал: хоть воровством, да корми отца с матерью? Я твоего господского приказу не хотел ослушаться.

— Коли так,— говорит барин,— вот тебе мой приказ: украдь у меня черного быка из-под плуга; уворуешь — дам тебе сто рублей, не уворуешь — влеплю сто плетей.

— Слушаю-с!—отвечает Иван.

Тотчас бросился он на деревню, стащил где-то петуха, ощипал ему перья—и скорей на пашню; подполз к крайней борозде, приподнял глыбу земли, подложил под нее петуха, а сам за кусты спрятался.

Стали плугатари вести новую борозду, зацепили ту глыбу земли и своротили на сторону; ощипанный петух выскочил и что сил было побежал по кочкам, по рытвинам.

— Что за чудо из земли выкопали!—закричали плугатари и пустились вдогонку за петухом.

Иван увидал, что они побежали как угорелые, бросился сейчас к плугу, отрубил у одного быка хвост да воткнул другому в рот, а третьего отпряг и увел домой.

Плугатари гонялись, гонялись за петухом, так и не поймали, воротились назад: черного быка нет, а пестрый без хвоста.

— Ну, братцы, пока мы за чудом бегали, бык быка съел; черного-то совсем сожрал, а пестрому хвост откусил!

Пошли к барину с повинною головою:

— Помилуй, отец, бык быка съел.

— Ах вы, дурачье безмозглое,— закричал на них барин,— ну где это видано, где это слыхано, чтоб бык да быка съел? Позвать ко мне Ивана!

Позвали.

— Ты быка украл?

— Я, барин.

— Куда ж ты девал его?

— Зарезал; кожу на базар снес, а мясом стану отца да мать кормить.

— Молодец,— говорит барин,— вот тебе сто рублей. Но укради же теперь моего любимого жеребца, что стоит за тремя дверями, за шестью замками; уведешь— плачу двести рублей, не уведешь — влеплю двести плетей!

— Изволь, барин, украду.

Вечером поздно забрался Иван в барский дом; входит в переднюю — нет ни души, смотрит — висит на вешалке господская одежа; взял барскую шинель да фуражку, надел на себя, выскочил на крыльцо и закричал громко кучерам и конюхам:

— Эй, ребята! Оседлать поскорей моего любимого жеребца да подать к крыльцу.

Кучера и конюхи признали его за барина, побежали в конюшню, отперли шесть замков, отворили трое дверей, вмиг все дело исправили и подвели к крыльцу оседланного жеребца. Вор сел на него верхом, ударил хлыстиком — только и видели!

На другой день спрашивает барин:

— Ну, что мой любимый жеребец?

А он еще с вечера выкраден. Пришлось посылать за Иваном.

— Ты украл жеребца?

— Я, барин.

— Где ж он?

— Купцам продал.

— Счастлив твой бог, что я сам украсть велел! Возьми свои двести рублей. Ну, укради же теперь керженского наставника.

— А что, барин, за труды положишь?

— Хочешь триста рублей?

— Изволь, украду!

— А если не украдешь?

— Твоя воля; делай, что сам знаешь. Призвал барин наставника.

— Берегись,— говорит,— стой на молитве всю ночь, спать не моги! Ванька-вор на тебя похваляется.

Перепугался старец, не до сна ему, сидит в келье да молитву твердит.

В самую полночь пришел Иван-вор с рогозиным кошелем и стучится в окно.

— Кто ты, человече?

— Ангел с небеси, послан за тобой унести живого и рай; полезай в кошель.

Наставник сдуру и полез в кошель; вор завязал его, поднял на спину и понес на колокольню. Тащил, тащил.

— Скоро ли? — спрашивает наставник.

— А вот увидишь! Сначала дорога хоть долга, да гладка, а под конец коротка, да колотлива.

Втащил его наверх и спустил вниз по лестнице; больно пришлось наставнику, пересчитал все ступеньки!

— Ох,— говорит,— правду сказывал ангел: передняя дорога хоть долга, да гладка, а последняя коротка, да колотлива! И на том свете такой беды не знавал!

— Терпи, спасен будешь!—отвечал Иван, поднял кошель и повесил у ворот на ограду, положил подле два березовых прута толщиною в палец и написал на воротах: «Кто мимо пройдет да не ударит по кошелк' три раза — да будет анафема проклят!»

Вот всякий, кто ни проходит мимо,— непременно стегнет три раза. Идет барин:

— Что за кошель висит?

Приказал снять и его развязать. Развязали, а оттуда лезет керженский наставник.

— Ты как сюда попал? Ведь говорил тебе: берегись, так нет! Не жалко мне, что тебя прутьями били, а жалко мне, что из-за тебя триста рублей даром пропали!

***

Жил старик со старухою; народился у них сын Матроха, стал подрастать, стала мать говорить старику:

— Поведи сына, отдай куда-нибудь в науку!

Старик собрался и повел сына в город; идут они дорогою и попадается им навстречу мужик:

— Здорово, старичок! Зачем идешь, куда путь держишь?

— Да вот, родимый, сына в город веду, в науку отдавать хочу.

— Отдай его мне, добру научу.

— А ты какому мастерству знаешь?

— Я — ночной портной: туда-сюда стегну, шубу с кафтаном за одну ночь сошью.

— Ах, родимый, мне такого и надобно,— говорит старик, и отдал ему сына.

Как воротился домой, старуха спрашает:

— Ну что, старик?

— Слава тебе господи! Отдал сынка к ночному портному в ученье, да еще какой мастер выискался: туда-сюда стегнет, за одну ночь шуба с кафтаном явится!

— Ну ладно,— говорит старуха,— дай бог, чтоб наука впрок пошла!

Ночной портной привел Матроху к себе в дом, дождался вечера и говорит ему:

— Ну, теперь пойдем на раздобытки!

— Куда? — спрашивает Матроха.

— Да есть у меня на примете вдова; заберемся к ней да пообчистим клети.

— Эх, ты! Вдова — бедный человек, у ней все трудовое; пойдем лучше к богатому генералу.

— И то дело!

Вот и пошли; Матроха захватил с собою целую вязку соломы, и как только подошли к генеральскому дому, сейчас обернулся в солому, перепрыгнул через забор и подкатился прямо к крыльцу.

Стоят два дворника; один говорит:

— Вишь, солома катится! А другой:

— Пускай катится, где-нибудь да остановится; завтра утром уберем.

Матроха выждал время, выскочил из соломы и забрался в хоромы; наглел генеральский халат и фуражку, нарядился, вышел на крыльцо и крикнул дворникам:

— Что, ребята, холодно нынче?

— Холодно, ваше превосходительство.

— А про воров не слышно?

— Нет, ничего не слыхать.

— А коли не слыхать, так ступайте себе с богом спать.

Дворники ушли в кухню, а Матроха отпер ворота, впустил своего учителя, и принялись вдвоем за работу: стали замки ломать, амбары вычищать; забрали все, что получше, да и были таковы!

Дошло до дележа; ну, знамое дело — не поладили, не захотел Матроха быть под началом и воротился к отцу, к матери; стал он красть-воровать, на все стороны обирать; пошла об нем слава по всему околотку.

Присылает за ним генерал и говорит:

— Сказывают про тебя, что ты славный вор! Покажи свое мастерство, украдь моего лучшего вороного коня; если украдешь — плачу тебе сто рублев, а на воровстве попадешься — твоя спина в ответе. Согласен?

— Согласен, отчего не украсть.

— Когда ж воровать придешь?

— Да зачем откладывать? Нынешнюю ночь приду. Генерал собрал конюхов и накрепко приказал беречь: одного посадил верхом на коня, другому велел за узду держать, третьему за хвост, а двух у дверей поставил.

Матроха тоже не промах, себе на уме; купил ведро водки, поставил у самой конюшни, обвертелся-обвязался соломою и лег возле.

— Братцы! — говорит один караульщик. — Надо обойти кругом конюшни да поглядеть, не видать ли вора?

— Ну что ж, поди, погляди; у дверей пока один постоит.

Вышел караульщик и стал присматриваться; видит — солома валяется, поднял всю связку и снес в конюшню.

— Вишь, — говорит, — прибрать позабыли! Потом усмотрел полное ведро водки.

«Верно, — думает, — кто-нибудь из кабака унес да здесь припрятал: добро ж, мы и сами с усами, сумеем выпить!»

Притащил ведро в конюшню:

— Братцы! Бог находку послал.

Выпили конюхи по стакану — хорошо, выпили по другому — еще лучше, и давай пить-опорожнять дочиста; напились пьяны и заснули как убитые.

Матроха только этого и ждал, вылез из соломы и принялся за работу: обрезал у лошади хвост и повода; конюха, что верхом сидел, снял вместе с седлом и посадил на перекладину, отворил ворота и увел коня.

Ранехонько утром проснулся генерал и бросился поскорей в конюшню: смотрит — дверь растворена, караульщики спят: один держит обрезанные повода, другой — обрывок лошадиного хвоста, третий на перекладине очутился, а лучшего вороного коня как не бывало.

— Ах вы, мошенники! — закричал на них генерал. Караульщики разом проснулись от его грозного голоса, пали на колени и повинились в своей вине. Пошел генерал к старику на двор; а старик сидит у ворот на завалинке, греется на солнышке.

— Здорово, старик! Что твой сынок?

— Матрошит помаленьку; вот нынешню ночь коня привел — такого славного, видного!

— Экой плут! На, отдай ему сто рублев да скажи, чтоб ухитрился, украл у меня весь прибор со стола; коли украдет — другую сотню пожалую, а нет — так спиной расплатится!

— Хорошо,— говорит,— скажу.

На другой день собрались к генералу гости; а Матроха выпачкал себе рожу сажею, привязал к голове бараньи рога, забрался в генеральские хоромы и залез за печку. Только стали гости за обед садиться, он как выскочит, как побежит по горницам. Гости за ним, генерал за гостями, слуги за генералом.

— Черт, черт!—кричат все в один голос.

Шум, гам, беготня в доме, а старик по уговору с сыном, бросился из передней прямо к столу, забрал весь прибор и унес к себе.

Воротился генерал, глядь — не видать на столе ни ложки, ни плошки! И черта не поймал, и прибор потерял. Пошел к старику на двор; опять сидит он на завалинке да греется на солнышке.

— Здорово, старик! Что твой сынок?

— Слава богу, матрошит помаленьку; вот сейчас притащил целый ворох блюд, ножей да ложек; будет на чем пообедать!

Заплатил генерал сто рублей и не захотел больше ведаться со стариковым сыном.

Вороватый мужик

Жила-была старуха, у ней было два сына: один-то помер, а другой в дальню сторону уехал. Дня три спустя как уехал сын, приходит к ней солдат и просится:

— Бабушка, пусти ночевать.

— Иди, родимый! Да ты откудова?

— Я, бабушка, Никонец, с того свету выходец.

— Ах, золотой мой! У меня сыночек помер; не видал ли ты его?

— Как же, видел; мы с ним в одной горнице жили.

— Что ты!

— Он, бабушка, на том свете журавлей пасет.

— Ах, родненький, чай, он с ними замаялся?

— Еще как замаялся! Ведь журавли-то, бабушка, всё по шиповнику бродят.

— Чай, он обносился?

— Еще как обносился-то, совсем в лохмотьях.

— Есть у меня, родимый, аршин сорок холста да рублев с десяток денег; отнеси к сынку.

— Изволь, бабушка!

Долго ли, коротко ли, приезжает сын.

— Здравствуй, матушка!

— А ко мне без тебя приходил Никонец, с того света выходец, про покойного сынка сказывал; они вместе в одной горнице жили; я усдала с ним туда холстик да десять рублев денег.

— Коли так,— говорит сын,— прощай, матушка! Я поеду по вольному свету; когда найду дураковатей тебя — буду тебя и кормить и поить, а не найду — со двора спихну!

Повернулся и пошел в путь-дорогу.

Приходит в господску деревню, остановился возле барского двора, а на дворе ходит свинья с поросятами; вот мужик стал на колени и кланяется свинье в землю. Увидала то из окна барыня и говорит девке:

— Ступай спроси, чего мужик кланяется? Спрашивает девка:

— Мужичок, чего ты на коленях стоишь да свинье поклоны бьешь?

— Матушка! Доложи барыньке, что свинья-то ваша пестра, моей жене сестра, а у меня сын завтра женится, так на свадьбу прошу. Не отпустит ли свинью в свахи, а поросят в поезд?

Барыня, как выслушала эти речи, и говорит девке:

— Какой дурак! Просит свинью на свадьбу, да еще с поросятами. Ну что ж! Пусть с него люди посмеются. Наряди поскорей свинью в мою шубу да вели запрячь в повозку пару лошадей, пусть не пешком идет на свадьбу.

Запрягли повозку, посадили в нее наряженну свинью с поросятами и отдали мужику; он сел и поехал назад.

Вот воротился домой барин, а был он в то время на охоте. Барыня его встречает, сама со смеху помирает:

— Ах, душенька! Не было тебя, не с кем было посмеяться. Был здесь мужичок, кланялся нашей свинье: ваша свинья, говорит, пестра — моей жене сестра, и просил ее к своему сыну в свахи, а поросят в поезжане.

— Я знаю,— говорит барин,— ты ее отдала.

— Отпустила, душенька! Нарядила в свою шубу и дала повозку с парою лошадей.

— Да откуда мужик-то?

— Не знаю, голубчик!

— Это, выходит, не мужик — дурак, а ты—дура! Рассердился барин, что жену обманули, выбежал из хором, сел на виноходца и поскакал в погоню. Слышит мужик, что барин его нагоняет, завел лошадей с повозкою в густой лес, а сам снял с головы шляпу, опрокинул наземь и сел возле.

— Эй ты, борода!—закричал барин.— Не видал ли — не проехал ли здесь мужик на паре лошадей? Еще у него свинья с поросятами в повозке.

— Как не видать! Уж он давно проехал.

— В какую сторону? Как бы мне его догнать!

— Догнать — не устать, да повёрток много; того и смотри, заплутаешься. Тебе, чай, дороги неведомы?

— Поезжай, братец, ты поймай мне этого мужика!

— Нет, барин, мне никак нельзя! У меня под шляпою сокол сидит.

— Ничего, я постерегу твоего сокола.

— Смотри, еще выпустишь! Птица дорогая! Меня хозяин тогда со свету сживет.

— А что она стоит?

— Да рублев триста будет.

— Ну коли упущу, так заплачу.

— Нет, барин, хоть теперь ты сулишь, а что после будет — не ведаю.

— Экой невера! Ну вот тебе триста рублев про всякий случай.

Мужик взял деньги, сел на виноходца и поскакал в лес, а барин остался пустую шляпу караулить.

Долго ждал барин; уж и солнышко закатывается, а мужика нет как нет! «Постой, посмотрю: есть ли под шляпою сокол? Коли есть, так приедет; а коли нет, так и ждать нечего!» Поднял шляпу, а сокола и не бывало! «Экой мерзавец! Ведь, наверно, это был тот самый мужик, что барыню обманул!» Плюнул с досады барин и поплелся к жене; а мужик уж давно дома.

— Ну, матушка,— говорит старухе,— живи у меня; есть на свете и тебя дурашливее. Вот ни за что ни про что дали тройку лошадей с повозкою, триста рублев денег да свинью с поросятами.

Солдатская загадка

Шли солдаты прохожие, остановились у старушки на отдых. Попросили они попить да поесть, а старуха отзывается:

— Детоньки, чем же я вас буду потчевать? У меня ничего нету.

А у ней в печи был вареный петух — в горшке, под сковородой. Солдаты это дело смекнули; один — вороватый был! —вышел на двор, раздергал воз со снопами, воротился в избу и говорит:

— Бабушка, а бабушка! Посмотри-ка, скот-ат у тебя хлеб ест.

Старуха на двор, а солдаты тем времечком заглянули в печь, вынули из горшка петуха, наместо его положили туда ошмёток, а петуха в суму спрятали. Пришла старуха:

— Детоньки, миленьки! Не вы ли скота-то пустили? Почто же, детоньки, пакостите? Не надо, миленьки!

Солдаты помолчали-помолчали да опять попросили:

— Дай же, бабушка, поесть нам!

— Возьмите, детоньки, кваску да хлебца; будет с вас!

И вздумала старуха похвалиться, что провела их, и заганула им загадку:

— А что, детоньки, вы люди-то бывалые, всего видали; скажите-ка мне: ныне в Пенском, Черепен-ском, под Сковородным, здравствует ли Курухан Куруханович?

— Нет, бабушка!

— А кто же, детоньки, вместо его?

— Да Липан Липанович.

— А где же Курухан Куруханович?

— Да в Сумин-город переведен, бабушка. После того ушли солдаты. Приезжает сын с поля, просит есть у старухи, а она ему:

— Поди-ка, сынок! Были у меня солдаты да просили закусить, а я им, дитятко, загану загадочку про петуха, что у меня в печи; они не сумели отгадать-то.

— Да какую ты, матушка, загану им загадку?

— А вот какую: в Пенском, Черепенском, под Сковородным, здравствует ли Курухан Куруханович? Они не отгануди. «Нет, бают, бабушка!»—«Где же он, родимые?» — «Да в Сумин-город переведен». А того и не знают... что у меня в горшке-то есть!

Заглянула в печь, ан петух-то улетел; только лапоть вытащила.

— Ахти, дитятко, обманули меня, проклятые!

— То-то, матушка! Солдата не проведешь, он — человек бывалый.

Иванушка-дурачок

Был-жил старик со старухою; у них было три сына: двое — умные, третий — Иванушка-дурачок. Умные-то овец в поле пасли, а дурак ничего не делал, все на печке сидел да мух ловил.

В одно время наварила старуха аржаных клецок и говорит дураку:

— На-ка, снеси эти клецки братьям: пусть поедят.

Налила полный горшок и дала ему в руки; побрел он к братьям. День был солнечный; только вышел Иванушка за околицу, увидал свою тень сбоку и думает: «Что это за человек со мной рядом идет, ни на шаг не отстает? Верно, клецок захотел?»

И начал он бросать на свою тень клецки, так все до единой и повыкидал; смотрит, а тень все с боку идет.

— Эка ненасытная утроба!—сказал дурачок с сердцем и пустил в нее горшком — разлетелись черепки в разные стороны.

Вот приходит с пустыми руками к братьям; те его спрашивают:

— Ты, дурак, зачем?

— Вам обед принес.

— Где же обед? Давай живее.

— Да, вишь, братцы, привязался ко мне дорогою незнамо какой человек, да все и поел!

— Какой такой человек?

— Вот он! И теперь рядом стоит!

Братья ну его ругать, бить, колотить; отколотили и заставили овец пасти, а сами ушли на деревню обедать.

Принялся дурачок пасти: видит, что овцы разбрелись по полю, давай их ловить да глаза выдирать; всех переловил, всем глаза выдолбил, собрал стадо в одну кучу и сидит себе радехонек, словно дело сделал.

Братья пообедали, воротились в поле.

— Что ты, дурак, натворил? Отчего стадо слепое?

— Да пошто им глаза-то? Как ушли вы, братцы, овцы-то врозь рассыпались; я и придумал: стал их ловить, в кучу сбирать, глаза выдирать; во как умаялся!

— Постой, еще не так умаешься! —говорят братья и давай угощать его кулаками; порядком-таки досталось дураку на орехи!

Ни много, ни мало прошло времени; послали старики Иванушку-дурачка в город к празднику по хозяйству закупать. Всего закупил Иванушка, и стол купил, и ложек, и чашек, и соли; целый воз навалил всякой всячины.

Едет домой, а лошаденка была такая, знать, неудалая, везет — не везет! «А что,— думает себе Иванушка,— ведь у лошади четыре ноги, и у стола тож четыре; так стол-от и сам добежит». Взял стол и выставил на дорогу.

Едет, едет, близко ли, далеко ли, а вороны так и вьются над ним да все каркают. «Знать, сестрицам поесть-покушать охота, что так раскричались!» — подумал дурачок; выставил блюда с ествами наземь и начал потчевать:

— Сестрицы-голубушки, кушайте на здоровье! А сам все вперед да вперед подвигается.

Едет Иванушка перелеском; по дороге всё пни обгорелые. «Эх,— думает,— ребята-то без шапок; ведь озябнут, сердечные!» Взял понадевал на них горшки да корчаги. Вот доехал Иванушка до реки, давай лошадь поить, а она не пьет. «Знать, без соли не хочет!»—и ну солить воду. Высыпал полон мешок соли, лошадь все не пьет.

— Что ж ты не пьешь, волчье мясо! Разве задаром я мешок соли высыпал?

Хватил ее поленом, да прямо в голову, и убил наповал.

Остался у Иванушки один кошель с ложками, да и тот на себе понес. Идет; ложки назади так и брякают: бряк, бряк, бряк! А он думает, что ложки-то говорят: «Иванушка-дурак»,— бросил их и ну топтать да приговаривать:

— Вот вам Иванушка-дурак! Вот вам Иванушка-дурак! Еще вздумали дразнить, негодные!

Воротился домой и говорит братьям:

— Все искупил, братики!

— Спасибо, дурак, да где ж у тебя закупки-то?

— А стол-от бежит, да, знать, отстал, из блюд сестрицы кушают, горшки да корчаги ребятам в лесу на головы понадевал, солью-то поиво лошади посолил, а ложки дразнятся — так я их по дороге покинул.

— Ступай, дурак, поскорее, собери все, что разбросал по дороге.

Иванушка пошел в лес, снял с обгорелых пней корчаги, повышибал днища и надел на батог корчаг с дюжину — всяких: и больших, и малых. Несет домой. Отколотили его братья; поехали сами в город за покупками, а дурака оставили домовничать. Слушает дурак, а пиво в кадке так и бродит, так и бродит.

— Пиво, не броди, дурака не дразни!—говорит Иванушка.

Нет, пиво не слушается; взял да и выпустил все из кадки, сам сел в корыто, по избе разъезжает да песенки распевает.

Приехали братья, крепко осерчали, взяли Иванушку, зашили в куль и потащили к реке. Положили куль на берегу, а сами пошли прорубь осматривать. На ту пору ехал какой-то барин мимо на тройке бурых; Иванушка и ну кричать:

— Садят меня на воеводство судить да рядить, а я ни судить, ни рядить не умею!

— Постой, дурак,— сказал барин,— я умею судить и рядить; вылезай из куля!

Иванушка вылез из куля, зашил туда барина, а сам сел в его повозку и уехал из виду. Пришли братья, спустили куль под лед и слушают, а в воде так и буркает.

— Знать, бурка ловит!—проговорили братья и побрели домой.

Навстречу им откуда ни возьмись едет на тройке Иванушка, едет да прихвастывает:

— Вот-ста каких поймал я лошадушек! А еще остался там сивко — такой славный!

Завидно стало братьям; говорят дураку:

— Зашивай теперь нас в куль да спускай поскорей в прорубь! Не уйдет от нас сивко...

Опустил их Иванушка-дурачок в прорубь и погнал домой пиво допивать да братьев поминать. Был у Иванушки колодец, в колодце рыба елец, а моей сказке конец.

Дурак и берёза

В некотором царстве, в некотором государстве жил-был старик, у него было три сына: двое — умных, третий — дурак. Помер старик, сыновья разделили именье по жеребью: умным досталось много всякого добра, а дураку один бык — и тот худой! Пришла ярмарка; умные братья собираются на торг ехать. Дурак увидал и говорит:

— И я, братцы, поведу своего быка продавать. Зацепил быка веревкою за рога и повел в город.

Случилось ему идти лесом, а в лесу стояла сухая береза; ветер подует — и береза заскрипит.

«Почто береза скрипит? — думает дурак.— Уж не торгует ли моего быка?»

— Ну,— говорит,— коли хочешь покупать — так покупай; я не прочь продать! Бык двадцать рублев стоит; меньше взять нельзя... Вынимай-ка деньги!

Береза ничего ему не отвечает, только скрипит; а дураку чудится, что она быка в долг просит.

— Изволь, я подожду до завтрего!

Привязал быка к березе, распрощался с нею и пошел домой. Вот приехали умные братья и стали спрашивать:

— Ну что, дурак, продал быка?
— Продал.
— За дорого?
— За двадцать рублев.
— А деньги где?
— Денег еще не получал; сказано — завтра приходить.
— Эх ты — простота!

На другой день поутру встал дурак, снарядился и пошел к березе за деньгами. Приходит в лес — стоит береза от ветру качается, а быка нету; ночью волки съели.

— Ну, земляк, подавай деньги, ты сам обещал, что сегодня заплатишь.

Ветер подул—береза заскрипела, а дурак говорит:

— Ишь ты какой неверный! Вчера сказывал: завтра отдам, и нонче то же сулишь! Так и быть, подожду еще один день, а уж больше не стану — мне самому деньги надобны.

Воротился домой. Братья опять к нему пристают:

— Что, получил деньги?
— Нет, братцы, пришлось еще денек подождать.
— Да кому ты продал?
— Сухой березе в лесу.

— Экой дурак!

На третий день взял дурак топор и отправился в лес. Приходит и требует деньги. Береза скрипит да скрипит.

— Нет, земляк, коли будешь все завтраками потчевать, так с тебя никогда не получишь. Я шутить-то не люблю, живо с тобой разделаюсь!

Как хватит ее топором — так щепки и посыпались во все стороны. В той березе было дупло, а в том дупле разбойники спрятали полный котел золота. Распалось дерево надвое, и увидал дурак чистое золото; нагреб целую полу и потащил домой; принес и показывает братьям.

— Где ты, дурак, добыл столько?

— Земляк за быка отдал; да тут еще не сполна все, чай и половины домой не притащил! Пойдемте-ка, братцы, забирать остальное!

Пошли в лес, забрали деньги и несут домой.

— Смотри же, дурак,— говорят умные братья,— никому не сказывай, что у нас столько золота.

— Небось не скажу!

Вдруг попадается им навстречу дьячок.

— Что вы, ребята, из лесу тащите? Умные говорят:

— Грибы.

А дурак поперечит:

— Врут они! Мы деньги несем; вот посмотри!

Дьячок так и ахнул, бросился к золоту и давай хватать пригоршнями да в карман совать. Дурак рассердился, ударил его топором и убил до смерти.

— Эх, дурак! Что ты наделал? — закричали братья.— Сам пропадешь и нас загубишь! Куда теперь мертвое тело девать?

Думали, думали и стащили его в пустой погреб, да там и бросили.

Поздно вечером говорит старший брат среднему:

— Дело-то выходит неладно! Как станут про дьячка разыскивать, ведь дурак все расскажет. Давай-ка убьем козла да схороним в погребе, а мертвое тело зароем в ином месте.

Дождались они глухой ночи, убили козла и бросили в погреб, а дьячка снесли в иное место и зарыли в землю.

Прошло несколько дней, стали про дьячка везде разыскивать, у всех расспрашивать; дурак и отозвался:

— На что он вам? А намедни я его топором убил, а братья на погреб снесли.

Тотчас ухватились за дурака:

— Веди, показывай!

Дурак полез в погреб, достал козлиную голову и спрашивает:

— Ваш дьячок черный?

— Черный.

— И с бородою?

— Да, и с бородою.

— И рога есть?

— Какие там рога, дурак!

— А вот смотрите!—И выбросил голову.

Люди смотрят — как есть козел, плюнули дураку в глаза и разошлись по домам. Сказке конец, а мне меду корец.

Набитый дурак

Жил-был старик со старухою, имели при себе одного сына, и то дурака. Говорит ему мать:

— Ты бы, сынок, пошел около людей потерся да ума набрался.

— Постой, мама: сейчас пойду.

Пошел по деревне, видит — два мужика горох молотят, сейчас подбежал к ним; то около одного потрется, то около другого.

— Не дури,— говорят ему мужики,— ступай, откуда пришел.

А он знай себе потирается.

Вот мужики озлобились и принялись его цепами потчевать: так ошарашили, что едва домой приполз.

— Что ты, дитятко, плачешь? — спрашивает его старуха.

Дурак рассказал ей свое горе.

— Ах, сынок, куда ты глупешенек! Ты бы сказал им: бог помочь, добрые люди! Носить бы вам—не переносить, возить бы—не перевозить! Они б тебе дали гороху; вот бы мы сварили, да и скушали.

На другой день идет дурак по деревне; навстречу несут упокойника. Увидал и давай кричать:

— Бог помочь! Носить бы вам—не переносить, возить бы—не перевозить!

Опять его прибили; воротился он домой и стал жаловаться.

— Вот, мама, ты научила, а меня прибили!

— Ах ты, дитятко! Ты бы сказал: «Канун да свеча!»—да снял бы шапку, начал бы слезно плакать да поклоны бить; они б тебя накормили-напоили досыта.

Пошел дурак по деревне, слышит—в одной избе шум, веселье, свадьбу празднуют; он снял шапку, а сам так и разливается, горько-горько плачет.

— Что это за невежа пришел,—говорят пьяные гости,—мы все гуляем да веселимся, а он словно по мертвому плачет!

Выскочили и порядком ему бока помяли...

Лутонюшка

Жил-был старик со старухой; был у них сынок Лутоня. Вот однажды старик с Лутонею занялись чем-то на дворе, а старуха была в избе. Стала она снимать с гряд полено, уронила его на загнетку и тут превеликим голосом закричала и завопила.

Вот старик услыхал крик, прибежал поспешно в избу и спрашивает старуху: о чем она кричит? Старуха сквозь слез стала говорить ему:

— Да вот если бы мы женили своего Лутонюшку, да если бы у него был сыночек, да если бы он тут сидел на загнетке—я бы его ведь ушибла поленом-то!

Ну, и старик начал вместе с нею кричать о том, говоря:

— И то ведь, старуха! Ты ушибла бы его!.. Кричат оба что ни есть мочи!

Вот бежит со двора Лутоня и спрашивает:

— О чем вы кричите? Они сказали о чем:

— Если бы мы тебя женили, да был бы у тебя сынок, и если б он давеча сидел вот здесь, старуха убила бы его поленом: оно упало прямо сюда, да таково резко!

— Ну,—сказал Лутоня, и—исполать вам! Потом взял свою шапку в охапку и говорит:

— Прощайте! Если я найду кого глупее вас, то приду к вам опять, а не найду—и не ждите меня!—и ушел.

Шел, шел и видит: мужики на избу тащат корову.

— Зачем вы тащите корову?—спросил Лутоня. Они и сказали ему:

— Да вот видишь, сколько выросло там травы-то!

— Ах, дураки набитые!—сказал Лутоня, взял залез на избу, сорвал траву и бросил корове.

Мужики ужасно тому удивились и стали просить Лутоню, чтобы он у них пожил да поучил их.

— Нет,—сказал Лутоня,—у меня таких дураков еще много по белу свету!—и пошел дальше.

Вот в одном селе увидал он толпу мужиков у избы: привязали они в воротах хомут и палками вгоняют в этот хомут лошадь, умаяли ее до полусмерти.

— Что вы делаете?—спросил Лутоня.

— Да вот, батюшка, хотим запрячь лошадку.

— Ах вы, дураки набитые! Пустите-ка, я вам сделаю.

Взял и надел хомут на лошадь. И эти мужики с дива дались ему, стали останавливать его и усердно просить, чтоб остался он у них хоть на недельку. Нет, Лутоня пошел дальше.

Шел, шел, устал и зашел на постоялый двор. Тут увидал он: хозяйка-старушка сварила саламату, поставила на стол своим ребятам, а сама то и дело ходит с ложкою в погреб за сметаной.

— Зачем ты, старушка, понапрасну топчешь лапти?—сказал Лутоня.

— Как зачем,—возразила старуха охриплым голосом,—ты видишь, батюшка, саламата-то на столе, а сметана-то в погребе.

— Да ты бы, старушка, взяла и принесла сюда сметану-то; у тебя дело пошло бы по масличку.

— И то, родимый!

Принесла в избу сметану, посадила с собою Лутоню. Лутоня наелся донельзя, залез на полатки и уснул. Когда он проснется, тогда и сказка моя дале начнется, а теперь пока вся.

Мена

Чистил мужик навоз и нашел овсяное зерно, приходит к ясене, у жены изба топится. Он говорит:

— Ну-ка ты, хозяйка, поворачивайся, загребай-ка ты жар, сыпь это зерно в печь, выгреби из печи, истолки его и смели, киселю навари, отлей в блюдо; вот я и пойду к царю, понесу блюдо киселю; ну, хозяйка, не пожалует ли нас царь чем-нибудь?

Вот он и пришел к царю, принес блюдо киселю; царь его пожаловал золотой тетеркой. Пошел от царя домой; идет полем; берегут табун коней. Пастух его спрашивает:

— Мужичок, где ты был?

— Ходил к царю, носил блюдо киселю.

— Чем тебя царь пожаловал?

— Золотой тетеркою.

— Поменяй нам тетерку на коня. Ну, променял, сел на коня и поехал.

Вот он едет; берегут стадо коров. Пастух говорит:

— Где ты, мужичок, был?

— Ходил к царю, носил блюдо киселю.

— Чем тебя царь пожаловал?

— Золотою тетеркою.

— Где золотая тетерка?

— Я ее променял на коня.

— Променяй нам коня на корову. Променял, ведет корову за рога; берегут стадо овец.

Пастух говорит:

— Мужичок, где ты был?

— Ходил к царю, носил блюдо киселю.

— Чем тебя царь пожаловал?

— Золотою тетеркою.

— Где золотая тетерка?

— Променял на коня.

— Где конь?

— Променял на коровку.

— Променяй нам коровку на овечку. Променял, гонит овцу; берегут стадо свиней. Пастух говорит:

— Где ты, мужичок, был?

— Ходил к царю, носил блюдо киселю.

— Чем тебя царь пожаловал?

— Золотою тетеркою.

— Где золотая тетерка?

— Променял на коня.

— Где конь?

— Променял на коровку.

— Где коровка?

— Променял на овечку.

— Променяй нам овечку на свинью. Променял, гонит свинью; берегут стадо гусей. Пастух спрашивает:

— Где ты, мужичок, был?

— Ходил к царю, носил блюдо киселю.

— Чем тебя царь пожаловал?

— Золотою тетеркою.

— Где у тебя золотая тетерка?

— Я променял на коня. —Где конь?

— Я променял на коровку.

— Где коровка?

— Я променял на овечку.

— Где овечка?

— Я променял на свинью.

— Променяй нам свинью на гуська. Променял, несет гуська; берегут уток. Пастух говорит:

— Мужичок, где ты был?

— Ходил к царю, носил блюдо киселю.

— Чем тебя царь пожаловал?

— Золотою тетеркою.

— Где золотая тетерка?

— Я променял на коня.

— Где конь?

— Я променял на коровку.

— Где коровка?

— Я променял на овечку.

— Где овечка?

— Я променял на свинью.

— Где свинья?

— Я променял на гуська.

— Променяй нам гуська на уточку. Променял, несет утку; ребята играют в клюшки.

— Где ты, мужичок, был?

— Ходил к царю, носил блюдо киселю.

— Чем тебя царь пожаловал?

— Золотою тетеркою.

— Где золотая тетерка?

— Я променял на коня.

— Где конь?

— Я променял на коровку.

— Где коровка?

— Я променял на овечку.

— Где овечка?

— Я променял на свинью.

— Где свинья?

— Я променял на гуська.

— Где гусек?

— Я променял на утку.

— Променяй нам утку на клюшку. Променял, идет; пришел домой, клюшку поставил

у ворот, а сам пошел в избу. Жена стала спрашивать; он рассказал все до клюшки.

— Где клюшка?

— У ворот.

Она пошла, взяла клюшку да клюшкой-то возила-возила его:

— Не меняй, не меняй, старый черт! Ты хоть бы утку принес домой!

Хорошо, да худо

Повстречались два мужика.

— Здорово, брат!

— Здорово!

— Откуда ты?

— Из Ростова.

— Не слыхал ли что нового?

— Не слыхал.

— Говорят, ростовскую мельницу сорвало?

— Нет; мельница стоит, жернова по воде плавают, на них собака сидит, хвост согнувши,—повизгивает да муку полизывает...

— А был на ростовской ярманке?

— Был.

— Велика?

— Не мерил.

— Сильна?

— Не боролся.

— Что ж там почем?

— Деньги по мешкам, табак по рожкам, пряники по лавкам, калачи по санкам.

— А ростовского медведя видел?

— Видел.

— Каков?

— Серый!

— Не бредь! Это волк.

— У нас волк по лесу побегивает, ушами подергивает!

— Это заяц!

— Черта ты знаешь! Это трус!

— У нас то трус, что на дубу сидит да покаркивает.

— Это ворона!

— Чтоб тебя лихорадка по животу порола!

Не любо - не слушай

У одного мужика много было гороху насеяно. Повадились журавли летать, горох клевать.

«Постой,—вздумал мужик,—я вам переломаю ноги!»

Купил ведро вина, вылил в корыто, намешал туда меду; корыто поставил на телегу и поехал в поле. Приехал к своей полосе, выставил корыто с вином да с медом наземь, а сам отошел подальше и лег отдохнуть.

Вот прилетели журавли, поклевали гороху, увидали вино и так натюкались, что тут же попадали. Мужик—не промах, сейчас прибежал и давай им веревками ноги вязать. Опутал веревками, прицепил за телегу и поехал домой.

Дорогой-то порастрясло журавлей; протрезвились они, очувствовались; стали крыльями похлопывать, поднялись, полетели и понесли с собою и мужика, и телегу, и лошадь. Высоко! Мужик взял нож, обрезал веревки и упал прямо в болото.

Целые сутки в тине сидел, едва оттуда выбрался. Воротился домой—жена родила, надо за попом ехать, ребенка крестить.

— Нет,—говорит,—не поеду за попом!

— Отчего так?

— Журавлей боюсь! Опять понесут по поднебесью; пожалуй, с телеги сорвусь, до смерти ушибусь!

— Не бойсь! Мы тебя к телеге канатом прикрутим. Вот хорошо, положили его в телегу, обвязали канатом, лошадь поворотили на дорогу; стегнули раз, другой—она и поплелась рысцою. За деревней-то был колодец, а лошадь-то была не поена; вздумалось ей напиться, свернула с дороги в сторону и прямо к колодцу; а колодец был без сруба, а упряжь-то без шлеи, и узда без повода, а хомут большой, просторный; лошадь наклонилась к воде, а хомут через голову и съехал долой. Вот лошадь и пошла назад, а мужик с телегою остался у колодца.

На ту пору выгнали охотники из лесу медведя; медведь бросился со всех ног, набежал на телегу, хотел перескочить, прыгнул—да прямо в хомут и попал! Видит, что беда на носу, и пошел валять что есть силы с телегою.

— Батюшки, помогите!—кричит мужик.

От того крику медведь еще пуще напугался; пошел таскать по кочкам, по яругам, по болотам. Прибежал на пчельник, полез на дерево и телегу за собой потащил—захотелось, видно, медку попробовать. Влез на самую верхушку, а телега вниз тянет: бедный медведь и сам не рад, ни взад, ни вперед!

Немного спустя времени пришел хозяин, увидал медведя.

— Ага,—говорит,—попался! Вишь, ты какой бездельник, Мишка: не просто за медом пришел, на телеге приехал!

Схватил топор и ну рубить дерево под самый корень. Дерево повалилось наземь, разбило телегу и задавило совсем мужика; а медведь выскочил ич хомута да бежать: только унеси бог ноги!

Вот каковы журавли!

Удалой батрак

У одного мирошника был работник. Мирошник послал его засыпать на ковш пшеницы, а работник пошел и засыпал-то на камень. Мельница завертелася, и пшеница вся размета-лася.

Хозяин как пришел на мельницу и как увидел разметанную пшеницу—и согнал работника.

Работник пошел домой, в свое село, и заплутался. Вот зашел он в этакие кусты и лег спать. Приходит бирюк; видит, что работник спит, и подошел к нему близко, стал его обнюхивать, а работник-то ухвати бирюка за хвост, убил его и снял с него шкуру!

Вот работник вышел на гору, а на горе стояла пустая мельница: он у этой мельницы и остановился ночевать. Приехали три человека, разбойники; развели в мельнице огонь и начали дуван дуванить. Один разбойник говорит:

— Я свою часть положу под испод мельницы.

Другой разбойник:

— А я под колесо подпихну. А третий говорит:

— Я в ковш спрячу.

А работник лежит в ковше и, убоявшись, как бы разбойники его не убили, вздумал себе: «Дай я вон так-то закричу»:

— Денис, ступай туда на низ; а ты, Хвока, гляди с бока; а ты, малый, гляди там, а я тут! Держи их, ребята! Бей их, ребята!

Разбойники уробели, бросили свое имение и разбежались.

Работник вылез из ковша, подобрал все богатство и пошел домой; приходит и рассказывает отцу с матерью:

— Вот все, что я заработал на мельнице. Поедем теперь, дедушка, на базар, и купим себе ружье, и будем охотничать.

Поехали себе на базар, купили ружье и едут с базару. Вот работник и говорит деду:

— Ты, дедушка, гляди, не попадется ли нам заяц, лиса, а не то куница.

Едут да оба дремлют и наконец уснули. Где ни взялись два бирюка, зарезали у них лошадь и съели всю. Дедушка проснулся да как стегнет кнутом—думал, по лошади, ан по бирюку! Бирюк-то попал в хомут и давай носить, а дед правит. А другой бирюк сзади хочет ухватить работника, и тот бирюк-то был с щербиной. Работник как стегнет бирюка кнутом, а он хотел кнут-то зубами поймать, да на кнуте был узел,—этот узел и застрял у бирюка в щербине! Работник и потащил его за телегою. Один бирюк везет, а другой сзади идет.

Вот приехали они домой; собачка выскочила и давай лаять. Бирюки испугались, один как повернул круто—тележонка и опрокинулась, работник с стариком упали на землю; тут бирюк из хомута выскочил, а работник кнут из рук выпустил, так оба бирюка и убежали, а старик с работником остались ни при чем.

Жили они богато; двор у них кольцом, три жердины конец с концом, три кола забито, три хворостины завито, небом накрыто, а светом обгорожено!

Фома Беренников

В некотором царстве-государстве жил-был мужик Фомка Беренников — такой сильный да дородный, что если пролетит мимо воробей да зацепит его крылом, так он и с ног свалится! Плохо ему на белом свете, все его обижают, и вздумал он: «Дай пойду утоплюсь с горя!»

Подходит к болоту; увидали его лягушки и прыгнули в воду.

«Постой,— думает Фомка,— не стану топиться; и меня люди боятся!»

Воротился домой, стал на пашню сбираться; а лошаденка у него была дрянная, на работе замученная; натерло ей хомутом шею до крови, и облепили ее слепни да мухи видимо-невидимо! Фомка подошел, как ударит ладонью — одним махом сто побивахом!—и говорит:

— Ох, да я сам богатырь! Не хочу пахать, хочу воевать!

Соседи над ним смеются:

— Куда тебе, дураку, воевать; тебе впору свиньям корм давать!

Не тут-то было; назвался Фомка богатырем, взял тупицу и косарь, что лучину скепают, надел на себя старый кафтан да высокий яломок, сел на свою клячу и поехал в чистое поле ступою бредучею. В чистом поле врыл в землю столб и написал на нем:

— Еду сражаться в иные города — одним махом сто побивахом!

Только что успел отъехать с места, прискакали к столбу два могучих богатыря, прочитали надпись и говорят:

— Что за богатырь такой! Куда он поехал? Скоку молодецкого не слышно, следу богатырского не видно!

Кинулись за ним по дороге; увидал их Фомка и спрашивает:

— Вы кто таковы?

— Мир тебе, добрый человек! Мы — сильномогучие богатыри.

— А по скольку голов сразу рубите? Один говорит:

— По пяти.

Другой:

— По десятку.

— Какие ж вы сильномогучие богатыри? Вы просто дрянь! Вот я так богатырь: одним махом сто побивахом!

— Прими нас в товарищи, будь нам старший брат.

— Пожалуй,— говорит Фомка,— поезжайте сзади. Пристроились к нему сильномогучие богатыри и отправились все вместе в заповедные луга царские. Приехали, сами легли отдых взять, а лошадей пустили шелкову траву щипать.

Долго ли, коротко ли — скоро сказка сказывается, не скоро дело делается—усмотрел их царь.

— Что,— говорит,— за невежи такие в моих лугах прохлаждаются? Доселева тут ни зверь не прорыски-вал, ни птица не пролетывала, а теперь гости пожаловали!

Сейчас собрал он войско великое и дает приказ очистить свои луга заповедные.

Идет сила-рать несметная; увидали могучие богатыри, доложили про то названому старшему брату, а он им в ответ:

— Ступайте-ка, переведайтесь, а я посмотрю — какова ваша храбрость есть?

Вот они сели на своих богатырских коней, припустили их на войско вражее, полетели, как ясные соколы на стадо голубей, притоптали, прирубили всех до единого.

«Дело-то не ладно!» —думает царь; опять собирает войско великое, чуть не вдвое больше прежнего, а впереди всего войска посылает силача-великана: голова что пивной котел, лоб что твоя заслонка, а сам что гора!

Сел Фомка на свою клячу, выехал навстречу и говорит великану:

— Ты — сильномогучий богатырь, и я — таков же! Не честь, не хвала будет нам, добрым молодцам, коли станем сражаться, не поздоровавшись! Наперед надо друг другу поклон отдать, а потом и в бой вступать.

— Ладно!—отвечает великан. Разъехались они и стали кланяться. Пока великан наклонил свою голову, прошло полчаса времени; а другое полчаса надо, чтоб поднять ее.

Фомка мал, да удал, не захотел дожидаться, хватил косарем раз-другой, и полетела голова с плеч долой.

Войско дрогнуло и рассыпалось в разные стороны, а Фомка взобрался на богатырского коня, давай нагонять да конем топтать. Нечего делать, покорился царь; послал звать к себе сильномогучего богатыря Фому Беренникова и двух меньших его братьев Угостил их, участвовал на славу, выдал за Фомку дочь свою царевну и дал полцарства в приданое.

Долго ли, коротко ли — скоро сказка сказывается, не скоро дело делается—подступает под то царство басурманский король с силами несметными, требует дани-окупу великого. Не захотел царь платить дани-окупу великого, нарядил свое войско храброе, поставил зятя начальником и накрепко приказал, чтобы все на Фомку смотрели: что он станет делать, и они б то же делали.

Снялся Фомка и поехал сражаться.

Едет он лесом, войско за ним. Он срубил себе березку, и солдаты срубили себе по березке. Пришли к глубокой реке — мосту нет, а обходу двести верст; Фомка бросил свою березку в воду, и солдаты побросали свои туда же, запрудили реку и перешли на другую сторону.

Басурманский король засел в крепком городе. Фомка остановился перед тем городом, развел костер, разделся весь догола — сидит да греется; солдаты увидали, тотчас же насбирали хворосту, нарубили поленьев, запалили костры по всему чистому полю.

— Закусить бы надо! —сказал Фомка Беренников, вытащил из сумки сдобную лепешку и стал уписывать.

Откуда ни возьмись — прибежала собака, вырвала лепешку и давай бог ноги! Фомка ухватил горячую головешку и как был голый — так и пустился за нею: во всю прыть бежит да во все горло кричит:

— Держите! Держите!

Глядя на него и солдаты сидели у огня голые, а тут повскакивали, похватали горячие головешки и побежали вслед за ним.

Собака-то была королевская, бросилась прямо в город да во дворец; Фомка за собакою, солдаты за Фомкою: все что ни попадет под руку жгут и палят без пощады.

Поднялась в городе суматоха; король не знает, что делать с испугу, стал просить замирения. Фомка на то не согласен; взял короля в плен и покорил все его королевство.

Воротился из походу — царь встретил его с большим почетом: музыка заиграла, колокола зазвонили, пушки грохнули, и пошел пир на весь мир!

И я там был, мед-вино пил, по усам текло, в рот не попало; ел я капусту, а в брюхе-то пусто. Дали мне колпак, стали со двора толкать; дали мне шлык, а я в подворотню шмыг! Дали мне синь кафтан; летят синицы да кричат:

— Синь кафтан, синь кафтан!

А мне послышалось: «Скинь кафтан!» Скинул и бросил на дороге.

Дали мне красные сапоги; летят вороны да кричат:

— Красные сапоги, красные сапоги!

А мне послышалось: «Крадены сапоги!» Снял да и бросил.

Дали мне лошадку восковую, плетку гороховую, уздечку репяную; увидал я — мужик овин сушит, привязал тут лошадку — она растаяла, плетку куры склевали, а уздечку свиньи съели!

Сказка о злой жене

— Батюшка, жениться хочу, матушка, жениться хочу!—говорил добрый молодец.

— Женись, дитятко!

И женился, выбрал себе бабу длинную, черную, косую; понравилась сатана лучше ясного сокола, и пенять не на кого, сам себе виноват! Живет с нею и кулаком слезы утирает.

Пошел раз на сходку, где судят да рядят; постоял там и воротился домой.

— Что шлялся,— спросила косая баба,— что слышал?

— Да говорят: новый царь настал, новый указ наслал, чтоб жены мужьями повелевали.

Он думал пошутить, а она и на ус замотала.

— Ступай,— говорит,— на речку рубахи мыть, да возьми веник — хату подмети, да сядь к люльке — дитя закачай, да щи, кашу свари, пироги замеси!

Муж хотел было молвить: «Что ты, баба! Мужицкое ли это дело?» Да как взглянул на нее — холодом облило, язык к горлу пристал. Потащил белье, замесил пироги, хату вычистил, и ничем не угодил.

Прошел и год и другой; наскучило добру молодцу в хомуте ходить, да что делать? Женился — навек зало-жился! А век-то, может, надолго протянется. С горя выгадал выгадку. Была в лесу яма глубокая, конца-дна не видать; взял он — заклал ее сверху палочками, затрусил соломкою; приходит к жене и сказывает:

— Ты не знаешь, жена, как в лесу-то клад есть — и звенит, и гремит, и золотом рассыпается, а в руки никак не дается; я подошел было к нему, нос с носом стоял, дак мне не дался—посылай, говорит, жену!

— Ну, пойдем, пойдем! Я возьму, а тебе шиш! Пошли в лес.

— Тише, баба! Тут провальная земля, отсюда клад выйдет

— Ах ты, дурень мужик! Всего боишься. Вот как я-то прыгну!

Прыгнула на солому и провалилась в яму.

— Ну, ступай!—молвил муж.— Я теперь отдохну. Отдыхал он месяц и другой, а там и скучно стало без косой. Выйдет в лес, выйдет в поле, подойдет к речке — все об ней думает: «Может, стала она и тиха и смирна; дай-ка выну опять!»

Навязал коробью, опустил под землю; слышит— села, тянет вверх, вот и близко... глядит, ан и коробье чертенок сидит! Мужик испугался, чуть веревки из рук не выпустил. Взмолился чертенок, закричал ему вслух:

— Вынь меня, мужичок! Твоя жена всех нас замучила, загоняла. Повелишь что творить, стану тебе вечно служить; вот хоть сейчас побегу в боярские хоромы, мигом заварю кашу, буду днем и ночью стучать да бояр выживать, а ты скажись знахарем, приди, закричи на меня — я выскочу и уйду. Ну, ты и греби деньги лопатою!

Мужик вытащил коробью; чертенок выпрыгнул, отряхнулся — и поминай как звали!

В тот же день в боярском дому все пошло наизворот. Стали искать доку: добрый молодец вызвался докою, выгнал черта и получил плату хорошую.

Скоро пронесся слух, что у князя во дворце, в высоком тереме, завелись домовые и не дают княжнам покою. Из конца в конец разослали по всей земле гонцов звать-собирать знахарей. Со всех царств собрали — нет проку, домовые стучат и гремят.

Пришел и наш дока, узнал старого знакомого, стал на чертенка и кричать и плевать; чертенок и не думает бежать, полюбилось ему в княжем терему жить.

— Погоди ж, когда так! — закричал дока. — Эй, косая баба! Подь сюда.

Тут чертенок не высидел и со всех ног махнул из-за печки вон.

Доке честь, доке слава, дока деньги гребет; но недаром говорят, что и в самом раю тошно жить одному. Сгрустнулось добру молодцу и пошел опять косую искать. Навязал коробью и опустил в яму: баба села, он и потащил ее кверху. Вот уж близко! Баба вверх подымается, а сама зубом скрипит да кулаками грозит. Со страстей затряслись у мужика руки, сорвалась коробья — и загремела косая баба по-прежнему в ад.

Жена-спорщица

У одного мужика была жена сварлива и упряма; уж что, бывало, захочет, дак муж дай ей, и уж непременно муж соглашайся с ней. Да больно она льстива была на чужую скотину; как, бывало, зайдет на двор чужая скотина, дак уж муж; и говорит, что это ее. Страшно надоела жена мужу.

Вот однажды и зашли к ней на двор барские гуси. Жена спрашивает:

— Муж, чьи это гуси?

— Барские.

— Как барские!

Вспылила со злости, пала на пол.

— Я умру, — говорит, — сказывай: чьи гуси?

— Барские.

Жена охает, стонет. Муж наклонился к ней:

— Что ты стонешь?

— Да чьи гуси?

— Барские.

— Ну, умираю, беги скорей за попом. Вот муж послал за попом; уж и поп едет.

— Ну,—говорит муж,—вот и священник едет. Жена спрашивает:

— Чьи гуси?

— Барские.

— Ну, пущай священник идет, умираю!

Вот исповедали ее, приобщили, поп ушел. Муж опять.

— Что с тобою, жена?

— Чьи гуси?

— Барские.

— Ну, совсем умираю, готовь домовище! Изготовили домовище. Муж; подошел:

— Ну, жена, уж и домовище готово.

— А чьи гуси?

— Барские.

— Ну, совсем умерла, клади в домовище. Положили в домовище и послали за попом. Муж наклонился к жене, шепчет:

— Уж домовище подымают, нести хотят отпевать в церковь.

А она шепчет:

— Чьи гуси?

— Барские.

— Ну, несите!

Вот вынесли домовище, поставили в церкви, отпели панихиду. Муж; подходит прощаться:

— Уж и панихиду,—говорит,—отпели; выносить хотят на кладбище.

Жена шепчет:

— Чьи гуси?

— Барские.

— Несите на кладбище!

Вот и вынесли; подняли домовище опущать в могилу, муж; нагинается к ней:

— Ну, жена, уж тебя в могилу опущают и землей тотчас засыплют.

А она шепчет:

— Чьи гуси?

— Барские.

— Ну, опущайте и засыпайте!

Домовище опустили и засыпали землею. Так уходили бабу барские гуси!

Жена-доказчица

Жил старик со старухою; сбили они на реке заезочек и заложили по мордочке. Пошли домой; на дороге увидала старуха клад и давай всем рассказывать. Что с ней делать? Вздумал старик пошутить над старухою, пошел в поле, поймал зайца и отправился на реку морды смотреть; вынул одну—а в ней щука попалась. Он щуку-то взял, заместо ее посадил в морду зайца, а рыбу в поле понес и положил в горох. Воротился домой и зовет старуху горох крючить (то есть снимать с поля).

Вот собрались и поехали. Дорогою старик начал сказывать:

— Люди говорят, что нынче рыба в полях живет, а в водах зверь поселился.

— Что ты, старик! Приехали в поле.

— Вот правда и есть!—закричал старик.—Погляди, старуха, щука-то в горох заползла!

— Лови ее!

Старик взял щуку, положил в пестерек.

— Пойдем-ка теперь на реку, не попалось ли чего в морды?

Достал морду:

— Ах, старуха, ведь люди-то правду сказывают!

Погляди, заяц попал!

— Держи его крепче, а то, пожалуй, опять в воду нырнет!

Взял старик зайца.

— Ну,—говорит,—поедем клад добывать. Забрали все деньги и поехали домой. Дорогою усмотрела старуха, что в стороне медведь корову рвет, и говорит:

— Эй, старик, погляди-ка, медведь корову рвет.

— Молчи, жена! Это черт с нашего барина шкуру дерет.

Приехали ко двору: старик пошел деньги прятать, а старуха побежала рассказать соседке; соседка рассказала дворецкому, а дворецкий барину. Барин призвал старика:

— Ты клад нашел?

— Никак нет.

— Твоя старуха сказала.

— Да, пожалуй, ей врать не впервой! Послал барин за старухою:

— Что, старуха, нашли вы клад?

— Нашли, батюшка!

— Как же ты, старик, говоришь, что нет?

— Что ты врешь, глупая баба! Ну, где мы клад нашли?

— Как где? В поле; еще в то время щука в горохе плавала, а заяц в морду попал.

— Врешь ты, старая кочерга! Где это видано, чтобы рыба в поле жила, а заяц в воде плавал?

— Ну вот, позабыл! Еще в то самое время черт с нашего барина шкуру драл...

Барин хлоп ее по уху:

— Что ты бредишь, подлая! Когда черт с меня шкуру драл?

— Да, таки драл, ей-богу, драл!

Барин рассердился, велел принесть розог и заставил при себе ее наказывать. Растянули ее, сердечную, и начали потчевать; а она знай себе — и под розгами то же сказывает. Барин плюнул и прогнал старика со старухою.

Муж да жена

Жили муж с женой, по виду будто хорошо, да как-то жена была мудрена: уйдет муж — она весела, придет — захворает; так и старается ему дело найти, куда-нибудь с рук сбыть; нынче пошлет его туда, завтра в другое место, а без него у нее гулюшки, пирушки! Придет муж — и чисто и прибрано; сама охает, больна, на лавочке сидит. Муж верит, чуть сам не плачет.

Вот раз придумала жена послать его за лекарством в Крым-град. Муж; пошел. На дороге ему встретился солдат:

— Куда ты, мужик?

— В Крым-град за лечбой!

— Кто болен? . — Жена!

— Воротись; воротись безотменно; я сам дока, я пойду с тобою!

Поворотил его налево кругом, и очутился мужик опять у своего гумна.

— Сядь же ты здесь,— говорит дока,— я справедаю, какова хворая?

Вошел на двор, приложил ухо к избе — там игры, там скоки, гульба! Забилась солдатская грудь, ударил в дверь, растворилась изба — хозяйка по ней лебедем носится, перед ней молодой парень вприсядку рассыпается, зелено винцо по столу разливается.

Пришел солдат вовремя, выпил чарку и пошел вприсядку; полюбился хозяйке: что за солдат, что за детина! Угодлив, догадлив, словно век тут жил! Поутру надо пирожки печь.

— Солдат, сходи на гумно, принеси соломки вязаночку.

Солдат пошел; набрал соломы, завернул туда мужа, скрячил веревкой, вскинул за плечи и принес к хозяйке. Хозяйка рада, затянула песенку:

— Пошел муж: во Крым-град зелья купить, жене зельем живот лечить! Туда ему не доехать и оттуда не приехать!.. Солдат, подтягивай мне!

Солдат начал свою песню:

— Чуешь ли, солома, что деется дома?

— О, твоя нехороша, моя лучше; давай вместе: пошел муж во Крым-град зелье купить, жене зельем живот лечить.

Она поет громко, а солдат еще громче:

— Чуешь ли, солома, что деется дома? Плеть висит на стене, а быть ей на спине!

Солома почуяла, затряслась — веревка лопнула, вязанка рассыпалась — и выскочил муж, схватил плетку и давай стегать хозяйку. Как рукой сняло — вылечил жену.

Вещий дуб

Тошно молодой жене с старым мужем, тошно и старику с молодой женой! В одно ушко влезет, в другое вылезет, замаячит — в глазах одурачит, из воды суха выйдет: и видишь и знаешь, да ни в чем ее не поймаешь!

Одному доброму старичку досталась молодая жена — плутоватая баба! Он ей слово в науку, она ему в ответ:

— Нет тебе, старый лежебок, ни пить, ни есть, ни белой рубахи надеть!

А не стерпишь — слово вымолвишь: дело старое! Вот и придумал он жену выучить. Сходил в лес, принес вязанку дров и сказывает:

— Диво дивное на свете деется: в лесу старый дуб все мне, что было, сказал и что будет — угадал!

— Ох, и я побегу! Ведь ты знаешь, старик: у нас куры мрут, у нас скот не стоит... Пойду побалакать; авось скажет что.

— Ну, иди скорей, пока дуб говорит; а когда замолчит, слова не допросишься.

Пока жена собиралась, старик зашел вперед, влез в дубовое дупло и поджидает ее.

Пришла баба, перед дубом повалилась, замолилася, завыла:

— Дуб дубовистый, дедушка речистый, как мне быть? Не хочу старого любить, хочу мужа ослепить; научи, чем полечить?

А дуб в ответ:

— Незачем лечить, зелья попусту губить, начни масленей кормить. Сжарь курочку под сметанкою, не скупись: пусть он ест — сама за стол не садись. Свари кашу молочную, да больше маслом полей; пущай ест — не жалей! Напеки блинцов; попроси, поклонись, чтоб их в масло макал да побольше съедал — и сделается твой старик слепее кур слепых.

Пришла жена домой, муж на печке кряхтит.

— Эх ты, старенький мой, ай опять что болит, ай опять захирел? Хочешь: курочку убью, аль блинцов напеку, кашку маслом полью? Хочешь — что ль?

— Съел бы, а где взять?

— Не твоя печаль! Хоть ты и журишь меня, а все тебя жалко!.. На, старинушка, ешь, кушай, пей — не жалей!

— Садись и ты со мною.

— Э, нет, зачем? Мне б только тебя напитать! Сама я там-сям перекушу — и сыта. Ешь, голубчик, помас-ленней ешь!

— Ох, постой, жена! Дай водицы хлебнуть.

— Да вода на столе.

— Где на столе? Я не вижу.

— Перед тобою стоит!

— Да где же? Что-то в глазах темно стало.

— Ну, полезай на печку.

— Укажи-ка где печь? Я и печь не найду.

— Вот она, полезай скорее.

Старик сбирается головой в печь лезть.

— Да что с тобой? Ослеп, что ли?

— Ох, согрешил я, жена! Сладко съел, вот божий день и потемнел для меня. Ох-хо!

— Экое горе! Ну, лежи пока; я пойду, кое-что принесу.

Побежала, полетела, собрала гостей , и пошел пир горой. Пили, пили, вина не хватило; побежала баба за вином. Старик видит, что жены нету, а гости напитались и носы повесили, слез с печи, давай крестить— кого в лоб, кого в горб; всех перебил и заткнул им в рот по блину, будто сами подавилися; после влез на печь и лег отдыхать.

Пришла жена, глянула—так и обмерла: все други, все приятели как боровы лежат, в зубах блины торчат; что делать, куда покойников девать? Зареклася баба гостей собирать, зареклася старика покидать. На ту пору шел мимо дурак.

— Батюшка, такой-сякой! —кричит баба.—На тебе золотой, душу с телом пусти, беду с нас скости! Дурак деньги взял и потащил покойников: кого в прорубь всадил, кого грязью прикрыл и концы схоронил.

Дорогая кожа

В одном селе жили два брата — Данило и Гаврило. Данило был богатый, а Гаврило бедный; только и живота было у Гаврилы, что одна корова, да и тому Данило завидовал.

Поехал Данило в город закупить кое-что и, воро-тясь из городу, пришел к брату и говорит:

— Что ты, брат, держишь корову? Я был сегодня в городе и видел: там коровы очень дешевы, по пяти и шести рублей, а за кожу двадцать пять дают.

Гаврило поверил ему, заколол корову и приел говядину, после дождался рынку и отправился в город.

Приехал в город и поволок продавать кожу. Увидел его кожевник и спрашивает:

— Что, любезный, продаешь кожу?

— Продаю.

— Что просишь?

— Двадцать пять рублей.

— Что ты, безумный! Возьми два с полтиной. Гаврило не отдал и волочил кожу целый день; никто ему не дает больше. Наконец, поволок ее мимо гостиного ряду; увидал его купец и спрашивает:

— Что, продаешь кожу?

— Продаю.

— Дорого ли просишь?

— Двадцать пять рублей.

— Что ты, шальной! Где слыхал про такие дорогие кожи? Возьми два с полтиной.

Гаврило подумал-подумал и сказал:

— Так и быть, господин купец, уступлю тебе! Только поднеси мне хоть водки стакан.

— Хорошо, об водке ни слова!

Отдал ему купец два с полтиной да вынимает из кармана платок и говорит:

— Ступай вон в тот каменный дом, отдай хозяйке платок и скажи, что я велел тебе поднесть полон стакан вина.

Гаврило взял платок и пошел; приходит в дом, хозяйка его и спрашивает:

— Ты зачем? Гаврило ей говорит:

— Так и так, сударыня, продал я твоему хозяину за два с полтиной кожу, да еще вырядил полон стакан вина; дак он меня сюда послал, велел тебе платок отдать да сказать, чтобы ты винца поднесла.

Хозяйка тотчас налила стакан, только немного не полон, и поднесла Гавриле; он выпил и стоит. Хозяйка спрашивает:

— Что ж ты стоишь? Гаврило говорит:

— У нас была ряда — полон стакан вина

А в то время сидел у купчихи полюбовник, услыхал он эти слова и говорит:

— Налей ему, душа, еще!

Она налила еще полстакана; Гаврило выпил и все стоит. Хозяйка опять спрашивает:

— Теперь чего дожидаешься? Отвечает Гаврило:

— Да у нас ряда была—полон стакан, а ты полстакана подала.

Любовник велел поднесть ему в третий раз; тогда купчиха взяла графин с вином, стакан отдала Гавриле в руки и налила его так, что через край побежало. Только Гаврило выпил, а хозяин на ту пору домой грядет. Она не знает, куда полюбовника девать, и спрашивает:

— Куда ж я тебя спрячу?

Любовник забегал по горнице, а Гаврило за ним да кричит:

— Куда я-то денусь?

Хозяйка отворила западню и пихнула обоих туда.

Хозяин пришел и привел еще с собой гостей. Когда они подпили, то начали песни запевать; а Гаврило, сидя в яме, говорит своему товарищу:

— Как хочешь — это любимая батюшкова песня! Я запою.

— Что ты, что ты! Пожалуйста, не пой. На тебе сто рублей, только молчи.

Гаврило взял деньги и замолчал.

Немного погодя запели другую; Гаврило опять говорит товарищу:

— Как хочешь, а теперь запою; это любимая песня матушкина!

— Пожалуйста, не пой! На тебе двести рублей. Гавриле то на руку— уже триста рублей есть; спрятал деньги и молчит.

Вскоре запели третью песню; Гаврило говорит:

— Теперь хочь четыреста давай, дак запою.

Любовник его всячески уговаривает; а денег больше нет. Хозяйка услыхала, что они там ерошатся, отперла западню и спросила потихоньку:

— Что вы там? Любовник потребовал пятьсот рублей; она живо вернулась, подала пятьсот рублей, Гаврило опять взял и замолчал.

Как-то попалась тут Гавриле подушка и бочонок смолы; он приказал товарищу раздеться. Когда тот разделся, он окатил его смолой; потом распорол подушку, рассыпал пух и велел ему кататься. Вот как тот выкатался в пуху, Гаврила растворил западню, сел на товарища верхом, едет, а сам кричит:

— Девятая партия из здешнего дому убирается! Гости увидали и кинулись по домам; думают, что то черти явилися. Так все и разбежались, а купчиха стала говорить своему мужу:

— Ну вот! Я тебе говорила, что у нас чудится. Купец сдуру-то возьми да и поверь, и продал свои дом за бесценок.

Гаврило пришел домой и послал своего старшего сына за дядей Данилом, чтоб пришел к нему деньги пересчитать. Сын пошел, стал звать своего дядю, а тот ему смеется:

— Да что у него считать-то? Али Гаврило двух с полтиной сосчитать не может!

— Нет, дядя, он много принес денег. Тогда жена Данилова стала говорить:

— Подь, сходи! Что, тебе не охота? Хоть посмеешь ся над ним.

Послушался Данило жены и пошел. Вот как Гаврило высыпал перед ним кучу денег, Данило удивился и спрашивает:

— Где ты, брат, взял столько денег?

— Как где? Ведь я корову заколол да кожу в городе продал за двадцать пять рублей; на те деньги сделал оборот: купил пять коров, заколол да кожи опять продал по той же цене; так все и перебивался.

Данило услыхал, что брат его так легко нажил богатство, пошёл домой, заколол всю свою скотину и стал дожидаться рынку; а как время было жаркое, то говядина у него вся испортилась.

Повез продавать кожи, и дороже двух с полтиной никто ему не дал. Так-то ему дался барыш с накладом, и стал он жить беднее Гаврилы; а Гаврило пошел на выдумки, да и нажил себе большое богатство.

Как муж отучил жену от сказок

Жил себе дворник. Он имел у себя жену, которая страсть как любила сказки, и запретила она пущать к себе в постойщики тех, кто не умел сказки сказывать. Ну, разумеется, мужу то убыточно, он и думает: «Как бы мне жену отучить от сказок!»

Вот однажды в зимнюю пору, поздно ночью, идет себе старичок, весь иззяб, и просится переночевать. Муж; выбегает к нему.

— А что,— говорит,—умеешь ты сказки сказывать? Жена не велит пущать никого, кто не умеет сказки сказывать.

Мужик видит — дело плохо, от холода чуть не мерзнет.

— Умею,— говорит.

— А долго будешь сказывать?

— Да всю ночь. Ну, вот хорошо. Впустили мужика. Муж: говорит:

— Ну, жена, вот мужик посулился всю ночь сказывать сказки, да только с тем, чтоб поперечки ему не делать и не перебивать.

Мужик говорит:

— Да, поперечки не делать, а то сказывать не буду. Вот поужинали, легли спать; мужик и начал:

— Летела сова мимо сада, села на колоду, выпила воду; летела сова мимо сада, села на колоду, выпила воду...

И пошел твердить все одно и то же:

— Летела сова мимо сада, села на колоду, выпила воду...

Хозяйка слушала, слушала, да и говорит:

— Что же это за сказка, все одно и то же твердит!

— Так для чего же ты меня перебиваешь? Ведь я говорил, чтобы мне поперечки не делать; ведь это так уж сказка сказывается вначале, а там пойдет другое.

Вот муж, услыхамши это, а ему то и нужно было, скочил с лавки и давай жену колотить:

— Тебе сказано, чтоб ты не поперечила! И сказку не дала кончить!

Уж он бил-бил, бил-бил, так что жена возненавидела сказки и с тех пор зареклась сказки слушать.

Скряга

Жил-был богатый купец Марко — скупей его не было! Раз как-то пошел он гулять; идучи дорогою, увидал нищего: сидит старец и просит милостыни:

— Подайте, православные, Христа ради! Марко Богатый прошел мимо.

Следом за ним Шел на ту пору бедный мужик, возжалел нищего и подал ему копеечку. Стыдно показалось богатому, остановился он и говорит мужику:

— Послушай, земляк, дай мне взаймы копеечку; хочется убогому подать, да мелких нету!

Мужик дал ему и спрашивает:

— А когда за долгом приходить?

— Завтра приходи!

На другой день бедный идет к богатому за своей копейкою. Пришел на его широкий двор:

— Что, Марко Богатый дома?

— Дома! Тебе что надо? — спрашивает Марко.

— За копеечкой пришел.

— Ах, брат, приди после; ну, право, мелких нет. Бедный поклонился и назад.

— Я,— говорит,— приду завтра. Наутро приходит — опять то же:

— Мелких денег вовсе нет, коли хошь, давай с сотенной сдачи... а не то приходи через две недели.

Через две недели снова идет бедный к богатому, а Марко Богатый увидал его в окно и говорит жене:

— Слушай, жена! Я разденусь догола и лягу под святые; а ты покрой меня полотном, сиди и плачь, словно над мертвым. Когда придет мужик за долгом, скажи ему, что я сегодня помер.

Вот ладно, как муж; приказал, так жена и сделала: сидит да горючими слезами заливается. Приходит мужик в горницу, она его и спрашивает:

— Тебе что?

— За должком к Марку Богатому,— отвечает бедный.

— Ну, мужичок, Марко Богатый приказал долго жить; сейчас только помер.

— Царство ему небесное! Позволь, хозяйка, за мою копеечку послужу ему — хоть грешное тело обмою.

С этим словом ухватил чугун с горячей водою и давай Марка Богатого кипятком ошпаривать. Марко еле терпит, морщится да ногами дрыгает.

— Дрыгай не дрыгай, а копейку подай!—говорит бедный.

Обмыл, снарядил как надо.

— Ну, хозяйка, покупай гроб да вели в церковь выносить; я стану над ним псалтырь читать.

Положили Марка Богатого в гроб и вынесли в церковь; а мужик стал над ним псалтырь читать.

Наступила темная ночь. Вдруг открывается окно, и лезут в церковь воры-разбойники; мужик за алтарь спрятался. Воры влезли и начали меж; собой добычу делить; все поделили, остается золотая сабля — всякий к себе тащит, никто не уступает. Бедный как выскочит, как закричит:

— Что вы спорите? Кто мертвецу голову отрубит, того и сабля будет!

Марко Богатый вскочил сам не свой. Воры испугались, побросали свою казну и кинулись бежать.

— Ну, мужичок,— говорит Марко,— давай деньги делить.

Разделили поровну; много досталось и тому и другому.

— Что ж копеечку? — спрашивает бедный.

— Эх, брат, сам видишь — мелких нет! Так-таки и не отдал Марко Богатый копеечки.

Мудрая дева

Ехали два брата: один бедный, другой именитый; у обоих по лошади; у бедного кобыла, у именитого мерин. Остановились они на ночлег рядом. У бедного кобыла принесла ночью жеребенка; жеребенок подкатился под телегу богатого. Будит он наутре бедного:

— Вставай, брат, у меня телега ночью жеребенка родила.

Брат встает и говорит:

— Как можно, чтобы телега жеребенка родила! Это моя кобыла принесл

Богатый говорит:

— Кабы твоя кобыла принесла, жеребенок бы подле был!

Поспорили они и пошли до начальства: именитый дарит судей деньгами, а бедный словами оправдывается.

Дошло дело до самого царя. Велел он призвать обоих братьев и загадал им четыре загадки:

— Что всего в свете сильней и быстрее, что всего в свете жирнее, что всего мягче и что всего милее? — И положил им сроку три дня: — На четвертый приходите, ответ дайте!

Богатый подумал-подумал, вспомнил про свою куму и пошел к ней совета просить. Она посадила его за стол, стала угощать; а сама спрашивает:

— Что так печален, куманек?

— Да загадал мне государь четыре загадки, а сроку всего три дня положил.

— Что такое? Сказки мне.

— А вот что, кума: первая загадка—что всего в свете сильней и быстрее?

— Экая загадка! У моего мужа каряя кобыла есть; нет ее быстрее! Коли кнутом приударишь — зайца догонит.

— Вторая загадка: что всего в свете жирнее?

— У нас другой год рябой боров кормится; такой жирный стал, что и на ноги не подымается!

— Третья загадка: что всего в свете мягче?

— Известное дело—пуховик, уж мягче не выдумаешь!

— Четвертая загадка: что всего в свете милее?

— Милее всего внучек Иванушка!

— Спасибо тебе, кума! Научила уму-разуму, по век не забуду.

А бедный брат залился горькими слезами и пошел домой; встречает его дочь-семилетка (только и семьи было, что дочь одна).

— О чем ты, батюшка, вздыхаешь да слезы ронишь?

— Как же мне не вздыхать, как слез не ронить? Задал мне царь четыре загадки, которых мне и в жизнь не разгадать.

— Скажи мне, какие загадки?

— А вот какие, дочка: что всего в свете сильней и быстрее, что всего жирнее, что всего мягче и что всего милее?

— Ступай, батюшка, и скажи царю: сильней и быстрей всего ветер; жирнее всего земля: что ни растет, что ни живет — земля питает! Мягче всего рука: на что человек ни ляжет, а все руку под голову кладет, а милее сна нет ничего на свете!

Пришли к царю оба брата: и богатый и бедный. Выслушал их царь и спрашивает бедного:

— Сам ли ты дошел, или кто тебя научил? Отвечает бедный:

— Ваше царское величество! Есть у меня дочь-семилетка, она меня научила.

— Когда дочь твоя мудра, вот ей ниточка шелковая; пусть к утру соткет мне полотенце узорчатое.

Мужик взял шелковую ниточку, приходит домой кручинный, печальный.

— Беда наша!—говорит дочери.— Царь приказал из этой ниточки соткать полотенце.

— Не кручинься, батюшка!—отвечала семилетка. Отломила прутик от веника, подает отцу и наказывает:

— Пойди к царю, скажи, чтоб нашел такого мастера, который бы сделал из этого прутика кросны: было бы на чем полотенце ткать!

Мужик доложил про то царю. Царь дает ему полтораста яиц:

— Отдай,— говорит,— своей дочери; пусть к завт-рему выведет мне полтораста цыплят.

Воротился мужик домой еще кручиннее, еще печальнее:

— Ах, дочка! От одной беды увернешься, другая навяжется!

— Не кручинься, батюшка!—отвечала семилетка. Попекла яйца и припрятала к обеду да к ужину, а отца посылает к царю:

— Скажи ему, что цыплятам на корм нужно однодённое пшено: в один бы день было поле вспахано, просо засеяно, сжато и обмолочено; другого пшена наши цыплята и клевать не станут!

Царь выслушал и говорит:

— Когда дочь твоя мудра, пусть наутро сама ко мне явится—ни пешком, ни на лошади, ни голая, ни одетая, ни с гостинцем, ни без подарочка.

«Ну,—думает мужик,— такой хитрой задачи и дочь не разрешит; пришло совсем пропадать!»

— Не кручинься, батюшка!—сказала ему дочь-семилетка.— Ступай-ка к охотникам да купи мне живого зайца да живую перепелку.

Отец пошел и купил ей зайца и перепелку. На другой день поутру сбросила семилетка всю одежу, надела на себя сетку, в руки взяла перепелку, села верхом на зайца и поехала во дворец.

Царь ее у ворот встречает. Поклонилась она царю:

— Вот тебе, государь, подарочек!- И подает ему перепелку.

Царь протянул было руку: перепелка порх—и улетела!

— Хорошо,— говорит царь,— как приказал, так и сделала. Скажи мне теперь: ведь отец твой беден, так чем вы кормитесь?

— Отец мой на сухом берегу рыбу ловит, лоушки в воду не становит, а я приполом рыбу ношу да уху варю.

— Что ты глупая! Когда рыба на сухом берегу живет? Рыба в воде плавает!

— А ты умен? Когда видано, чтоб телега жеребенка принесла? Не телега, кобыла родит!

Царь присудил отдать жеребенка бедному мужику, а дочь его взял к себе; когда семилетка выросла, он женился на ней, и стала она царицею.

Народные анекдоты

Раз зимою ехали по Волге-реке извозчики. Одна лошадь заартачилась и бросилась с дороги в сторону; извозчик тотчас погнался за нею и только хотел ударить кнутом, как она попала в майну и пошла под лед со всем возом.

— Ну, моли бога, что ушла,— закричал мужик,— а то я бы нахлестал тебе бока-то!

***

Поехал молодой мужик на промыслы, а жена пошла его провожать; прошла с версту и заплакала.

— Не плачь, жена, я скоро приеду.

— Да разве я о том плачу? У меня ноги озябли!

***

Прибили одного дурня ночью, и стали ему на другой день смеяться.

— Ну,— говорит он,— молите бога, что ночь была светлая; а то я выкинул бы вам штуку!

— Какую, скажи, пожалуй?

— Я бы спрятался!

***

Трое прохожих пообедали на постоялом дворе и отправились в путь.

— А что, ребята, ведь мы, кажется, дорого за обед заплатили?

— Ну, я хоть и дорого заплатил,— сказал один,— зато недаром!

— А что?

— А разве вы не приметили? Только хозяин засмотрится, я сейчас схвачу из солоницы горсть соли, да в рот, да в рот!

***

Овдовел мужик, пришлось самому хлебы ставить. Вот он замесил в деже тесто и вышел куда-то. В сумерках воротился, хотел было вздуть огонь, как услышал, что кто-то пыхтит; а это хлебы кисли. «Недавно,— думает себе,— ушел, а кто-то уж забрался в избу!»—и впотьмах наступил на кочергу. Она ударила его в лоб, он закричал:

— Сделай милость, не дерись, ведь я тебе ничего не сделал!—а сам ну пятиться вон из избы.

На беду, нога разулась, и мужик при выходе прихлопнул оборку дверью и упал.

— Батюшка, отпусти! Не держи меня, право слово—ничего тебе не сделаю!

***

Богатый купец часто зазывал к себе всяких людей, поил, кормил, угощал; только коли кто скажет ему противное — того непременно поколотит.

Раз зазвал он к себе ямщика. Тот отпряг лошадей, вошел в хоромы и после долгого угощения сказал: — Довольно, хозяин! Мне пора ехать. Купец давай его бить, так что ямщик едва вырвался и стал запрягать лошадей. Купец за ним. Ямщик нарочно начал дугу вкладывать кольцом назад. Купец закричал:

— Не так вкладываешь!

А ямщик давай его бить да приговаривать:

— Не твое дело указывать! Не твое дело указывать!

***

Какой-то мужик купил полуштоф вина, выпил зараз — ничего; купил еще косушку— все не пьян; выпил еще шкалик — и опьянел. И начал тужить:

— Зачем покупал я полуштоф да косушку? Лучше б прямо купил шкалик—с него б меня и так разобрало!

***

Один мужичок охотник был драться; зазвал к себе в гости мужика, велел хозяйке собрать на стол, велит гостю садиться за стол. Тот отговаривается:—Что ты, Демьян Ильич, беспокоишься напрасно?

Демьян Ильич ему плюху, да и по щеке, и говорит:

— В чужом доме хозяина слушай!

Тому нечего делать, сел за стол, потчует его; он ест. Хозяин начал рушать хлеба много. Мужик и говорит:

— Куда ты, Демьян Ильич, столько хлеба нарушиваешь?

Демьян Ильич и другу ему чику.

— Не указывай,— говорит,— в чужом доме! Делай то, чего хозяин велит.

Мужик не рад стал: ежели потчует — не ест, не слушает Демьяна. Тот его бьет да приговаривает:

— В чужом дому хозяина слушай!

На эту пору ниоткуда возьмись — другой детина, только в невзрачной лопотине, а парень бойкий, без спросу отворяет ворота, заезжает в ограду; а Демьян вышел на крыльцо, кланяется:

— Милости просим, милости просим!—Охота и этого побить!

Детина — неробкий, снимает шапку и говорит:

— Извини, Демьян Ильич, я не спросился — заехал.

— Ничего, ничего! Милости просим в избу. Детина вошел. Хозяин и его садит за стол, жене велит ставить еств, нести хлеба, так и потчует! А детина ест да ест, не перечит. Демьян сколько ни бился—детина ни в чем не перечит: не удалось ему ударить.

Он и пошел на проделки, вынес хорошее, самое лучшее платье, говорит детине:

— Скидай то, надевай вот это!

Думает сам: «Ужо-де отпираться станет, я его выколочу». Детина не прекословит, надевает. Демьян то, другое подсунет; детина все не спорит.

Вывел хорошую лошадь, обседлал в лучшее седло, надел добру узду и говорит детине:

— Садись на мою лошадь; твоя-то худая! Ужо да не станет ли перечить? Детина сел. Демьян велит ехать; тот молчит, понудил лошадь, выехал из ограды и говорит:

— Прощай, Демьян! Не черт пихал, сам попал! И уехал—поминай как звали: только и было! Демьян посмотрел вслед, хлопнул руками, да и сказал:

— Ну, видно, нашла коса на камень! Дурак же я—хотел побить, да лошадь и пробил!

Может, лошадь-то со сбруей-то сот полуторых стоила.

***

Жил-был барин; вышел однажды на базар и купил себе канарейку за пятьдесят рублей. Случилось быть при этом мужику; пришел мужик домой и говорит своей бабе:

— Знаешь ли что, жена?

— А что?

— Ходил я сегодня на базар; там был и барин, и купил он себе малую пташку—пятьдесят рублей заплатил. Дай-ка я понесу к нему своего гусака: не купит ли?

— Понеси!

Вот взял мужик гусака и понес к барину. Приносит:

— Купи, барин, гусака.

— А что стоит? — спросил барин.

— Сто рублей.

— Ах ты, болван!

— Да коли ты за малую пташку не пожалел пятидесяти, так за эту и сотня дешево!

Барин рассердился, прибил мужика и отобрал у него гуся даром.

— Ну, ладно,— сказал мужик,— попомнишь ты этого гусака!

Воротился домой, снарядился плотником, взял в руки пилу и топор и опять пошел; идет мимо барского дома и кричит:

— Кому теплы сени работать? Барин услыхал, зовет его к себе:

— Да сумеешь ли ты сделать?

— Отчего не сделать; вот тут неподалечку растет теплый лес: коли из того лесу да выстроить сени, то и зимой топить не надо.

— Ах, братец,— сказал барин,— покажи мне этот лес поскорее.

— Изволь, покажу. Поехали они вдвоем в лес.

В лесу мужик срубил огромную сосну и стал ее пластать на две половины; расколол дерево с одного конца и ну клин вбивать, а барин смотрел, смотрел, да спроста и положил руку в щель. Только он это сделал, как мужик вытащил клин назад и накрепко защемил ему руку. Потом взял ременную плетку и начал его дуть да приговаривать:

— Не бей мужика, не бери гусака! Не бей мужика, не бери гусака!

Уж он его дул, дул! Вволю натешился и сказал:

— Ну, барин, бил я тебя раз, прибью и в другой, коли не отдашь гусака да сотню рублей в придачу.

Сказал и ушел, а барин так и пробыл до вечера: дома-то поздно хватились его, да пока нашли да из тисков высвободили — времени и многонько ушло!

Вот барин захворал, лежит на постели да охает; а мужик нарвал трав, цветов, обтыкался ими кругом, обрядился дохтуром и опять идет мимо барского двора и кричит:

— Кого полечить? Барин услыхал, зовет его:

— Ты что за человек?

— Я дохтур; всякую болезнь снимаю.

— Ах, братец, пожалуйста, вылечи меня!

— Отчего не вылечить? Прикажи истопить баню. Тотчас вытопили баню.

— Ну,— говорит мужик барину,—пойдем лечиться; только никого не бери с собой в баню, бойся дурного глаза!

Пошли они вдвоем в баню; барин разделся.

— А что, сударь,— спрашивает дохтур,— стерпишь ли, коли в этаком жару начну тебя мазью пачкать?

— Нет, не стерпеть мне!—говорит барин.

— Как же быть? Не велишь связать тебя?

— Пожалуй, свяжи.

Мужик связал его бечевою, взял нагайку и давай валять на обе корки. Уж он валял, валял, а сам приговаривал:

— Не бей мужика, не бери гусака! Не бей мужика, не бери гусака!

После, уходя, сказал:

— Ну, барин, бил я тебя два раза; прибью и в третий, коли не отдашь гусака да двух сотен рублей на придачу.

Барин еле жив из бани вылез, не захотел ожидать третьего раза и отослал мужику и гусака и двести рублей.

***

Жил-был купец; у него был сын. Вот однажды посылает он сыша в нижние города товары закупать и на прощанье наказывает:

— Смотри же, сынок, будь умен да рассудлив, с рыжим да с красным не связывайся!

Поехал купеческий сын в путь-дорогу. День-то был морозный; вот он прозяб и заехал в кабак обогреться; входит — за стойкою сидит рыжий целовальник.

— Налей-ка мне,— говорит ему купеческий сын,— стакан доброй наливки.

Выпил стакан наливки, и больно пришлась она ему по вкусу:

— Вот наливка, так наливка! Ста рублев стоит!

Налей-ка еще.

Выпил в другой раз — еще лучше показалась:

— Ну, брат, этот стакан двух сот стоит.

А целовальник себе на уме: какую цену сказывал купеческий сын, ту и на стенку записывал. Пришло дело до расчета.

— Сколько тебе? — спрашивает купеческий сын.

— Триста рублев.

— Что ты, белены объелся? Экую цену заломил!

— Не я заломил, ты же сам назначил, да теперь назад пятишься.

Только, брат, от меня не отвертишься; коли не заплатишь — с двора не спущу!

Нечего делать, заплатил купеческий сын триста рублев, поехал дальше и думает сам с собою: «Вот она правда-то! Водись после того с рыжими да с красными! Недаром отец наказывал; родительское слово пустяшное не бывает».

На ту самую пору попадается навстречу рыжий мужик с возом. Как увидал его купеческий сын, тотчас выскочил из кибитки и сунулся ничком в снег, ажио дрожит с испугу!

«Что с ним сталося? Не попритчилось ли?» —подумал встречный мужик, подошел к купеческому сыну и стал подымать его на ноги:

— Вставай, брат!

— Отвяжись от меня! Уж один рыжий надул меня, и ты надуешь.

— Полно, брат! Рыжий да красный всякий бывает: бывает плут, бывает и добрый человек. Да кто тебя обманул-то?

— Так и так, рыжий целовальник из соседнего села.

— Воротись со мной; я с ним сделаюсь.

Вот приехали они в кабак; мужик тотчас окинул глазом всю избу, увидал: под матицей баранья лопатка висит, подошел к целовальнику, спросил рюмку водки, да тут же бьет его по плечу и говорит:

— Продай-ка мне эту лопаточку!

— Купи.

— Что возьмешь?

— Рубль серебра.

Мужик выкинул целковый; после вынул из-за пазухи широкий нож и дает купеческому сыну в руки:

— На, брат, вырежь у него лопатку — мне на закуску.

— Что ты!—говорит целовальник.—Я тебе баранью лопатку продал, а не эту.

— Рассказывай! Меня, брат, не проведешь, как этого купеческого сына; не на таковского напал!

Целовальник просить да молить, чуть не в ноги кланяется.

— Ну, так и быть! —сказал мужик.— Отпущу тебя, коли воротишь купеческому сыну все деньги сполна.

Целовальник отдал назад триста рублев; а мужик того и добивался.

— Вот видишь,— говорит купеческому сыну,— рыжий да красный всякий бывает: бывает и плут, бывает и добрый человек. Поезжай теперь с богом!

А купеческий сын только и думает, как бы скорее убраться; сел в кибитку, погоняет лошадей и говорит сам с собой об мужике:

— Слава богу, вырвался! Целовальник рыжий плутоват, а этот еще плутоватей; коли б с ним связался, кажись, он с меня с живого бы кожу снял!

Жил-был бедный мужик; детей много, а добра—всего один гусь. Долго берег он этого гуся, да голод не тетка: до того дошло, что есть нечего: вот мужик и зарезал гуся; зарезал, зажарил и на стол поставил. Все бы хорошо, да хлеба нет, а соли не бывало. Говорит хозяин своей жене:

— Как станем мы есть без хлеба, без соли? Лучше я отнесу гуся-то к барину на поклон да попрошу у него хлеба.

— Ну что ж, с богом! Приходит к барину:

— Принес вашей милости гуська на поклон; чем богат, тем и рад. Не побрезгуй, родимый!

— Спасибо, мужичок, спасибо! Раздели же ты гуся промеж; нас без обиды!

А у того барина была жена, да два сына, да две дочери — всего было шестеро. Подали мужику нож; стал он кроить, гуся делить. Отрезал голову и дает барину:

— Ты,— говорит,— всему в доме голова, так тебе голова и следует.

Отрезал гузку, дает барыне:

— Тебе дома сидеть, за домом смотреть; вот тебе гузка!

Отрезал ноги, дает сыновьям:

— А вам по ножке, топтать отцовские дорожки! Дочерям дал по крылышку:

— Вам с отцом, с матерью недолго жить; вырастете— прочь улетите. А я,— говорит,— мужик глуп, мне глодать хлуп!

Так всего гуся и выгадал себе.

Барин засмеялся, напоил мужика вином, наградил хлебом и отпустил домой.

Услыхал про то богатый мужик, позавидовал бедному, взял — зажарил целых пять гусей и понес к барину.

— Что тебе, мужичок? — спрашивает барин.

— Да вот принес вашей милости на поклон пять гуськов.

— Спасибо, братец! Ну-ка раздели промеж нас без обиды.

Мужик и так и сяк; нет, не разделишь поровну! Стоит да в затылке почесывает. Послал барин за бедным мужиком, велел ему делить. Тот взял одного гуся, отдал барину с барыней и говорит:

— Вы теперь, сударь, сам-третей!

Отдал другого гуся двум сыновьям, а третьего—двум дочерям:

— И вы теперь сам-третей! Остальную пару гусей взял себе:

— Вот и я сам-третей! Барин говорит:

— Вот молодец, так молодец! Сумел всем поровну разделить и себя не забыл.

Тут наградил он бедного мужика своею казною, а богатого выгнал вон.

Повез бедный мужичок дрова продавать. Встречает его богатый да чванный.

— Эй, постой! Что на базар везешь?

— Солому.

— Врешь, дурак! Какая солома — это дрова!

— Ну, коли сам видишь, так неча и спрашивать! У тебя глаза не вылезли!

Сказал бедный и поехал своей дорогой. На другой день идет богатый да чванный по улице с приятелем.

— Так и так,—рассказывает ему,—разобидел меня бедный мужичишка!

А бедный как тут—едет опять навстречу.

— Вот он — вчерашний мужик-то!—говорит богатый.

— Нет, врешь! —отвечает ему бедный.— Я не вчерашний: скоро сорок лет стукнет, как я живу на белом свете.

Шли проселком нищие — старик да старуха; стали подходить к деревне. Старик говорит:

— Я здесь молока попрошу!

Старуха в ответ:

— А я в молоко хлеба накрошу!

Старик ухватил старуху и давай бить да приговаривать:

— Не кроши в молоко хлеба, не то прокиснет, не кроши в молоко хлеба, не то прокиснет!

Пришли в деревню, а молока никто не дал.

Повезла баба в город кринку масла продавать; время-то шло к масленой. Нагоняют ее два солдата: один позади остался, а другой вперед забежал и просит бабу:

— Эй, тетка, подпояшь меня, пожалуйста. Баба слезла с воза и принялась подпоясывать.

— Да покрепче подтяни! Баба подтянула покрепче.

— Нет, это туго; ослабь маленько. Отпустила послабже.

— Уж это больно слабо будет: закрепи потуже. Пока завязывала баба пояс то крепче, то слабже, другой солдат успел утащить кринку с маслом и убрался себе подобру-поздорову.

— Ну, спасибо тебе, тетка! Подпоясала ты меня на всю масленицу,— говорит солдат.

— На здоровье, служба!

Приехала баба в город, хвать— а масла как не бывало!

***

Пришел солдат с походу на квартиру и говорит хозяйке:

— Здравствуй, божья старушка! Дай-ка мне чего-нибудь поесть.

А старуха в ответ:

— Вон там на гвоздике повесь.

— Аль ты совсем глуха, что не чуешь?

— Где хошь, там и заночуешь.

— Ах, ты, старая ведьма, я те глухоту-то вылечу!— И полез было с кулаками:—Подавай на стол!

— Да нечего, родимый!

— Вари кашицу!

— Да не из чего, родимый!

— Давай топор; я из топора сварю.

«Что за диво!—думает баба.—Дай посмотрю, как из топора солдат кашицу сварит».

Принесла ему топор; солдат взял, положил его в горшок, налил воды и давай варить.

Варил, варил, попробовал и говорит:

— Всем бы кашица взяла, только б малую толику круп подсыпать!

Баба принесла ему круп.

Опять варил, варил, попробовал и говорит:

— Совсем бы готово, только б маслом сдобрить! Баба принесла ему масла.

Солдат сварил кашицу:

— Ну, старуха, теперь подавай хлеба да соли да принимайся за ложку; станем кашицу есть.

Похлебали вдвоем кашицу. Старуха спрашивает:

— Служивый! Когда же топор будем есть?

— Да, вишь, он еще не уварился,—отвечал солдат,— где-нибудь на дороге доварю да позавтракаю.

Тотчас припрятал топор в ранец, распростился с хозяйкою и пошел в иную деревню.

Вот так-то солдат и кашицы поел, и топор унес!

***

Купил мужик гуся к празднику и повесил в сенях. Проведали про то двое солдат; один взобрался на крышу гуся добывать, а другой вошел в избу.

— Здорово, хозяин!

— Здорово, служба!

— Благослови колядовать!

— Колядуй, добрый человек!

Солдат начал:

А в лесе, в лесе
Солдат на стреси;
Стреху продрал,
Гуся забрал.
Святой вечер!

А хозяину и невдогад, что солдат прямо в глаза ему смеется,

— Спасибо тебе, служивый! Я,— говорит,—такой коляды отроду не слыхивал.

— Ничего, хозяин, завтра сам ее увидишь. Наутро полезла хозяйка за гусем, а гусем и не пахнет давно!

***

У мужика в сенях висел кусок сала. Один солдат взобрался на чердак; другой вошел в избу:

— Здравствуй, бабушка! Скажи, пожалуйста, как у вас звонят?

— Неужели ж ты не слыхивал?

— Не доводилось, бабушка!

— У нас звонят: тень-бом! тень-бом!

— А у нас: тини-тини, по-тя-ги-вай, на сто-ро-ну по-гля-ды-вай!

— Хорошо и этак!—говорит баба.

Ну, пока один звонил, другой (солдат) сало стащил.

***

Бедный мужик, идучи по чистому полю, увидал под кустом зайца, обрадовался и говорит:

— Вот когда заживу домком-то! Возьму этого зайца, убью плетью да продам за четыре алтына, на те деньги куплю свинушку, она принесет мне двенадцать поросеночков; поросятки вырастут, принесут еще по двенадцати; я всех приколю, амбар мяса накоплю; мясо продам, а на денежки дом заведу да сам оженюсь; жена-то родит мне двух сыновей, Ваську да Ваньку. Детки станут пашню пахать, а я буду под окном сидеть да порядки давать: эй вы, ребятки, крикну, Васька да Ванька, шибко людей на работу не туганьте, видно, сами бедно не живали!

Да так-то громко крикнул мужик, что заяц испугался и убежал, а дом со всем богатством, с женой и с детьми пропал!

***

Мужик стащил в лавке куль пшеничной муки; захотелось к празднику гостей зазвать, пирогами попотчевать. Принес домой муку, да и задумался:

— Жена! —говорит он своей бабе.— Муки-то я украл, да боюсь— узнают, спросят: отколь ты взял такую белую муку?

— Не кручинься, мой кормилец, я испеку из нее такие пироги, что гости ни за что не отличат от аржаных.

***

Пришла в кабак баба и спрашивает о своем муже:
— Не был ли здесь мой пьяница?
— Был.
— Ах, подлец, ах, разбойник! На сколько он выпил?
— На пятак.
— Ну так давай мне на гривну.

***

Выдали девку замуж; она сидит и воет: — Свет-то моя крашенина, у матушки на печи осталась!

— Какая крашенина? Много ли аршин?

— Да я в квасу хлеба накрошила густо-нагусто, и с лучком и с маслицем!

***

У одной бабы был муж глухой. Раз как-то вздумалось ей приласкаться к мужу. Вот она и говорит ему:
— Ох ты моя защита и оборона!
— Как, я ощипана ворона? Ах ты, такая-сякая!—И отколотил жену.
— Что ты, глухой черт!—закричала баба.—Разбойник, обидчик этакой!
— Вот давно бы так!—сказал муж.

Давно было. Не стало на селе попа. Согласились мужики избрать попа миром, выбрали и пошли к дяде Пахому.

— Пахом,— говорят ему,— а Пахом! Будь ты у нас на селе попом.

Пахом и стал попом, да то беда: ни службы не знает, ни петь, ни читать не умеет.

Вот однажды собрались миряне в церковь, а в тот день был большой у бога праздник. Пахом вьшосит книгу и спрашивает:

— Православные! Знаете ли вы эту книгу?

— Знаем, батька, знаем. Еще покойный поп все, бывало, ее читал.

— Ну, коли знаете, нечего вам ее и читать.

Выносит другую:

— Православные! А эту книгу знаете?

— Нет, батька, этой не знаем.

— Ну, так что ж вам ее и читать!

***

Повез мужик в город три четверти ржи продавать. Подъезжает к заставе. Обступили его мошенники:

— Стой! Как тебя зовут?

— Егором, родимые!

— Эх, брат! Недавно у нас четыре Егора церковь обокрали; троих-то нашли, а четвертого все ищут! Смотри ж, коли где тебя спросят: как зовут? — говори: без четверти Егор; а не то свяжут да в тюрьму посадят.

— Спасибо, родимые, спасибо, что научили! Приехал мужик на подворье, хватился, а четверти ржи как не бывало! На заставе стащили.

***

В одном селе жил-был старик, да такой скупой, прижимистый! Как сядет за стол, нарежет хлеба, сидит да на снох посматривает: то на ту, то на другую, а сам ничего не ест. Вот, глядя на него, и снохи тоже поглазеют-поглазеют, да и полезут вон из-за стола голодные. А старик опосля, только что уйдут они по работам, втихомолку наестся, напьется и разляжется на печи сытехонек.

Вот однова отпросилась меньшая сноха и пошла к своему отцу, к матери и стала жаловаться на свекра:

— Такой-де лютый, ненавистный! Жить нельзя! Совсем есть не дает, все ругается: ненаеды вы этакие!

— Хорошо,— говорит ей отец,— я приду к вам в гости, сам посмотрю ваши порядки.

И погодя денек-другой пришел он к старику вечером.

— Здорово, сват!

— Здорово!

— Я к тебе в гости; рад ли мне?

— Рад не рад, делать нечего; садись, так и гость будешь!

— Как моя дочушка живет, хорошо ли хлеб жует?

— Ништо, живет себе!

— Ну-ка, сватушка, соловья баснями не кормят; давай-ка поужинаем, легче говорить будет.

Сели за стол; старик нарезал хлеба, сам не ест — сидит, все на снох глядит.

— Эх, сват! —говорит гость.— Это не по-нашему; у нас нарезал хлеба да поел, еще нарезал—и то поел. Ну вы, бабы молодые, больше хлеба ешьте, здоровее будете!

После ужина стали спать укладываться.

— Ты, сват, где ляжешь? — спрашивает хозяин. — Я лягу на кутничке.

— Что ты! Я тут завсегда сплю,— говорит старик. Вишь, в кутё у него спрятаны были яйца, хлеб и молоко; ночью, как заснут в избе, он украдкою встанет и наестся вдоволь. Сват это дело заприметил.

— Как хочешь,—говорит,— а я лягу на кутничке. Вот улеглися все спать. В самую как есть полночь

старик ползком-ползком да прямо в залавок — скрип! А гость еще с вечера припас про него большой ремённый кнут; как вытянет свата раз, другой, третий— сам бьет да приговаривает: — Брысь, окаянная, брысь!

Пришлось старику не евши спать. Вот так-то прогостил сват у свата целых три дня и заставил надолго себя помнить.

Проводил его старик, и с тех пор полно—перестал у снох во рту куски считать.

***

Шел солдат домой на побывку и забрел к оному мужику ночь ночевать.

— Здравствуй, хозяин! Накорми и обогрей прохожего!

— Ну что ж, садись за стол, гость будешь! Солдат снял тесак да ранец, помолился образам и уселся за стол; а хозяин налил стакан горького и говорит:

— Отгадай, служба, загадку — стакан вина поднесу; не отгадаешь — оплеуха тебе!

— Изволь, сказывай загадку.

— А что значит чистота?

Солдат подумал-подумал и вымолвил:

— Хлеб чист, значит, он и чистота.

Мужик хлоп его по щеке.

— Что ж ты дерешься? Нас бьют да вину сказывают.

— Чистота, брат, кошка: завсегда умывается! А что значит благодать?

Солдат опять подумал-подумал и говорит:

— Знамое дело, хлеб — благодать! Мужик хлоп его в другой раз:

— Врешь, брат служба! Благодать—вода. Ну, вот тебе последняя загадка: что такое красота?

Солдат опять свое:

— Хлеб,— говорит,— красота!

— Врешь, служба; красота — огонь; вот тебе и еще оплеуха! Теперь полно, давай ужинать.

Солдат ест да про себя думает: «Сроду таких оплеух не видал, и на службе царской того не было; постой же, я тебе и сам удружу; будешь меня помнить!»

Поужинали и легли спать. Солдат выждал ни много ни мало времечка; видит, что хозяева заснули, слез с полатей, поймал кошку, навязал ей на хвост пакли, паклю-то зажег, да кошку на чердак погнал; бросилась она туда со всех четырех ног и заронила огонь в солому; вмиг загорелась изба, и пошло драть!

Солдат наскоро оделся, подошел к хозяину и давай в спину толкать.

— Что ты, служивый?

— Прощай, хозяин! Иду в поход.

— Ступай с богом!

— Да вот тебе на прощанье загадка: взяла чистота красоту, понесла на высоту; коли не ухватишь благодати, не будешь жить в хати! Отгадывай!—сказал солдат и пошел со двора.

Пока мужик ломал себе голову, что бы такое значили солдатские речи, загорелся потолок.

— Воды! Воды! —кричит хозяин, а воды-то в доме ни капли нет; так все и сгинуло.

— Ну, правду солдат загадал: коли не ухватишь благодати, не будешь жить в хати!

Отольются кошке мышиные слезки!

***

Одна глупая баба приехала на ярмарку купить образ Временной Пятницы. Приходит в балаган к разносчику:

— Дядюшка, покажи-ка мне образ Временной Пятницы!

Вместо того показывает он ей Егория Храброго.

— Дядюшка! Да отчего же она, матушка, на коне?

— Экая ты, баба, дура! Оттого она и называется Временною, что иной раз пешком ходит, а временем на коне ездит. Вишь, конь-то так копытища и задирает!

***

Одна баба, ставя по праздникам свечку перед образом Георгия Победоносца, завсегда показывала змию кукиш:

— Вот тебе, Егорий, свечка; а тебе шиш, окаянному!

Этим она так рассердила нечистого, что он не вытерпел; явился к ней во сне и стал стращать:

— Ну уж попадись ты только ко мне в ад, натерпишься муки!

После того баба ставила по свечке и Егорию и змию. Люди и спрашивают, зачем она это делает?

— Да как же, родимые! Ведь незнамо еще куда попадешь: либо в рай, либо в ад!

***

Орал мужик в поле, выорал самоцветный камень.

Идет домой, а навстречу ему сосед, такой стародревний. Показал ему камень:

— Кому гож?

— Неси,— говорит,— к царю.

Понес; приходит во дворец и повстречал генерала. Поклонился ему до земли:

— Батюшка! Доведи до царя.

— Зачем тебе нужно?

— Несу из деревни подарок.

— Ну, мужичок, чем царь тебя наградит, отдай мне половину; а не хочешь — вовек не дойти тебе до царя.

Мужик согласился. Вот генерал довел его до самого царя.

— Благодарю, мужичок!—говорит царь.— Вот тебе в награду за то две тысячи рублей.

Мужик пал на колени:

— Не надо мне, царь-государь, иной награды, кроме пятидесяти стежей в спину.

Возжалел его царь и приказал дать ему пятьдесят стежей легонько. А мужик зачал считать; как дали двадцать пять, он и закричал:

— Полно, будет с меня; другая половина посулена тому, что довел меня до вашего царского величества.

Ну, того позвали и сполна отсчитали половину награды, как

следовало; только он не рад был такой награде! Царь поблагодарил мужичка и подарил ему целых три тысячи.

⁕

Был в одной помещичьей деревне управляющий-немец, праздников наших не почитал и завсегда заставлял мужиков работать. Приходит к нему однажды староста и говорит:

— Завтра у нас праздник, работать нельзя.

— Какой там праздник выдумал?

— Да святого Николы, батюшка!

— А где он? Покажь мне его! Староста принес образ.

— Ну, это доска! —говорит немец.—Мне она ничего не сделает, и сам буду работать, и вы не ленитесь.

Вот мужики и придумали сыграть с немцем шутку; опять приходит к нему староста:

— У нас, батюшка, завтра праздник.

— Какой праздник?

— Да преподобного шерстня!

— А где он? Покажь!

Староста привел его к старому дуплу, где шерстни водились:

— Вот он!

Немец стал заглядывать в щели, а шерстни так и гудят!

— Ишь,— говорит немец,—как песни-то распевает! Али водочки хлебнул? Ну, да я его не боюсь, все-таки прикажу работать.

Пока немец рассуждал, шерстни вылетели и давай его жалить.

— Ай-ай! —закричал он во всю мочь.— Право слово—не велю работать, и сам не стану; пускай мужики хоть всю неделю гуляют.

Докучные сказки

Жили-были два братца, два братца — кулик да журавль. Накосили они стожок сенца, поставили среди польца. Не сказать ли сказку опять с конца?

⁕

Жил-был старик, у старика был колодец, а в колодце-то елец; тут и сказке конец.

***

Жил-был царь, у царя был двор, на дворе был кол, на колу мочало; не сказать ли с начала?

***

Сказать ли тебе сказку про белого бычка?

— Ты скажи, да я скажи, да сказать ли тебе сказку про белого бычка?

— Скажи.

— Ты скажи, да я сказки, да чего у нас будет, да докуль это будет! Сказать ли тебе сказку про белого бычка?

***

Рассказать ли тебе докучную сказочку? — Расскажи.

— Ты говоришь: расскажи, я говорю: расскажи; рассказать ли тебе докучную сказочку?

— Не надо.

— Ты говоришь: не надо, я говорю: не надо; рассказать ли тебе докучную сказочку? — и т. д.

СПИСОК

Лисичка-сестричка и волк …………………………… 1

За лапоток - курочку, за курочку – гусочку ………………… 2

Лиса-повитуха …………………………………… 3

Лиса, заяц и петух ………………………………… 4

Лиса-исповедница ………………………………… 5

Лиса-лекарка ……………………………………… 6

Мужик, медведь и лиса …………………………… 8

Овца, лиса и волк ………………………………… 9

Звери в яме ………………………………………… 10

Лиса и тетерев …………………………………… 12

Лиса и журавль …………………………………… 13

Лиса и рак ………………………………………… 14

Колобок …………………………………………… 14

Кот, петух и лиса ………………………………… 16

Кот и лиса ………………………………………… 17

Напуганные медведь и волки …………………… 19

Медведь, лиса, слепень и мужик ………………… 22

Волк ………………………………………………… 24

Свинья и волк …………………………………… 24

Волк и коза ……………………………………… 24

Волк-дурень ……………………………………… 26

Медведь …………………………………………… 29

Медведь, собака и кошка ………………………… 30

Коза ………………………………………………… 32

Сказка о козе лупленой ………………………… 34

Зимовье зверей ………………………………… 35

Собака и дятел ………………………………… 37

Кочет и курица ………………………………… 39

Смерть петушка ………………………………… 40

Курочка …………………………………………… 41

Журавль и цапля ……………………………… 42

Орел и ворона ………………………………… 43

Золотая рыбка ………………………………… 43

Жадная старуха ……………………………… 46

Сказка о Ерше Ершовиче, сыне Щетинникове ……… 48

Байка о щуке зубастой ……………………… 50

Терем мухи ……………………………………… 51

Мизгирь ………………………………………… 53

Пузырь, соломинка и лапоть …………………………………… 53

Репка ……………………………………………………………… 54

Грибы ……………………………………………………………… 54

Солнце, Месяц и Ворон Воронович ………………………… 55

Ведьма и Солнцева сестра …………………………………… 56

Вазуза и Волга ………………………………………………… 59

Морозко ………………………………………………………… 59

Старуха-говоруха ……………………………………………… 61

Дочь и падчерица ……………………………………………… 62

Крошечка-Хаврошечка ………………………………………… 63

Буренушка ……………………………………………………… 65

Баба-яга ………………………………………………………… 68

Василиса Прекрасная ………………………………………… 70

Баба-яга и Заморышек ………………………………………… 77

Ивашко и ведьма ……………………………………………… 79

Терешечка ……………………………………………………… 81

Гуси-лебеди ……………………………………………………… 83

Привда и Кривда ……………………………………………… 84

Королевич и его дядька ……………………………………… 85

Иван-царевич и Марфа-царевна …………………………… 90

Купеческая дочь и служанка ………………………………… 95

Три царства - медное, серебряное и золотое ……………… 98

Фролка-сидень ………………………………………………… 103

Иван Быкович …………………………………………………… 106

Иван крестьянский сын и мужичок сам с перст, усы на семь верст . 115

Медведко, Усыня, Горыня и Дугиня богатыри ……………… 120

Семь Симеонов ………………………………………………… 123

Никита Кожемяка ……………………………………………… 124

Шабарша ………………………………………………………… 126

Солдат избавляет царевну …………………………………… 128

Беглый солдат и черт ………………………………………… 132

Кощей Бессмертный …………………………………………… 136

Марья Моревна ………………………………………………… 141

Иван-царевич и Белый Полянин …………………………… 148

Хрустальная гора ……………………………………………… 154

Козьма Скоробогатый ………………………………………… 156

Емеля-дурак …………………………………………………… 160

Сказка об Иване-царевиче, Жар-птице и о сером волке …… 162

Жар-птица и Василиса-царевна ……………………………… 171

Сказка о молодце-удальце, молодильных яблоках и живой воде … 174

Сивко-бурко ……………………………………………………… 179

Волшебный конь ……………………………………………… 183

449

Конь, скатерть и рожок……………………………………… 188

Двое из сумы ……………………………………………….. 190

Петух и жерновцы …………………………………………. 192

Чудесный ящик ……………………………………………. 194

Волшебное кольцо …………………………………………. 196

Безногий и Безрукий богатыри …………………………… 206

Царь-медведь ……………………………………………… 210

Звериное молоко …………………………………………… 214

Притворная болезнь ………………………………………. 216

Чудесная рубашка …………………………………………. 220

Поди туда-не знаю куда, принеси то-не знаю что ……… 224

Мудрая жена ……………………………………………….. 236

Морской царь и Василиса Премудрая …………………… 242

Неосторожное слово ………………………………………. 249

Купленная жена …………………………………………… 251

Царь-девица ……………………………………………….. 255

Перышко Финиста ясна сокола …………………………… 258

Елена Премудрая ………………………………………….. 264

Царевна, разрешающая загадки …………………………. 269

Вещий сон …………………………………………………. 270

Золотая гора ………………………………………………. 277

Чудесная дудка ……………………………………………. 280

Птичий язык ………………………………………………. 280

Охотник и его жена ………………………………………. 282

Хитрая наука ……………………………………………… 284

Диво ………………………………………………………. 288

Диво дивное, чудо чудное ………………………………… 290

Счастливое дитя ………………………………………….. 292

Клад ……………………………………………………….. 294

Сестрица Аленушка, братец Иванушка …………………. 296

Белая уточка ………………………………………………. 300

Арысь-поле ………………………………………………… 302

Царевна-лягушка ………………………………………….. 303

Царевна-змея ……………………………………………… 306

Заколдованная королевна ………………………………… 309

Окаменелое царство ………………………………………. 314

Берёза и три сокола ………………………………………. 317

По колена ноги в золоте, по локоть руки в серебре …….. 318

Золотой башмачок …………………………………………. 320

Несмеяна-царевна …………………………………………. 322

Ночные пляски ……………………………………………. 324

Мальчик с пальчик ……………………………………….. 326

Лихо одноглазое 328

Горе 330

Две доли 334

История о славном и храбром богатыре Илье Муромце и о Соловье-разбойнике 336

Василий-царевич и Елена Прекрасная 340

Загадки 344

Горшеня 346

Мудрые ответы 348

Сосватанные дети 349

Доброе слово 351

Оклеветанная купеческая дочь 354

Солдат и царь в лесу 358

Разбойники 361

Мудрая девица и семь разбойников 365

Рассказы о мертвецах 371

Упырь 376

Рассказы о ведьмах 380

Смерть скупого 382

Скрипач в аду 383

Горшечник 385

Леший 386

Морока 387

Дока на доку 389

Знахарь 391

Вор 392

Вороватый мужик 398

Солдатская загадка 400

Иванушка-дурачок 401

Дурак и берёза 404

Набитый дурак 406

Лутонюшка 407

Мена 408

Хорошо, да худо 410

Не любо - не слушай 411

Удалой батрак 413

Фома Беренников 414

Сказка о злой жене 417

Жена-спорщица 418

Жена-доказчица 420

Муж да жена 421

Вещий дуб 422

Дорогая кожа ……………………………………………… 424

Как муж отучил жену от сказок ……………………….. 426

Скряга ………………………………………………………. 427

Мудрая дева ……………………………………………….. 429

Народные анекдоты ……………………………………… 431

Докучные сказки ………………………………………….. 446

www.ingramcontent.com/pod-product-compliance
Lightning Source LLC
Chambersburg PA
CBHW020248030726
47499CB00001B/114